国家社科基金
GUOJIA SHEKE JIJIN HOUQI ZIZHU XIANGMU
后期资助项目

"儒学超越性"的现代论争研究

以牟宗三、罗光、安乐哲为中心

A Study of the Modern Debate on
the Transcendence of Confucianism:

Centered on Mou Tsung-san, Lo Kuang, and Roger T. Ames

吴倩　著

中国人民大学出版社
·北京·

国家社科基金后期资助项目
出版说明

后期资助项目是国家社科基金设立的一类重要项目，旨在鼓励广大社科研究者潜心治学，支持基础研究多出优秀成果。它是经过严格评审，从接近完成的科研成果中遴选立项的。为扩大后期资助项目的影响，更好地推动学术发展，促进成果转化，全国哲学社会科学工作办公室按照"统一设计、统一标识、统一版式、形成系列"的总体要求，组织出版国家社科基金后期资助项目成果。

全国哲学社会科学工作办公室

代序　儒学超越性：儒学品格的现代折射

　　吴倩女士的大作《“儒学超越性”的现代论争研究——以牟宗三、罗光、安乐哲为中心》杀青，已经联系好出版社。她嘱咐我为她的著作写篇序，也算作对其大作的推介。

　　此书是吴倩女士国家社科基金后期资助项目的结项成果。项目的设立和结项，本身已经说明该书得到了学界的肯定和认可。作者以牟宗三、罗光、安乐哲为中心，对中国当代哲学界关于“儒学超越性”问题的几个具有代表性的观点加以梳理与判析。作者对“儒学超越性”的关注，本身就意味着她的问题意识的触角已经触及中国当代哲学研究的前沿。作者以牟宗三、罗光、安乐哲为中心对此问题进行探究，表明她已经找到一个较好的视角切入“儒学超越性”问题。作者关于内在与超越、内在超越与外在超越、纵向超越与横向超越、有超越性与无超越性的详细分疏，都一再表明她对中国现当代哲学总体把握的精准，以及对哲学理念恰切的分析能力。

　　“儒学超越性”问题，是现代儒学研究中的一个重要问题。作者撷取现代新儒家、台湾新士林哲学①、海外汉学的重要代表人物牟宗三、罗光、安乐哲来论述这一话题。事实上，“儒学超越性”问题是和“儒教宗

---

　　① 本书使用的“士林哲学”系台湾地区对 scholastic philosophy 一词的译名，该词现在一般被译为“经院哲学”。该学派兴起于西欧中世纪的教会所办的大学，以基督教信仰为背景，侧重于从知识论的进路研讨形上学问题，建构了具有自身特色的理论系统。托马斯·阿奎那的神学哲学体系是士林哲学成熟时期的典型代表。而“新士林学派”是目前在台湾地区学界具有较大影响的哲学流派，它以中世纪士林哲学为主要研究对象，试图在坚持基督教信仰的前提下探讨中国文化与基督教传统的会通之道。改革开放以来，特别是 21 世纪以来，随着两岸学术交流的加强，新士林学派开始受到学界的关注。

教性"问题联系在一起的。学界关于"儒教是不是宗教的论述"是和关于"儒学超越性"的论述关联在一起的。中国现当代哲学关于儒学思想的论述，从"儒教宗教论"转向"儒学超越论"，海外儒家和海外汉学是重要推手。吴倩女士的著作，通过对文献的梳理，让我们看到了这一论争的内在理路、思想宗旨以及现实意图。

本书特别值得关注的是，吴倩女士对牟宗三、罗光、安乐哲思想论述的梳理，不仅将这三位学者的相关论述较为清晰地展现在我们面前，同时还将这些论述背后的理论逻辑、精神旨趣也条分缕析地加以展示。

我在此无意重述吴倩女士的思想论述，也无意评点其思想论述的理论价值与学术价值。对此感兴趣的读者，可以认真仔细地研读她的著作。既然吴倩女士邀请我为她的著作写一篇序，而"序"作为写在"前面"的话，就应当承担起在"前面"的功能。因此，我也就不揣浅陋借此机会贩卖一点"私货"，谈一谈我由吴倩女士的《"儒学超越性"的现代论争研究》引发的思考。我的思考，不是在"儒学超越性"这一问题本身，而是在这一问题的"前面"。

"儒学超越性"问题何以成为一个"问题"

这个问题是传统儒学的问题吗？显然不是，传统儒学并不关心所谓内在与超越的问题，尽管传统儒学的许多思想论述在现代语境下可以做有关内在与超越的诠释。传统儒学自有其关心的问题，基于王道教化的伦常秩序与个体修养是儒教和儒学的重心所在。而所谓的"儒学超越性"问题，则是在现代社会历史处境及其学术制度中提出的。

这一问题的提出，表明儒教和儒学必须面对其所遭遇的现代性问题。于是我们看到，直接体现现代性的基本价值的"科学与民主"，不仅是中国现代启蒙运动——五四运动——的精神，也成为现代儒家必须给予正面响应的内容。现代儒家的主要思想努力就在于，力图证明儒家的精神价值不仅不与科学、民主冲突，而且内在地包含、融摄了西方的科学、民主精神，并且还进一步具有克服西方民主、科学限制的思想价值。这也就是现代儒家所谓的"良知坎陷""一心二门""返本开新"的基本思想宗旨。儒学在现代社会的另一个精神参照，就是基督教。而有关"儒学超越性"问题，也只有在基督教作为参照系的背景下才有意义。

"儒教宗教论"与"儒学超越性"，是同一个问题的两种不同的关注方式。"儒教宗教论"的主要提倡者是任继愈、李申先生。这是在中国马克思主义无神论的政治语境下对儒教（儒学）的判定，其立论宗旨是基于宗教鸦片说对儒教（儒学）的价值否定，并进而确立马克思主义的精神价值的合法性和社会空间。而"儒学超越论"则是在中国港台及海外学界对宗教的总体肯定的氛围与前提下对儒学的判定，其根本诉求在于表明儒教（儒学）可以具有与基督教同样的价值担当，甚至还可以弥补基督教的不足，其立论宗旨是力图在西方文化背景下实现对儒教（儒学）精神价值的肯定。

在我看来，这是在两种不同的文化语境和学术制度下对儒教（儒学）的不同判定。这两种判定，并不是对儒教（儒学）精神价值的实然判断，而是对儒教（儒学）的现代性审视。

"儒学超越性"问题，是在现代性背景下的特定文教制度下产生的"学术"问题。也就是说，这个问题的产生固然折射了现实的价值诉求，但主要不是由现实生活决定的，而是不同文教制度下的哲学产物。

"儒学超越性"是以西方哲学范畴对传统儒家思想的观念表达

科举制废除后，传统学问失去了学术制度的安置。随着现代学术制度的建立，传统教化失去了自己的法权地位，其学问样态就被仿照西学而建立的现代学术制度肢解而安置在不同的学科中。依据不同的西学思想资源，对儒教（儒学）就有不同的判定。而所有不同判定的背后都隐含着一个判定者未及明言的意图：或彰显儒家的精神特质而为文化保守主义开路；或贬抑儒家的超越品格而为基督教确立文化的合法性；抑或拒绝儒家的精神价值而为新的国家思想预留思想空间。

在现代文教制度下研究儒学，就会不自觉地提出传统儒学不会意识到的问题，诸如唯物与唯心、辩证法与形上学、可知论与不可知论、超越与非超越，等等。这些问题的提出，当然并非全无意义，但其意义只有在"中国现当代哲学"的视域中才能获得理解。

"儒学超越性"问题，事实上也是中国现当代思想界基于西方思想格局与学术意识而提出的，但又立足于中国的现代性文化场域。所有关于"儒学超越性"的探讨，都不是在"儒教（儒学）共同体"内部进行的，而是在现代学术制度下的"哲学共同体"中进行的。而所有关于"儒学超越性"的论述，都一再借用西方学术语言来说明华夏思想传统的精神特质。在此意义上，我们似乎可以说"儒学超越性"问题不是原生性的，而是建构性的。也就是说，我们在讨论儒学是否具有超越性时，似乎是在探讨作为历史形态的儒教（儒学）是否具有超越性，以及具有何种超越性。于是，以内在与超越、纵向与横向、有神与无神为基本概念框架，去重新编织儒家思想者的思想资料，从而得出关于"儒学超越性"的不同结论。所有这些结论，看起来都具有坚实的学术根基：由对西方概念的详细分疏而得出思想架构，通过对传统儒家思想的具体梳理而得出研究者的结论。然而，问题的复杂性在于，传统儒者并不将自己的思想聚焦在现代学者所谓的"超越性"问题上，尽管传统儒者的许多思想论述可以做"超越性"的诠释。事实上，儒者自身的身份认同，并不在于所谓的"超越性"问题，同时儒家内部的思想分歧也不在于所谓的"超越性"问题。

但这不意味着传统儒者没有触及"超越性"问题，而是要表明传统儒者精神的聚焦不在于此。也就是说，儒家有关"超越性"问题的探究，是一个开放性的论述。对"超越性"的态度，固然可以成为儒家内部派别划分的标识，但不构成儒者身份与价值认同的强约束。

有关"儒学超越性"的争论，既然无关历史上的儒家，那么就必然与争论者个体密切相关。当我们将"儒学超越性"问题理解为一种建构性的学术争论时，我们就需要超越这个问题本身，去追问这一问题背后最为真实的思想意图是什么，以及隐藏在这一意图背后的现实企图是什么。

教化与学问的品格及品质：儒教是何"教"？儒学是何"学"？

汉语学界关于"儒学超越性"的争论，背后隐含着一种无可奈何的学术尴尬，即如何在现代学术制度中安置儒教（儒学）。这种尴尬事实上和中国现当代哲学界关于"中国哲学合法性"的论争如出一辙，都是华夏思想传统遭遇现代性的结果。

发端于西方的现代性，是西方文化的自然产物。西方虽然也有传统与现代之争的问题，但大体上传统无论是作为教化系统还是作为文教制度，都得以保存，都与现代教化系统和现代文教制度并存于现代社会，并且还保持着一种必要的张力。中国的现代文明体系，肇始于西方现代文明对中国的冲击以及中国在经济、政治、文化上的总体溃败。以西方现代文明为蓝本建构起来的中国现代秩序，没有为儒家思想传统提供一套制度化的安置，于是就出现了对儒教（儒学）的思想上的错置与文教制度上的流放。

关于"儒学超越性"及"儒教宗教论"的论争，事实上是在现代文教制度下追问儒教（儒学）的思想品格的问题。简言之，就是"儒教"是何"教"、"儒学"是何"学"的问题。

在谈论儒教（儒学）的思想品格之前，我们需要简单明晰一下儒教、儒学、儒家、儒者的基本含义。这些语词，我们今天使用起来，往往缺乏明确明晰的界定。如果与基督教、神学、神学家、基督徒做简单对应，我们就可以大体明了其基本含义。儒教是一个教化系统。这个教化系统以三代为理想社会的蓝本，以尧、舜、禹、汤、文、武、周公、孔子等圣王（圣人）的德性与实践智慧教化统治者和大众，力图通过仁政实现王道社会。所谓儒学，不过是儒教关于德性修养与王道治理的学问，也就是传统儒者所谓的"内圣外王"之学。所谓儒家，不过是对儒教的"内圣外王"之学在理论上有所阐发、在实践上有所传承与推广的思想传统。所谓儒者，不过是仰慕儒教的圣王（圣人）的人格与实践智慧、期冀实现儒教的王道秩序、认同儒教的教化实践的人。

基督教与儒教虽然都是教化系统，都是通过一套具体的学说与修养来改变人，但其基本宗旨具有巨大差异：基督教的教化系统以救赎为目的，儒教以构建王道秩序为目的；基督教是一个制度性的宗教，而儒教是以国家制度为自己的制度形式。基督教有明确严谨的教义系统，并且得到宗教制度的认可，其理论表述就是所谓的神学与教义、信条，"神学"是神学家对上帝的话的理解与诠释；而儒学是儒家对三代之治和圣人德性的体贴与诠释，是对"内圣外王"之道做的基于时代的阐释。基督教的精神资源是上帝，体现为先知的传统和十字架上的基督；而儒学的精神资源是三代的文教制度、历史经验，圣王（圣人）的人格与实践智慧，以及儒家先贤的经典诠释。基督教的认同（成为基督徒），是信仰与教义的超越认同，有严格的组织与制度的规定；而儒教的认同（成为儒者），并没有严格的教义与制度的规定及限制。

有了如上常识性的理解，我们就可以明了儒教作为王道之教，虽然承担着教育人、改变人的教化职能，但同时还承担着社会治理职能，也就是说"内圣"的教化和修养与"外王"的治理和统治是一体的。基督教虽然也有自己的政治哲学，并为欧洲政治提供源源不断的精神资源，但其根本宗旨是个体精神的救赎，而不是现实的社会秩序。耶稣所谓的"我的国不属这世界"，即此之谓也。

中国现代性的政治教化制度，没有为儒教预留的制度空间。儒教也就只能存在于知识精英的人文传统与民间习俗中。知识精英关于"儒学超越性"的争论，体现了知识精英（哲学家）与儒教（儒学）的双重尴尬。知识精英（哲学家）不等于儒家，哲学也不等于儒学。"儒学超越性"与"儒教宗教论"的叙事，是"哲学共同体"内部的叙事，而不是"儒学共同体"内部的叙事。"儒学共同体"仅仅是现代儒者的精神团契，并没有获得文教制度的确认与支撑。而冠以"孔子""儒家"之名的各类组织大多是一种文化社团，而非以实现儒家王道理想为目的的"儒教共同体"。对儒学存在某种程度的理论认同抑或价值认同的人，也未必是所谓的儒家或儒者，他们在现实中有自己的现代性的政治认同。在这个意义上，我们可以说，儒教作为"王道之教"的"教"，在现代中国并不具有现实性，其具体的存在方式只能是一种"人文教化"，即以"人文"形式存在的"教化"。

在中国现代的文教秩序中，儒教和儒学只能存在于人文学术传统中。儒教作为"王道教化"之"教"，儒学作为"王道教化"之"学"，并没有获得自己的法权地位。作为一种人文传统，经过"两创"的国家意识形态筛选与检测，成为现行国家教化秩序的补充。

事实上，关于"儒学超越性"的论述，不在于儒教或儒学是否具备超越性，而在于儒教或儒学是否可以起到西方"超越性"的"宗教"所承担的价值功能。儒教或儒学的精神重心并不在所谓的"超越性"。儒者的身份认同也不在所谓的"超越性"。儒教共同体并没有统一的"超越认同"，这是儒教或儒学不同于基督教及其神学的重要之处。

在中华文明的教化历史上，儒教的"超越性"功能既可以通过儒教自身的超越性来表达，也可以通过与儒教相耦合的"神道教"来表达，也就是所谓的"神道设教"。这也就是说，儒教或儒学是兼容"超越性"的。至于其自身是否具有超越性，在"儒教共同体"内部存在认知差异。

试图通过对"超越性"问题的判释，来确立儒学内部的正统与异端（别子为宗），是毫无意义的，其背后隐而未发的目的不过是试图表明自身理论的正统性而已。凸显儒教或儒学的"超越性"，或者批判其"超越性"不足，其实也是与儒教无干的，不过是为了彰显自身背负的教化系统的意义，为了补充儒家或替儒家做某种学术上的铺垫。

我上述由吴倩女士的著作所引发的思考，并无意否定其作品的学术价值，而是恰恰从其作品，我们可以发现"儒学超越性"论争的背后所隐藏之现代性的语境及其西语哲学的思考范式，以及基督教的价值参照。这表明"儒学超越性"的论述是一个现代性的话语建构。它的真实意义，不是指向历史上的儒教与儒学实存状态的描述，而是指向对现代性处境的儒教与儒学建构的反思和期盼。

我向学界同仁大力推荐年轻学者吴倩女士的大作，期冀她的著作可以引发我们关于儒教与儒学的精神品质的进一步思考。

樊志辉

2021 年 1 月 27 日于上海家中

自 序

　　本书的研究主题是"儒学超越性"的现代论争，考察了牟宗三、罗光、安乐哲对"儒学超越性"问题的现代探讨及争论，亦与近年来学界再度升温的"儒学超越性"讨论具有内在的相关性。书稿主体部分撰写于十年前，基础是我的博士学位论文，出版契机则是我主持的国家社科基金后期资助项目"儒学超越性的现代论争研究——以牟宗三、罗光、安乐哲为中心"。后期项目的结项书稿在博士学位论文的基础上增写了安乐哲的"非超越论"，结论部分亦做了相应调整。

　　"超越"问题是一个内在于传统儒学问题意识的研究主题。古代儒家学者虽然并不使用"超越"概念，但始终关注"人何以安身立命"的终极关怀问题，以及作为安身立命之基础的天人关系问题。可以说，传统儒学的超越思考首先是一种人生哲学领域的终极关怀论，进而在更根本的意义上是在探讨天人关系的本体论基础上追寻人生超越之道。近年来，学界重新反省了"内在超越论"的相关问题，梁涛、赵法生、黄玉顺等学者在辨析儒家独特的超越理路与天人思考的同时，揭示出儒家传统现代转化的宗教维度、政治维度，亦关注了"殷周演化""孔孟之后的儒学方向"两个重要阶段的哲学史研判问题。可以说，在学界近年来的接力探讨、持续反思下，"超越"问题作为一个关涉儒学诸多论题的理论关节点，具有重要意义。

　　近年来，学界对以牟宗三为代表的现代新儒家的"内在超越论"展开反思，已经召开了四场相关的学术研讨会，即"从内在超越到双向超越"学术研讨会（中国人民大学国学院主办，2023 年 5 月 20—21 日）、"超越与感通：儒学与西学第六次工作坊"（山东大学儒学高等研究院等单位联合举办，2021 年 11 月 25 日）、"儒耶对话中'超越性'争论之症结与方案"（北京师范大学哲学学院"京师哲学之海外学者系列讲座"，2020 年 11

月)、"中西会通视域下的儒家超越性问题"研讨会(中国社会科学院世界宗教研究所儒教研究中心、山东大学犹太教与跨宗教研究中心联合主办,2020 年 8 月 24—25 日),发表了多篇论文,出版了一本讨论"儒学超越性"的论文集。① 在这一阶段的"超越"问题研讨中,学者们把问题进一步聚焦于"古代儒家有无人格神意义的天""儒学现代发展是否应借鉴基督教重建天的外在超越维度""儒学现代发展中的道德人文传统与超越宗教传统何者更为重要"等主题。应当说,这一阶段的研讨进一步拓展了"内在超越论"相关思考的理论维度,汇聚了中国哲学、西方哲学、基督教等领域的相关探讨。这些学术努力推进了学界对儒家超越理路、现代新儒家"内在超越论"的研究,并展开了进一步的儒耶对话、古今对话,使学界的"超越"问题讨论再度升温。如果说四十年前,"内在超越论"主要是作为现代新儒学的一个命题而引起学界关注,"超越"问题不过是新儒学研究的众多论题之一,那么近几年学界的相关探讨已经大大超出了新儒学之终极关怀论的范围。可以说,近年来学界的"超越"问题探讨已经不是就牟宗三论牟宗三、就新儒家论新儒家,对"超越"问题的回答亦不局限于牟宗三的"内在超越论"与新儒家的思维方式,而是进一步反省中国哲学许多根本性的理论问题。学界的研讨日益深入地拓展到儒家政治传统与宗教传统、殷周之变与儒学起源、儒家本体论与天人关系论、儒学与基督教的关系、儒学现代转化路径等维度,产生了不少新的洞见。具体说来,较为典型的观点包括:(1)认为孔子超越观是平衡天命信仰与人文精神,包含上下、内外、左右三个向度的"中道超越论"②;(2)主张重建儒家的神圣外在超越维度的"神圣外在超越论"③;(3)认为儒家超越论是兼含"内在超越"与"外在超越"两个面相的"双向超越论"④。此外,学界亦产生了一些对牟宗三"内在超越论"进行深度反思、对中国哲学源头的超越思想进行梳理重释的研究成果。

　　由于书稿完成较早,主体内容未能反映学界近年来讨论"儒学超越

---

　　① 赵法生、李洪卫主编《究天人之际:儒家超越性问题探研》,河北人民出版社,2022。

　　② 参见赵法生:《论孔子的中道超越》,《哲学研究》2020 年第 4 期。

　　③ 参见黄玉顺:《生活儒学的内在转向——神圣外在超越的重建》,《东岳论丛》2020 年第 3 期。

　　④ 参见梁涛:《论儒学的双向超越说》,载赵法生、李洪卫主编《究天人之际:儒家超越性问题探研》,第 352 - 357 页。

性"问题的最新进展，本书以附录形式收录了笔者近年在"儒学超越性"讨论中发表的两篇论文，作为在书稿基础上的进一步思考。鉴于学界的"儒学超越性"讨论和研究尚在进行中，笔者的这些想法亦比较初浅，聊做抛砖引玉之论，期待学界对"儒学超越性"问题的进一步深研广拓。

　　是为序。

吴倩

2024 年早春于天津

目　录

引　言

一

追求"超越"（transcendence），可以说是人类文明的普遍企向。按照现代哲学家雅斯贝尔斯的说法，早在人类几大文明的发轫时期，构成"轴心时代"（theaxial period）文明之基本特征的，就是超越意识的出现。结构主义哲学家列维-斯特劳斯也认为，初级文明只有出现了"超越精神"之后，才会转变为高度发展的文明。"超越"问题可以说是世界各大哲学系统普遍关注的一个问题。

现代中国哲学领域的"超越"问题，在第一代新儒家那里已经引起关注，系统地探究则以牟宗三的"即内在即超越"观点最为典型。"即内在即超越"的主张得到了牟宗三同时代以及后来的多数新儒家学者的认可。不仅如此，与该学派的倡导和分判相关联，"内在超越""外在超越"成为学界习用的指称中西文化的范畴。基督教学者纷纷对此说进行了回应，反对以"外在超越"概念来指称西方文化的特点，并对中国文化的"内在超越性"进行反思。在以上两方之外，亦有以安乐哲为代表的海外汉学家提出"非超越性"，与新儒家的"内在超越论"展开争辩，其他研究者也从不同向度提出了对"超越"问题的思考，并对上述观点予以回应。在一定意义上，"超越"问题已成为现代中国哲学研究的热点之一。

本书选择"'儒学超越性'的现代论争研究"这一主题，力图分析现代中国哲学领域中对传统儒家的生命超越智慧进行现代诠释的三个典型个案：牟宗三、罗光、安乐哲的超越论。本书是在较为宽泛的意义上使用"'儒学超越性'的现代诠释"这一提法的，也就是说，我们希望研究的是那些在现代中国哲学的生命超越问题上，以传统儒家的生命超越论作为一种超越论的典型形态，进而主要通过对其进行继承或转化来建构自己的生命超越论的哲学家。在这个意义上，本书的研究不仅包括以儒家道统的现代传人自任的、以继承儒学"正统"的基本精神为职志的哲学家，而且同时包括那些以儒学作为一种生命超越论的典型形态，进而通过与儒家超越论的对话来提出自己的超越理论的哲学家。上述两类研究者的共同特征是他们在对超越问题进行学术思考时重视儒家生命超越论的理论价值，不同点则在于他们对儒家生命超越论的处理方式：有的是全面继承儒学的根本精神与主要观点，有的则是部分继承、部分修正。我们认为，这两种意义上的超越问题研究者都在自己的现代哲学研究中把儒学作为典型进行思考，"批判地继承"意义上的研究者与儒家道统的现代传人，都应当被看作儒家超越之路的有益探讨者，他们的研究都是对儒家超越论的一种现代诠释。

　　牟宗三、罗光、安乐哲便是上述超越问题研究者中的三位典型代表，他们分别是现代新儒家、台湾新士林学派和海外汉学的重要代表人物，通过各自的理论研究提出了自己的生命超越论，其学说成为现代中国哲学领域中生命超越论的典型形态。现代新儒家、台湾新士林学派与以安乐哲为代表的海外汉学的超越路向被学界分别称为"内在超越论"、"外在超越论"与"非超越论"，本书对这三种典型的生命超越路向展开比较研究。

二

　　具体说来，本书分析和比较了"内在超越论"、"外在超越论"与"非超越论"这三种典型理论的基本观点、形上基础和思想来源，在此基础上揭示出它们对儒家超越问题之探讨的优长与疏失，由此展望"儒学超越性"之现代诠释的可能方向。

　　第一章梳理了"超越"一词的概念起源和中西哲学探讨超越问题的理论传统，阐述了"儒学超越性"论争的基本情况，考察了牟宗三、罗光、安乐哲研究"儒学超越性"问题的学思历程。"超越"一词源自西方，在西方哲学中有着悠久的理论传统，然而超越问题并不局限于西方语境，而是人类哲学思考的根本问题，透过西方哲学的特殊性关联于"哲学之为哲学"的普遍性。中国传统哲学尽管并未使用"超越"一词，但却一直注重对生命超越问题的探讨，儒家就是中国哲学中注重生命超越问题的典型代表，力图从根本上探讨人的安身立命之道。在现代哲学语境下，"儒学超越性"的诠释之争主要展开为"超越性"与"非超越性"之争、"内在超越"与"外在超越"之争，涉及以牟宗三为代表的现代新儒家、以罗光为代表的台湾新士林学派、以安乐哲为代表的海外汉学家三种典型观点。

第二章分析了牟宗三"道德的形上学"的"内在超越论"的形上基础、理论内涵和最高境界。"道德的形上学"之本体论认为天地万物的创生本体是"心之理"，同时继承了传统儒学的实践智慧，阐明这一本体基于道德实践而有"具体的普遍性"。牟氏的天人关系论认为，上天不是一个超越的神明，而是与人心具有内在贯通性的"创生实体"，"人之为人"的本质就在于"道德本心"对天理本体的呈现，因此天人之间的合一就是人不断显发自己的"心中之理"、契接天道创生本体的历程。在此基础上，牟氏的"内在超越论"注重本体作为一种应然之法则的观念论意涵，主张通过自觉的道德实践不断确证"心之理"本体的绝对普遍性，是一种自立自足、无待于外的生命超越论。

第三章分析了罗光"形上生命哲学"之"外在超越论"的形上基础、理论内涵和最终目标。"形上生命哲学"之生命本体论坚持由"生命之在"来研究"本体之有"的实在论理路。罗氏的天人关系论认为，人这一超越主体的本质是自我发展、自我实现的"生命"，而上天作为生命超越之终极目标，实质就是天主教信仰的创造主上帝，因此天人之间的相互和谐一方面要求人自觉地发展自身作为"生命"的本性，另一方面需要上帝在人自身努力的基础上进行启示和救赎。在此基础上，罗氏的"外在超越论"认为，生命超越的基本理路是人通过自觉的修养来实现自己作为"生命"的本质意涵，以一种培护现实的"生命之在"的实在论理路进行超越，同时这种超越之路的最终目标是归向上帝的天国，只有上帝的救赎才能使人达至超出生命本性的"超性界"。

第四章分析了安乐哲"儒家角色伦理学"之"非超越论"的天道基础、理论内涵和最终境界。安乐哲认为儒学具有一种"非超越"的宗教精神，"超越"概念包含了西方文明之二元论的理论预设，后者明确肯定一个独立于世界的超越界以及超越界与世俗界之间的二元对立，因此不符合儒学的基本精神。在天道的基础上，儒家主张一种互系性的"气宇宙观"，主张天道之创造性是内在于现实世界的天人"共同创造性"、不脱离具体性与特殊性的"依境创造性"，因而是"非超越"的。在人性问题上，儒家之人是关系性、具体性、域境性的个体，是在现实的家庭、社团等角色与关系中不断成长的"角色伦理"之人,而不是西方哲学意义上抽象的"单体"或"类本质"。在此基础上,儒家"非超越"的终极关怀论展现为人在世俗社会扮演各种角色、成就各种关系的成长历程,是以"礼"为载体的社会生活的美学升华与精神提升,是一种"以人为中心"的宗教感。

第五章系统地比较了"内在超越论"与"外在超越论"的基本观点和思想来源。就基本观点而言,两者的共同之处在于肯定超越主体是"生命"本体,具有自觉、自动的生生之动能;差异主要体现在以下两个方面:一是"理气二分""现象与本体二分""应然与实然二分"的观念论立场与"理在气中""结合现象探讨本体""不离于实然探讨应然"的实在论立场的差异;二是自立自足、无待于外的人文宗教超越观与"归向上帝"的基督教超越观的差异。就思想来源而言,牟宗三的生命超越论借鉴了儒家心学传统和德国古典哲学的理论智慧,罗光的生命超越论则借鉴了儒家气学传统与西方士林哲学的思想成果。

第六章在古今中西交汇的视野中分析牟宗三、罗光、安乐哲诠释"儒学超越性"的理论得失,在此基础上展望儒家超越探讨的可能方向。牟宗三的"内在超越论"是一种注重理则、注重实践、当体圆满的生命超越论。牟氏生命超越论的本体基础"道德的形上学"在思辨的本体论建构理路与实践的良知本体之间存在张力。"内在超越论"建基于具体现象与"理本体"、事实与价值二分的理论立场,肯定世界的根本之道是经验背后的理则与"实然"背后的"应然"价值相结合的本体,最终导致它在生命超越的动力上面临"应然之理"与"实然现实"的结合问题,即"作为本体的良知之理"如何发动"人之现实的感性生命"的问题。罗光的"外在超越论"是一种实在论立场的、由"在"论"有"的、归向上帝的生命超越论。罗氏生命超越论更为注重儒家气学传统和实在论理路,可以化解牟氏采取理学传统和观念论理路所导致的"应然之理"与"实然现实"的结合问题。不过,"外在超越论"在根本精神上徘徊于儒学传统和天主教信仰之间:在哲学架构方面倚重儒家哲学的基本观念,在最终境界方面归向天主教信仰。由此,儒家哲学与天主教教义的根本差异(即世界之本体为自力还是他力的差异)最终导致罗光融合这两大传统的理论期待难以成功。安乐哲的"非超越论"凸显了儒家终极关怀论的经验主义特征与现实关切,然而其过分偏重特殊性与过程性的倾向也在一定意义上遮蔽了儒家天道、人性等基本理念的普遍性维度,难免陷入相对主义。"非超越论"之中西比较的研究方法也在一定意义上使其中国哲学研究受限于比较视野，容易执着于"东西方共同问题"而忽略其他问题，难以揭示儒学生命超越论的整全面貌。总体而言，三位学者都基于强烈的使命感而承担了儒学传统之现代转化的理论任务，并出于自己的哲学洞见而探索了"儒学超越性"的现代诠释之路。他们的思考展现出儒家超越问题本身的复杂性，提供了有益的经验教训，拓宽了进一步探索儒家超越之路的理论空间。透过他们的理论共识与得失，我们看到，现代中国哲学应当以"生命"为超越主体、以天道"生生"的创造性为超越目标、以实践的"证知"为超越途径，建构一种既接续传统又回应西学的独特的"实践超越论"。

第一章　超越问题与"儒学超越性"的现代论争

超越问题是一个涵涉十分广泛的理论问题，在哲学、神学、人类学、艺术等诸多领域均有种种相关的探讨，并且这种研究可以说贯穿人类文明发展的始终。本书集中探讨哲学领域的超越问题，主要研究"儒学超越性"的现代诠释之争。

"儒学超越性"问题，讨论的是"儒学是否具有超越性""儒学的超越性以何种方式展现"的问题。在中国传统哲学中，"超越性"问题一般被表述为"人何以安身立命"的问题，"安身立命"问题往往首先使人想到人生哲学、终极关怀的领域，然而实际上，安身立命的诉求在儒家的理论体系中扮演着比人生哲学更为重要的角色。安身立命的形上根据在于天人之间的相互关系，因此儒家的本体论、人性论都基于安身立命的目标指向而具有了特殊的理论意涵。总的来说，"儒学超越性"问题主要是以形上本体论为基础，探讨作为安身立命之理论依据的天人关系，进而寻求提升生命境界与契合至高天道的超越之路的理论尝试。在儒学的历史发展中，这方面的探讨可以说是往圣先哲致力颇多的领域，现代学者承继前人衣钵，进一步提出新的见解，产生了理论争鸣，并与世界哲学范围内的相关探讨有所呼应。

第一节　"超越"概念溯源与"儒学超越性"之争

超越问题作为世界各大哲学系统普遍关注的一个基本问题，在中西文化中均有深厚的理论传统和丰富的思想资源。本节首先以"超越"一词的词源和演变历程为线索，梳理中国与西方探讨超越之路的传统，进而叙述"儒学超越性"之争的基本情况，试图厘清超越问题的基本内涵，分析"儒学超越性"论争的主要派别和观点。

一、"超越"概念溯源与西方哲学中的"超越"问题

从词源学方面讲,"超越"一词来自西方文化,著名汉学家安乐哲曾经指出,"严格的超越的观念,在西方的思想传统中,是一个深刻而重要的观念。在逻辑的、科学的、哲学的和神学的话语中,超越的概念通常是用那些最严密的词语加以规定的"①。"超越"一词的哲学含义始于中世纪古典哲学时期,历经近代哲学、现代哲学的发展和演变,成为西方哲学中的一个重要概念;西方文化中的超越问题,伴随着"超越"一词在语义上的发展演变,展现出自古至今以各种不同方式思考世界终极本体与人的理性能力之间关系的尝试。超越问题可以说始终是西方文化的主要问题之一。

学界对"超越"一词的词源和演变过程已经有所考证②,"超越"源自拉丁语 transcandere,本义为"跨过""超过"(某个界限),这是动词用法;另外此词还有其他一些形式,如 transcendence、transcendental 等,其中 transcendental 后来分化出来,成为近代哲学的一个重要用语,在中世纪拉丁哲学时期则与 transcendence 是同义词。如果直接分析"超越"一词的词源,我们可以得出以下两层含义:(1)"跨过""超出"的动作或状态;(2)某个界限。与第一层相关,"超越"可以被看作人的一种内在的趋向力或者某终极实体(如上帝、本体等)的一种引导作用;与第二层相关,"界限"意味着此岸的现实性或人本身与彼岸之终极超越界之间的对待和紧张,亦即体现了一个在世界之外的本体世界的根本性和绝对性。在西方哲学实际的发展历程中,可以说不同时期对这两层含义的偏重各有不同。

(一) 古典哲学时期

根据英国学者 N. K. 斯密(N. K. Smith)的考证,"超越"一词在奥古斯丁的著作中就已出现,当时的含义还比较广泛。它首次在哲学的专门术语意义上使用,是在《类性论》(*Denatura generis*)一书中,这是一本被误归于托马斯·阿奎那名下的著作,其中被称为"超越的"(transcen-

---

① 郝大维、安乐哲:《汉哲学思维的文化探源》,施忠连译,江苏人民出版社,1999,第196-197页。

② 参见康蒲·斯密:《康德〈纯粹理性批判〉解义》,韦卓民译,华中师范大学出版社,2000,第114-115页;郑家栋:《"超越"与"内在超越"——牟宗三与康德之间》,《中国社会科学》2001年第4期,第43-53页;耿开君:《"超越"问题:"内在"与"外在"》,《中国哲学史》1998年第1期,第108-115页。

dentia）是这样一些属性：实在（ens）、事物（res）、每一个（aiquid）、
一（unum）、善（bonum）、真（verum）①，所谓"超越的"（即拉丁文的
transcendentia 或 transcendentalia）是"超越范畴而可用为范畴的述词的
那些概念"，主要是神学领域具有普遍性的诸概念，它们是"一切事物与
其相应类的名词或性质"。这种意义上的"超越"（transcendent）与其同
义词"先验"（transcendental）在经院哲学的著作中常被使用，主要包括
超出了亚里士多德十大范畴的分类和与整个世界的存在同样深远广阔的本
体论谓词。②

　　在基督教神学信仰中，"超越"一词亦被普遍使用。上帝被认为是超
越的，因为上帝超越了这个世界的一切有限性，主要体现为以下六类：
（1）存在的超越（ontological transcendence）——上帝的存有是超越于并
完全相异于人及世界的存有。上帝的存有是绝对独立的自在之有、永恒之
有（a se，non ab alio），而人及世界是受造物（ab alio），其存有依赖于
上帝的存有。这也就是古典神学所强调的上帝存有的独特性（ontological
distinction）。（2）性质的超越（qualitative transcendence）——上帝的本
性是超越于或完全相异于人的本性，上帝不仅有知、有情、有意，而且以
其无限的能力从一无所有创造出万有。神人之间有性质上的无限差异，虽
然上帝造人时人在多方面酷似上帝（作为主体、有创造力、有治理大地的
能力、有语言），但在这些相似点上也同时可以看出两者之间巨大的相异
之处：上帝的存有与人的存有不同体，神性与人性也不同质。古典神学在
形容上帝的形上属性时常用"全"（omni-）字（如全能、全知、全在等）、
多用否定描述（如不朽坏、不变更、无限等），也正是为了凸显上帝性质
上的超越。（3）认知上的超越（epistemological transcendence）——上帝
的本性及作为超越于我们的一般理解及认知，《圣经》中的上帝是完全相
异于我们以宗教经验及文化思想为凭借而建构出来的上帝。古典神学论述
上帝是一个自隐的上帝（Deus absconditus），上帝之深邃超越了我们的理
解能力，以至于上帝在启示自己时也必同时在隐藏自己（Deus revelatus
atque absconditus）。（4）言说上的超越（linguistic transcendence）——
这类超越是紧随着上述认知上的超越而来的。既然上帝的本性和作为超越

---

① 参见康蒲·斯密：《康德〈纯粹理性批判〉解义》，韦卓民译，第 114 页。

② 参见 *The Catholic Encyclopedia*. New York：Robert Appleton Company，2009；尼古拉斯·
布宁、余纪元编著：《西方哲学英汉对照辞典》，人民出版社，2001，第 1009 页。

于我们的一般理解及认知，那么我们在尝试正面地言说上帝时，就必然会发现我们的语言不足以把上帝的本性充分及完整地表达出来。（5）道德上的超越（moral transcendence）——上帝的道德完美完全超越于或完全不同于人间的道德完美。上帝在这方面的超越，其实也可算是上述第二类超越（性质的超越）之一种。（6）社会文化上的超越（social-cultural transcendence）——这类超越是上帝"道德上的超越"的群体延伸；上帝国度的完美是超越于或完全相异于人间社会的完美。①

以上所叙述之上帝的超越性，是基督教始于《旧约圣经》而一贯坚持至中世纪的古典神学信仰，这种神学所讲的超越与哲学探讨的超越不完全相同，是由上帝所启示、由先知所宣讲、由基督徒所认信的宗教信仰。相应于信仰所启示之上帝的超越性，中世纪经院哲学更为注重以理性的方式对此进行探讨，主张以上帝所赋予的理性能力来思考、契接超越者上帝，托马斯·阿奎那是这一路向最为主要的代表人物。

经院哲学之前的教父哲学②通过深入研究古希腊思想，认为仅凭理性来探究真理是必然失败的，而这种失败正是为了使人们接受信仰所启示的真理，唯有信仰上帝才是"真正的哲学"。在这种观点下，神学为一切学问之最，神学信仰支配和判断一切学问，哲学只能作为为神学辩护的工具而与神学混为一体，只有服务于神学才能有价值。经院哲学的兴起改变了这种传统观念，其主要代表阿奎那吸收当时传入的亚里士多德主义的思想，在一些早期经院哲学家崇尚理智思想的启发下，重新思考了哲学与神学的关系。阿奎那虽然继续坚持"哲学是神学的婢女"的传统口号，但却赋予它新的含义，他指出，"基督教神学来源于信仰之光，哲学来源于自然理性之光，哲学真理不能与信仰的真理相对立，它们确有缺陷，但也能与信仰的真理相类比，并且有些还能预示信仰真理，因为自然是恩典的先导"③。在他看来，信仰与哲学是达到同一真理的两条人类知识途径：一

---

① 这里的六类区分参考了罗秉祥先生的相关成果，但具体内涵不尽相同。参见罗秉祥：《上帝的超越与临在——神人之际与天人关系》，载何光沪、许志伟主编《对话二：儒释道与基督教》，社会科学文献出版社，2001，第255-261页。

② 教父哲学是基督教哲学的早期形态，时间上处于公元2世纪到公元6世纪，这是基督教传播、发展并取得统治地位的时期，教父是基督教实现大一统过程中组织教会、解释和传播教义的基督徒。他们以各自的方式处理其所知的哲学理论，通过提出哲学问题、使用哲学概念和思辨方法的途径来建立神学信仰，代表了基督教和希腊哲学最初的碰撞与融合，其中的著名代表有查士丁、克莱门、奥里根、德尔图良和奥古斯丁等。

③ 转引自赵敦华：《基督教哲学1500年》，人民出版社，1994，第365页。

方面，人首先总是通过自然理性的努力力争实现自己的目的。虽然人可以依靠恩典而获得启示，但恩典的赐予是以自然属性为基础的，上帝只赐福给努力实现自己自然属性的人，因此"恩典并不摧毁自然，它只是成全自然"①。另一方面，充分发挥理性是一个艰苦的过程。由于人的理性在运用过程中难免产生混乱和错误，因而哲学只是少数学者的危险历程，在此之外必须还有一条通过启示达至上帝真理的道路。② 基于自然和恩典相辅相成的关系，人类必须同时需要哲学与神学这两门学问，哲学不应被消融于神学之中，而应当充分发挥上帝赐予的"理性之光"，以自己独特的路径和理性能力，积极探索上帝之超越。在以上观念的指引下，经院哲学大力发挥人之理性能力，展现出以哲学理性求索信仰之超越终极的理论特色，在知识论、形上学、伦理学等方面均取得了较大成就，成为西方古典哲学的一个重要时期。

经院哲学的集大成者托马斯·阿奎那的超越探讨，所用的主要方法是类比方法，这一方法由伪狄奥尼修斯（Pseudo-Dionysios）在约公元 6 世纪的《论神的名称》（*On the Names of Gods*）中首创，指的是在把任何名称或形容词应用于上帝时，必须注意到两者是"部分相同、部分相异"的类比关系（analogum），既非意义完全一致（univocum，如"人"字可用于男人、女人，但两者的意义不完全相同），也不仅是"一语双关"（aequivocum，如"木栅"一词可指栅栏或一个地名，两者除了名称相同之外，毫无关系）。阿奎那借鉴亚里士多德的思想，认为人的理性能力以这种"类比"的方法，由最低层的感性经验出发，经由"种""属"概念的归类和抽象，而能层层上升，直抵"存有"这个最高概念。依靠人类理性的"超升"能力和"推论"功能，由宇宙间具体的天地万物而透至其终极③，从而一方面最大限度地契接造物主上帝之超越本性；另一方面使自己的理性能力不断提升，实现由人之一般理性向上帝之子民的超越。

因此，经院哲学是以人类理性认识能力为根基，把知识论作为进入哲学堂奥的门径，逐步走向形上学之终极本体，依靠人之理性能力由类比而层层超升、由知识而本体探求超越终极的学问。

在信仰的论述上，中世纪神学亦运用这种类比方法，首先通过推论肯

① 转引自赵敦华：《基督教哲学 1500 年》，第 367 页。
② 参见傅乐安：《托马斯·阿奎那基督教哲学》，上海人民出版社，1990；赵敦华：《基督教哲学 1500 年》；邬昆如、高凌霞：《士林哲学》，台湾五南图书公司，1996。
③ 参见邬昆如、高凌霞：《士林哲学》，第 86－90 页。

定上帝具有某种特性（如善、美、保护者等），接着又否定上帝是以任何有限的方式享有这一特性。这样一来，任何本身为有限的属性就不可能以其固有的意义应用于上帝，上帝只是无形象、无体质的精神体。任何名称都必须经过上述的肯定与否定后，再加以超绝化，方能应用于上帝，唯有如此，我们对上帝才既不至于一无所知，又不会把上帝拟人化而削弱其绝对无限的本质。①

至此我们可以看出西方古典哲学时期超越探讨的主要特点，从总体上讲，古典哲学时期的超越探讨重在将"超越"一词使用于信仰中的上帝与哲学中的终极领域，与人间具有明显的距离，体现出高于一切的完善性、根本性、优越性。在希伯来民族的宗教信仰与古希腊哲学传统的共同作用下，西方文明形成了一个对反于人间的明确的超越界，在哲学上展现为理性所追寻的世界本体，在神学上展现为信仰所趋向的造物主上帝，古典哲学便展现为对此超越终极的敬仰和谋求向此趋近的理论努力。在此之外，继承古希腊亚里士多德主义的哲学路线，这一时期超越探讨的主要代表经院哲学承认人之契合超越世界的可能，走一条由知识论上升至本体论的超越理路，在哲学上通过理性的探求，在神学上通过信仰的启示，努力弥合人与上帝、理性认识与终极本体的二元分立，开拓出人类达至超越本体的道路。不过从西方哲学的总体趋向来看，"超越"在这一时期主要还是用于形容上帝或终极领域；相比而言，人则难以企及全能之上帝、理想之本体世界的超越性，不可能与之同质同等。因此，可以说整个西方古典哲学时期的超越探讨体现出天人二分的倾向和人之趋向于天的理论努力。

（二）近代哲学时期

西方哲学发展到近代，在斯宾诺莎、贝克莱等人的著作中，"超越"一词的使用开始超出其严格的经院哲学含义，逐渐变得比较宽泛。正如斯密所指出的，在康德的时代，"transcendent 和 transcendental 这两词，虽然仍是同义词，而在它们原来经院哲学的含义上使用，但是已经失去其意义的明确性与应用上的好处了。康德利用这个情况，而尖锐地把它们区别开来，把一种适合于他的新批判学说的意义硬分别加在它们上面"②。

---

① 参见项退结：《两种不同超越与未来中国文化》，载沈清松主编《诠释与创造——传统中华文化及其未来发展》，台湾联合报系文化基金会，1995。

② 康蒲·斯密：《康德〈纯粹理性批判〉解义》，韦卓民译，第 115 页。

　　"先验的"（transcendental，德语为 transzendental）① 这一术语在康德哲学中指对一切先天知识的一种认识论的处理方式，它本身也是先天的（a priori）即先于经验的，但同时又关涉于经验，对经验知识的先天条件进行考察。"先验的"这个词"在我这里从来不是指我们的认识对物的关系说的，而仅仅是指我们的认识对认识能力的关系说的"②。也就是说，"先验的"知性范畴或理念与对象没有直接的联系，而必须通过经验性的直观作为中介，"先验的知识"不是直接规定对象的知识，而只是为这种知识提供形式条件或制定规则（"立法"），"不是关于对象的知识，而是我们关于它们的认识之性质与条件的知识"③，是关于"先天知识何以可能"的先天知识。"先验的"因此是比一般的先天知识（如几何学的知识）层次更高的知识，是作为必需的条件以构成经验基础的那些因素。相对于此，"超越的"（transcendent，德语为 transzendent），则是指"完全在经验范围之外的"、不可为人的理性所知的领域，其直接反面是"内在的"（immanent）。康德指出："我们可以把那些完全限定在可能经验范围之内来应用的原理称为内在的原理（der immanente Grundsatz），而把想要超出这一界限的原理称为超越的原理（der transzendente Grundsatz）。"④ 质言之，对应于康德关于"现象"和"物自身"的划分，"内在"指在经验的范围（"现象界"）内，"超越"指超出经验的范围而涉及只可思不可知的"本体界"。因此，在康德那里，这两个词是相对而言的，在理论理性的领域"超越"一词的含义一般都是消极的，而"内在"则大都具有积极的含义。⑤ 简言之，在康德那里，"先验"与"超越"两个术语的分别在

---

①　关于康德所使用的"transcendental"和"transcendent"两词的中译，国内学界自 20 世纪 30 年代以来颇有争议，如熊伟主张将前者译为"超验"而将后者译为"超然"，蓝公武、邓晓芒主张将前者译为"先验"而将后者译为"超验"，牟宗三在《康德纯理性之批判》的翻译中将前者译为"超越"而将后者译为"超绝"，但他在其他著作中又往往将两者都视为"超越"。本书遵从韦卓民先生的译法，将前者译为"先验"而将后者译为"超越"。

②　康德：《未来形而上学导论》，庞景仁译，商务印书馆，1978，第 57 页。

③　康蒲·斯密：《康德〈纯粹理性批判〉解义》，韦卓民译，第 115 页。

④　康德：《纯粹理性批判》，邓晓芒译，人民出版社，2004，第 260 页。

⑤　邓晓芒细致分析了康德所谓"内在的运用"的三个层次："一个是先验范畴的内在的（经验性的）运用；另一个是先验理念的内在的运用（绝不直接和经验打交道，但在面向一切可能经验的绝对整体这个意义上有时也被称为'经验性的运用'）；第三个就是超验理念的这种实践上的内在的运用（即现实地作用于经验世界）。"（邓晓芒：《康德的"先验"与"超验"之辨》，载氏著《康德哲学诸问题》，三联书店，2006，第 26 页）可见，在康德那里，"内在"一般都具有积极的含义。

于：前者先于经验但只能运用于经验；后者超越于经验但不能运用于经验。具体而言，前者建构现象的知识，使"经验性的东西"具有了"客观实在性"，其作用原则是"建构性的"（konstitutiv）；后者不能建构知识，却能引导理性扩展到全体经验的统一性，最终指向属于本体界的实践领域，其作用原则是"范导性的"（regulativ）。①

正如斯密所揭示的，虽然康德是在他自己武断地确定的特别意义上使用"先验的"一词，但使用"超越"一词时，他仍回转到原来的语源学意义上，只是通过其使用来阐明"一切知识局限于感性经验"这学说才取得其特殊的批判意义。② 康德哲学中的"超越"一词确实仍遵循着经院哲学时期的古老意涵，不过他对这两个词的区分意在肯定"先验"知识而批判"超越"知识，在对"超越"一词同样的用法之下已经展现了截然相反的哲学意图。

具体说来，康德哲学对超越所做的区分，置本体于"物自身"界，反对理性之超越的使用，于实践理性领域亦以意志自由为"悬设"③ 而无法确证，更难由此通达本体，可以说是在近代以来西方传统"认识论转向"的趋势中，意图由人出发，根据人的思辨理性和实践理性来探讨人之能够知道和作为的领域（例如"我能够知道什么"，等等），对于可思但对于人而言没有相应能力通达的传统哲学之本体界（可思不可知或者实践上难以

————————

① 对于康德所讲的两个原则，即"konstitutiv"和"regulativ"，蓝公武译为"构成的"和"规整的/统制的"，韦卓民译为"组织性的"和"限定的"，邓晓芒译为"构成性的"和"调节性的"，牟宗三译为"构造性的"和"轨约性的"，本书沿用现在学界惯常的译法"建构性的"和"范导性的"。关于这两个原则的内容及区分，参见陈嘉明：《建构与范导——康德哲学的方法论》，社会科学文献出版社，1992。

② 关于这一问题，学者们还有一些其他观点，比如为了替康德"先验的"一词寻找类似于上述语源学意义上的辩解，叔本华等人断言康德称自己的哲学为"先验的"，是由于这学说超出了以前所有哲学系统的独断论和怀疑论。华特生（Watson）等人则认为，"先验的"是"超越的"一种，因为"超越的"超出经验，而"先验的"超出经验的感性内容，因而在此意义上，康德"先验的"一词的使用仍是遵循超越的语源学含义的。但在斯密看来，以上两种观点都未能在康德的著作中找到相应的论据（参见康蒲·斯密：《康德〈纯粹理性批判〉解义》，韦卓民译，第116页）。

③ 康德所使用的"悬设"（postulat）一词在纯粹数学的意义上是指"某种行为的可能性"，而在纯粹实践理性的意义上是"出自必然的实践规律来设定某种对象（上帝和灵魂不朽）本身的可能性的，所以只是为了实践理性而设定的；因为这种被设定了的可能性的确定性根本不是在理论上，因而也不是必然地亦即不是在客体方面被认识到的必然性，而是在主体方面为了遵守实践理性的那些客观的但却是实践的规律所必要的设定，因而只是必要的假设"（康德：《实践理性批判》，邓晓芒译，人民出版社，2002，第12页）。对于该词，韩水法、李秋零译为"公设"，牟宗三译为"设准"。

确知的"超越界"），则只能存而不论，以"物自身"名之，悬于人力所及的范围之外。这种态度一方面最大限度地成全了认识论领域求知的严谨，成就了哲学领域使传统理路和问题意识完全翻转的"哥白尼式革命"；另一方面则批判了古典哲学所认可的人之达至最终本体界之路，其反对"独断论形上学"的严谨态度导致了传统的超越问题处于一时无解甚至再无必要求解的状况，哲学探讨的重心由"趋向超越的本体界"转为一种哲学人类学的思考。正如康德所明确申明的，他的哲学是为了解决以下三个问题：（1）"我能够知道什么？"，由形而上学回答；（2）"我应当做什么？"，由伦理学回答；（3）"我可以希望什么？"，由宗教回答。而这三个问题又归结为"人是什么？"的总问题，由人类学回答。① 康德哲学始终坚持着这种人类学的哲学进路，以作为主体的"人"为中心，展开理论的和实践的领域，将超越问题纳入主体自身之中加以解决，在人与本体界之间划开了不可逾越的界限，实质上将超越问题存而不论，甚至在根本上否认人之超越的可能性。

康德之后的德国古典哲学试图解决康德留下的问题或重新思考康德的提问方式，重新将超越问题纳入哲学的思考。费希特将康德的主体性原则予以推进，形成一种具有实践能力的"自我"概念，以此突破康德关于人的理性能力所做的限定，将康德置于彼岸世界的"物自身"视为"自我"的设定，强调"自我"能够通过自身达到与"非我"（存在）的统一。谢林更为强调主客体之间的绝对同一，因此，人的超越问题就成为如何与上帝绝对同一的问题，而最终走向艺术和宗教神启。

德国古典哲学表现出鲜明的唯心论特征，而黑格尔正是这种唯心论的集大成者，他以"绝对精神"（absolute Geist）概念为核心，建构了一个包罗万象的哲学体系，这里所谓的"绝对精神"具有"主体能动性""自我否定性""现实具体性""概念统一性"等内涵。归根结底，黑格尔的"精神"概念具有"实体性"（Substantialität）和"主体性"（Subjektiviät）两大本质特征："实体性"意味着"精神"作为"一切有中的有"②、各个偶性的全

---

① 参见康德：《纯粹理性批判》，邓晓芒译，第 612 页。另参见康德：《逻辑学讲义》，许景行译，商务印书馆，1991，第 15 页；康德：《致卡尔·弗里德利希·司徒林（1793 年 5 月 4 日）》，载氏著《康德书信百封》，李秋零编译，上海人民出版社，1992，第 200 页。

② 黑格尔：《逻辑学》下卷，杨一之译，商务印书馆，1976，第 211 页。

体、"自在自为之有的长在"①，是一切存在背后的根据和具有现实性的真理；"主体性"意味着"精神"作为"能思者"、"自身实现的普遍体"②，"产生其自身的、发展其自身并返回于其自身的进程"③，是能够进行自我认识、自我否定、自我分化、自我运动的能动性。黑格尔的著名论断是实体即是主体："一切问题的关键在于：不仅把真实的东西或真理理解和表述为实体，而且同样理解和表述为主体。"④"活的实体，只当它是建立自身的运动时，或者说，只当它是自身转化与其自己之间的中介时，它才真正是个现实的存在，或换个说法也一样，它这个存在才真正是主体。"⑤ 黑格尔正是通过这种绝对精神的自我运动对超越问题予以解答，但与康德不同的是，这里超越的主体不是人类学意义上的"人"（Person），而是作为理念的"绝对精神"自身，因为在黑格尔那里"人"不过是"绝对精神"的定在之一，而"超越"的实质和最终目的是"绝对精神"返回自身并与自身同一。

综上所述，从康德到黑格尔的德国古典哲学将超越问题纳入主体自身之中加以探讨，并且往往将其转化为认识论意义上思维与存在如何同一的问题，这里突出地反映出西方哲学在近代"认识论转向"之后的思想进路较之于古典时期有所改变。同时也可以看出，德国古典哲学体现出鲜明的唯心论特征，这种立场在某种程度上继承了柏拉图以降的西方观念论传统，强调最终本体是一种先验的、普遍性的理性、法则或概念，强调这种法则对经验世界的先在性和塑造、规范作用，这与自亚里士多德以降的实在论传统判然有别。尽管康德在认识论上具有综合唯理论和经验论的倾向，但是他对人类理性（包括理论理性和实践理性）的能力表现出了坚定的信念，着力建构了一个在先验主体性基础上统一真善美的哲学体系。黑格尔更是将"主体理性"推至"实体理性"，将合乎理性的概念形式作为一切事物的现实性标准，构筑了一个无所不包的概念大厦，一切存在物都被纳入绝对理性的辩证法之中而得以秩序化。简言之，德国古典哲学对超越问题的思考进路是重"理则"的，而非重"存在"的。

---

① 黑格尔：《小逻辑》，贺麟译，商务印书馆，1980，第 313 页。
② 同上书，第 68 页。
③ 黑格尔：《精神现象学》上卷，贺麟、王玖兴译，商务印书馆，1979，第 44 页。
④ 同上书，第 10 页。
⑤ 同上书，第 11 页。

（三）现代哲学时期

现代西方哲学对超越问题的思考可以分为否定超越问题的一路（如逻辑实证主义、否定性的后现代主义等）和反思超越问题、重建超越之路（如存在主义、怀特海的过程哲学等）的一路。

逻辑实证主义等学派出于拒斥形上学、否定形上学所谈论之"本体"存在的理论态度，对于超越问题除了斥之为无意义的假问题之外，几乎没有进行关注。重建超越之路的一路一方面肯定超越域之本体的存在，体现出现代西方哲学形上学兴趣的回归；另一方面则表现出了注重存在体验和生命实践的倾向。与古典哲学时期主要从形上学、神学方面进行探讨不同，现代哲学的超越思考中较多涉及终极关怀方面，并出现了把超越问题的两个维度——终极关怀和形上学——结合起来进行探讨的倾向。存在主义哲学对超越之路的重建堪称现代西方哲学在此问题上的主要代表。

存在主义对超越之路的思考仍然是本体论意义上的，但是与古典哲学时期的本体理路展现出巨大的差别。与以往的本体论相比，存在主义的本体论具有以下两点不同："一方面，由于它不可论证，因此是被假定的而不是被确认的；另一方面，在海德格尔、雅斯贝尔斯和萨特那里，它是复杂多样的。根据前者，我们可以说这种本体论主张从理性的角度上看是一种失败；根据后者，我们可以进一步说，即使从本体论上看，它也是失败的。因为具有多重在的范畴的理论难道称得上是本体论吗？复多形式的本体论概念不正是对本体论的否定吗？"① 然而，一些研究者认为，只有通过这种"失败"，我们方能进入存在主义的"超越"概念。基于上述本体论观点，存在主义所讲的"超越"代表着"在"（being）对"存在"（existence）的吸引，"存在必须始终被某种并非它自身的东西所规定，被超越所规定"②。

存在主义思想中"超越"概念的哲学基础应当追溯到胡塞尔和康德哲学。胡塞尔认为，思想总向着并非它自身的东西。海德格尔曾经指出：在胡塞尔那里见到的这种意向性的概念扎根于一种比它更深的概念，那就是"超越"概念。关于康德的"先验"概念，我们亦可借鉴海德格尔的观点，

---

① 让·华尔：《存在哲学》，翁绍军译，三联书店，1987，第64页。
② 同上书，第65页。

在海德格尔看来，"先验"概念除非被看成朝向本体论的一个步骤，否则就难以真正理解。在这个意义上可以说，以海德格尔为代表的存在哲学家把康德由一个认识论者重新诠释为一个存在论者，使终极本体的探讨再次成为哲学的主要关注；进而结合胡塞尔现象学的思想资源，重新思考达至本体的超越之路。

克尔恺郭尔作为存在主义的前驱，他的"超越"指的是绝对不可知的彼岸世界、"完全的他者"，在宗教上对应于信仰的上帝。克尔恺郭尔以"存在"（existence）作为"可以表示在'我'和超越之间关系的纽结点"①，开启了存在主义超越理论的先声。

在雅斯贝尔斯那里，"超越"主要具有以下两种用法：一种是属于"在"（being）的领域的超越，大致类似于克尔恺郭尔的"完全的他者"；另一种是由我们去完成的超越的运动。对于第一种"超越"，雅斯贝尔斯以之作为区别于"存在（existence）的领域"的另一个领域，存在的领域是可能性和自由的领域，我们通过自由地选择和创造成为各种可能的存在。但是存在的个人总感到有某种并非他自身的东西，这是高于可能性、选择和自由的领域，这就是超越的领域。在面对真理和信仰问题时体现得尤为明显，只有当存在者把自己完全献给他所认定的唯一真理，为了这一真理在必要时可以献出生命，他才是存在的。但同时这存在者也知道，其他存在者献身于其他不同的真理，他们也把这些真理看作唯一的，同样凭借他们自己的献身，他们也是存在的。因此，雅斯贝尔斯推论出在每个人和他的真理之上应当有某种我们不可能达到的东西，并且这种东西由于某种原因把不同的个人和他们各自的真理，以及他们的设计和差别都完全调和起来。这种东西就是"超越"。对于雅斯贝尔斯来说，这第一种意义上的"超越"是在我们自身之外的"属于我们自身存在的基石的东西"，但我们对此却没有什么可说，否则必将沦于荒谬。雅斯贝尔斯的"超越"以某种难以名状的东西代替了克尔恺郭尔的启示宗教的上帝，在他那里唯有以此"超越之域"为背景，世界的一切才得以显示。这种"超越"仍然代表着"完全的他者"的意义，大体上符合超越的古义，与中世纪经院哲学之上帝的超越界类似。雅斯贝尔斯的"超越"的另一

---

① 转引自让·华尔：《存在哲学》，翁绍军译，第39页。

种意思是"超越自我，腾飞于自我之上的过程中，我们所完成的运动"①。雅斯贝尔斯认为存在者必须完成超越自我的一个运动，这一点主要是受尼采和克尔恺郭尔的影响，与海德格尔的"超越"概念亦十分接近。存在者处于超越的不断运动中，那就是他作为存在者的原因。

海德格尔的"超越"概念具有三层含义：（1）不是说超越的源头有一个"我"或自我，我们一开始囿于其里，然后才去超越他，而是"我"一开始就是超越，因为存在就是朝向世界超越的存在，这规定了存在的基本意涵。（2）存在始终是对于他人的存在，我们处在与他人交往的范围内，超越是与他人一起共在（Mitsein）中的超越。（3）我们不断地向未来超越，不断地超越自我，朝向未来的多种可能性。以上"超越"的三层含义可以说是对"超越"的"水平的"描述，而作为这种超越之基础的是如下观点：我们个人的存在不断地向"在"超越，这就是存在主义哲学"超越"的本体论意涵。

萨特亦以"超越"一词来指代朝向世界的超越和朝向未来的超越。马塞尔则是"超越"一词的传统含义的辩护人，认为这个词主要应被用于上帝，因为只有上帝是不受限制的，而海德格尔和萨特在多种宽泛的意义上使用这个词是不恰当的。②

由以上叙述可以看出，一方面，现代哲学对超越问题的思考始终关切人的生存体验，在某种意义上可以说超越探讨是作为一种终极关怀的思考而展开的；另一方面，这种思考又并未与传统的理路完全隔绝，而是始终进行一种本体论的思考，坚持超越探讨在根本上是基于一种形上学的观点。现代哲学的超越思考由"存在"（existence）来思考"在"（being），较之于传统的知识论进路虽然大不相同，但对超越问题的关注则可以说是始终如一的，关注人的能力（无论是理性知识能力还是生存体验能力）、关注终极本体，探讨由人达至终极的恰当理路。正如台湾新士林哲学家邬昆如所说，这种思考始终关注"定位宇宙、安排人生"，致力于追寻终极的奥秘和安顿人的归宿这两个理论任务。

通过分析超越问题在西方哲学中的发展历程，我们可以就西方哲学中超越问题研究的总体状况得出以下三点看法：

---

① 转引自让·华尔：《存在哲学》，翁绍军译，第69页。
② 以上对存在主义超越观的叙述，参见上书。

其一，"超越"概念、超越问题在西方思想进程中有着深远的传统，处于比较重要的地位。对应于"超越"一词在词源上蕴含的两层意义，超越问题展现为关注最终本体、思考人之终极关怀的理论问题，西方哲学的历代研究者对之进行了持续的探讨，其思考基本上伴随着西方文明的发展历程而前进。并且，超越问题的探讨关联于本体论、终极关怀等西方哲学的基本问题，是关系到"哲学之为哲学""西方哲学之为西方哲学"的根本性问题，在西方哲学的理论系统中具有重要地位。

其二，从"超越"一词的主要含义来看，西方哲学中的"超越"一词主要用来指代超越的本体界，现代哲学的超越思考则着重关注个体存在体验的思考进路。从总体上说，西方的超越问题探讨体现出天人相分的忧患意识和克服二分、趋向于天的理论努力。在西方哲学中，"超越"一词的传统用法是代表一个明确的对比于人间的超越界，这种用法亦是西方哲学中使用"超越"一词的主要领域。在此之外，"超越"一词亦表示以理性能力为代表的整个人的生命存在被终极本体吸引进而积极地向此趋近、实现自身生命境界之提升的历程，这可以说是由基本含义所引申出来的第二种含义。这第二种含义在现代哲学中被人们强调和重视，不仅成为西方学界认可的"超越"一词的另一种重要含义，而且成为一种本体论思考的独特进路。现代西方哲学所开创的"由自身生存体验思考最终本体"的理路，成为对传统超越思考之理论任务的现代继续，在世界范围内得到了较多的关注和认同。此外，"超越"一词在其他含义上亦有一些更为宽泛的使用方式。

从超越问题探讨的义理内涵来看，西方世界之超越探讨始终面临着天人相分的忧患意识和克服二分、趋向于天的理论努力。从大体上讲，西方超越探讨的主流认为本体并非隔绝于人，由人的理性能力是可以实现生命超越、达至终极本体的。实现超越的主要途径是一种思辨理性的理路，体现出西方哲学视理性为人之基本特征的一贯观念，人之趋向超越终极的目标主要通过自身理性能力的发扬来实现。

其三，从超越问题所涉及的哲学问题域来看，西方哲学的超越问题主要包括以下两个层面：本体论领域和终极关怀领域。随着西方哲学思考历程的转进，超越问题研究所关注的重点亦有所变化。在古典哲学时期，超越思考的核心是探讨终极本体的性质、本体与超越主体之间的关系这两个问题的形上本体论，可以说超越问题从其西方源头来看主要是一个本体论问题。现代哲学中的超越思考则进行了某种意义上的转向，着重于在一种本体论、世界观的基础上探讨终极关怀问题，以存在主义哲学为代表的现代超越问题探讨更多关注个体存在者的生存体验、"此世的时间中的存在"等方面。

通过以上分析我们可以看出，超越问题作为西方哲学的一个基本问题，具有深远的思想渊源和重要的理论意义。然而，尽管"超越"一词在词源上出自西方，但是这一问题却并不局限于西方哲学史，而是透过西方哲学之特定的思维方式，关联着"哲学之为哲学"这个普遍性的根本问题。正是在这个意义上，超越问题成为世界各大文化系统的哲学思考普遍关注的一个问题，世界范围内的现代哲学探讨对此关注颇多，亦就此展开了许多跨文化的哲学对话。在中西哲学之间，我们可以看到儒学与基督教文化也曾就此问题进行过多次对话。并且，由于现代以来的西方文明在超越问题上的发展、转进的趋势与儒学传统展现出了越来越多的相近之处，所以这两大传统在此问题上的对话与交流必将有助于进一步深化双方的思考，并在一定程度上达成某种共识。

二、中国哲学中的"儒学超越性"问题

(一) 中国哲学的"超越"概念与"儒学超越性"问题

中国哲学对超越问题的关注，可以说古已有之。传统哲学虽然并未使用"超越"这一语词，但在相似的问题意识下展开的探讨却比比皆是，从古至今薪火相传、成果丰富。

根据学界的相关考证①，汉语中用来翻译"transcendere"的"超越"一词在历史上亦是较早开始使用的，如汉代《盐铁论·和亲》中有"丁壮弧弦而出斗，老者超越而入葆"，此处"超越"的含义为"跳跃"；《三国志·魏书十一·王烈传》中有"陛下践祚，纂承洪绪。圣敬日跻，超越周成"，这里"超越"的含义为"超过"；《三国志·魏书十四·蒋济传》中有"常有超越江湖吞吴会之志"，此处"超越"的含义为"跨过""越出"；《法苑珠林》"除去烦恼垢，超越生死海"一句中"超越"的用法则与现代用法颇为相像。《说文解字》中讲："超，跳也，从走"，"越，度也，从

---

① 参见耿开君：《"超越"问题："内在"与"外在"》，《中国哲学史》1998 年第 1 期。

走"。可见，在汉语中"超越"即是"超"与"越"的复合词，从词源来看，汉语"超越"可以说与拉丁文"transcendere"确有相通之处。

以儒家哲学为主要代表的中国传统哲学，虽然没有用汉语"超越"一词来表述西方的"transcendere"问题，但是"安身立命之学""成德之教"是其一贯的关注重点，可以说中国哲学的超越问题大致就相当于传统儒家所讲的安身立命之道。在此需要指出的是，儒学所讲的超越问题与西方哲学的着重点有些不同，主要意在探讨"人、人生如何超越？"的问题，而不是"本体、终极的超越性以何种方式展现？"的问题。换句话说，儒家对超越问题的探讨始终是与人生问题密切相关的，是在探讨天人关系的本体论的基础上追寻人生超越之道。现代著名哲学家张岱年先生在《中国哲学大纲》中指出，中国哲学在本质上是知行合一的，"中国哲人探求真理，目的乃在于生活之迁善……因思想理论以生活实践为依归，所以特别注重人生实相之探求，生活准则之论究"[①]，"而人生最高理想，是自觉地达到天人合一之境界"[②]。

儒家哲学作为中国传统哲学的主要代表，其超越之路以人生问题为主要关注而具有"合知行、同真善"的特点，这种人生超越之路以对天人关系的形上探讨为理论基础，以天人合一境界为人生目标和最高境界。

1. 超越问题首先是一个人生哲学问题

传统儒家讨论人生修养问题并未使用"超越"一词，但其讨论的实际内容则与现代哲学中超越问题的关注点一致，可以说两者的问题意识是从古至今一贯而来，后者与前者之间是继承和发展的关系。超越问题主要探讨个体生命如何实现自我完善、如何提升人生境界，因此这首先是一个人生哲学问题，对应到传统儒学中，人生哲学问题主要关涉人性论、工夫论和境界论等方面。其中，人性论探讨人得以实现生命超越的内在基础和人之为人的主要特质；工夫论探讨如何进行人格修养、达到更高的境界，考察如何进行人生实践的"工夫入路""下手"问题；境界论探讨人生品格的层级、高下问题。

人生问题作为"中国哲学之中心部分"，应当说是儒家哲学自传统至现代始终关注的核心问题，张岱年先生曾讲："人生论实是中国哲学

---

① 张岱年：《中国哲学大纲》，中国社会科学出版社，1982，第5页。
② 同上书，第6页。

家所特重的。可以说中国哲学家所思所议，三分之二都是关于人生问题的。世界上关于人生哲学的思想，实以中国为最富，其所触及的问题既多，其所达到的境界亦深。"① 儒家超越问题正是继承了传统儒学在这个方面的问题意识和理论资源，结合现代哲学的探讨方式进行进一步的理论思考。

传统儒家对"人生如何超越?"这一问题的探讨，主要致力于从道德方面展开，人性论主要讨论人性的善恶，工夫论主要讨论道德修养的方法，境界论则用以区分和品评各种道德境界的高下，因此，传统儒家探讨超越问题的主要理路偏重于道德方面。现代中国哲学对超越问题的思考，亦有很大一部分学者继承了这种理路，由道德的进路入手，一方面凸显儒家哲学在此问题之探讨上的理论特色，另一方面对这种独特的理论进路进行现代的诠释和转化，使之在世界范围内的现代哲学探讨中重新焕发生机。

2. 超越问题的理论基础是天人关系论

超越问题对人生修养之道的探讨，不是孤立地考察人性、工夫和境界，而是以思考"人在天地间的位置"这个问题为理论前提，这个问题主要是天人关系论所探讨的内容。所谓天人关系，指的是代表世界一切之根本的天、天道与人的自我之间的相互关系。我们可以把天、天道看作超越之终极的代表，人、良知、本心本性则代表超越者，那么，天人关系作为超越者与超越终极之间的关系，显然是"生命能否超越""如何超越""以何种超越为最高"等一系列问题的理论基础，唯有对这一基础性的天人关系问题进行深入的思考，才可能对生命超越问题做出恰当的答复。

天人关系亦是中国哲学自古至今持续关注的重要问题，其核心是一个形上本体论的问题。简单说来，这个问题可以细分为"天是什么天?"（"天以何者为根本?"）、"人何以为人?"（"人以何者为关键?"）、"天与人在其根本的意义上具有何种关系?"这三个问题。儒家哲学基于自身独特的理论洞见，对这三个问题的回答从根本上展现为同一个本体论问题。一方面，对于天人关系，儒家的基本观念是天人合一，天不是离人而独立的天，人亦不是无涉于天、可以恣意妄为的人，而是天与人遵循着同一个天

---

① 张岱年：《中国哲学大纲》，第 165 页。

理,人道以效法天道为最高准则,以最终合于天道为人生归趋。张岱年先生亦曾讲:"中国思想家多认为人生的准则即是宇宙之本根,宇宙之本根便是道德的表准;关于宇宙的根本原理,也即是关于人生的根本原理。"①另一方面,对于天道与人道共同的本质,儒家哲学认为两者皆是道德的。天是"皇天无亲,惟德是辅"(《尚书·周书·蔡仲之命》)的上天,天道是"以生物为心"(《孟子·公孙丑上》)、"健行健动"、"生生故仁"的天道,人则是以道德人格、道德修养为最高追求,"圣希天,贤希圣,士希贤"(《通书》)的人。

在传统儒家看来,作为一种道德超越学说之基础的天人关系是一种主要由价值层面展开的天人关系论,天道与人道基于同一种道德性而实现了统一,因此儒家的超越工夫是为了提高道德境界,超越的最终理想是成为圣人。现代哲学对生命超越之理论基础的探讨展现出多种不同的理论进路:部分学者继承传统的理路,并把它进一步推至其极,建构起以道德理路为基本特质的天人观和形上本体论,作为现代儒学超越之路的理论基础;亦有部分学者对儒家偏重道德的天人观进行反思,结合现代西方哲学的问题意识和理论资源进行思考,试图建构既不同于西方的知识本体又不仅仅认同儒家价值本体的更具根源性的形上学。总之,现代哲学对超越问题之理论基础的思考仍在继续发展的历程中,各种新的或者更为深入的思考角度也在渐渐涌现。

3. 儒家超越探讨的总体特点

如果概括传统儒家超越探讨的总体特点,可以说它主要是一种道德超越论,一方面在探寻超越之路时偏重道德的向度,强调由道德的理路进行生命超越;另一方面又不局限于伦理学意义上的道德,而是一种贯通本体论、工夫论、境界论的广义上的道德超越。其理论特色可以归纳为以下四点:

其一,天人不隔的道德理想主义。传统儒家坚持天人合一的理论洞见,认为天道是与人道相贯通的生生之道,而不是与人道两相悬隔、互相分立的,因此儒家没有形成像西方那样与此世人生决然异质、泾渭分明的超越界或超越者,没有出现天人二分的对峙格局;从人道的角度来看,儒家学者基于忧惕敬天的忧患意识和理想的境界追求,始终注重提斯本心、

---

① 张岱年:《中国哲学大纲》,第165页。

本性，以使之不沦于食色生命，并且认为这种工夫修养最终趋向一种天人合一的至善之境。在这种天人观的基础上，生命超越的基本理路是通过道德实践而实现超越，最终达至天人合一的圆满境界，展现出一种道德理想主义的立场。

其二，健动不息的知行合一精神。儒家对超越问题的探讨秉承了知行合一的精神。一方面，儒家通过思考、论辩得出的理论知识最终是为了落实到人生修养的实践中，由此生命体悟转化为身体力行的修养工夫，使人生境界得到提高。另一方面，传统儒家对天道、人道等理论问题的探讨和解答亦是与自己的工夫修养实践和现实生活经验密切结合的。例如，在言说天道这一本体论问题上，儒家大多采取实践哲学的理路，即"行"而言本体之"知"，儒家的主流观点认为天道本体是一个能够"创生"的"活动"之体，具有创生性、生命性，这不能不使我们联想到它与自觉、健动、日新月异的人生修养实践之间存在着某种关联。

其三，"极高明而道中庸"的庸常之道。传统儒家在生命超越的境界问题上，虽然持一种道德理想主义的态度，但却并不信奉离世背俗的出世主义。或者换句话说，儒家并没有因为对理想的注重而导致毁弃人伦、抛离现实人生的结果，而是秉承"极高明而道中庸"的庸常之道，于日用平常的洒扫应对中契接超越的天道之真实，因此儒家之道是"费而隐"的"君子之道"，"夫妇之愚，可以与知焉，及其至也，虽圣人亦有所不知焉；夫妇之不肖，可以能行焉，及其至也，虽圣人亦有所不能焉"（《中庸》）。

其四，"成圣之学"的神圣色彩。在传统儒家的思维方式中，"生命如何超越""如何得契天理"的问题始终被赋予一种神圣的色彩。"成圣之学"是古圣先贤所开发的最高智慧，亦是历代儒者"以心传心"的洞识，基于这种神圣性，生命超越问题在儒学史上始终保持着相当大的理论魅力，吸引了历代儒者持续不绝的研究兴趣，他们前赴后继地进行着不懈探索。

如上所论，儒家超越问题是一个关涉本体论、工夫论、境界论等方面的重要问题，可以说代表了儒家一直以来的主要关注，在问题意识和思考理路方面都体现出儒家的理论特质。儒家超越之教以探讨天人关系的本体论为基础，通过工夫论所探讨的道德修养实践，以达至天人合一境界，实现由人道达至天道的生命超越。

（二）"儒学超越性"的现代诠释之争

应当说现代中国哲学是真正使用"超越"一词来探讨超越问题的，这种探讨的一个重要方面就是如何诠释"儒学超越性"。由此，现代中国哲学研究者深入思考了"儒学超越性"的现代转化之道，并且围绕"儒学超越性"的诠释问题展开了广泛讨论。

在"儒学超越性"的现代诠释方面，"继承"和"多元"是其发展状况的关键词。所谓"继承"，是说现代中国哲学对"儒学超越性"的思考在很大程度上继承了传统儒学的问题意识，致力于把传统的思考内容和理论资源以现代哲学的表述方式阐释出来；所谓"多元"，则是说现代中国哲学的超越问题探讨在理路上展现出多元发展、积极对话的状况，相关研究成果比较丰富，研究者基于不同的理论立场对这一问题予以关注和讨论，产生了争鸣。

概括起来，学界对"儒学超越性"的现代诠释大体可分为以唐君毅、牟宗三为代表的现代新儒家立场，以项退结、罗光为代表的台湾新士林学派立场，以郝大维、安乐哲为代表的海外汉学家立场，在以上三种典型的立场之外，其他研究者亦对"儒学超越性"问题提出了自己的看法。

1. 以唐君毅、牟宗三为代表的现代新儒家立场

以唐君毅、牟宗三为代表的新儒家学者，普遍关注到了儒家超越问题，在对这一问题的探讨中，他们大多赞成以"内在超越"一语来状述儒学宗教精神的基本特质。新儒家中最早有关"内在超越"的系统论述，见于唐君毅《中国文化之精神价值》（1953 年）一书的第十四章"中国之宗教精神与形上信仰"，在探讨儒家的宗教精神时，他认为宗教精神的核心是对超越者的信仰，而东西方宗教的主要差异就是内在超越与外在超越的区别。按儒家的天论，"天包举自然界，因而亦包举'生于自然界之人，与人在自然所创造之一切人文'，此所谓包举，乃既包而覆之，亦举而升之。夫然，故天一方不失其超越性，在人与万物之上；一方亦内在人与万物之中，而宛在人与万物之左右或之下"[①]。

1958 年由唐君毅、牟宗三、张君劢、徐复观共同发表的《为中国文

---

① 唐君毅：《中国文化之精神价值》，广西师范大学出版社，2005，第 336 页。

化敬告世界人士宣言》中指出，中华民族之"宗教性的超越感情，及宗教精神，因与其所重之伦理道德，同来源于一本之文化，而与其伦理道德之精神，遂合一而不可分"①。在这种超越感情中，宗教之超越精神并不排斥其内在于人伦道德的特点，也就是说，其内在性与超越性并不对立，因而可以说是"内在超越"的。

牟宗三在《中国哲学的特质》中认为："天道高高在上，有超越的意义。天道贯注于人身之时，又内在于人而为人的性，这时天道又是内在的（Immanent）。因此，我们可以康德喜用的字眼，说天道一方面是超越的（Transcendent），另一方面又是内在的（Immanent 与 Transcendent 是相反字）。"② 其中，"性是主观地讲，天道是客观地讲"③。此后，"内在超越"逐渐成为现代新儒学对儒家超越问题，也即"性与天道"这一根本问题的标志性回答，为多数新儒家学者所接受。

余英时认为中国文化走"内向超越"的路，"和西方外在超越恰成一鲜明的对照"④。"外在超越与内向超越各有其长短优劣……这种不同到了近代更是尖锐化了"⑤，"中国文化的病是从内向超越的过程中长期积累而成的。这与西方外在超越型的文化因两个世界分裂而爆发的急症截然不同"⑥。

刘述先指出，由新儒家所提出的"内在超越"说已差不多成为多数学者的共识，虽然此说确有其局限，但"外在超越说"之上帝要给人指引亦不得不进入内在的领域。因而这两种超越观点并不是可以一刀切开来的两种学说，而应以"理一而分殊"的睿识展开不同传统之间的辩论交流，寻求观念上的沟通与精神上的感通。⑦

李明辉撰文指出，"'内在超越性'与'外在超越性'之对比足以凸显中国文化与西方文化在思想模式及世界观方面的一项根本差异"⑧。在此

---

① 唐君毅：《中华人文与当今世界》下，台湾学生书局，1975，第881页。
② 牟宗三：《中国哲学的特质》，上海古籍出版社，1997，第21页。
③ 同上书，第99页。
④ 余英时：《文史传统与文化重建》，三联书店，2004，第452页。
⑤ 同上书，第452－453页。
⑥ 同上书，第457页。
⑦ 参见刘述先：《论宗教的超越与内在》，载氏著《儒家思想开拓的尝试》，中国社会科学出版社，2001。
⑧ 李明辉：《儒家思想中的内在性与超越性》，载氏著《当代儒学的自我转化》，中国社会科学出版社，2001，第136页。

基础上，他回应了郝大维、安乐哲对内在超越论的批评，判定其为语词使用上的"误解"，同时亦承认"这其中包含不少深刻的洞见，而且他们的若干见解与新儒家学者的观点亦不谋而合"①。在另一篇文章中，李氏进一步将"内在超越"的精神对比于康德的"道德宗教"，判定两者在根本上具有一致性，认为儒学自孔子以来便已实现向"道德宗教"的根本转向，而为最本质的"真正的宗教"。②

林安梧认为，牟宗三的内在超越论发展到极致便是"圆善论"之德福"诡谲的相即"，其理论关键在于"智的直觉"之透出，成为一种"境照"的哲学。由于主体已直契于道体，因之其"存在的当下义"往往呈现的是回到道体的圆融义，而没有真切的实践义，总的说来是境界、"圆顿"之意味太重，而落实之意味太少，其心性修养的境界之"诡谲"义太强，其道德力行之实践的"辩证"义太弱。③

在新儒家阵营之外，面对唐君毅、牟宗三等人提出的内在超越论，"有些与新儒家持不同立场的学者亦不反对"④，甚至某些海外汉学家⑤也表示赞同。从而，内在超越论成为对儒学超越性乃至儒学特质的一种典型表达。新儒家学者对于现代中国哲学领域的超越问题研究，提出了具有自身特色的典型表述，赢得了相当的认同。但是，其研究的一个普遍疏漏在于，对"超越"概念本身以及超越问题的基本内涵语焉不详，并且对这一问题在西方文化背景下已有丰富理论成果的注意不够充分。因而，他们直接以中国文化语境中的"超越"一词来表述儒家乃至中国文化的基本特征，忽略了在这一问题上中西文化对比的诸多复杂状况，并且导致对超越问题的思考仅仅局限于宗教精神方面，未能正视这一问题兼涉形上学、伦

---

① 李明辉：《儒家思想中的内在性与超越性》，载氏著《当代儒学的自我转化》，第 128 - 129 页。

② 参见李明辉：《从康德的"道德宗教"论儒家的宗教性》，载哈佛燕京学社主编《儒家传统与启蒙心态》，江苏教育出版社，2005。

③ 参见林安梧：《关于"天理、良知"的"超越性"与"内在性"问题的一个反省——以牟宗三先生的新儒学系统为核心的展开》，载香港浸会大学宗教及哲学系编《当代儒学与精神性》，广西师范大学出版社，2009。

④ 参见李明辉在《儒家思想中的内在性与超越性》一文中对林毓生、张灏观点的引用，参见氏著《当代儒学的自我转化》，第 124 页。

⑤ 主要包括史华慈（Benjamin Schwartz）、白诗朗（John Berthrong）等，他们大多一方面接受了新儒家内在超越论的观点，另一方面直接用西方基督教文化中的"超越"一词来解释中国文化。

理学与终极关怀的特征。新儒家学者对比于"内在超越",提出"外在超越"概念来表达西方文化的基本特征,更体现出把问题简单化的倾向,缺乏对超越问题之丰富内涵的具体思考。

2. 以项退结、罗光为代表的新士林学派立场

在新儒家之外另一种堪称典型的观点,来自基督教哲学阵营。曾有神学研究者撰文指出,在这几十年间,海外新儒家不断以基督教作为对比对象,把彼此的宗教性定位为"内在超越/外在超越"之别;于这段时间内,基督教学者极少回应,给人的印象是默许这个区分。这个沉默不能再继续下去。① 这种概括反映了一定的实际状况,表明基督教学者对新儒家的"内在超越"以及"外在超越"说并不认同。其实,这种态度并不是通过此文才表现出来,在此之前,与现代新儒家鼎足而立的台湾新士林学派便已提出不同意见。

台湾新士林哲学家及其他一些基督教学者,对"内在超越/外在超越"的说法一直多有质疑。罗光在其"晚年定论"《形上生命哲学》中认为,这种说法一方面可以说对儒家之"性"了解得不够完全,另一方面也是对西方天主教的精神超越最普遍和最学术化的误解。他认为儒家之"性",因其一致主张是通过自我的提升合于天地化生流行之道,故须通过修养以建立,而非直接天然地具有"内在超越"的完满之性。天主教的精神超越,亦不是与上帝的外在结合,且超越亦仍不离于世间,故而难以用"外在超越"概括言之。②

项退结曾撰写论文《两种不同超越与未来中国文化》,认为真正堪称儒学超越性的是《尚书·洪范》中"上帝超越于世"的思想,"既内在又超越的'道'、'太极'或'本体'等想法是'上帝超越于世'这一思想典范转变以后的产物"③,这种转变是与道家"内在又超越的道"进行了不成功的结合而出现的,从而与源头的上帝信仰相比,较难与儒家中心思想的"仁"融通为一。

傅佩荣在其论文《内在与超越如何并存?》中认为,"向内不足以言超

① 参见罗秉祥:《上帝的超越与临在——神人之际与天人关系》,载何光沪、许志伟主编《对话二:儒释道与基督教》。

② 参见罗光:《形上生命哲学》,台湾学生书局,2001,第317、342-343、345-346页。

③ 项退结:《两种不同超越与未来中国文化》,载沈清松主编《诠释与创造——传统中华文化及其未来发展》,第504页。

越",以"内在超越"一语来说明中国文化的人必须面对三个问题:
(1) 动力从何而来?(2) 方向如何界定?(3) 能否自圆其说? 而"外在超越",亦不是借由信仰外在的上帝去超越,而是主张:"'由内在去超越'是出发点,肯定了人的主动性;'向外在去超越'是运作方向,肯定了人与超越界有冥合的可能。"①

汪惠娟认为,罗光生命哲学的超越思想是一种理性神学,由于其形上学以造物主为宇宙一切的根源与本体,故生命超越以上帝为归趋,因而判天主教对此问题的解决最为合理,由洗礼与神修等宗教生活而达至,并在义理与境界上均高于儒、释、道三家的超越理路。②

樊志辉指出,罗光的超越论有其存有论作为基础,借助士林哲学的形上架构,使中国传统"生生之易"的形上学和宗教信仰的"造物主"隐态的关系明朗化,从而使中国形上学向上帝信仰开放;进而,其超越论一方面反对新儒家对天主教超越精神的误解,另一方面从基督教立场对传统儒家超越形态重新进行研判。③

这一学派的其他学者,以及港台地区许多基督教研究者,也大致持与此类似的观点。以新士林学派为代表的基督教研究者,普遍注重"超越"一词的西方文化背景,但是对中国文化本身、儒家本身的独特超越性又研究得不够充分和精深,从而容易直接以同一种标准和理论逻辑来看待中西文化的超越性,有以西释中之嫌。其中精研中国文化者如罗光、项退结等人,虽更为注重中西文化各自特质的凸显,但中国文化特质的凸显,又大大增加了他们在坚持信仰的同时会通中西的难度,从而产生新的问题。

3. 以郝大维、安乐哲为代表的海外汉学家立场

美国学者郝大维和安乐哲对于"儒学是否具有超越性"的问题进行了长时间的持续思考。他们认为思考这一问题首先应当明确"超越"概念的哲学含义,进而在此基础上分析这一概念是否与儒学的基本精神匹配。

早在《孔子哲学思微》一书中,郝大维和安乐哲就对"超越"概念进行了定义,"在原则 A 和原则 B 的关系中,如果 A 在某种意义上决定 B

① 傅佩荣:《内在与超越如何并存?》,台湾《哲学与文化》1999 年第 10 期,第 944 页。
② 参见汪惠娟:《变易与永恒——罗光生命哲学之探微》,台湾哲学与文化月刊社,2005。
③ 参见樊志辉:《台湾新士林哲学研究》,黑龙江人民出版社,2001,第 229 页。

而 B 不决定 A，那么，原则 A 就是超越的。就是说，如果不诉诸 A，B 的意义和重要性就不能得到充分的分析和解释，而反过来，情况就非如此，那么，A 就超越 B"①。这一定义阐述的是严格意义上的"超越"概念，他们认为西方哲学的主流正是在这个意义上使用"超越"和"超越性"等概念的，而使用这个意义上的"超越"概念来解释孔子思想会产生极大的误解，具体表现为：（1）它把孔子哲学之内在论的宇宙观误解为决定论的二元宇宙观（认为儒学与西方哲学一样，是由超越的实体或原则决定世界）；（2）把孔子思想中最有价值的"事件的本体论"误解为西方哲学思维惯用的"实体的本体论"。

郝大维和安乐哲在此之后写成的《期望中国：对中西文化的哲学思考》一书中认为，如果用雅斯贝尔斯的"轴心时代"理论考察中国文化，我们会发现在被雅斯贝尔斯称为"人们开始从超越性的高度和主观性的深度体验绝对"②的那个时代，"绝对""超越""主观性"这些概念对中国文化未必具有我们期待的重要意义。他们进一步认为，"很难在中国找到像亚里士多德的神或是柏拉图的形式等绝对、超越的存在物，或是像充足理由律这样纯粹、超越的原理"③，在中国文化中居于主导地位的汉哲学思维注重建构世界秩序时的关联性模式，而正是这种模式使"超越"这种代表西方文化主张的概念不适用。

郝大维和安乐哲在《汉哲学思维的文化探源》一书中进一步谈到这一问题，它对《孔子哲学思微》中定义的"超越"概念的含义进行了转述和概括："如果 B 的存在、意义和重要性只有依靠 A 才能获得充分的说明，然而反之则不然，那么，对于 B 来说，A 是超越的。"④ 郝大维和安乐哲认为，"超越"概念代表了西方文化中一系列重要的理论预设：肯定一种二元论的世界观，肯定一个高于并决定世界的超越原则或实体。这种观念对于儒学传统而言是不相应的。通过集中探讨"天""道"等概念，他们指出儒家思想中的"天"就是世界本身，这种世界观认为"秩序本身与安

---

① 郝大维、安乐哲：《孔子哲学思微》，蒋弋为、李志林译，江苏人民出版社，1996，第 5 页。

② 郝大维、安乐哲：《期望中国：对中西文化的哲学思考》，施忠连、何锡蓉、马迅、李琍译，学林出版社，2005，第 1 页。

③ 同上。

④ 郝大维、安乐哲：《汉哲学思维的文化探源》，施忠连译，第 194 页。

排秩序者之间界限模糊",不赞成西方文化中常见的"秩序/培育"的二元论,按照这种观念,"天既是世界呈现的样子,又是它何以如此的原因"①,在其思考终极问题的根本精神上涵衍了深刻的暂存性和历史性。

安乐哲在《自我的圆成:中西互镜下的古典儒学与道家》中对前面几部著作在此问题上的观点进行了总结,通过分析"超越"一词背后的所蕴含的西方文化思维方式,认为这一概念包含着整个西方文化以本质存有论(substance ontology)为基础的对世界的一系列线性的二元性诠释,而与儒家以过程本体论(process ontology)为中心的、多元论的、情境化的、过程性的世界观迥异其趣,因而对于表述中国文化独特的精神特质是不适用的。②

郝大维和安乐哲的主张是海外汉学家研究儒学问题的一种很有代表性的观点。这种观点建立在对中西文化基本精神之研判的基础上,从其自身的理论立场观之可谓言之有据,可以与现代新儒家及其他学者的超越观展开对话。然其对于"超越"一词的使用,以严格的概念限制凸显儒学与西学的观点之异,这对超越问题的中西沟通与形成共识,不能不说有一定的阻碍作用。

4. 其他学者的研究

除了以上三派关于超越问题的典型观点之外,学界也有许多其他研究者提出了对超越问题的分析。

汤一介认为,内在性与超越性也即"性与天道"的问题,是儒家自孔孟至程朱陆王持续关注的重要问题,其回答以"内在超越"为典型特征而不同于基督教哲学。不仅儒家,道家及中国化的佛教(禅宗)亦以"内在超越"为特征。他最后提出建立内在超越和外在超越为一体之哲学的理论期待。③

冯耀明在《"超越内在"的迷思——从分析哲学观点看当代新儒学》中认为,牟宗三的"超越"就其意指普遍必然性而言,实已滑转为康德的"超验"(transcendental),从而虽不与"内在"矛盾,但也难以成就真正

---

① 郝大维、安乐哲:《汉哲学思维的文化探源》,施忠连译,第250页。
② 参见安乐哲:《自我的圆成:中西互镜下的古典儒学与道家》,彭国翔编译,河北人民出版社,2006,第19页。
③ 参见汤一介:《儒道释与内在超越问题》,江西人民出版社,1991。

的"超越面"，难以"坚持天道、天理或太极是创造天地万物的形上存有或超越实体，而只能承认它们是有普遍性及必然性的超验概念或原理而已"①。

郑家栋认为，牟宗三的思考意图扭转康德而恢复"超越"的古义，在肯定人有"智知"的前提下，重新赋予"超越"概念某种存有、实有、实在的内涵，重建超越存有论；但是认同康德主体主义的路向与彻底取消神人之间的界限相统一，又使牟宗三对"超越"概念的理解及由此展开的思想系统，摇摆于前康德时代的超越存有论与后康德时代的人本主义哲学之间。②

张汝伦认为，内在超越论误用了"超越"这个西方哲学的基本概念，新儒家的"超越"实际以心代天，最终取消了天的超越性；虽然安乐哲提出批评，但我们仍可用"超越"概念来解释中国古代的"天"，不但不会曲解，反而会使其特征更明确。③

任剑涛认为，内在超越论是旨在对抗西方宗教性挑战、为儒学辩护的儒耶比较论说；儒家德性论既不能从自然科学的外部世界与道德修养的结构关系上审视，也不能从人文主张与宗教建构的关联建构上分析，而应发挥儒家德性伦理的现代性价值，从善端萌芽到博施济众以建构人心秩序、社会秩序。④

黄玉顺撰写了系列论文反省内在超越论，并提出自己对超越问题的思考。⑤ 他反省了中国哲学的"两个教条"，认为"内在超越"既不是中国哲学特有的，也不是优越的；"内在超越"的本质是以人僭天，应当重建"外在超越"的神圣界。

赵法生认为，牟宗三的内在超越论将心性本体完全抽象化、形式化，实

---

① 冯耀明：《"超越内在"的迷思——从分析哲学观点看当代新儒学》，香港中文大学出版社，2003，第 190 页。

② 参见郑家栋：《断裂中的传统：信念与理性之间》，中国社会科学出版社，2001。

③ 参见张汝伦：《论"内在超越"》，《哲学研究》2018 年第 3 期。

④ 参见任剑涛：《内在超越与外在超越：宗教信仰、道德信念与秩序问题》，《中国社会科学》2012 年第 7 期。

⑤ 参见黄玉顺：《中国哲学"内在超越"的两个教条——关于人本主义的反思》，《学术界》2020 年第 2 期；《生活儒学的内在转向——神圣外在超越的重建》，《东岳论丛》2020 年第 3 期；《儒学反思：儒家·权力·超越》，载杨永明、郭萍主编《当代儒学》第 18 辑，四川人民出版社，2020；《神圣超越的哲学重建——〈周易〉与现象学的启示》，《周易研究》2020 年第 2 期；《"情感超越"对"内在超越"的超越——论情感儒学的超越观念》，《哲学动态》2020 年第 10 期。

际上取消了身心关系，将天人关系的上下问题归约为心灵与世界关系的内外问题，导致儒学与形而上的天道领域、形而下的生活实践的双向联系同时中断。儒家的超越应是统合天命信仰与人文精神，包含上下（天人关系）、内外（身心关系）、左右（自我与他者的关系）三个向度的"中道超越论"。①

梁涛认为，先秦儒家天命观包含"内在超越"与"外在超越"两个向度。孔子的天命观既有"内在超越"，又有"外在超越"：一方面"天生德于予"、践仁可知天；另一方面天垂范于人，是君王效法的对象、人间礼法的根据。"内在超越"的思想是后起的，在郭店简《性自命出》和《中庸》中才出现，到孟子那里进一步完善；此前《诗经》《尚书》中的天命观是"外在超越"，为《逸周书》的《度训》《命训》《常训》、郭店简《成之闻之》所继承，荀子思想中也有"外在超越"面向。②

杨泽波指出，牟宗三对"儒学超越性"问题的阐发主要着力于存有论，但他混淆了"道德心性的形上根源（上天）"与"道德存有的创生主体（仁心）"，主张"上天创生道德存有"的超越存有论，而实际上儒家之天只能在假借的意义上创生道德心性，不能在真实的意义上创生道德存有，可以说只有超越的心性论，没有超越的存有论，因而牟氏"以超越存有论为核心建构儒学超越性"的理路是不成功的。③

程志华基于时空观念提出"超越的两类三层说"，以此安顿牟宗三的内在超越论与诸种赞同、反对的观点。横向地讲，"超越"分宗教义和哲学义两类：前者为实体义，后者为境界义。纵向地讲，"超越"的宗教义与哲学义为两层，哲学义的"超越"又含"经验"与"超验"两层，故"超越"实为三层。反对的观点可在"两类"中找到位置，内在超越论及其赞同观点可在"三层"中找到位置。④

郭沂认为，内在超越和外在超越的观念源头是天人合一传统，早期展现为自然的天人合一系统中的内在超越观念和宗教的天人合一系统中的内在超越、外在超越观念。诸子时代为哲学的天人合一系统，其中内在超越

---

① 参见赵法生：《内在与超越之间——论牟宗三的内在超越说》，《哲学动态》2021 年第 10 期；《论孔子的中道超越》，《哲学研究》2020 年第 4 期；《儒家超越思想的起源》，中国社会科学出版社，2019；《威仪、身体与性命——儒家身心一体的威仪观及其中道超越》，《齐鲁学刊》2018 年第 2 期。

② 参见梁涛：《论儒学的双向超越说》，载赵法生、李洪卫主编《究天人之际：儒家超越性问题探研》，第 352－357 页。

③ 参见杨泽波：《超越存有的困惑——牟宗三超越存有论的理论意义与内在缺陷》，《复旦学报（社会科学版）》2005 年第 5 期。

④ 参见程志华：《超越的两类三层——基于时空观念的思考》，《国学学刊》2023 年第 4 期。

派坚持了自然的天人合一系统中的自然主义立场，但未接受其天地二元论；继承了宗教的天人合一系统中的一元论宇宙观和价值来自宇宙本原的思维方式，但抛弃了其宗教性质。外在超越派继承了宗教的天人合一系统中的外在超越观。①

　　胡伟希等人认为，安乐哲强调消解儒学的"超越性"，而代之以开放性的"过程哲学"，这种做法在很大程度上把握住了儒学注重历程性的独特性，然而过分强调"自然而然"的历程论在某种意义上消解了儒家基本范畴——本心——之内在于个体并指引个体的规定性，实际上超越性的强调正是传统儒学的题中应有之义。②

　　可以说，现代中国哲学对"儒学超越性"的探讨，在根本上源于儒学传统的问题意识，同时经受了现代哲学的洗礼，从而对传统问题进行了新的诠释。同时，日益扩大的学术、文化交流使现代中国哲学研究者意识到这个传统问题与世界其他文明的探讨之间存在着许多共同话题，在对此话题的不同解答中展现出鲜明的儒家特色，在某些观念上亦有着与其他文明不谋而合的洞见。进而，在世界范围内的哲学对话不断深入的形势下，儒学传统的"现代传人"③们认真梳理传统儒学的思想资源，并借鉴"他山之石"的智慧成果，创造性地对传统加以重释，形成了现代哲学史上风采各异、独具特色的理论形态。

　　总结起来，"儒学超越性"的现代诠释之争主要包括"超越性"与"非超越性"之争、"内在超越"与"外在超越"之争：前者探讨的是儒学有无超越性的问题，在以牟宗三为代表的现代新儒家和以安乐哲为代表的海外汉学家之间展开；后者探讨的是儒学的超越性以何种方式展现的问题，在以牟宗三为代表的现代新儒家和以罗光为代表的台湾新士林学派之间展开。因此，以牟宗三为代表的现代新儒家、以罗光为代表的台湾新士林学派、以安乐哲为代表的海外汉学家是"儒学超越性"论争中的典型代表，三派学者各自彰显了"儒学超越性"问题的不同方面，提出了有深度、有启发的理论观点。

---

　　①　参见郭沂：《中国内在超越与外在超越观念溯源》，《国学学刊》2023 年第 4 期。

　　②　参见胡伟希、田超：《儒学的"内在超越性"与历史总体问题——从分析牟宗三、李泽厚、安乐哲诸观点出发》，《河北学刊》2011 年第 2 期。

　　③　正如前文已经讲到的那样，儒家超越问题的现代探讨者已不局限于儒学"道统"谱系中的学人，因此本书在较为宽泛的意义上使用"现代传人"一词，把那些在自己的学术思考中重视儒家超越智慧之理论价值的学者均视作儒家超越之路的现代探讨者。

从总体上看，"儒学超越性"的现代探讨具有以下三个方面的特点：

其一，现代中国哲学与传统儒学所探讨的问题在内容上具有一致性，可以说是继承了传统儒学的理论任务，并且把这个理论任务安立于现代学术探讨的整体话语系统之中。传统儒学经历了异质的西方文化与席卷一切的现代精神的洗礼后，在很多方面需要进行现代转化，这可以说是现代中国哲学界共同奋斗的理论目标。以超越问题的思考来继续研究传统儒学在天人观的基础上持续关注的人生问题，可以使传统的一个重要课题在现代的哲学话语系统中有一个较好的安放，正如牟宗三在《心体与性体》中所讲的那样，使之能够"有一今语学术上更为清楚而确定之定位"①。

其二，现代学术在世界范围内的相互交流、对话，使我们今天对儒家超越问题的探讨有了更多可资借鉴的思想资源。与中国古代的儒者不同，现代中国哲学研究者对儒家超越问题的探讨不再只是继承传统的思想资源进行思考，而是在契接传统之源头活水的同时吸收了世界范围内其他民族哲学思考的智慧。由于中、外学者在一定程度上的理论关注的相通性和世界范围内哲学对话的展开，外国哲学各种流派的思维方式和哲学见解开始对现代中国哲学的超越问题探讨产生影响。现代中国哲学研究者对这些哲学资源的借鉴可以使问题探讨的视野更加开阔，甚至通过发掘一些以往未被关注的思考向度，彰显出问题本身更为复杂的理论意涵，例如现代新儒家、台湾新士林学派的学者对超越问题的研究，大多借鉴了西方哲学中某些流派探讨超越问题的理论成果。

其三，现代中国哲学对"儒学超越性"的探讨，几乎普遍注重对本体论问题的研究。纵观现代中国哲学对"儒学超越性"的研究，可以看出多数研究者不是把它作为一个单纯的人生哲学问题，孤立地研究在儒家的理论系统中"个体生命如何达至超越境界"的理论问题，而是认为生命超越之路的探讨与本体论密切相关，在根本上是基于一种形上学基础上的天人关系论而提出的。这种倾向一方面可以说是继承了传统儒家"即天道而讲人道"的理论特点，在儒家看来，人从来就不是隔绝于天的孤立个体，而是在天道人道和谐贯通的整体语境中寻求人生超越之路；另一方面也是受到西方哲学的挑战和影响，在现代西方哲学的探讨中，形上学兴趣的回归成为一种逐渐显明的趋势，这种趋势作为现代世界哲学之主流的一种代表性特征，客观上要求中国哲学对传统儒学的现代转化重视本体论维度。

---

① 牟宗三：《心体与性体》上册，上海古籍出版社，1999，第9页。

第二节　三种典型的超越路向

如前所论，在现代中国哲学的超越探讨中，现代新儒家、新士林学派和以安乐哲为代表的海外汉学家展现出值得关注的三种典型理路。这三派学者在现代中国哲学中具有一定的代表性和典型性：1949 年以后，现代新儒家在中国港台及海外得到了延续与发展；新士林学派则是这一时期在台湾地区有着重要影响的哲学流派；以安乐哲为代表的海外汉学家多年来潜心研究中国哲学，在世界范围内引发了广泛关注。新儒家"以接续儒家'道统'、复兴儒学为己任"①，力图会通西学以谋求传统儒学的现代转化；新士林学派则致力于落实、诠释天主教精神，"本着结合中华文化与士林哲学为核心精神"，"依循'两种文化思想的精进与比较融合'的方式逐渐累进"②；以安乐哲为代表的海外汉学家始终怀有对中国文化的深切热爱，希望通过自己的研究揭示出中国哲学独特的思想价值。

牟宗三、罗光、安乐哲均以会通中西为职志，且都注重开发儒家思想的现代意义，因而儒学在一定意义上构成了三人共同的思想基础。在对儒学的系统研究中，生命超越问题是他们共同关注的重点之一。生命超越问题在牟宗三、罗光、安乐哲的哲学思考中，均是一个比较重要的理论问题，他们对这一问题进行了认真和持续的探讨，并做出了较为系统的解答，分别形成了"内在超越""外在超越""非超越"的生命超越论。牟宗三、罗光、安乐哲都对传统儒家的生命超越智慧给予了高度肯定，各有侧重地诠释了儒家生命超越论的某些主张，并在一定意义上对传统儒家的生命超越智慧进行了一种现代发展。应当说，儒家超越问题的传统智慧始终是三人重视的重要资源，无论是对其进行借鉴、发展还是对其进行批判、改造，均是以各自不同的方式尝试对"儒学超越性"予以现代诠释。对此，牟宗三、罗光、安乐哲也都有着较为清醒的理论自觉。牟宗三始终以儒学为"大中至正之圆教"，为哲学上最高的义理典范自不待言。罗光也常常本着"天主教知识分子对于中国传统文化应尽什么责任"的问题意识来衡量自己的学术之路，基于一种中国天主教知识分子的身份，始终致力

---

① 方克立：《现代新儒学与中国现代化》，天津人民出版社，1997，第 19 页。
② 黎建球：《辅仁学派之哲学基础》，台湾《哲学与文化》2005 年第 1 期，第 6 页。

于寻找一条自己力所能及的切合儒学基本精神的儒学现代转化之路。安乐哲怀着对中国哲学发展的真诚关切，希望中国哲学能够以自己独特的思想价值进入现代世界哲学的探讨，为人类面对的共同问题提供更好的解决方案。

学界对于牟宗三哲学的许多问题都已进行了较为深入的探讨，但是牟宗三的"内在超越论"的研究尚有进一步深入的空间。学界对罗光"形上生命哲学"的研究可以说较为初步，而生命超越论这一特色鲜明的具体问题更是尚待开拓的领域。学界对安乐哲的思想研究亦属起步阶段，有两本总体性的研究著作问世，在超越问题上除了现代新儒家后学基于乃师立场与其观点有所交锋外，深入探析其理论内涵的成果较少。此外，把牟宗三的"内在超越论"、罗光的"外在超越论"与安乐哲的"非超越论"予以系统比较的学术专著，目前在学界尚付阙如。基于以上情况，本书拟深入分析牟宗三、罗光、安乐哲对儒家超越问题的思考，进而开展比较研究，彰显三种生命超越论的基本特色，在充分揭示儒家生命超越问题之复杂性的同时，透视三种不同学术传统之独特的致思取向，并分析其理论依据与得失。

一、牟宗三的学思历程与生命超越问题

牟宗三（1909—1995），字离中，山东栖霞人，现代新儒家第二代的代表人物。学界对于牟宗三生平著述、学思心路等问题的研究已取得了丰硕成果①，对牟氏思想的各个发展阶段也有了详细研究②，因此本书的论述不同于一般意义上的评传，而是从"儒家超越问题"的视角出发，对牟氏学思心路的发展轨迹予以重点关注。

综合牟宗三的著述和各种文献资料，本书认为他的思想发展经历了三次转变：第一次是由"浪漫的才情"转向"理性的生命"，第二次是由"架构的思辨"转向"客观的悲情"，第三次由"客观的悲情"转向"内在的良知"。而牟氏这三次思想转变所达到的终点就是觉醒内在的本心灵明，通过

---

① 学界对牟宗三的评传有以下三部代表性的专著：颜炳罡：《牟宗三学术思想评传》，北京图书馆出版社，1998；郑家栋：《牟宗三》，东大图书有限公司，2000；李山：《牟宗三传》（增订本），中央民族大学出版社，2006。

② 蔡仁厚将牟宗三一生的学思历程划分为六个阶段：（1）直觉的解悟（26 岁之前）；（2）架构的思辨（26~40 岁）；（3）客观的悲情与具体的解悟（41~50 岁）；（4）旧学商量加邃密（51~60 岁）；（5）新知培养转深沉（61~70 岁）；（6）学思的圆成（70 岁以后）。（参见蔡仁厚：《牟宗三先生学思年谱》，台湾学生书局，1996）

自我生命之"亲证"在最根本的意义上契悟儒家传统的智慧精神，在此基础上建构自己"道德的形上学"的体系。由此可知，牟宗三的学思历程最终在归极的意义上认同儒家的生命超越智慧，并且与这种生命感悟相关联，使自己的治学重心转向对外王事功之本体基础的探讨。

　　正如牟宗三自己向读者所敞开的心理世界，他的内心从童年阶段就存在着类似于"日神精神"与"酒神精神"之间的紧张："这些感应音调总不外是相反的两面：一面是清明的、圣洁的、安息恬静的、向往秩序的；一面是迷离的、荒漠的、懊恼不安的、企向于混沌的。这两面造成我生命中的矛盾。"① 这两种精神的对立和冲突在牟氏一生中反复出现，以上所说的三次转变就是他内心的"日神精神"逐步战胜"酒神精神"的心路历程。

（一）由"浪漫的才情"转向"理性的生命"

　　第一次转变是牟宗三在"父教"的影响下，从随趋时风的放达无羁中走出来，开始用一种理性的眼光审视时代所盛行的"大浪漫精神"，为他走上学术道路奠定了基础。

　　牟氏 15 岁离乡进入县立中学，开始了求学生涯，正如他自述的，"读书从学使我混沌的自然生命之直接的自然的发展，受了一曲，成为间接的发展"②。其生命的原始同一性由于对象化的求知活动而分裂，这个过程一方面是个体意识的觉醒，另一方面是本真生命的外驰，这两个方面在牟氏生命的发展中都产生了作用。在中学阶段，他有过一个"情识才气的泛滥与浪漫"的时期，这种情绪一方面是五四的时代风气熏染的结果，另一方面也是他心底那种"酒神精神"的萌动。当时，在阅读了《科学与人生观论战》之后，他认为张君劢、丁文江两人的文章平庸无光，而却为吴稚晖那"漆黑一团的宇宙观"所倾倒，在其影响下行为和文字中颇有放荡不羁之风。这时，他的父亲读到其文字，大为震怒并加以斥责，牟宗三极为羞愧并答以外面风气使然，其父答曰："择其善者而从之，不善者而改之。何可如此不分好歹？外面那些风气算得了什么？"牟氏当时"肃然惊醒，心思顿觉凝聚，痛悔无地。大哉父言，一口范住吴氏的浩瀚与纵横，赤手搏住那奔驰的野马，使我顿时从漆黑一团的混沌中超拔。那些光彩，那些风

① 牟宗三：《五十自述》，鹅湖出版社，1989，第 16 页。
② 同上书，第 17 页。

姿，那些波澜壮阔，顿时收煞、降伏、止息，转向而为另一种境界之来临"①。这可谓牟宗三人生之"第一次觉悟"，经由"父教"而从追随浪漫的时风转向理性的思考，亦标志着其与无政府主义以及任何形式的政治浪漫主义思潮分道扬镳，也使他终生游离于政治权力之外。

1927 年，牟宗三考入北大预科，两年后升入北大哲学系，1933 年毕业。他在这六年间接受了系统的哲学训练，逐渐由一个青年学生转变为一名哲学专业学者。牟宗三将这一时期称为"直觉的解悟"："现在我的直觉力则不是顺生命的膨胀直接向外扑，而是收摄了一下，凝聚了一下，直接向外照。因为收摄了一下，凝聚了一下，所以灵觉浮上来，原始的生命沉下去。暂时是灵觉用事，不是生命用事。而灵觉用事，其形态是直接向外照。"② 这种直觉起源于其在预科时读《朱子语类》，起初不解其意，但连续一个月后豁然有所醒悟，了解到朱子所讲的是形上之道，是生化万物之理，这是牟氏第一次接触儒家的形上学。但这种理解仅停留于一种亲切的感受，"只是外在的、想象式的直觉解悟，说不上内在地体之于自家生命中以为自己之本根"③尽管如此，他还是明确肯定了这种直觉的重要意义："我之感到这气氛下的道理，使我的生命，我的心觉，有一种超越的超旷，越过现实的感触的尘世之拘系，而直通万化之源。"④"理想主义的情调始终是离不开我的。因为这超越的超旷是一切理想、灵感、光辉之源，也是一切理想主义之源。"⑤ 牟氏通过朱子接触到儒家的"理想主义"情调，后者成为他一生哲学思考中不变的主题。此后，他通过朱子接近《周易》，由《周易》的象数上升到宇宙论和自然哲学，进而由对数学秩序的审美兴趣接近了怀特海的哲学，于是有了那本被沈有鼎盛赞为"化腐朽为神奇"的《从周易方面研究中国玄学及道德哲学》⑥，成为牟宗三哲学著述生涯的开始。

（二）由"架构的思辨"转向"客观的悲情"

第二次转变是牟宗三在"师教"和"友教"的影响下，思想关注的重

---

① 牟宗三：《五十自述》，第 35 页。
② 同上书，第 41 页。
③ 同上书，第 42 页。
④ 同上。
⑤ 同上。
⑥ 是书写于 1932 年即牟宗三大学三年级之时，直到 1935 年 5 月才得以自费在天津大公报社刊行。1988 年是书略做修改，更名为《周易的自然哲学与道德函义》，由台北文津出版社出版，后收入《牟宗三先生全集》第 1 卷。

心由数理逻辑、知识论领域转向历史文化领域，生命由抽象、空虚的"架构的思辨"逐步具体化、充实化而转为对民族文化的"客观的悲情"。

如果说牟氏对《周易》的关注和研究仅是基于个人爱好而自我摸索的话，那么真正专业性的哲学训练则来自亲耳聆听著名哲学家的授课。在北大学习的岁月中，对牟氏影响最大的是张申府、金岳霖和张东荪，牟氏所受的训练主要集中在数理逻辑、知识论等方面。通过北大名师，牟宗三接触到的是以罗素、维特根斯坦为代表的西方经验主义传统中的分析哲学、新实在论。牟氏由于超凡的思辨能力以及踏实钻研的苦功，在其中也深造自得。这一时期牟氏主要的精力放在了逻辑学和知识论方面，先后写作了《逻辑典范》《理则学》《认识心之批判》，以及大量论文。与理论上的收获相比，牟宗三在现实境遇中却颇不得志，面临着巨大的生存压力。一心专注于架构思辨的他身处于民族生命、文化生命和个体生命三种危机之中，这时他内心深处的"酒神精神"又彰显出来，个体生命面临着严重的信念虚无和价值迷失。由于"架构的思辨"完全是形式的、抽象普遍的、纯粹知性的、与现实隔绝的，所以局限于一种与人文价值世界相疏离的领域，牟氏借用克尔恺郭尔的术语将其称为"非存在的"（non-existential），也就是一种彻底的虚无主义状态。然而，牟宗三毕竟不甘于在这种虚无中沉沦下去，内心的"日神精神"必然挺立起来面对存在本身、面对时代现实："我在'非存在的'领域中，同时也常被打落在'存在的'领域中：正视着'存在的'现实。在时代的不断的刺激中，我不断的感受，不断的默识。在不断的默识中，我渐渐体会到时代的风气、学术的风气、知识分子的劣性、家国天下的多难、历史文化的绝续。这一切引发了我的'客观的悲情'。"① 所谓"存在的"（existential）就是具体的、现实的、特殊的、在特定时空中的感受和思考，其中具有一种关切于社会人生的"紧张强度"。② 牟氏所说的"客观的悲情"代表了一种"淑世济民"的社会政治关怀和一种"兴亡续绝"的历史文化意识，而这种悲情是儒家所特有的。在这个意义上，只有到了这个时候，牟宗三才成为一名真正意义上的儒者，而这个根本性的转变得益于一师一友。

牟宗三之所以归宗于儒家，在很大程度上依赖于得遇熊十力的因缘。

① 牟宗三：《五十自述》，第85页。
② 参见牟宗三：《存在主义》，载《牟宗三先生全集》第27卷，联经出版事业股份有限公司，第182－185页。

他在大学三年级时始闻熊十力之名并拜读其《新唯识论》，对其文辞义理均钦佩不已，经人介绍得晤其面，此后从游于其门下，毕业后仍不断书信往还。据牟氏回忆，1934 年冯友兰访熊十力于北平二道桥，熊批评冯曰："你说良知是个假定。这怎么可以说是假定！良知是真真实实的，而且是个呈现，这须要直下自觉，直下肯定。"① 当时牟氏的感受是："良知是真实，是呈现，这在当时，是从所未闻的。这霹雳一声，直是振聋发聩，把人的觉悟提升到宋明儒者的层次"，"由熊先生的霹雳一声，直复活了中国的学脉"②。熊十力的这一"狮子吼"深深地影响了牟宗三一生的哲学理路，通过熊十力，牟宗三接契了孟子到陆王的心学道统，归宗于儒家心性之学。正如吴森所指出的："没有熊先生的启发，牟氏可能一辈子治逻辑及认识论而不会折返儒家的道路。这大转变，就像圣保罗的归于耶稣。"③ 近二十年从游于熊十力的经历促使了牟氏的"第二次觉悟"，经由"师教"而从虚无的沉沦中挣脱出来，走上自己独立的思想道路。

牟宗三常说："生我者父母，教我者熊师，知我者君毅兄也。"④ 在"父教"与"师教"之外，牟宗三还在治学方向和思想资源等方面受教于挚友唐君毅，后者是他"谈学问与性情最相契的一位朋友"。正如刘述先所总结的，唐君毅对牟宗三转向中国哲学智慧有"带路"的作用。⑤ 唐君毅是一位早慧的哲学天才，在 30 岁之前就形成了自己对人生的基本信念，其相契于熊十力之学并持弟子礼，而哲学义理却"自谓已先自见得"⑥。唐牟二人同岁，在 1939 年正式晤面而一见订交，相互切磋讲习，同继师门心性之学，共担中国文化慧命。唐君毅对牟宗三的影响主要在对黑格尔哲学的理解上，牟氏此前一直对康德哲学与黑格尔哲学之间的分歧甚感困惑："康德的批判学实无以讲辩证，黑格尔的辩证学又实无以讲批判，这是一个大问题，须有以解决之。"⑦ 经过与唐氏的探讨，牟氏得出了调解

---

① 牟宗三：《五十自述》，第 88 页。

② 同上。

③ 吴森：《论治哲学的门户与方法》，载氏著《比较哲学与文化》，东大图书有限公司，1978，第 189 页。

④ 牟宗三：《五十自述》，第 100 页。

⑤ 参见刘述先：《从学理层次探讨新儒家思想本质》，《"当代新儒家与中国的现代化"座谈会》，台湾《中国论坛》第 15 卷第 1 期（总第 169 期），1982 年 10 月。

⑥ 唐君毅：《生命存在与心灵境界》下册，台湾学生书局，1986，第 479 页。

⑦ 牟宗三：《纯粹理性与实践理性》，载《牟宗三先生全集》第 25 卷，联经出版事业股份有限公司，第 389 页。

两者之对立的方式："要分解，须先是'超越的分解'，如康德之所为，其次是辩证法的综合，而辩证的综合即含有辩证的分解，如黑格尔之所为。"① "要讲黑格尔式的辩证综合，必须预设康德的超越分解。"② 经由与唐君毅的论学，牟宗三对黑格尔的唯心论和辩证法都有了进一步的认识。如果说熊十力从中国传统哲学资源的角度给了牟宗三方向的指导，那么唐君毅则从西方哲学资源中为牟氏的理路提供了有力的支持。在唐氏的影响下，牟宗三更为深入地钻研西学，于纷繁的百家学说之中坚定地选择了"康德-黑格尔"一系的德国唯心论哲学，与西方哲学中的观念论传统相契接。

在这种"客观的悲情"之下，牟宗三先后写作了《道德的理想主义》（1950 年）、《历史哲学》（1955 年）、《政道与治道》（1961 年），这三本著作又被称为"新外王三书"，从儒家的立场对中华民族的历史文化进行了深刻的反思，提出了"内圣开出新外王"的基本思路。可以看出，这一阶段牟氏深受黑格尔哲学的影响。

（三）由"客观的悲情"转向"内在的良知"

第三次转变是牟宗三通过自我的内在反省，认识到仅仅将儒家所讲的"天理""良知"展现于历史解释和政治设计尚具有外在性，因此在学术兴趣上更加偏向于在超越的本体层面为民主、科学等现代性成就奠定基础。这种"道德的形上学"的本体关切在很大程度上与牟氏在生命"亲证"中实现的"本心之觉醒"相关联。

学界一般认为，牟宗三的"新外王三书"代表了他作为现代新儒家的身份在政治历史领域的基本立场，不过，我们如果仔细阅读牟氏《五十自述》的最后一章"文殊问疾"，就可以发现他在 20 世纪 50 年代本着"客观的悲情"思考民族文化存续问题时内心仍然充斥着彷徨、倦怠和虚无感。③ 他写道："就是在客观的悲情中，而进于具体的解悟，成就历史哲学，也是心力之向外耗散，生命之离其自己。"④ "心力之向外膨胀耗散，是在一定的矢向与途径中使用，在此使用中，照察了外物，贞定了外物，此就是普通所谓学问或成就。我的心力与生命亦暂时在那一定矢向与途径

---

① 牟宗三：《五十自述》，第 111 页。对于牟宗三所使用的"综和"一词，本书依据现代汉语规范，一律改为"综合"，下同。

② 牟宗三：《超越的分解与辩证的综合》，载《牟宗三先生全集》第 27 卷，第 459 页。

③ 学界已有研究者注意到了这个问题，参见郑家栋：《断裂中的传统：信念与理性之间》。

④ 牟宗三：《五十自述》，第 142 页。

中得到贞定。但这贞定实在是吊挂在一定矢向与途径中的贞定，亦实在是圈在一机括中的贞定，甚至尚可说是一种冻结与僵化的贞定。"① 在这里，牟宗三自觉到所谓关涉于家国天下、历史文化的"客观的悲情"尚是一种"有限的、表面的、抽象的、吊挂的"生命形态，在本质上仍是一种向外逐物的致思取向，他的思考中所包含的悲天悯人之感是外在的历史时势、现实境遇所促生的，故而他将其称为"自外起悲"的"悲情之他相"，由此引生了他内心深刻的倦怠、无奈和虚无的感受。出于这种体验，牟氏学术思考的重心逐渐转向更为内在化的方面，力图通过内心对良知的真切体证而为外在的事功奠定基础："但这良知不但要在这些客观的外在的事上作干枯的表现，且亦要在自家心身上作主观的、内在的、润泽的表现。"②"有了'主观之润'之具体表现，良知本体才算真正个人地、存在地具体生根而落实，由此引生出客观的表现，则亦是彻内外俱是良知之润而为存在的，此方是真正的主客观之统一，在个体的具体践履中之统一，此是圣贤心肠，圣贤境界之所至。"③ 这里可以明确地看出牟氏对儒家的"天命之性""本心良知"具有了更为内在的体证，由理论上抽象的探究转而为实践上具体的"亲证"，由此而生的情感被他称为"自主起悲"的"悲情之自相"，即"超越了好恶的无向大悲之自己"、"回归于自己而自悲自润的重新在其自己的'悲情三昧'"④。由此"悲情三昧"，牟氏在诸种价值系统之间展开选择，经过思考，他认为释迦开启的佛教是"证如不证悲、悲如判为二"，而耶稣所开启的基督教是"证所不证能、泯能归于所"，只有孔子开启的儒家是"相应如如"："这悲情三昧，慧根觉情，它不显则已，显则一定要呈用。在它显而呈用以'润身'时，它便是'天心仁体'或'良知天理'。这就是由其消极相转而为积极相。天心仁体或良知天理便即是'悲情三昧'或'慧根觉情'所必然要函蕴的光明红轮。"⑤"惟是尽性至命，以上达天德，下开人文，此为全幅价值之肯定。"⑥ 牟氏在经历了生命意义的虚无感后，终于从内在的本心中证会了儒学的根本精神，这种"证会"使他在根本的意义上挺立了整个学思之路的价值归宗，通过

---

① 牟宗三：《五十自述》，第 142 页。
② 同上书，第 147 页。
③ 同上书，第 148 页。
④ 同上书，第 143 页。
⑤ 同上书，第 166 页。
⑥ 同上书，第 186 页。

"判教"的途径选择了儒家"成德之教"的价值系统作为安身立命的支柱。与这种生命的感悟相关联，牟宗三的学术兴趣由以儒家价值理想探讨政治历史问题转向对儒家自身的本体论基础予以诠释和重建，这种本体论重建的探索正是以牟氏对于儒家义理的生命"亲证"为关键的。

牟宗三人生中的第三次转变完全建基于自身的内在反省，并不依赖于外来的影响，故而可被看作他内心"日神精神"的显发，提撕生命而不堕于虚无。经历了这次转变，牟氏的学术志业从根本上得以确定，即面向现代社会对儒家的道德理想主义传统重新进行一种有本有源的诠释。我们由此可以看出，牟宗三对于儒家生命超越智慧的内在证悟是他在五十岁以后转向儒学的本体论重建工作的重要原因，而"在儒家价值系统之中人的生命如何超越"的问题也成为他在思考形上学和人生论问题时所关注的一个重点。在这个问题意识之下，他发愤著述，写作了《才性与玄理》（1963年）、《心体与性体》（1968—1969年）、《佛性与般若》（1977年）、《名家与荀子》（1979年）、《从陆象山到刘蕺山》（1979年）等著作，梳理和阐发中国哲学的义理；写作了《智的直觉与中国哲学》（1971年）、《现象与物自身》（1975年）、《圆善论》（1985年）以及《真善美的分别说与合一说》（1992年）等著作，建构了自身"道德的形上学"体系；译注了《康德的道德哲学》（1982年）、《康德〈纯粹理性批判〉译注》（1983年）、《名理论》（1987年）、《康德〈判断力之批判〉》（1992—1993年）等著作，力图消化西方哲学之精华，以此达成会通中西哲学的宏愿。

牟宗三的哲学思考一直延续到生命的最后时刻，在弥留之际他对自己的一生做了如下评价："我一生无少年运，无青年运，无中年运，只有一点老年运。无中年运，不能飞黄腾达，事业成功。教一辈子书，不能买一安身地。只写了一些书，却是有成，古今无两。"[①] 无论对所谓"古今无两"做何种解释，牟宗三在现代中国哲学史上的重要地位都是不能轻视的。著名学者傅伟勋曾对牟氏思想的地位做出了如下评价："牟宗三是王阳明以后继承熊十力理路而足以代表近代到现代中国哲学真正水平的第一人。中国哲学的未来发展课题也就关涉到如何消化牟先生的论著，如何超越牟先生理路的艰巨任务。"[②] 尽管当今学界对牟氏思想的评价还存在许多争议，但对其思想的深入细致研究对于中国哲学的现代发展却具有重要意义。

---

① 转引自蔡仁厚：《牟宗三先生学思年谱》，第89页。
② 傅伟勋：《从西方哲学到禅佛教》，三联书店，1989，第25-26页。

二、罗光的学思历程与生命超越问题

罗光是台湾新士林哲学的领军人物之一，堪称新士林哲学家中上承创始之端绪、下启大兴之盛势的中坚力量，为其中真正完成了完整体系建构的第一人。①

罗光（1911—2004），字焯昭，号达义，谱名诗哲，湖南衡阳人。1911 年农历正月初一，罗光出生在衡阳市郊区岳屏乡隆桥村罗家湾，他的父母都是信奉天主教的信徒。由于出身在一个有着浓厚宗教信仰的天主教家庭，罗光从小就耳濡目染地过着宗教生活，每天晚上全家人一起祈祷，星期天晚上则在家中一起诵经。他于 13 岁进入衡阳北门外的黄沙湾圣心修道院修道，1930 年被修道院推荐赴罗马留学，后于罗马传信大学获得哲学博士学位（1932 年），1939 年又于拉得朗大学获得法学博士学位。1940 年，由于墨索里尼宣布参加第二次世界大战导致海运不通，罗光难以返回中国，不得已留在母校罗马传信大学担任中国文学哲学教授职务，同时进修神学，于次年考取神学博士学位（1941 年）。罗光在传信大学任教的时间长达二十五年，在此期间除了参与罗马教廷的宗教活动外，他把主要精力全部用来研究士林哲学和中国哲学，为自己日后"形上生命哲学"思想的提出奠定了扎实的理论基础。

1961 年，罗光回到台湾，任台南教区主教，1966 年任台北地区总主教，还受聘到辅仁大学、中国文化大学、东吴大学等高校任教。1978 年罗光出任辅仁大学校长，在他的领导下，辅仁大学增设了艺术学院、医学院等专业学院，新建了行政大楼、学生活动中心、织品系大楼、夜间部大楼等建筑，学生增至 18 000 人，教职工 1 100 多人，逐渐成为台湾地区规模最大、教学质量最好的私立大学。1992 年罗光从辅仁大学校长的职位上卸任，受聘为辅仁大学"终身讲座教授"。

罗光终生勤勉向学，孜孜不倦，虔心学术研究。他精通英文、法文、拉丁文、意大利文、德文，研究涉及宗教、哲学、史学等领域。罗光平生著作三十余种，有哲学、宗教、传记、新诗、散文等，编为《罗光全集》（四十二册），其中哲学著作主要包括《中国哲学思想史》（九册）、《儒家形上学》、《儒家生命哲学》、《儒家哲学的体系》、《儒家哲学的体系》（续编）、《中国哲学的精神》、《中国哲学的展望》以及中西法律哲学、宗教哲

---

① 　此说参见樊志辉：《台湾新士林哲学研究》，第 285 页。

学、历史哲学的比较研究方面的著述，另有五册《生命哲学》阐述他本人的哲学思想。闲暇时，罗光常以画竹、画马、赋诗自娱，台湾各界曾在台北市历史博物馆为他举办画展，展出作品 100 帧，后由辅仁大学影印成集，在台湾、香港等地区发行。罗光生前在台湾地区担任多种文化团体的职务，享有较高的社会声望。①

下面我们将以"生命超越问题"为中心，从哲学思想的发展方面勾勒罗光的学思历程，以展现"生命超越问题"在罗光哲学思考中的地位，以及他对此问题进行探索的大致历程。②

(一) 生命哲学之酝酿期

"生命哲学之酝酿期"主要指的是罗光在罗马传信大学学习和工作的时期。在这个时期他接受了严谨的士林哲学的理论训练，并逐步开始把士林哲学与中国哲学进行对参，展开一种初步的会通两者的思考。这时的罗光对中国哲学的了解处于较为初步的阶段，他所接受的最主要的学术传统——西方士林哲学——为他日后提出"生命哲学"之生命超越的思考提供了重要的理论资源。

在罗马任教时，罗光最为推崇的是士林哲学的集大成者托马斯·阿奎那的哲学思想，尤其重视阿奎那的形上学观点。他曾讲："西方现代所有哲学思想，虽然五花百门，虽是都反对多玛斯的形上哲学，但是这些五花百门的思想所研究的问题和所用的术语，还是出不了多玛斯形上学的范围，只是各种思想都想反对多玛斯的解释，自创一种新的意义，因此若不研究多玛斯的形上学，便不能明瞭西方近代哲学的来龙去脉。"③ 在罗光看来，在西方哲学史上，托马斯·阿奎那的形上学上承亚里士多德哲学，下启中世纪士林哲学和近代哲学，具有举足轻重的地位。尽管自文艺复兴以来西方思想家大多将阿奎那哲学斥之为空谈玄想，但罗光却在这种反对的声浪中坚定地认为阿奎那的形上学思想具有极其重要的哲学价值，指出近代以来所谓"反形上学"的思想家都未曾深入理解阿奎那思想的内涵和

---

① 以上参考罗光：《生活自述——罗马生活》，台湾《哲学与文化》1997 年第 2 期；《生活小品：辅仁大学校长》，台湾《哲学与文化》1997 年第 6 期；以及辅仁大学哲学系编辑的"罗光总主教简介"。

② 本书关于罗光学思历程的阐述，参考了其亲炙弟子汪惠娟所著《变易与永恒——罗光生命哲学之探微》一书中的相关研究成果，采纳了她把罗光的学思历程划分为"生命哲学之酝酿""生命哲学之发端""生命哲学体系之建立与完成"三个阶段的观点。

③ 罗光：《中国哲学的展望》，载《罗光全书》第 16 册，台湾学生书局，1996，第 382 页。

意义，而中国学界对西方士林哲学更是人云亦云，仅仅停留于一种偏见和误解。有鉴于此，罗光撰写《理论哲学》和《实践哲学》两部著作，对西方传统士林哲学予以系统的介绍，目的在于去除国内学者的种种误解，挖掘阿奎那哲学的深刻内涵。这两部著作的写作花费了罗光相当大的心力，同时也为他日后建立生命哲学体系奠定了理论基础。①

我们由此可以看出以托马斯·阿奎那为代表的士林哲学对罗光思想的影响之大，本书在后面几章的分析中将逐步展现这种影响的几个重要方面。另外，罗光在罗马传信大学教授的主要是"中国思想与宗教""中国民法概论"等有关中国文化的课程，并举行过"中国人的精神"等相关演讲。这一时期可以说是他的中国哲学观初步形成的时期，他所出版的作品大多是适应教学的需要而写成的介绍中国文化与中国哲学的书籍。在这段时间里，罗光的著作包括《中国哲学大纲》（中文）、《儒家思想概要》（意大利文）、《道家思想概要》（意大利文）、《中国宗教史概要》（意大利文）、《徐光启传》（中文）、《儒家形上学》（中文）、《中国宗教思想史大纲》（意大利文）、《实践哲学》（中文）等。

总的说来，这一时期罗光的思想主要是认同以托马斯·阿奎那为代表的士林哲学的基本精神，通过《理论哲学》《实践哲学》两书的撰写来系统地阐述士林哲学的基本思想。适应于在罗马传信大学授课的工作任务，他对中国哲学的思考亦着力于用士林哲学的概念和逻辑框架来尽可能清楚地表述中国哲学诸家的学术思想，较少进行自己的评论和哲学创造。这个以士林哲学的概念和逻辑框架来表述中国哲学思想的阶段就是罗光生命哲学的酝酿期。

（二）生命哲学之发端期

"生命哲学之发端期"指的是罗光返回台湾后在辅仁大学等高校任教的时期。在教学的过程中，尤其是从 1966 年罗光在辅仁大学哲学研究所开设"《周易》哲学"课程开始，他对中国哲学的理解以"读《易》"为中心有了深入的发展。罗光的亲炙弟子、台湾辅仁大学的汪惠娟教授曾经谈到罗光研读《周易》的情况："他读《易》是大规模的，先是了解历代以降的易学史，熟悉经文中之考据训诂，精通构成《易经》的方法论，举凡与易学有关的学者思想，皆每家提要钩玄，提炼出许多有意义的观念，经

---

① 参见汪惠娟：《变易与永恒——罗光生命哲学之探微》，第 3 页。

过多年的沉潜苦读，尽观其中哲学慧命之美。"①

在研读《周易》的过程中，罗光逐渐体悟到儒家哲学的"一贯之道"，"自己暗中摸索，以《易经》的中心思想在于'生生'，后代理学家发挥了'生生'的思想，儒家哲学的一贯之道，应以'生生'思想为最恰当"②。由此，罗光的哲学思考开始注重以《周易》为中心的"生生之道"，他进而认为"生生"不仅是《周易》和儒家哲学的中心思想，而且是整个中国哲学的核心和关键。

六十岁是罗光学思历程中的一个重要转折点，他说："孔子说'六十而耳顺'，我认为自己'六十而眼明'，放眼看清了人生，低头看透了自己，昂首望到了造物者天主。"③ 罗光这句话是结合其学术思考和人生感悟而发的，他通过研读《周易》体会到中国哲学核心的生生之道，进而把这种体悟与自己的人生经验进行对参。他从现实的人事和自然美景中，感悟天地生生不息的生命力是如何周流于天地万物之间的，感受到世间的一切变化都集中于"生命"这个中心，感受到儒家所讲的天地"生生之大德"，并且把这种感悟与自己的宗教经验相会通，在这个生化万物的过程中体会上帝的仁爱和德能。在此基础上，他认为中国传统哲学的现代转化应当以《周易》的"生生"哲学为中心，天主教信仰与中国文化的会通也应当以此"生生之德""生命"概念为基础。

基于这种考虑，在"五九望六十"的寿诞中，罗光毅然决定撰写《中国哲学思想史》，希望在梳理中国传统哲学的过程中进一步衡量自己的观点。在《中国哲学思想史·先秦篇》中介绍孔子的思想时，罗光第一次提出了"生命哲学"这一概念④，"生命哲学在中国哲学史上没有这个名字，在西洋哲学史里也只有在现代才有这种哲学；但是在中国哲学思想里，生命的思想充满了儒家的哲学。从《易经》开始，'生生之谓易'把天地的变化都集中在生命一点，生命成了宇宙的中心。孔子以仁为自己的一贯之

---

① 汪惠娟：《变易与永恒——罗光生命哲学之探微》，第 6 - 7 页。

② 罗光：《中国哲学思想史·民国篇》，载《罗光全书》第 14 册，台湾学生书局，1996，第 485 页。

③ 罗光：《牧庐文集》第 6 册，载《罗光全书》第 35 册，台湾学生书局，1996，第 116 - 117 页。

④ 据汪惠娟教授考证，如果按照出版时间来看，罗光著作中最早使用"生命哲学"概念的是《中国人格的创造者》（出版于 1974 年）一书；但若从罗光思想发展的实际过程来看，该书仅在出版时间上早于《中国哲学思想史·先秦篇》（出版于 1975 年），其采用"生命哲学"概念的内容则是从《中国哲学思想史·先秦篇》的"孔子部分"中抽出来的，当时《先秦篇》的孔子部分已经完成，但全书尚未出版。（参见汪惠娟：《变易与永恒——罗光生命哲学之探微》，第 8 页）

道，仁即是生生，即是爱惜生命：孔子的仁的哲学，便成了生命哲学"①。在此之后，罗光一边写作《中国哲学思想史》，一边开始陆续以"生命哲学"为核心，把自己对儒家传统的基本精神、中国哲学的现代发展以及中西会通之道等方面的思考撰写成论文，在各种学术会议论文集或刊物上发表，后来在 1977 年结集出版为《中国哲学的展望》一书。这一时期我们已经可以看到罗光在各种场合明确地以"生命哲学"为中心来探讨中国哲学的现代发展之道，在此基础上他曾撰文详细探讨"中国传统哲学在何种意义上以生命哲学为中心""以生命哲学为中心在哪些方面有利于中国传统哲学的现代转化""士林哲学对于中国哲学的重建有何积极意义"等比较关键的理论问题。

罗光在此时期也明确地讲到了生命的基本含义就是不断继续地"生生"、逐渐实现和发展自己的本性，而"生命哲学"作为中国哲学的核心是与其注重人生问题的特点分不开的。可以说，中国哲学之生命超越的思考体现出一种独特的形上学、天道观，因此应当被纳入整个中国哲学的义理系统中进行把握。中国哲学这种注重人之生命超越的倾向并非仅仅是一个伦理学意义上的问题，而应当在根本上把人生修养看作一种"本体生活"，从而彰显出整个中国哲学思考的独特向度。

综上而言，罗光毕生的理论思考以"生命哲学"为中心，而生命超越问题是"生命哲学"中的一个重要问题；罗光在生活中时时注重反省自身，体悟天地宇宙的根本之道，常常默观和祈祷以寻求个体生命的超越，可以说是把生命超越的追求贯彻到自己的人生历程的始终。

（三）生命哲学体系之建立与完成期

罗光在 1981 年写完了《中国哲学思想史·清代篇》，他在这本书的后记中写道："八年来的写作，使我深深地浸沉在中国的哲学思想里，体验了中国哲学的精神，也理出了中国哲学的脉络。几千年的思想，似乎都是一些私人的感触，随便地写在那里。哲学和文学分不开，思想都有憧憧迷幻的色彩。八年的光阴，将历代哲学思想家的著作，自己亲自阅读，亲手选择、抉剔，从满纸琳琅的文句里，清理出哲学的观念，结成思想的系统。我受过西洋士林哲学的陶冶，对于观念和系统，要弄到意义明显、段

---

① 罗光：《中国哲学思想史·先秦篇》，载《罗光全书》第 6 册，台湾学生书局，1996，第258 页。

落分明。"① 完成《中国哲学思想史》之后的罗光已是七十多岁的老人，但他仍然坚持着每天长时间地看书和思考的习惯，他把这看作现代中国知识分子应尽的责任，同时也使自己能以最擅长的方式勤勉地工作终生。

他开始规划自己下一阶段的学术目标，"我想在两三年内……写一部我自己的哲学思想。我既然看到中国哲学的展望，我就要在这条展望的路上，去做尝试"②。而这种中国哲学的现代展望，就是以"生命哲学"为核心而展开的思考。"从《诗》《书》开始中国生命的哲学，《易经》予以形上的哲学基础，历代儒者予以发挥，成为儒家思想的脉络，上下连贯，从古到今。道家佛家也在生命的哲学上和儒家相通，生命乃是中国哲学的精神。中国哲学将来的展望，便在生命之仁的哲学上往前走。"③

此后罗光首先完成的是《儒家哲学的体系》和《儒家哲学的体系（续编）》两书。在两书中，他系统地梳理了儒家哲学的义理系统，认为儒家的形上学以"生"为核心概念，伦理学以"仁"为核心概念，工夫论以"诚"为核心概念，从而儒学在总体上是以"生""仁""诚"三个基本概念为核心的理论系统。

1985 年元旦，罗光阐述其思想体系的第一本著作——《生命哲学》——出版，该书的重点在于以"生命"概念贯通全部哲学，以"生命"为中心梳理士林哲学和中国哲学的重要观点。由于"全书的次序也是传统士林哲学的次序……因而给人一个印象，是在讲一次士林哲学"④。在此后的十六年间，"生命哲学"体系由最初的《生命哲学》（初版），经历了修订版、订定版、续编、再续编、《形上生命哲学》这五次大的修改，先后出版了六个版本的《生命哲学》，最终于 2001 年定型为"形上生命哲学"体系。在不断修改和反思自己的哲学体系的过程中，罗光的哲学思考不断深入，最终提出了以"生命"为中心范畴的、较为成熟的"形上生命哲学"体系。

罗光的哲学体系命名为"生命哲学"，是为了凸显它"不是以哲学讲

---

① 罗光：《中国哲学思想史·清代篇》，载《罗光全书》第 13 册，台湾学生书局，1996，第 518 页。

② 同上书，第 526 页。

③ 同上书，第 523－524 页。

④ 罗光：《生命哲学》（订定版），载《罗光全书》第 2 册，台湾学生书局，1996，"序"第 Ⅸ 页。

生命，而是以生命讲哲学"① 的特点，他认为这遵循的是儒家哲学的传统。在此基础上，主要以儒家哲学义理为根据的"生命哲学"又是会通中西的，"《易经》以'生生之谓易'，宇宙变易以化生万物，万物继续变易以求本体的成全，整个宇宙形成活动的生命，长流不息。西洋形上学以万物为'存有'，'存有'即存在之有，为一切事物的根基。中国哲学以万有之存有为动之'存有'，为'生命'，乃万物的根基。'存有'和'生命'为一体之两面。在这两面的根基上，建立我的哲学思想"②。生命哲学的基本观点就是"生命与存有为一体之两面"，在此基础上可以阐发中国哲学的基本精神，亦可以与西方哲学进行会通和对话。纵观罗光的整个哲学体系，"生命的哲学，贯通了全部哲学的思想，结成一生活的系统。不是'隔岸观火'地研究哲学的对象，而是我在哲学的对象内生活。这就是中西哲学的结合，万物为'存有'，'存有'为'生命'"③。

"形上生命哲学"认为生命哲学思想是中国传统哲学的核心，因而是建构现代中国哲学的基础，同时以生命为核心的哲学思想又能够与西方士林哲学、现代哲学进行沟通和对话，因而是一种较为合理的中国哲学现代发展之路。"在目前讲儒家思想，甚至中国哲学的现代化，由儒家生命哲学去发展，很能融会当代社会剧烈变化的时势，又能适应新科学的意义。我现从这方面求儒家思想的现代化，但是中国生命哲学只有思想的大纲，没有深入的分析。生活本是活动的，不能加入分析，只能予以体会。然而体会后，应加以解释，西方哲学对于宇宙之变化所有的观念和分析，很可以帮助我们解释中国生命哲学的意义。"④

在反复修改"生命哲学"体系的过程中，罗光还陆续出版了《中国哲学的精神》、《儒家形上学》（订定本）、《儒家生命哲学》等学术专著，以进一步阐明他对中国哲学的基本观点。

在罗光的"形上生命哲学"中，生命超越问题始终是一个重要的理论问题，他对此问题的关注贯穿于其哲学体系建构的始终。从信仰的角度，罗光认为："天主的本质是成全的精神实体，常于自己无限的本体中旋转；人的灵魂为一有限的精神体，常向无限运转。"⑤ 从中国文化的角度，他

---

① 罗光：《生命哲学》（订定版），载《罗光全书》第 2 册，"序"第 XIV 页。
② 同上。
③ 同上书，"序"第 XV 页。
④ 同上书，第 35 页。
⑤ 罗光：《形上生命哲学》，第 311 页。

讲到，传统儒家以"与天地合其德"为生活的目标，道家以"道法自然"为原则而求与自然相通，中国佛教以合于"真如"为涅槃境界，所以"向无限的追求，乃是人的本质……中国人的生活观，是走在'天人合一'的路上"①。可以说生命的超越之路是罗光整个生命哲学思考所指向的理论目标和期望达到的最终境界。这种生命超越论在经历了反复修改后，于《形上生命哲学》一书中得到了最终的定型。"形上生命哲学"的生命超越论代表着典型的台湾新士林哲学特色的超越思考，是会通士林哲学、天主教信仰和中国传统哲学的一种典型的理论形态。

以上就是罗光哲学思想及其生命超越论的发展历程，我们可以看出罗光是一位终生学思不辍、笔耕不辍、著述等身的学者。在生活方面，他自称是一位"道道地地具有儒家性格的天主教教士"，在日常的着装上，他总是身穿一袭唐装长袍，偶尔外加一件西式披肩，还自己笑称这种穿法是中西文化融合的最佳杰作。罗光一生都在大力推动天主教的本土化运动，促进天主教信仰与中国文化的融合发展。他在担任辅仁大学校长期间，每年的清明节必定依照中国传统礼仪举行敬天祭祖大典，这项典礼已经成为辅仁大学每年清明节的固定礼仪，延续至今。

在自己的人生历程中，罗光时时自觉地铭记着自己作为一个现代中国哲学研究者和一个天主教信徒的双重责任。关于自己的学术责任，罗光曾多次讲目前中西都不是哲学兴盛的时代，对于现代中国哲学的研究来说，一方面，"大家焦虑着如何产生新的中国哲学，使传统的哲学可以有薪传，新的中国社会能够有中心的思想"②；另一方面，"天主教会……激起天主教接受中国文化的问题"，"我既研究中西哲学，在这两方面都有应尽的责任"③。因此，罗光对自己的研究常常进行这样的反省："生命哲学可以代表中国传统哲学的革新而成为中国的新哲学吗？生命哲学可以作为天主教思想和儒家思想的结合成为教会本地化的基础吗？"④ 可以说，他毕生的学术研究就以这两个基本点作为奋斗目标，致力于发掘士林哲学与儒家在学理上的相通之处，使两者互诠、互补，进而使中国文化向天主教信仰开放，同时这在他看来，也是在尽一个基督教学者对于传统儒学之现代转化所应负的责任。

---

① 罗光：《形上生命哲学》，第311-312页。
② 罗光：《生命哲学》（订定版），载《罗光全书》第13册，"序"第XIII页。
③ 同上。
④ 同上书，"序"第XV页。

三、安乐哲的学思历程与生命超越问题

(一) 少年时代与求学生涯

安乐哲 (Roger T. Ames)，1947 年 12 月出生于加拿大多伦多，后移居温哥华。① 安乐哲研习中国哲学与文化的生涯可以追溯到少年时代。他的父亲是一个侦探小说家，哥哥教英语文学，"写作永远是我们家庭生活的一部分，先父曾创作过一些推理故事，我兄长则终生教授英语文学，我在年轻的时候也写了很多诗"②。此后，少年安乐哲只身离开位于加拿大温哥华的家，去往美国南加州以人文教育著名的雷德兰兹大学文理学院求学。"安乐哲远离家乡温哥华，去美国旧金山就读于雷德兰兹大学文理学院，是因为该校会请诗人来讲课。年轻的安乐哲曾经热爱写诗，然而没有传奇经历，这渐渐让他苦恼。看到香港中文大学的交换生海报，他脑海里的种种东方元素，瞬间都染上了西部片式的浪漫色彩。"③ 在此想法之下，安乐哲提交了香港中文大学交换生的申请。

1966 年夏天，安乐哲以交换生的身份被送到香港进修，正是在香港的这段进修生涯使安乐哲与中国哲学结下了不解之缘。他在书中回忆道："那是 1966 年夏季的一个傍晚，18 岁的我孤身来到这个充斥着光怪陆离的标志、色彩和味道的世界。今天，我依然清晰记得在中国的第一个夜晚，当我从不起眼的内森路旅馆向窗外眺望时，清楚地意识到自己的人生开始了一个无法逆转的转折。……我在香港时开始接触儒家哲学并迅速沉醉于中国哲学以'修身''弘道'和最终'平天下'为主旨的思想艺术。"④ 1966—1967 年，安乐哲就读于香港中文大学新亚书院及崇基学院。他在新亚书院聆听了现代新儒家学者唐君毅、牟宗三的课程，彼时正是唐、牟等学者怀着花果飘零、灵根再植的文化悲情发愤著述、深入诠解中国哲学义理的阶段，安乐哲在唐、牟的讲授中深受启发。1966 年夏末，安乐哲转学至沙田的崇基学院，师从劳思光先生钻研《孟子》，他在那里又受到了劳思光先生献身哲学之热情的感染。安乐哲曾经谈及香港这段学

---

① 参见《安乐哲先生学术年谱》，载杨朝明主编《孔子文化奖学术精粹丛书·安乐哲卷》，华夏出版社，2015，第 404 页。

② 转引自卞俊峰编著：《豁然：一多不分》，浙江大学出版社，2018，第 14 页。

③ 同上书，第 15 页。

④ 安乐哲：《我的哲学之路》，载氏著《自我的圆成：中西互镜下的古典儒学与道家》，彭国翔编译，第 618 – 619 页。

习经历对他学术道路的意义：这段经历一方面从学术研究和书本教育中启迪了他的理论思考；另一方面也使中国式的亲情友爱和世俗伦常以最切近、最直接的方式给予他人生之道的独特证会。他曾讲："如果说我从课堂上和书本中学到了一点中国哲学，那么我从与我生活迥异的人们身上学到的要多得多。他们彼此关爱的人情关系让我见证了中国传统智慧的生命力。"① 在此之后，安乐哲坚定了研究中国哲学的志向。他还曾讲："接下来的那个夏季（1967），已经是一个相对成熟的年轻人的我怀揣着刘殿爵先生翻译的《道德经》，从香港码头乘坐克利夫兰总统号客轮回到了加拿大。那时我已倾心钻研中国哲学了。"②

在 2017 年 12 月安乐哲教授 70 周岁生日之际，上海《文汇报》的编辑李念女士特意制作了一个视频来梳理安乐哲教授的学术经历，她在视频中也颇富情感地提到了上述经历：

> 1967 年夏天，19 岁的安乐哲乘着"柯里夫兰总统"号轮船，从香港途经旧金山回到温哥华的家中。母亲兴奋地对邻居说："我家罗杰去了日本，学了心理学。"安乐哲纠正说："不是日本，是中国香港；不是心理学，是中国哲学。"母亲哈哈一笑："差不多，差不多。"母亲不知道，他们六个孩子之一的罗杰，已经痴迷于孔子的"修身""弘道""平天下"理念，此后的 40 年，"道不远人""矢志不渝"。③

此后，安乐哲先用两年时间完成了台湾大学哲学系的学业，同时师从方东美先生问学。1972 年，安乐哲从香港返回英属哥伦比亚大学，在亚洲研究系而非哲学系完成了研究生学业。因为西方没有中国哲学专业，为了完成这个夙愿，安乐哲辗转台湾大学、大阪大学、东京教育大学、伦敦大学、英属哥伦比亚大学等多所高校，研修中国哲学和西方哲学的本科与硕士课程。直到 1978 年夏天，他花了整整 13 年，最终获得伦敦大学亚非系的哲学博士学位。在这段漫长而坚毅的求学经历中，安乐哲曾讲："我很幸运，其间遇到了五个一流的老师。"④

在香港中文大学的崇基书院，安乐哲跟着劳思光细读了一年的

---

① 安乐哲：《我的哲学之路》，载氏著《自我的圆成：中西互镜下的古典儒学与道家》，彭国翔编译，第 619 页。

② 同上。

③ 卞俊峰编著：《豁然：一多不分》，第 14-15 页。

④ 转引上书，第 15 页。

《孟子》。牟宗三、唐君毅这些儒学大师都在那里。劳思光不认为自己是新儒家，他也同样熟悉康德，但不迷信康德主义，始终具有东西方两种视野，这潜移默化地影响了安乐哲一生。

在台湾大学研修中国哲学的两年里，安乐哲跟随新儒家方东美。1970 年，安乐哲已经在《中国哲学问题》杂志上发表了《庄子的性概念》一文，他颇为得意地向方教授请教，等到第三周却始终没有回复。后来，方东美的一句"不要那么快成名"犹如当头棒喝，让安乐哲铭记终生。此后，和方东美一样，安乐哲的第一本著作《通过孔子而思》在 40 岁出版。

刘殿爵是安乐哲在伦敦大学的博士生导师。"你读了几遍《淮南子》？"见面后刘殿爵的一句话让安乐哲汗颜。1978 年获取博士学位、执教于夏威夷大学后，他依然每年去香港和刘殿爵读《淮南子》原著，之后共同翻译《淮南子》《孙膑兵法》。"他让我明白，一定要读原文。"

他在台湾大学结识的杨有惟教他道家。在伦敦大学结识的汉学家葛瑞汉教他互性思维。或开阔视野，或扎实小学，安乐哲庆幸道："我骑着一匹马，一直朝前走，始终有睿智的领路人。"[1]

在上述名师的启发与引领下，安乐哲完成了中国哲学专业的系统学习。在这段学习历程中，他认为自己同时学习中国哲学和西方哲学的经历是此后治学的一大幸运，这一方面使他摆脱了作为西方人那种出自西方哲学思维方式的优越感，另一方面确立了他向西方澄清对中国哲学之误会的宏大使命。

（二）执教夏威夷大学与中国哲学研究

1978 年，安乐哲来到夏威夷大学哲学系担任助教。夏威夷大学哲学系是在西方哲学占据绝对优势的西方学术界中为数不多开设中国哲学专业课程的大学，是"当时唯一拥有关于中国、印度、日本三个国家，以及佛教和伊斯兰教的课程的大学"[2]。到夏威夷大学后不久，安乐哲就开始与西方哲学家郝大维开展学术合作。郝大维是毕业于芝加哥神学院和耶鲁大学的西方哲学家，"是仅有的几位通晓怀特海哲学的专家之一，他对西方

---

① 卞俊峰编著：《豁然：一多不分》，第 15 - 16 页。
② 同上书，第 16 - 17 页。

文明的主线做出了令人惊羡的系统整理，著有《经验的文明》(The Civilization of Experience)、《不确定的凤凰》(The Uncertain Phoenix)、《爱欲与反讽》(Eros and Irony) 等哲学著作，对探究人类基本经验之间的相互关系的问题做出了卓越贡献"①。根据安乐哲的回忆，选择一位西方哲学界颇具权威的哲学家作为合作伙伴来阐释中国哲学的丰富内涵和独特价值，并以此来实现世界学术共同体合作的最大化，这是他活用"儒家角色伦理"的明智之举。"郝大维和安乐哲的合作持续了二十五年，两人合写了六部著作。1987 年《通过孔子而思》、1995 年《期望中国：通过中西文化叙事而思》、1997 年《汉代思维：中西文化的'己''真理'与'超越性'》，经常被称为'郝、安三部曲'。他们还合作翻译《中庸》《道德经》。"②

安乐哲在夏威夷大学工作了三十余年，"从 1978 年至 2010 年退休，他担任了《东西方哲学》季刊主编 30 年、中国研究中心主任 9 年，2014 年创立了世界儒学联合研究会，力推中国哲学。但他最骄傲的是，自己执教 38 年，培养了 40 余位东西方比较哲学博士。他和弟子们对中国哲学的阐释方法，被称为'夏威夷学派'，在英语和汉语世界的影响与日俱增。2013 年，安乐哲荣膺孔子文化奖，2014 年他获选国际儒学联合会副会长，2015 年喜获北京师范大学会林奖，2016 年山东省儒学大家垂青于他"③。

安乐哲对于中国哲学的翻译和阐释主要致力于纠正近代以来许多研究者以西方哲学的本质主义、超越性、主客二分等概念来诠释中国哲学思想的误区。"安乐哲尊重传教士精神，也尊重汉学家，但他试图纠正几百年来中国哲学基督教化或东方式玄妙化的西方误解。"④ "他的追求与担当，在于改变 400 多年来，一代代传教士对中华文化的误读、误解与误导，让世界重新认识中华文化的真面目，共同分享中华文化的精华；让中国人扔掉 400 多年来进口的'鞋拔子'，'卸下镣铐跳舞'，用中国的话语和思维，把原汁原味的中华文化经典奉献给世界，并接纳外来的文化精华，以整合与建构新文化。"⑤ 在中西比较与互释的基础上，安乐哲进一步提出了自己的以"儒家角色伦理学"命名的哲学主张。

---

① 李文娟：《安乐哲儒家哲学研究》，中国社会科学出版社，2017，第 23 页。
② 卞俊峰编著：《豁然：一多不分》，第 16 页。
③ 同上书，第 17 页。
④ 同上书，第 16 页。
⑤ 同上书，第 10 页。

在安乐哲会通中西哲学、对中国哲学进行创造性诠释的过程中，终极关怀与儒学的宗教性问题始终是他思考的重点之一。安乐哲撰写的一系列中西比较哲学的重要论著均对"人生是否超越"的终极关怀问题辟出专编或专章论述。

早在《孔子哲学思微》一书中，安乐哲就开始用中西比较的研究方法来解读孔子思想。在该书绪论中，安乐哲讲明了用中西比较观点来看孔子的几个预设，其中第一个预设就是中国哲学的"内在论宇宙论"。他对比于西方哲学之"超越的宇宙论"，认为中国哲学的宇宙论是非超越的、内在的，并且申明"从严格的意义上说，超越和内在的对立本身，是出自西方哲学的传统。但不管怎样，企图求助于超越的存在或原则来说明孔子的学说，是完全不恰当的"①。在这里，安乐哲明确讲到"超越"与"内在"之对立是来自西方哲学的概念传统，这对概念不适合被用来诠释孔子思想。在此基础上，安乐哲分析了西方哲学传统中严格的"超越"概念的含义。"在原则 A 和原则 B 的关系中，如果 A 在某种意义上决定 B 而 B 不决定 A，那么，原则 A 就是超越的。就是说，如果不诉诸 A，B 的意义和重要性就不能得到充分的分析和解释，而反过来，情况就非如此，那么，A 就超越 B。"② 在如此严格的"超越"概念的基础上，安乐哲认为"超越"观点只存在于西方哲学中，而西方哲学中缺少的内在论观点才恰恰是中国哲学理解世界的独特观念。"在西方哲学传统中，令人茫然的是，找不到任何充分发展的内在论观点，即认为秩序和价值原则本身依赖或者出于与其自身相关的环境的观点。但是，对孔子思想做恰如其分的解释，就需要用一种内在论的语言。这种语言设定了法律、规则、原则或规范在某种意义上依赖于社会环境或者自然环境。"③ 在上述分疏之下，安乐哲认为解读中国哲学独特的世界观必须采取"内在论"语言而不是西方式的"超越论"语言。"要说明孔子的思想，内在论的语言是必不可少的。"④进而，内在论宇宙论的核心内涵是事件的本体论，"孔子的哲学是事件的本体论，而不是实体的本体论。了解人类事件并不需要求助于'质'、'属性'或'特性'。因此，孔子更关心的是特定环境中特定的人的活动，而

① 郝大维、安乐哲：《孔子哲学思微》，蒋弋为、李志林译，第5页。
② 同上。
③ 同上书，第6-7页。
④ 同上书，第7页。

不是作为抽象道德的善的根本性质"①。

　　在初步澄清"孔子的内在宇宙论预设"与西方"超越"概念不相适应后，安乐哲进一步在中西对比视野下系统分析了孔子的思维方式、人格论、社会政治观、天道观、概念论。在此书最核心的"天道观"一章中，安乐哲讨论了"中西不同的道和超越"。在他看来，孔子的道并不是某种超越的普遍性原理，而是"聚结世界（focusing the world）的特殊人类方式"②。他曾讲："我们已经费力地勾画和论证了在孔子'道'的概念中特殊的人所起的中心的、创造性的作用……我们的看法是同公认的解释孔子的观点（即指'道'为某种超越原则）分庭抗礼的。"③ 也就是说，不同于把孔子之道解释为某种普遍性原则，安乐哲认为孔子之道是具体的、特殊的、多样性的、情境性的。"孔子思想的特点是兼容性和灵活性。同样，道也是非常不确定的，它的复杂多样性在它与不同的历史人物、不同层次的人类成就以及各种文化趣味的联系中表现得十分清楚。"④ 由此可见，安乐哲对于孔子之道的"非超越性"的判定从一开始就是与他所阐释的孔子天道观、宇宙论密切相联的，可以说以孔子为代表的中国哲学天道观是以事件而非实体为中心的本体论，特定环境中特殊的人的活动方式决定了孔子之道，中国哲学之终极关怀论是"非超越"的。在做出上述判断后，安乐哲亦反驳了其他汉学家对于"道"的种种超越性理解。由此可见，儒家天道是否超越的问题以及道的特殊性、具体性、多样性的观点作为安乐哲思考中国哲学天道观的重要方面，在《孔子哲学思微》一书中已经被安乐哲重点关注并做出了初步回答。

　　在此后的《汉哲学思维的文化探源》中，安乐哲、郝大维分"自身的隐喻""'真理'：文化对比的典型论题""超越性与内在性：文化的关键"三篇对中西文化展开比较。进而，他在第三篇"超越性与内在性：文化的关键"中讲明中国哲学的"天"与"道"是"非超越的区域"。在第三篇章的开篇，安乐哲讲："我们将考察西方在理论上、科学上和社会上诉诸超越的法则的思想发展过程，进而将它们与人们对于未诉诸超越法则的中国精神上的和社会上的做法所做的解释加以对比。"⑤ 安

---

① 郝大维、安乐哲：《孔子哲学思微》，蒋弋为、李志林译，第 7 页。
② 同上书，第 186 页。
③ 同上。
④ 同上书，第 191 页。
⑤ 郝大维、安乐哲：《汉哲学思维的文化探源》，施忠连译，第 193 页。

乐哲再次引用了《孔子哲学思微》中"严格的超越的含义","如果 B 的存在、意义和重要性只有依靠 A 才能获得充分的说明,然而反之则不然,那么,对于 B 来说,A 是超越的"①。"希腊的哲学传统明显地以各种方式诉诸超越,用作发展各种世界观的手段。"② 安乐哲列举了西方哲学传统中各种"超越"的严格意涵,比如在巴门尼德那里,"存在(Being)作为根本,超越于(独立于、不受影响于)世界的存在者(Beings)"③。在柏拉图那里,理念、形式超越于理念赋予形式的那些事物;又比如,"自然法则作为规定自然界运作的不变的规则,严格地超越于自然界"④。此外,在神学传统中,"'超越'与'内在'的对立根源于神学传统。与犹太教-基督教传统相关的、大部分神学和哲学上对于上帝的认识,都使用这一对概念,意在规定上帝独立于世界之外,同时也确立上帝保佑世界这样一种关系"⑤。

在正文展开的论述中,安乐哲指出"超越"概念最初被西方传教士在翻译中国经典时带入中国文化的阐释中,引起了许多混乱。此后中西学者都对此进行了进一步反省,这种反省又激发部分中国学者回护以"超越性"解读中国传统天道的观点。在此情况下,种种反思与回护在现代中国哲学界引发了"一种相当活跃的争论","其论题是严格的超越的观念与中国智识文化是否相关的问题"⑥。安乐哲分析了史华慈、牟宗三等著名学者肯定中国哲学之"超越性"的观点,他尤其注重对于牟宗三观点的批判,"既然儒家在精神上的感悟方式是牟宗三描绘的那样以人为中心,这样,就必定会明确地拒绝任何绝对异(radical otherness)的观念,或否定这一过程中他称之为内在的与超越的或曰道德的与宗教的方面之间在本体论上的差异"⑦。也就是说,牟宗三对于人之无限能力的肯定必然打破他所严格划分的内在世界与超越世界的区分,因而使超越世界不能成立。安乐哲进一步指出牟宗三所讲的天道之"创造性"不是西方哲学意义上的严格的"范畴",而是指不断进行的历史的和文化的叙述,它是一个特殊的、过程性的、开放的、具体的历程,因此并不是西方哲学意义上的严格

---

① 郝大维、安乐哲:《汉哲学思维的文化探源》,施忠连译,第 194 页。
② 同上书,第 196 页。
③ 同上。
④ 同上。
⑤ 同上书,第 195 页。
⑥ 同上书,第 226 页。
⑦ 同上书,第 231 页。

"超越"的。因此，中国人的"道"永远与环境和特殊性不分离。安乐哲最终重申："轻率地使用超越的语汇，可能会在不知不觉之中产生了西方常见的、对中国传统的误解。"① 基于这种洞见，安乐哲指出，"在论述古典时期中国人的世界观时，我们要么是诉诸超越的观念而舍弃这个世界，要么是仍然留在这个世界中而自由自在地摇尾于泥水之中"②。

在《自我的圆成：中西互镜下的古典儒学与道家》中，安乐哲以"道论""认知""自我""社群与政治""古典儒家非神论的宗教性"等主题为框架展开中西比较视野下的中国哲学诠释。终极关怀问题在该书第七章"古典儒家非神论的宗教性"中展开讨论。在此章中，安乐哲指出儒家是一种"肯定累积性人类经验自身的宗教"、一种"没有上帝的宗教"③。安乐哲把这种以繁荣社群之公共生活为基础的宗教性称为"共同创造的宗教性"，以区分于西方基于超越者上帝的"强力创造"的宗教性。在他看来，"'共同创造性'强调充分利用人们的经验，'作为强力的创造'则基本上要在那种诉诸一种超越的、超自然的意义根源的宗教语境中来理解"④。在此基础上，古典儒学基于"共同创造"的宗教性与西方基于超越上帝的强力创造大不相同，"对于古典儒学来说，'宗教性'从其根本意义来看，是指一个人清楚、充分地体悟到整个领域中现存事物的复杂的意义和价值，这是此人以作为共同创造者自己参与的身份，通过内省的觉悟，产生敬畏之心而获得的"⑤。这种宗教性展现为一种独特的"宗教性的人文主义"。

在系统阐述其中国哲学研究之最新思想的《儒家角色伦理学》中，安乐哲在第五章"儒家思想'人为中心'的宗教感"中讨论了终极关怀问题。安乐哲首先阐明了中国哲学之过程性、互系性的天道观与西方哲学之"超绝本体"形上学的根本区别；在此基础上，安乐哲进一步指出中国哲学的宇宙观是一种氤氲气化的宇宙发生论；进而，安乐哲把以儒学为代表的中国哲学之创造性概括为世俗人生的"依境创造"，以区别于西方哲学之上帝的"无中生有创造"；最后，安乐哲强调在这种天道观与创造性基础上的中国哲学之宗教感是现实世俗社会的人生成长过程，是"积极的生

① 郝大维、安乐哲：《汉哲学思维的文化探源》，施忠连译，第235页。
② 同上书，第238页。
③ 安乐哲：《自我的圆成：中西互镜下的古典儒学与道家》，彭国翔编译，第593页。
④ 同上书，第595页。
⑤ 同上书，第616页。

命之花"。安乐哲多次指出，这种"与天地参"的入世的宗教感是对于人生现实历程的美学升华与精神提升，因而是"非超越"的以人为中心的宗教境界。

通过上述追溯可以看出，从《孔子哲学思微》到《儒家角色伦理学》，"儒学超越性"问题的探讨贯穿了安乐哲的整个学术思考历程，以"儒学超越性"为核心的儒家终极关怀问题、儒学宗教性问题始终是安乐哲中国哲学研究的重要方面。可以说，"儒学是否超越"这一问题既是安乐哲从中国哲学自身的问题意识出发为其中国哲学研究勘定的致思重点，也是他在现代中国哲学的理论争鸣中日益深入地反思与回应以现代新儒学为代表的儒学"内在超越论"的理论成果。

第二章 "道德的形上学"的"内在超越论"

作为现代新儒家的代表，牟宗三建构了"道德的形上学"体系，其核心是一种由道德的进路所讲出的形上学。他在晚年所著的《圆善论》一书中又把它称为"实践的智慧学"体系，认为这种"道德的形上学"在其指引人们提升人生境界进而作为一种实践智慧的意义上，可被称作"实践的智慧学"，或者说一种引导人们安身立命的"圣人之教"。由此可见，超越问题在牟宗三的哲学体系中具有十分重要的地位。

牟宗三把儒家生命超越理路的基本精神总结为"即内在即超越"，因而被学界认为是儒家思想的内在超越论的典型代表，同时牟宗三哲学的生命超越论也正是以儒家"即内在即超越"的理论智慧为典范而提出的。本书在一般的意义上称之为"道德的形上学"的超越路向，以明确其生命超越论建基于"道德的形上学"之本体论，并与整个"道德的形上学"体系相贯通；同时，本书的提法亦是为了更全面地表述牟氏生命超越论的基本特征，强调它基于"天人一本"的形上学洞见而显发，通过真实的道德实践而达至，目的在于生命层级的提升和理想境界的追寻。

第一节 "道德的形上学"之天人理境

如前所论，现代中国哲学中关于生命超越问题的思考是以形上学为基础的，因此我们探讨牟宗三的生命超越思想，首先要分析作为"道德的形上学"体系之核心的本体论，进而揭示作为牟氏超越路向之整体背景的天人关系论。

一、"道德的形上学"之本体理路

牟宗三所建构的"道德的形上学"体系最核心的思想是被称为"无执

的存有论"的本体论学说。整个牟氏哲学的天人关系论就建立在"道德的形上学"之本体论的基础上。

牟宗三在中年时期分别以《心体与性体》《才性与玄理》《佛性与般若》三书疏解儒、释、道三家的智慧精神，晚年以《智的直觉与中国哲学》《现象与物自身》《圆善论》等著作总结自己一生的学术思考，建构起"道德的形上学"体系。牟氏哲学体系以儒家哲学的智慧精神为基准，借鉴康德哲学的理论框架而建成，它以儒家思想涵容佛、道两家作为中国哲学的主体精神，进而回应西方哲学，探讨以儒学为核心的中国传统哲学在现代的发展之路。

（一）"道德的形上学"之本体论概述

从根本精神来看，一方面，"道德的形上学"之本体思考是一种接续传统儒学的问题意识和本体理路的、基于道德实践智慧的天道观；另一方面，作为现代中国哲学的一种探索，"道德的形上学"采用了现代哲学探讨的基本形式，不再是传统儒学那样就道德修养实践随机进行指点的顿悟式的"体证"，而是以哲学思辨的方式建构哲学本体论体系，借鉴西方康德哲学的理论框架来阐述儒学特有的本体论思想。因此，总的来说，"道德的形上学"之本体论是一种基于传统儒学独特的实践智慧的现代哲学本体论。

对于传统儒学探讨天道性命之学的方式，牟宗三认为，"前贤对于人物之品题辄有高致，而对于义理系统之确解与评鉴，则稍感不足。此固非前贤之所重视，然处于今日，则将为初学之要务，未可忽也"①。因此，牟氏在其"晚年定论"《现象与物自身》中，建立"道德的形上学"② 体系来阐发儒家的天道本体论。在《现象与物自身》中，牟宗三借鉴康德所做的"现象与物自身之超越的区分"，讲明"物自身"是一个价值意味的概念，在实质上相当于儒家所讲的"良知之体"，"道德的形上学"就是由此良知之体"开显"存在界而实现的。由此，《现象与物自身》本体论的关键就在于"无执的存有论"一节中"由知体之为存有论的实体开存在

---

① 牟宗三：《心体与性体》上册，"序言"第1页。

② 此处应当指出的是，"道德的形上学"这一概念在牟氏哲学中具有两层含义：一是指称牟氏的整个哲学体系，包括"执的存有论"与"无执的存有论"这两个层面的内容；二是指牟氏本体论的核心——"无执的存有论"。本书使用"道德的形上学"一词指代其第二层含义，用作第一层含义时，则表述为"道德的形上学"体系。牟宗三对这两种用法的区分参见《现象与物自身》，台湾学生书局，1975，第40页。

界"的问题，不过牟宗三并未在此进行哲学学理上的论证，而是以注释经典、疏解传统儒学义理的方式，援引传统儒学的洞见来证实良知之体可以开出存在界。在此基础上，牟氏借鉴了康德哲学的术语和框架建构起自己的现代儒学本体论，并且进一步以"道德的形上学"来批判康德哲学在此问题上思考的未尽之处，希望以传统儒学的智慧来回应康德的问题。

关于牟宗三本体论的这一核心问题，学界已经达成基本共识，认为其论证过程是在《智的直觉与中国哲学》一书中。实际上"知体明觉如何开出存在界"的问题也就是"知体明觉、良知之体如何能是世界本体"的问题，同时也就是"诚明心体所发的那种智的直觉式的天德良知如何可能"（"智的直觉如何可能"）、"我们人类这种有限的存在如何能有这种直觉"（人在何种意义上"虽有限而可无限"）的问题。① 对于"智的直觉如何可能""知体明觉、良知本体如何能是世界本体"的问题，牟宗三在此书中讲到了"在什么关节上理论上必肯定这种直觉"和"在什么关节上不但是理论上必肯定，而且是实际上必呈现"这两个方面②，被学界的一些研究者称为对于良知本体的"思辨的证立""实践的证立"的两路论证。③

关于"智的直觉"之理论上的证立，牟宗三论证的基点是中国哲学独特的"性体"概念。"性是道德行为底超越根据，而其本身又是绝对而无限地普遍的。因此它不是个类名，所以名曰性体——性即是体"，"如此说性，是康德乃至整个西方哲学中所没有的"④。也就是说，中国传统哲学的"性体"概念不同于西方哲学中作为"类名"、指称"类性"的"性"概念。在中国哲学中，"性体"一方面是"性"——作为道德行为的根据内在于人心之中；另一方面是"体"，即是世界一切存在的源头和本体，"不但是吾人之道德行为由它而来，即一草一木，一切存在，亦皆系属于它而为它所统摄，因而有其存在"⑤。因此，性体"不但创造吾人的道德行为，使吾人的道德行为纯亦不已，它亦创生一切而为一切存在之源"⑥。由此可见，中国哲学之"性体"不但是道德之"性"，而且更是一个"体"（本体），"即形而上的绝对而无限的'体'"，是一个创造原则，"即表象

---

① 参见牟宗三：《智的直觉与中国哲学》，台湾商务印书馆，1994，第190页。

② 同上。

③ 关于良知本体的"思辨的证立"与"实践的证立"的提法，参见郑家栋：《本体与方法——从熊十力到牟宗三》，辽宁大学出版社，1992，第270-279页。

④ 牟宗三：《智的直觉与中国哲学》，第190页。

⑤ 同上书，第191页。

⑥ 同上。

'创造性本身'的那个创造原则……吾人以此为性，故亦曰性体"①。那么，儒者通过道德行为警醒、觉知其内在根据——"性体"，同时也就通达了一切存在之源，而这种对于存在之源的通达也就意味着有限的人可以把握存在之源，或者说可以拥有"智的直觉"。换句话说，先天内在的良知本体同时也就是世界万物的最终本体，"道德的形上学"之"知体明觉"可以开出存在界。

这样一来，问题的关键就归结到在何种意义上方能承认中国传统哲学的"性体"概念，承认传统儒学作为道德之内在根据的"性体"具有绝对的普遍性。唯有承认一个"绝对而无限地普遍的"性体，承认它"虽特显于人类，而却不为人类所限，不只限于人类而为一类概念"②，"虽特彰显于成吾人之道德行为，而却不为道德界所限，只封于道德界而无涉于存在界"③，而是"涵盖乾坤，为一切存在之源"④，才能使传统儒学的"良知之体"同时就是世界的最终本体，从而由"知体明觉"开出存在界。

对于这个问题，牟宗三是通过"道德乃是无条件的定然命令"这一点来论证的。他在此书中讲，如果"本心"或"性体"是有限的话，则其所发布的命令就是有条件的，道德就丧失了其自律性，主体行为因掺杂感性因素而成为被动的。因此，"当吾人由无条件的定然命令以说本心仁体或性体时，此本心仁体或性体本质上就是无限的，这里没有任何曲折，乃是在其自身即绝对自体挺立的。唯有如此绝对自体挺立，所以才能有无条件的定然命令。此皆是由分析即可获得者"⑤。既然道德必然依无条件的定然命令而行，那么作为其内在根据的"性体"就必然具有绝对无限的普遍性。

接下来，"性体"既然是一个绝对而无限的实体，那么就必然只能为因而不能为果，只能制约别的而不能为别的所制约；而宇宙论上所讲的"第一因"也只能为因而不能为果，只能制约别的而不能为别的所制约的绝对而无限的实体，根据"天地间不能有两个绝对而无限的实体"⑥ 这一原则，牟宗三推论出两者必同一。也就是说，"性体""良知之体"即是形

---

① 牟宗三：《智的直觉与中国哲学》，第 191 页。
② 同上书，第 190 - 191 页。
③ 同上书，第 191 页。
④ 同上。
⑤ 同上书，第 192 页。
⑥ 同上。

上学的第一因、最终本体。那么，人经由道德实践可以觉知"性体"这一存在之源，也就意味着人虽有限而可无限，可以拥有这种"天德良知""智的直觉"，"吾人由发布无条件的定然命令之本心仁体或性体之为绝对而无限，即可肯定智的直觉之可能"①，牟氏"道德的形上学"之本体论也就在这一根本点上得以证成。

不过，正如牟宗三在此书中讲到的那样，"此肯定尚只是理论上的，以上的一切论证都是分析的。惟此分析的、理论上的肯定必须视性体为本心仁体始可"②。也就是说，这种思辨理路的推导和证明，无论是性体的绝对普遍性，还是道德作为无条件的定然命令，它们在根本上是基于同一个前提，就是传统儒学的洞见，这种洞见是儒者在道德实践中体悟、亲证得来的，是一种实践理性的"证知"。具体说来，就是必须把性体当作具有无限感通性的"本心仁体"，或者换句话说，必须在道德实践中展露性体作为"本心仁体"的感通性和遍润性，从而使性体的绝对普遍性得到具体而真实的印证。

牟宗三多次强调这种实践亲证的重要性，认为"这个关节即在本心仁体（性体）之诚明、明觉、良知，或虚明照鉴"③。"本心仁体不是一个孤悬的、假设的绝对而无限的物摆在那里，因而设问我们如何能智的直觉之。当吾人说'本心'时即是就其具体的呈现而说之，如恻隐之心、羞恶之心，是随时呈现的。……仁心随时在跃动在呈现，感通周流而遍润一切的。润是觉润，以不安不忍怵恻之感这种'觉'去润生一切，如时雨之润。"④ 由此可知，性体、"本心仁体"是一个"随时在跃动的活动（activity）"⑤，其作为"活动"的特征就在于明觉、遍润，也就是通过感通、觉润一切存在的践履活动来确证其绝对性和无限性。"只有当吾人郑重正视此明觉义、活动义，始能知本心仁体是一呈现，而不是一假设（不是一个理论上的设准），因而始能知智的直觉亦是一呈现而可为吾人所实有，不只是一个理论上的肯定。"⑥ 由此实践活动所彰显的性体、"本心仁体"之活动性，便可真正确证性体之为绝对普遍的本体，有限的人可以拥有这

① 牟宗三：《智的直觉与中国哲学》，第 193 页。
② 同上。
③ 同上。
④ 同上。
⑤ 同上。
⑥ 同上书，第 193 - 194 页。

种通达存在之源的天德良知。

此处讲的性体作为"本心仁体"的活动性，其实也就是性体、智的直觉之创生性，就是儒学"良知之体"对于世界的创生活动。"当其自知自证其自己时，即连同其所生发之道德行为以及其所妙运而觉润之一切存在而一起知之证之，亦如其为一'在其自己'者而知之证之，此即是智的直觉之创生性。"① 这个创生过程可以具体区分为三个阶段：

其一，"本心仁体"在跃动中自我呈现，"本心仁体"之明觉活动反身而自知、自证，也就是传统儒学所讲的"逆觉体证"。在这一阶段，性体、"本心仁体"由于自身具有明觉性，因而能够反身自照，明了并确证自己作为性体这一道德根据先天地内在于人心之中。"明觉活动之反觉亦无'能'义，反而所觉之本心仁体亦无'所'义。明觉活动之反觉其自己即消融于其自己而只为一'体'之朗现，故此逆觉体证实非能所关系，而只是本心仁体自己之具体呈现。"②

其二，"本心仁体"发动道德行为，"本心仁体连同其定然命令之不断地表现为德行，即引生道德行为之纯亦不已"③。性体既然能逆觉而自证其身，那么便会不容己地发布定然命令，并且使之见诸道德行为。如果像王阳明那样把"行为"（如事亲、读书等）当作"物"，那么就可以说这些道德行为是智的直觉的对象，是"本心仁体"所要实现的目标，"本心仁体"不容己地发动实际的道德行为，就是对这些"物"的创生。由此可见，"本心仁体"的创造不只是理论的、形式上讲的创造，而是可以具体呈现的真实的创造。"智的直觉觉之即创生之，是把它引归于其自己而由其自己所引生之自在物（e-ject）……除此以外，再无所知。"④

其三，"本心仁体"基于其绝对普遍性，遍润一切存在而为其体。"在道德的形上学中，成就个人道德创造的本心仁体总是连带着其宇宙生化而为一的，因为这本是由仁心感通之无外而说的。就此感通之无外说，一切存在皆在此感润中而生化，而有其存在。……它的虚明照鉴觉之即润之，润之即生之……此即智的直觉之创生性。"⑤ 由于仁心的感通是"体物而不可遗"的无限的感通，所以"本心仁体"便不是仅限于创生、实现道德

---

① 牟宗三：《智的直觉与中国哲学》，第 196 页。
② 同上。
③ 同上书，第 197 页。
④ 同上书，第 198 - 199 页。
⑤ 同上书，第 199 页。

行为，而是在充其极的意义上可以妙润一切而为一切存在之源，无一物能在此感通和遍润之外。

由此可见，性体、"良知之体"通过以上逐步扩展的三个阶段的创生，便可从实践方面证实其本身是一个具有无限感通性的"本心仁体"。在此"本心仁体"真实无妄的"亲证之知"的基础上，智的直觉之"思辨的证立"便获得了确定的理论前提，进而通过对此前提的分析和演绎，得以建构起"道德的形上学"的现代儒学本体论，最终证明有限的人可以具有天德良知、智的直觉，"良知本体"就是世界的最终本体，可以开出存在界。

纵观牟宗三对其本体论的核心问题的解答，可以说是通过援引儒学义理和借鉴康德哲学这两种方式相结合来完成的。作为儒家思想的现代传人，牟宗三在根本的思想观念上归宗于儒，继承了儒家以实践的亲证作为"本体之知"的主要来源的传统，进而从传统儒学中直接援引了诸如"本心性体"的"逆觉体证""感通无限"等观点，以注释经典和疏解儒学义理的方式进行阐发，作为自己本体论的前提和主要论据。作为一位现代哲学家，牟宗三比传统儒者更加注重学理上的推论和证明，无论是智的直觉之"思辨的证立"还是其"实践的证立"，他都在重新疏解传统儒学智慧的同时结合现代哲学的范畴和问题意识进行阐发。为了更好地做到这一点，牟宗三选择了自己心目中最接近传统儒学智慧精神的现代哲学形态——康德哲学——作为借鉴的范本，在其现代儒学本体论的建构中依托康德哲学的问题意识和理论框架，以回应康德哲学之问题、弥补康德哲学之缺陷的方式来阐发传统儒学的本体观，通过对康德哲学的两大核心问题（"意志自由是否为假设""智的直觉如何可能"）进行儒家式的回答，力图做到"入其营、袭其垒"，在康德哲学的框架中建构起自己的现代儒学本体论。

（二）本体论建构之得失分析

本书对牟宗三本体论的分析主要着眼于"本体观"和"本体进路"这两个方面，本体观指的是"在根本上以什么为最终本体"的问题，"本体进路"则是指"通过何种理路达至或证立这一本体"的问题。在本书看来，牟氏在根本上期望建构的本体论是接续传统儒学的实践本体观和实践本体理路这两个方面的智慧精神的，然而他最终建成的"道德的形上学"之本体论则与上述理论期待有所出入，最终导致"道德的形上学"之本体论在本体观与本体进路之间产生了根本性的内在冲突。

　　第一，牟宗三"道德的形上学"之本体观主要来自传统儒家出自实践的领悟、亲证而得到的"实践之知"，在根本上肯定的是一个通过道德实践而得以呈现的"实践本体""本心仁体"。

　　牟宗三认为，"知不只是'知性之知'（丽物之知、见闻之知），还有实践的德性之知。理解不只是知识意义的理解，还有实践意义的理解。我们不只是思辨地讲理性之实践使用，还有实践地讲理性之实践使用。不只是外在的解悟，还有内在的证悟，乃至澈悟"①。相对于西方哲学注重思辨推理的、以知识的方式探讨本体的路向，中国哲学体现出注重实践的"亲证之知"的特点，这种实践亲证之路所得到的本体是实践的本体、实践的真理。牟宗三曾在《中国哲学十九讲》中讲，真理可以大体分为两种，一种是"外延的真理"（extensional truth），另一种是"内容的真理"（intensional truth）。"外延的真理"是指科学（如自然科学、数学等）的知识，可被称为"广度的真理"，它可以脱离我们主观的态度，指的是不属于主体而可以"客观的肯断"的那种真理；"内容的真理"则是表述"属于人生全体（human life as such，human life as a whole）中的那个真实性"，可被称为"强度的真理"，它是属于生命主体的真理，与"外延的真理"一样是理性的，具有内容的普遍性。中国哲学的典型特征就在于它是一种"内容的真理"，其关键在于把人看作主体而非对象，倡导一种主体的学问、生命的学问。相对于西方哲学之"外延的真理"的"抽象的普遍性"（abstract universality，概念的普遍性），中国哲学之"内容的真理"的普遍性是"具体的普遍性"（concrete universality），是在真实的生命中具体呈现的普遍之理。② 总而言之，中国传统哲学所探讨的是一种关乎生命实践的"本体之真"，而把握这种真理的方式"只是与它'觌面相当'的亲证"，"是实践的亲证，理解之即是证实之，即是呈现之；……不是知'特定经验内容'的普通知识，而单是实践地知这'实体'之知"③。与这种观点对应，牟宗三在自己哲学之基础的本体观上，也力图接续传统儒学的实践智慧。

　　第二，牟宗三在本体进路方面亦希望援引传统儒学的智慧，着力凸显了"本体宇宙论"一路契悟本体的洞见，并且强调其作为"道德实践"一

---

① 牟宗三：《心体与性体》上册，第 145 页。
② 参见牟宗三：《中国哲学十九讲》，上海古籍出版社，1997，第 20 - 36 页。
③ 牟宗三：《心体与性体》上册，第 145 页。

路之"充其极"的特点。在这个过程中，他把儒学从一种关切安身立命的"成德之教"转化为现代哲学本体论的自觉建构。

牟宗三在阐明儒家的本体是一个实践本体的同时，亦出于现代哲学探讨的需要而充分关注对于本体论体系的建构。本体论体系的建构问题指的是选择何种本体进路，或者说从何种理路来阐发、证明本体的问题。在这个问题上，牟氏不仅借鉴了西方德国古典哲学的理论资源，也十分注重援引传统儒学的智慧。① 在梳理传统儒学的基本精神时，牟宗三对于儒家契入本体（言"性"）的方式，区分出"本体宇宙论的一路"（Cosmological approach）和"道德实践的一路"（Moral approach），而以前者作为后者的圆满发展。应当说"本体宇宙论"与"道德实践"这两路作为牟氏本体思考中期的重点，是其思想成熟时期本体理路的先声。② 在他看来，两路分别偏重于天道之言说的存有论一面和道德实践一面，并且"在形而上（本体宇宙论）方面与在道德方面都是根据践仁尽性"③。具体说来，"本体宇宙论的一路"是一种"精诚的道德意识所贯注的原始而通透的直悟……以儒圣的具体清澈精诚恻怛的圆而神之境为根据"④，人们通过这种进路得以洞悉天道之生生之德和人之道德本性。而这种对宇宙人生之道的洞悟是以"道德实践的一路"为基础的，通过儒者真实的道德实践方能达至那种天道人性的本体宇宙论的证悟。所以说，以上两路虽然是分而言之，但在根本上是通贯为一的，"本体宇宙论的一路"是"道德实践的一路"所得出的形上洞见之表达。

在这种对于传统儒学之疏解的基础上，牟宗三"道德的形上学"之本体论主要进行了两个方面的工作：一方面，在根本的本体观上继承了传统儒学关于本体是一个"实践本体"的观点，这一点在前文中已经讲到，而牟氏关于儒家"本体宇宙论的一路"基于"道德实践的一路"的观点更进一步地说明了这一点；另一方面，牟氏对于传统儒学的致思取向进行了一种"调适而上遂"式的话语转换，把儒学从一种致力于安身立命的"成德之教"转换为对天道本体的哲学思考和现代本体论的自觉建构，这种转换

---

① 在牟氏哲学的本体进路问题上，学界大多认为牟氏主要是借鉴西方康德哲学的理论框架来完成的，本书力图指出的是，牟氏对于本体论的建构虽然大部分借鉴了康德哲学的理论框架，但其在根本上意图接续的是传统儒家"本体宇宙论的一路"的理论传统。

② 参见牟宗三：《中国哲学的特质》第 54 - 55 页；《心体与性体》上册，第 27、28、31 页。

③ 牟宗三：《心体与性体》上册，第 100 页。

④ 同上书，第 162 页。

是通过突出强调"本体宇宙论的一路"的理论智慧而实现的。

相对于传统儒学注重"道德实践的一路"的实有诸己、立身修德，一切学问指向生命践行的特点，牟氏的本体论着力强调了"本体宇宙论的一路"对于本体的形上领悟，突出这种本体宇宙论的洞见作为"道德实践的一路"之"充其极"的特点，并且在自己本体论体系的建构中尝试对这种本体进路进行现代转化。具体说来，牟宗三认为传统儒学由本体宇宙论的方面对本体的契接，在道德实践的路向之外形成了另一个非常重要的路向。这是由先秦《中庸》《易传》开启，而为宋明之横渠、明道、五峰、蕺山一系所接续的理路，而究其实质，亦不过是《论语》《孟子》之道德实践的本体之路，"依一形而上的洞悟渗透充其极"而有的"'性体与天命实体通而为一'之提升"，因而此路之提升"实与孟子相呼应，而圆满地展示出"①。进一步，"先秦儒家如此相承相呼应，而至此最后之圆满，宋明儒即就此圆满亦存在地呼应之，而直下通而一之也：仁与天为一，心性与天为一，性体与道体为一，最终由道体说性体，道体性体仍是一"②。概括而言，所有这些形而上的本体洞悟"只是一道德意识之充其极，故只是一'道德的形上学'也"③。此处之"充其极""圆满地展示"等表述提示我们注意，牟宗三着力强调这形上本体论的领悟与"道德实践的一路"并非互相分离、互相对立，"此只可以圆满发展看，不可以相反之两途看"，更"不可以西方康德之批判哲学与康德前之独断形上学之异来比观"④。作为深研康德学理的现代哲人，牟宗三认为，"如果我们割离道德实践而单客观地看存在之物，自可讲出一套存有论……儒家可以把它看成是知解层上的观解形上学，此则是没有定准的，由康德的批判即可知之。因此，说到究竟，只有这么一个圆教下的实践的形上学"⑤。也就是说，不同于西方思辨形上学的独断前提与推证理路，这种本体宇宙论的形上学，只是道德实践至极而有的对本体之澈悟，是基于儒家生命实践而有的"实践的形上学"，"不是顺知性思考之兴趣纯客观地积极地着于存在而施分解、推证与构造，如希腊传统之形上学之所为者。其着于存在而施分解

① 牟宗三：《心体与性体》上册，第27页。
② 同上书，第30-31页。
③ 同上书，第30页。
④ 同上书，第27页。
⑤ 牟宗三：《从陆象山到刘蕺山》，载《牟宗三先生全集》第8卷，联经出版事业股份有限公司，2003，第184页。

乃是以道德的创造性为支点者,他是在此决定性的纲领下施分解,故其分解有定向、有范围,此是属于'道德的形上学'者。他根据儒家'维天之命,於穆不已'之根源智慧,一眼看定这整个宇宙即是一道德的创造,这道德的创造与见之于各人自己处之道德的创造为同一模型,同一意蕴……此着于存在,是在道德的创造之定向下着"①。这种形上学建立在生命实践的基础上,是一种出于实践进路的"实践本体论","儒家之道德哲学必承认其涵有一'道德的形上学',始能将'天'收进内,始能充其智慧方向之极而至圆满"②。显而易见,牟宗三在其本体思考的成熟时期所期待建成的"从道德的进路入"的形上学、基于生命实践的本体论,便是这种思路的进一步充实和发展。

我们由此可以看出,牟宗三在建构现代哲学本体论体系时积极援引了传统儒学的智慧精神,不仅在根本上肯定本体是一种实践本体,而且在本体进路上力图接续传统儒学基于实践的"本体宇宙论的一路"的传统,通过对其进行一种现代转化来完成自己的现代本体论体系的建构。这种对本体论问题的思考在基本特质上与西方哲学的思辨理路迥然不同,在较为根本的意义上凸显了儒学自身的理论特质,对于西方哲学的思辨本体观进行了一种儒家式的回应和某种程度上的"纠偏"。不过在这个意义上,对儒家本体进路进行现代转化的问题就进一步成为一个较为艰巨的理论任务。

第三,在更为深入的分析中可以看到,牟宗三在最终实际建成的本体论体系中未能圆满地实现接续儒家本体进路、阐明实践本体之真义的理论期待,最终导致了其本体观与本体进路之间的深刻张力。

从牟氏晚年提出的"道德的形上学"之本体论中,我们可以看到他虽然始终希望继承传统儒学的本体观和本体进路,但最终只是在根本精神上继承了儒家的实践本体观念,而没有完成与此实践本体相应的儒家本体进路的现代转化工作。"道德的形上学"未能对前文提到的儒家"基于道德实践而言本体宇宙论"的本体进路进行成功的现代转化,而是在自己的理论建构中选择了西方思辨传统下的康德哲学之框架作为主要的本体进路,从而导致作为"道德的形上学"之本体论之核心的实践本体观念与其思辨的本体进路之间存在着根源性的张力。由此,我们可以说牟氏最终建成的本体论体系与其根本的理论期待有出入。

---

① 牟宗三:《心体与性体》上册,第366-367页。
② 同上书,第31页。

如上所论，牟氏哲学在根本上希望援引的是传统儒学的实践本体进路，与此同时应当肯定的是，这种本体进路作为传统哲学的一部分，确实需要进行一种现代哲学意义上的转化，因为传统儒学的"本体宇宙论的一路"只是直接对道德实践所得出的领悟进行表达，而现代哲学的本体论探讨已经有了与之不同的要求。牟宗三在建构"道德的形上学"之本体论时清楚地意识到现代哲学本体论与传统儒学天道观的区别，所以不再像传统的"本体宇宙论的一路"那样直接记录对天道本体的领悟，而是力图通过完整的哲学推证来得出结论、建构体系。不过，在保证既不流失其理论的独特性而又符合现代哲学的话语方式的前提下对儒家这种本体进路进行现代转化，这一任务显得十分艰巨。儒家本体进路的独特性在于，它是一种区别于现代主流哲学之思辨理路的实践理路，而在对此实践理路进行现代转化时很难找到一种相应的现代哲学作为模板，因为作为现代哲学之主流的多数西方哲学流派在根本上坚持的是思辨理路。牟宗三在此问题的处理上选择了借鉴康德哲学，这主要是基于康德的自律道德学说与儒家道德学说的相似性。然而，道德学说上的相似性并不能遮蔽两者之间的思辨进路与实践进路的根本差别，可以说这种借鉴康德哲学的做法在实际上未能处理好儒家基于实践的本体进路与康德基于思辨的本体进路如何融通的问题，未能真正实现儒家的实践本体进路的现代转化，从而最终导致"道德的形上学"难以处理好其所坚持的儒家的实践本体进路与康德哲学式的思辨进路之间的关系。在本书看来，如果对照传统儒家言"性"的两路，可以说牟宗三的本体论欲达至《中庸》《周易》之"本体宇宙论"的结论，应当进行一种相应于《论语》《孟子》之"道德实践的一路"的哲学论证，显然康德哲学式的思辨进路难以胜任这一任务。

进一步分析来看，"道德的形上学"之本体进路主要是依托康德哲学的问题意识、理论框架和哲学范畴而提出的，而康德哲学实际上与牟氏本体论所坚持的实践本体观以及在根本上希望继承的儒家实践本体进路之间均存在着较大张力。一方面，康德作为西方近现代哲学的典型代表，在思维方式上承袭着西方哲学一贯的思辨探讨的传统，或者用牟宗三的话说，无论是讲本体还是讲道德，都是以"讲知识的方式"来进行的。康德的道德哲学是"思辨地讲理性之实践使用"，以意志自由为假设，通过逐步分析和推论，最终得出道德律令的普遍必然性，在根本上体现出西方哲学注重逻辑分析、哲学思辨的问题探讨方式。这种康德哲学式的思辨进路与儒家的实践本体进路之间存在着根本性的差异，借鉴康德的进路是不可能完成儒家本体进路的接续和转化任务的。另一方面，在本体论问题上，康德哲学作为德国古典哲学的奠基者，体现着西方哲学发展到近代时期的"认识论转向"的典型特征，主要重在对人类理性的认识和实践能力进行探讨，对本体论问题持"存而不论"的态度。在《纯粹理性批判》中，康德的目标在于为知识划定界限，并不是像牟宗三所讲的那样，意在通过对知识的分析得出"物自身"概念，进而建构本体论；在《实践理性批判》中，与其说康德是在发掘由实践理性通向最终本体的道路，不如说他更重视对人类理性之"实践使用"进行分析，确证道德律令的普遍必然性，而不会如牟宗三所继承的儒学传统那样，通过道德实践之"感通"与"遍润"而通达存在之源。因此，可以说，借鉴一种无意于探讨本体论的康德哲学是难以真正阐明儒家的实践本体、完成建构现代儒学本体论的理论任务的。在以上两个方面的基础上，我们可以总结牟氏借鉴康德哲学建构本体论这一尝试所面临的问题：一方面，由于康德的问题意识与牟宗三本体论重建的理论期待迥异其趣，它就需要面临完全扭转康德本身的问题意识的理论难题；另一方面，康德哲学的建构方式在整体上体现出西方传统思辨理路的典型特点，它这种依托康德哲学的本体论建构方式就在根本上与"道德的形上学"所继承的传统儒家实践智慧（实践本体与实践理路）之间产生了深刻的张力。

　　关于康德哲学的智慧精神，牟宗三曾讲，"康德哲学是处于朱子系和孟子系的居间形态"，其洞见是纵贯系统的洞见，其讲法却仍是知识的，不是"从心说理"，而是"从理说心"，总体说来未至成熟之境。① 具体说来，牟氏指出康德在两个问题的思考上"未至成熟之境"：一是关于"智的直觉"之有无的问题，康德以"智的直觉"为假设，而不认为它是真实的呈现；二是"智的直觉"是否"充其极"的问题，康德只在实践理性发挥作用的道德领域讨论"智的直觉"，而并未把此"良知之体"进一步"充其极"，突破道德的界限，遍润一切而为存在之源。按照前文对康德哲学的分析可知，康德哲学由于其自身具有与牟氏的理论期待不同的问题意识，并不希望建构以"智的直觉"为中心的本体论，所以不会把这一"自由意志""良知之体"充其极而"开显"存在界；基于其所处的西方哲学的思辨理性传统，康德也不会放弃思辨的分析、推理而认同实践体证地确证"智的直觉真实存在"的论证方式。对于这些问题，牟宗三在自己梳理

---

① 参见牟宗三：《康德的道德哲学》，台湾学生书局，1982，第266页。

儒学义理和翻译康德原著的书中，也曾以各种方式或多或少地提及，但在建构自己"道德的形上学"之本体论时，还是对这个较为重要的问题有所忽略。由于康德的思考是以纯粹理性的思辨理路展开的，牟宗三以回应康德的方式所建构的本体论便也主要是以思辨理性的方式来进行①，虽然他在如此建构的同时屡屡强调这一切在根本上是基于儒家的实践之知，但却很难真正消解这两者之间的张力。由此，我们或许应当思考，对于儒家的实践本体观和传统的实践本体进路而言，借鉴康德哲学式的思辨进路是不是儒学现代重释的最恰当途径？儒家传统的现代转化是现代中国哲学的重要理论任务，儒家本体论的现代转化与重建则是这一任务中最为根本的环节，牟宗三作为现代中国哲学家的典型代表，在这一问题上的探索展现出高远的哲学洞见，不过在建构过程中对康德哲学的借鉴也使他在某种意义上局限于康德的思维方式，而对其在疏解儒家传统时所强调的生命本体、实践进路有所忽略。所以，严格来说，牟氏没有圆满地完成儒家本体论之现代转化的理论任务。

综上所论，牟宗三的本体论思想在根本观点上继承了儒家传统之实践本体论的基本精神，但是他所选取的思辨哲学的建构进路导致最终对儒家本体之为"生命本体""实践之知"的意义重视不够。可以说，牟氏哲学的探讨是现代中国哲学本体论探讨中的一种开拓性的尝试，在世界哲学探讨中显示了儒家智慧的精神方向，也展现出儒学在现代哲学话语圈中继续发展的一种可能理路。同时我们亦应明确，牟氏哲学不应被视为现代中国哲学本体论建构的结论，从而只需消化其所见，或者在此本体论基础上进行其他领域哲学的探讨即可；更恰当的说法也许是，牟宗三的哲学探讨展开了一个起点，指出了一个可能的方向，提示了若干重要问题和一些洞见，亦存在一些滑转和未尽之处，本体论领域的儒学重建或者说在现代本体探讨中展现儒学优长的理论任务，尚有许多工作留待我们进一步追问和反思。

二、"道德的形上学"之天人关系论

在牟宗三的"道德的形上学"体系中，天与人相即不离，可以说是

① 本书认为，正是牟氏本体论在表面上的思辨论证方式遮蔽了其在根本上所坚持的实践本体智慧，使其受到学界一些研究者的批评，甚至被称为"关于上帝存在的本体论证明"。因此，细致阐发牟氏哲学的实践本体智慧以及其与思辨论证方式之间表面上的张力，将有助于深化对牟氏本体论的理解和研究。

"一而二、二而一"的关系。作为超越目标的天道与作为超越主体的人心在"智的直觉"之"朗照"下秉承着相通的一贯之道，如同牟宗三在《圆善论》中所说，"天命不已（天地或天之生德）即是本心真性之客观而绝对地说，本心真性即是天命不已之主观而实践地说……就其为体言，其实一也。……人之体，天之体之平行的说法只是图画式的语言之方便。……因此，大人之德与天地之德是合一的；不但是合一的，而且就只是一。……言'合'者只是就大人与天地之图画的分别而方便言之耳。就德（创造之德）言实即是一也"①。

（一）"天"——"即存有即活动"的创生实体

"天""天道""天理"等概念在牟宗三的哲学体系中代表着超越的终极，指的是创生一切存在的终极实体，称为"创造真几"。天道的这种义理内涵是继承传统儒学的智慧一贯而来的。

在梳理传统儒学的发展历程时，牟宗三专门分析了儒学源头中的"天"这一概念。他指出，《诗经》《尚书》中的"帝""天""天命"只是肯定了一个最高的主宰，或者可以说凸显了一种超越意识，但并未过多地向人格神的方向发展；因而孔子承继以前的传统，其心目中的天、天命或天道也只是体现为一种超越意识，而并不像希伯来民族宗教意识中的上帝那样孤峭而挺立。"其意味甚为肃穆，对于天地万物甚具有一种'超越的亲和性'（引曳性 Transcendental affinity），冥冥穆穆运之以前进，是这样意味的一个'天'。并不向人格神的方向走。"② 孔子之后的《中庸》以"天"为"为物不贰""生物不测"的"创生实体"，而以"维天之命，於穆不已"来讲"天之所以为天"，在牟氏看来便是顺承《诗经》、《尚书》、孔子之"天"而有的更为明确的表述，他指出这是先秦儒者之生命智慧相感应的结果。③ 先秦儒者均是如此自然地视"天"为创生实体，并且以"创生实体"视天并不妨碍此超越意识的凸显。"於穆不已"的创生之天抛弃了作为人格神的天、帝与人的隔阂和疏离感，却以"天命之谓性"的方式下贯于人，成为人这一价值主体的义理之当然。人通过道德本心的反身而诚即可契悟其真谛，却又须通过不断的德行修养以无限趋近之，极致之处，虽圣人亦有所不知不能。儒家的天道是与人之价值主体性关系密切的

---

① 牟宗三：《圆善论》，台湾学生书局，1985，第139－141页。
② 牟宗三：《心体与性体》上册，第19页。
③ 同上。

价值之源，是一种"超越的亲和性"，因而以天作为非人格神的创生实体"并不碍其对于天的崇敬与尊奉"①。

牟宗三继承儒家在源头处阐明的这种天道观，在自己的哲学体系中认为"天理范围一切（范围天地之化而不过），曲成一切（曲成万物而不遗）。'充塞宇宙，无非斯理'（象山语）"②。凡是积极的、正面的存在或事物"皆为天理所曲成"，也就是说为天理所许可；消极的、负面的存在或事物"皆非天理所曲成（不依天理而来）"，而是为"天理所制限"③。因此，"一切事物……皆是天理之所纲纪。如以此天理为客观标准，则用之于处事，或曲成而彰显之，或制限而去除之，一是皆物各付物，顺理而行，自容不得个人私意参与其中"④。对此"范围一切"的天理本体，牟宗三在《现象与物自身》中结合《易传》的"乾知大始"进行阐释。他指出，《易传》是"以天之乾健之德（即生德）作为万物之大始，即由之以创生万物也"，而"乾之所以可主万物之始，以其为生道也。而生道之所以为生道之实则在'心'也，故历来皆以'仁'说此生道也"⑤。进一步，探究此"本心仁体"之"生道"的实质，可见"心之所以为心则在乎'知'也"⑥，因此儒家发展到王学，便"直接以创始万物的乾健之德之身份说此良知也"⑦。由此可见，天、天道的实质是一个生生本体，而且与人之良知、"本心仁体"具有密不可分的关系。

从具体的哲学内涵上讲，天理本体是"即存有即活动"的创生实体，"动而无动的活动与存有这两者合而观之，便可说天理是一个生化的真几，创造的实体……超越而又内在的、动态的生化之理，存在之理⑧。其中，"生化之理"是从动处来讲，天理本体是一种健动的"活动"，"是言创生万物的真几、实体"⑨，是"於穆不已"的生生之道；"存在之理"则是从静处来讲，天理本体是一种根源性的"存有"，是作为万事万物之"超越

---

① 牟宗三：《心体与性体》上册，第19页。
② 牟宗三：《心体与性体》中册，上海古籍出版社，1999，第62页。
③ 同上。
④ 同上。
⑤ 牟宗三：《现象与物自身》，第93页。
⑥ 同上书，第95页。
⑦ 同上书，第93页。
⑧ 牟宗三：《心体与性体》中册，第49页。
⑨ 同上。

的所以然"的律则、理则，是"使然者然的存在性"①。这两者的结合就
阐明了天理本体的根本特质，称为"即存有即活动"的诚体、神体、理
体、道体，"这是人乃至万物底真自己"②。

在此终极本体的诠释中，牟宗三最为注重的是天理本体的"活动义"，
也即天理作为万物之本的创生性。他曾结合《易传》指出，"乾元者即创
造性之自己也，亦得名曰创造原则……离此无可言道"③。可见天道即是
天理本体的创生之道，而仔细体会"创生"的意涵，可知"'生'者妙运、
妙应之义。以清通之神、无累之虚妙运乎气而使其生生不息，使其动静聚
散不滞，此即是生也。仁体之感润而万物生长不息，此即是生也"④。若
从哲学意涵来分析，这里所讲的"生""创生"，"不可表面地徒顺其字面
之次序而空头地视为外在之直线的宇宙演化"，不是"存在的"生或有，
"不是说自然生命连同其曲折与波浪皆是存在地由诚体中生出"；而是"成
全地生或有"⑤。也就是说，"这些——迹或事——都是神之妙用之所起，
之所创生。说到最后，是创生的成全，离了这成全的创生，也别无创
生"⑥。具体说来，在牟宗三那里，人与世间万物一方面顺着自然生命而
自然地生存、活动，另一方面必须要受到更高超越原则的规范和引导。这
是因为自然生命的张弛不一定常是合理有度的，如果一味顺着自然之性而
不知节制，直到发狂而死，便无法成就真正的生命之伸张；也有自然生命
顺着自然的松弛而一直松弛下去，不知振奋，直到腐烂而死，便难以实现
真正的生命之松弛。因此，"顺其限度之该张该弛而欲成全之，不能不提
升一层从精神生命之超越诚体上说"⑦。若无此成全的创生，任由事物一
味顺着自然生命滚下去，则必然发狂或腐烂而死，那便再无存在之事可
言。"使存在之事永远生息下去而不至于梏亡，这便是对于存在之创
造。"⑧ 这就是《中庸》所谓天道之诚体的"生物不测"，这便是通过本体
论的妙用而显的创生，也可以说是依诚体之神而来的"形式的创生——成

---

① 牟宗三：《心体与性体》中册，第 49 页。
② 同上。
③ 牟宗三：《心体与性体》上册，第 278 页。
④ 同上书，第 394 页。
⑤ 同上书，第 312 页。
⑥ 同上书，第 314 页。
⑦ 同上书，第 312 页。
⑧ 同上书，第 314 页。

全事物为一必然的实有而不只是一偶然的存在之创生"①。

超越之天的这种创生，从总的方面来说是天理本体育成天地之大化的生生洪流，落在个体上分别来说，就是每一个体皆"完具此理"，每一事物都是一个生生不已的"创造中心"，体现出天理本身的全部内涵。所以，从根本上看，天道本体的全部创生性都是与世间万物的"生生"，尤其是人之健动不息的道德行为相即不离的，其至可以说天道创生本体的实质就是人之道德本心的遍润一切的道德的创造性。由此，我们可以说这种"活动义"的天道天理之普遍性不只是孤立的道的普遍性，或者如牟宗三所说的"本体论的圆具"上是如此；而是同时就落实于现实世界的"具体的普遍性"，即牟氏所讲的道德实践的彰显之普遍性。"道德的形上学"之超越终极（"天"）是彰显于人的真实生命历程和整个世界中真实的"生生"活动之内的创造本体，这个本体的创生以人的"良知之体"的自主自律为基点，最终推扩为遍润外物的"体物而不可及"的世界本体，达至"充其极"的"大而化之"的圆满之境。

通过以上分析，我们可以看出牟宗三"道德的形上学"之天道观是基于其本体论而提出的，天道在根本上是一个基于道德创造活动而展现的生生不息的本体，这种观点也是对传统儒学之基本理念的阐发和接续。"道德的形上学"之天、天道主要包括以下三个基本内涵：（1）天道是世间万物的根本之理，是统御并成全一切事物、维系整个世界的生生洪流的根本规律、根本法则；（2）天道是由永不停息的道德实践、万物化生活动中显发出的真实具体的普遍性，本体之"天"是一个具有明觉、自如的"活动性"的创生本体；（3）天道是既超越又内在的，它在整个活动和创生过程中自本自根、自动自化、无待于外，代表着整个世界的创造之源，但亦不是一个离世而独立的神明，而是永远在世界中、在真实的生命活动中显现其真意。

（二）"人"——以"心"著"性"、通于天道

立足于儒家哲学的传统，牟宗三指出，我们在思考"天之为天"的问题时，不应当孤立地、隔绝于人地探讨天道的宇宙论含义，而应当与人一体相关地思考"天道性命相贯通"之道，因为天道之创生必须经由人之道德创造方能展现其真实意涵。由此可见，关于人道的思考在"道德的形上

---

① 牟宗三：《心体与性体》上册，第 314 页。

学"体系中具有重要意义,人道是创生不息的天道本体之具体而真实的落实处。

在牟宗三看来,"人"作为与天道相贯通的道德创造之主体,其最根本的特征就在于健动不息的道德创造,而道德创造的内在根据则在于"性体""心体",因此"道德的形上学"以"性体""心体"这两个概念来阐释人之为人的根本特质。

1. 性之五义

在"道德的形上学"中,"性体"是人之为人的本质特征,是道德实践的内在根据。"性体"作为牟宗三哲学之天人关系论的核心概念,体现着中国哲学独特的思维方式和理论特质。对此牟宗三曾讲:

> 此中"性体"一观念居关键之地位,最为特出。西方无此观念,故一方道德与宗教不能一,一方道德与形上学亦不能一。彼方哲人言"实体"(Reality)者多矣……大体或自知识论之路入,如罗素与柏拉图;或自宇宙论之路入,如怀特海与亚里士多德;或自本体论(存有论)之路入,如海德格尔与胡塞尔;或自生物学之路入,如伯格森与摩根(L. Morgan);或自实用论(Pragmatism)之路入,如杜威与席勒;或自独断的、纯分析的形上学之路入,如斯宾诺莎与莱布尼兹及笛卡尔。……然无论是讲实体,或是讲存有,或是讲本体(Substance),皆无一有"性体"之观念,皆无一能扣紧儒者之作为道德实践之根据、能起道德之创造之"性体"之观念而言实体、存有或本体。无论自何路入,皆非自道德的进路入,故其所讲之实体、存有或本体皆只是一说明现象之哲学(形上学)概念,而不能与道德实践使人成一道德的存在生关系者。①

由此可知,儒家哲学的"性体"概念代表着独特的由道德实践进路对本体的追寻,因而不是像西方哲学的"性"范畴一样单纯作为"类概念"而存在。中国哲学中的"性体"是指称具有绝对普遍性的本体、实体,唯其在人身上的表现最为明显,便同时又被称为人之"性",这两种含义的结合方能展现"性体"概念的完整意涵。因此,"人之为人的本质",或者"道德行为的先天根据",这些表述都不足以作为"性体"概念的定义,不足以代表"性体"的根本意涵。从其本质来看,"道德的形上学"继承传统

---

① 牟宗三:《心体与性体》上册,第32-33页。

儒学的观念,认为"性体"是一种能够兴起道德创造的"性能",从本体论的角度来说,就是一个能够兴起道德创造的"创造实体"(Creative reality),"自其有绝对普遍性而言,则与天命实体通而为一。故就统天地万物而为其体言,曰形而上的实体(道体,Metaphysical reality),此则是能起宇宙生化之'创造实体',而由人能自觉地做道德实践以证实之"①。也就是说,人之先天本有的道德根据——"性体",同时也就是天地万物的创造本体,两者在根本的意义上"通而为一",因此人通过自觉进行道德实践活动,在彰显内在超越的道德本性的同时,便可以通达大化生生的本体之道。

归纳起来,"道德的形上学"之"性体"主要包括以下五种含义:

一、性体义:体万物而谓之性,性即是体。

二、性能义:性体能起宇宙之生化、道德之创造(即道德行为之纯亦不已),故曰性能。性即是能。

三、性理义:性体自具普遍法则,性即是理。

四、性分义:普遍法则之所命所定皆是必然之本分。自宇宙论方面言,凡性体之所生化,皆是天命之不容已。自道德创造言,凡道德行为皆是吾人之本分,亦当然而不容已,必然而不可移。宇宙分内事即是己分内事。反之亦然。性所定之大分即曰性分。

五、性觉义:太虚寂感之神之虚明照鉴即是心。依此而言性觉义。性之全体即是灵知明觉。

凡此五义,任一义皆尽性体之全体:性全体是体,全体是能,全体是理,全体是分,全体是觉。任一义亦皆通其他诸义:性之为体,通能、理、分、觉而为体;性之为能,通体、理、分、觉而为能;性之为理,通体、能、分、觉而为理;性之为分,通体、能、理、觉而为分;性之为觉,通体、能、理、分而为觉。故任一义皆是具体的普遍,非抽象的普遍。②

由此可知,人通过禀赋于天的内在"性体",便可同时具有道德良知之明觉、道德创造之动能、道德实践之法则于自身本性之中,而发展这种道德创造的良知良能在实现人之为人的本质的同时,亦是履行"天命之不容

---

① 牟宗三:《心体与性体》上册,第35页。
② 同上书,第483页。

已"的必然要求，在逐步彰显与落实内在"性体"的过程中，人的自觉生命实践也就通达了创化一切的本体之道，从而遍润一切存在而为其体，把天理本体落实为一种"具体的普遍性"。

牟宗三也曾结合传统儒学的概念来讲"性体"的具体特征，他指出，人之性体是秉承生生之天道的"太虚神体"而来，而"太虚神体"本身是"即寂即感，寂感一如"的本体，那么"此太虚神德之由体万物而为万物之性，此性即不能不有'寂感'以为其神用"①。因此，"性体之具体意义仍须就太虚神德之寂感言：即寂即感，寂感一如，此其所以为神而亦所以能成化也。亦即其所以能起道德之创造也"②。由此可知，人之性体秉承"太虚神体"的"神感神应"，在静寂时"'至静无感'，即是寂然不动，至寂至静，默然无有"③；然而"'太虚神德'之至寂至静并不与其'感而遂通'为对立，乃是'即寂即感，寂感一如'的，否则无以见神德"④。因此，合而言之，"寂感一如方是性体之最深源头处"⑤。也就是说，"性体"不是干枯的死体，也不是抽象的死理，而是"能起宇宙论的创造或道德的创造者"，"寂感一如之神即是性体之具体的意义"⑥。

就人与万物禀赋天命性体的方面来看，牟宗三讲到了两种"具"性体的方式，分别是"本体论的圆具"和"道德实践的具"。所谓"本体论的圆具"，指的是由本体论层面来看，人与物在本性中皆完具"於穆不已"的天理本体，是"依实体之既超越又内在说，亦依实体之静态地平铺说，亦依一种艺术性的观照意味说，亦依圣证之一本圆教、大而化之、浑无内外物我之分说"⑦，是极端的理想主义之言；而"道德实践的具"，则是指人能具有此理以为内在的性体，同时又"真能自觉地作道德实践以起道德创造之大用，故能彰显地'完具此理'"⑧，相比之下，草木瓦石等物"则不能有此自觉，因而亦不能有此道德之创造……是故创造实体在此只能是超越地为其体，并不能内在地复为其性"⑨。人基于自身良知的明觉，可

---

①　牟宗三：《心体与性体》上册，第 422 页。
②　同上。
③　同上书，第 421 页。
④　同上。
⑤　同上。
⑥　同上书，第 422 页。
⑦　同上书，第 62 页。
⑧　同上。
⑨　同上。

以自觉地进行道德实践，从而使天理本体真正内在地成为自己之性，这种对于内在性体的具体而真实的落实，便真正实现了人之为人的本质所在，展现出人与物之别。

由人之内在根据——性体——所具有的本体宇宙论的意义，我们可以看出"道德的形上学"继承了传统儒学所强调的人道与天道的一体相关性。人通过《中庸》所讲的"天命之谓性"，禀赋天道生化之本根的"性体"作为自身先天的内在根据，就在最根本的本体意义上与天道"通而为一"；进而通过道德实践的健行不息，自觉地展现这一内在的超越"性体"的真实意涵，使此"本体宇宙论"地禀赋于内的"性体"最终"道德实践地"成为吾人之真性，便得以"道德实践的圆具"此"性体"之大本，在实现"人之为人"的真正意涵的同时，契接天道生生之本源。

2. 心之五义

在"道德的形上学"中，"心体"是人之道德行为的内在动源，是"人之为人"的"性体"之"发动"与"呈现"。牟宗三强调此"心体"与"性体"一样，都与天道实体密切相关，其真实意义不能是"习心""见闻之心"，而必须是超越的道德之"本心"。"如只以形生后所发之知为心，则此心不必能贞定而纯一，此可曰心理学的心、识心、经验心、习心、成心，而不必是贞定纯一，'动而无动、静而无静'、动静一如之神心、真心、本心、超越心也。……如果能提得住，保持其贞定之纯一，则其万殊之不一只是其随机应变之形态之不一，而其自身仍不丧其一，此则非客感之识知之心自身所能必也。是以心之名决不是只就此经验层（感触层）上立。"①

如果进一步追究此"本心"的真正含义，则必须联系天道创生实体进行思考。因为"性之名既是就太虚寂感之神（此亦曰虚体，虚即是体；亦曰神体，神即是体）说，则心之名亦不能由外此而别有所合以立"②，所以"心之本义、最深义、根源义，必须就神体之'虚明照鉴'说，而灵知明觉之知觉亦必须就此神体之明说。……就性体寂感之神之灵知明觉或虚明照鉴说即是心，此心之名之所以立也"③。基于此"虚灵明觉"的天道实体，"心体"便展现自身为一个明觉感应的内在道德主体，此心之"明

---

① 牟宗三：《心体与性体》上册，第 455 页。
② 同上书，第 454 页。
③ 同上书，第 455 页。

觉""知觉"与天道之"寂感神体"的灵知明觉通贯为一，而不同于西方哲学所关注的"感触的知觉"（sensible perception），"其根即是此宇宙论的灵知明觉之神"①。

具体分析起来，"道德的形上学"之"本心"，相应于"性体"的五种含义，也具有以下五种含义：

一、心体义：心体物而不遗，心即是体。

二、心能义：心以动用为性（动而无动之动），心之灵妙能起宇宙之创造，或道德之创造，心即是能。

三、心理义：心之悦理义即起理义，即活动即存有，心即是理。此是心之自律义。

四、心宰义：心之自律即主宰而贞定吾人之行为，凡道德行为皆是心律之所命，当然而不容已，必然而不可移，此即吾人之大分。此由心之主宰而成，非由外以限之也。依成语习惯，无心分之语，故不曰心分，而曰心宰。心宰即性分也。

五、心存有义：心亦动亦有，即动即有。心即是存有（实有），即是存在之存在性，存在原则：使一道德行为存在者，即是使天地万物存在者。心即存有，心而性矣。

凡此五义，任一义皆尽心体之全体：心全体是体，全体是能，全体是理，全体是主宰，全体是存有（实体性的存有）。任一义亦皆通其他诸义：心之为体，通能、理、宰、有而为体；心之为能，通体、理、宰、有而为能；心之为理，通体、能、宰、有而为理；心之为宰，通体、能、理、有而为宰；心之为有，通体、能、理、宰而为有。故任一义皆是具体的普遍，而非抽象的普遍。②

由此可知，心体作为道德创造活动的内在动源，一方面是发动道德实践的动力因和"一身之主宰"，另一方面也是万物之理则和实际的"存有"本体，出于本心之"良知明觉"的道德创造同时就通达于天地万物的创化生生之流，天地创生之道也唯有通过这道德之本心的"活动"方能得到具体而真实的落实。

"道德的形上学"继承宋明儒学传统，强调人之"心体"与"性体"

① 牟宗三：《心体与性体》上册，第454页。
② 同上书，第484页。

之间是"一而二、二而一"的关系。"性体之全幅具体内容（真实意义）即是心，性体之全体呈现谓心。心体之全幅客观内容（形式意义）即是性，心体之全体挺立谓性。……依此而言，心性完全合一，不，完全是一。"① 这种心性之间的相互关系构成了"道德的形上学"之人论的基础，牟宗三称之为"以心著性""心性是一"的模型。

牟宗三通过"宇宙论的模型"和"道德实践的贞定"两个方面来讲这种"心性是一"的人论，认为如果采取纵贯的讲法直下从"体"上看，则可以直接肯定"心性是一"，这是"道德的形上学"之人论的"宇宙论的模型"方面；如果落在具体实践中来看，便是由明觉健动的道德本心通过发动道德活动而逐步落实和彰显内在性体，逐步实现性体所蕴含的内在道德律则，"以心著性"，这是"道德的形上学"之人论的"道德实践的贞定"方面。在这两个方面中，"心性是一之宇宙论的模型以性为主，道德实践之证实而贞定此模型，则须以心为主。由宇宙论的模型建立客观性原则，即建立天地万物之自性，虽有性觉义，亦是客观地说，亦是客观性原则。由道德实践之证实而贞定之，建立主观性原则——形著原则、具体化原则"，而"宇宙论的模型必须经由道德实践以证实而贞定之"②。

具体说来，讲"心体"着重于道德实践的方面，指的是由道德实践来证实、"贞定"那个客观地、宇宙论地讲的"心性是一"的模型。也就是说，通过道德心（如恻隐、羞恶、辞让、是非等）的主观地、存在地、真切地"呈现"或"觉用"来充分实现、"形著"那个客观地讲的"性体"。因此，这个道德实践的道德本心就是主观性原则、形著原则、具体化原则。讲"性体"则着重于形上的本体论的方面，指的是客观地、本体宇宙论地说的性，也即性体、性能、性理、性分、性觉这五义完备的"性体"。"性体"所代表的是客观性原则、自性原则。若从总体上分析"性体"与"心体"的关系，一方面，两者在实际上是"通而为一"的，因为，"性体之在其自己是性体之客观性，性体之对其自己是性体之主观性"，而"性体之在其自己是性体之自持、自存，性体之迳挺持体。性体之对其自己是性体之自觉，而此自觉之觉用即心也。此即道德的本心之所以立"③。也就是说，道德的本心、"心体"实际上就是"性体之自觉"（自己觉自己）。

① 牟宗三：《心体与性体》上册，第456页。
② 同上。
③ 同上书，第457页。

另一方面，就人生实践的实际来说，"心体"是决定因素，主要原则是"心能尽性"。因为"性体"如果没有主观的道德本心之真切明觉、真实呈现来形著和外化，就只是一种自在的、潜在的存在，而不能起任何实际作用，这也就是张载所说的"性不知检其心"（《正蒙·诚明》）。"检"字指的是定向、觉察、心能尽性，那么性便自能检其心；心不能尽性，那么性虽然内存于心中，但却丝毫无能为力。因此，"人能宏道，道自宏人。人不能宏道，则道虽不为尧存，不为桀亡，亦不能彰显也。不能彰显，即不能起作用。故自道德实践言，以人之宏为主"①。"当下即自本心自己之真切觉用以尽此性，以充分地形著此性"，"及至此真切觉用调适上遂，全幅朗现，则性体之内容全部在心，而心亦全体融于性，此即为心性之合一，主客观之真实统一，而重返其心性本是一之宇宙论地说的模型而彻底证实而贞定之"②：这便是"心能尽性""心性是一"的人论之总纲。

总的来看，"道德的形上学"之人论认为，人是一种自觉进行道德创造的主体，人之为人的本质意涵由"性体"所代表的天道之根本法则和"心体"所代表的道德活动的能动性结合而成。并且，人就是通过这种道德活动的创生行为来契接超越的天道本体，在此道德创生过程中实现生命超越。由于天道先天地内在于人心之中，这种超越便不需要外在的彼岸世界或超越神明的启示和救赎，只是发挥自己本有的道德创造之动能以显发心中之天理即可。

（三）"道德的形上学"之"天人一本"论

牟宗三"道德的形上学"之天人关系是一种"天人一本"论，这也是继承传统儒学的智慧一贯而来的观点。在此"天人一本"论中，天是内在于宇宙万物的生生流行之道，是"寂感一如"的"创造真几"，而不是离人而独立的、超越于此世之上的造物主；人则以道德的"心体""性体"为根本特质，由"天命之谓性"的原则禀赋上天的"生化真几"于自身之内成为"性体"，再通过道德本心之明觉、活动彰显和落实此"性体"于具体的生命实践中，基于此"本心仁体"的感通、遍润一切存在的特性，最终通达宇宙生生流行的根本之道。由此，"道德的形上学"主张"天人一本"，宇宙秩序即是道德秩序，道德秩序即是宇宙秩序。

此处需要强调的是，"道德的形上学"之"天人一本"不仅仅是理论

---

① 牟宗三：《心体与性体》上册，第 456－457 页。
② 同上书，第 457 页。

上的"本体宇宙论"的"一本",其更重要的意涵在于:此"一本之密义"必须基于道德主体的道德生命实践方能真正成立。对此,牟宗三曾多次强调,"'仁体事无不在'不是仁这个概念体事无不在,乃是仁心仁性在'尽'中体事无不在"①。此所谓"尽",也就是在真实的道德实践中落实和彰显"本心仁体"的遍润性,因此,"仁心之无外亦不只是形式地说,而实由'体天下之物'之'体'字而见。此'体'字是表示'仁心无外'是具体的、存在的,这要在实践中纯粹的超越的道德本心真实呈现,对于天下之物真感到痛痒,始有此天心之无外"②。牟氏还曾以同样的原则来阐释张载所讲的"大其心则能体天下之物"(《正蒙·大心》)的观点,"'大其心'之大并不是空口说大话,其根本关键乃在是否能尽心或尽性而不为'闻见之狭'所限……而是否能不为见闻之狭所限所梏,实含有一道德实践之工夫在,道德实践之定义是对应道德行为之本性,充分表现无杂念之道德心灵,以体现其自身之天理(即康德所谓自律之道德法则、定然命令)之谓"③。

第二节 "道德的形上学"之超越路向

生命超越问题是内在于牟宗三哲学体系的根本性问题,探讨的是作为主体的人如何通过自身努力而契入超越的天道本体,最终达到天人合一之圆满境界的问题。由于"道德的形上学"体系继承了传统儒学的问题意识,一方面不离开人的道德实践来探讨天道,另一方面牟氏的整个学术思考都是指向提高人的生命境界的终极关怀问题,因此在"道德的形上学"体系中,生命超越问题具有十分重要的地位。

牟宗三对生命超越问题的探讨主要是在《圆善论》一书中,他讲:"凡足以启发人之理性并指导人通过实践以纯洁化人之生命而至其极者为教。哲学若非只纯技术而且亦有别于科学,则哲学亦是教。"④可见在牟宗三看来,哲学就其安顿人的生命、探索终极关怀的含义来说是一种"教",这种"教"的意义就在于引导人的生命使之趋向正确的目标,进而

---

① 牟宗三:《心体与性体》上册,第459页。
② 同上书,第458页。
③ 同上书,第457-458页。
④ 牟宗三:《圆善论》,"序言"第ⅱ页。

实现安身立命的理论目的，换句话说，哲学也就是申明生命的最高理想，助人实现生命超越的学问。牟宗三对此强调说："圆满的善是哲学系统之究极完成之标识。哲学系统之究极完成必函圆善问题之解决；反过来，圆善问题之解决亦函哲学系统之究极完成。"① 因此，哲学探讨的最终目标就是阐明那蕴含着"最高善""圆善"的"圆教"，这也是中国哲学独特的理论特征，是西方哲学不能触及的，而且西方哲学中根本无此问题——圆教之问题。

一、超越精神的厘定——内在超越论

牟宗三对超越问题的思考在根本精神上与传统儒学一脉相承，他一方面肯定自己哲学体系的根基——儒家哲学——具有足以与西方文化匹敌的"极圆成之教"的超越精神，另一方面亦着力于指出，此超越性与西方天人两隔的宗教意义上的超越性不同，是一种独特的"内在超越论"。

牟宗三等四人在 1958 年发表的《为中国文化敬告世界人士宣言》中就已指出，虽然中国文化中没有西方那种制度化的宗教，但这不表示中华民族只重现实的伦理道德，缺乏宗教性的超越感情，反而证明中华民族之"宗教性的超越感情，及宗教精神，因与其所重之伦理道德，同来源于一本之文化，而与其伦理道德之精神，遂合一而不可分"②。也就是说，中国文化与西方文化一样，对终极关怀问题的思考中具有一种超越精神，表现出宗教性的超越感情。在中国文化这种与伦理道德不可分的超越感情中，宗教性的超越精神与它内在于人伦道德的特性并不互相排斥，或者说中国文化之超越精神的内在性与超越性不相对立，因而是一种"内在超越"的超越精神。

牟宗三就中国文化的发展历程指出，传统思想中所讲的"对越在天"（即人与天的相对关系）有两层含义：一是"原始之超越地对"，另一是"经过孔子之仁与孟子之心性而为内在地对"，而后者（"内在地对"）才是儒学所开启的中国文化精神的主流。"凡《诗》《书》中说及帝、天，皆是超越地对，帝、天皆有人格神之意。但经过孔子之仁与孟子之心性，则渐转成道德的、形而上的实体义，超越的帝、天与内在的心性打成一片，无论帝、天或心性皆变成能起宇宙生化或道德创造之寂感真几，就此而言

---

① 牟宗三：《圆善论》，"序言"第 ii 页。
② 唐君毅：《中华人文与当今世界》下，第 881 页。

'对越在天'便为内在地对，此即所谓'亲体承当'也。面对既超越而又内在之道德实体而承当下来，以清澈光畅吾人之生命，便是'内在地对'，此是进德修业之更为内在化与深邃化。"①

从中国哲学的源头来看，牟宗三赞同友人徐复观所提出的"宗教人文化"观点，认为在孔子之前的传统观念中已有"天命下贯而为性"的倾向，把人格神的天转化为"形而上的实体"，打通了性命与天道的隔阂，使"中国思想的中点与重点不落在天道本身，而落在性命天道相贯通上"②。孔子继承尧舜禹三代之道而对"道之本统"进行了重建，"不以三代王者政权得失意识中的帝、天、天命为已足"，而是重在讲仁以显发"人之所以能契接天之主观根据（实践根据）"，"践仁知天"③，以开显出道德价值之明与主体生命之光，从而开辟出从道德主体性以言性命天道的一路。孟子以道德的"本心"摄孔子之"仁"，"摄性于仁、摄仁于心、摄存有于活动，而自道德实践以言之"④，从而使人之真正的道德主体性正式得以挺立。由此，传统儒学之天、天命与天道并不是像西方文化中的上帝那样成为一个人格神，而是逐步明确地显发为一个形而上的创生实体，展现为一种化育万物而又在世界之中的生生流行之道，正如《中庸》《易传》所讲的那样。这样，三代以来"以德配天"的政教合一传统就逐渐转变为个体生命之修己敬德以默契于天的实践活动，超越的天道也成为一种内在于世界、内在于人性、可以把握的创生之道。

"即内在即超越"是牟宗三所把握的中国哲学超越论的独特精神，也是牟氏"道德的形上学"的生命超越论的核心观点。对此他曾在著作中多次强调并反复进行阐释，其中最为明确的一次阐述是："天道高高在上，有超越的意义。天道贯注于人身之时，又内在于人而为人的性，这时天道又是内在的（Immanent）。因此，我们可以康德喜用的字眼，说天道一方面是超越的（Transcendent），另一方面又是内在的（Immanent 与 Transcendent 是相反字）。"⑤ "性是主观地讲，天道是客观地讲。"⑥ 分析起来，牟宗三基于中国哲学传统所提出的内在超越论的基本含义包括以下三点：

---

① 牟宗三：《心体与性体》中册，第20页。
② 牟宗三：《中国哲学的特质》，第25页。
③ 牟宗三：《心体与性体》上册，第18页。
④ 同上书，第23页。
⑤ 牟宗三：《中国哲学的特质》，第21页。
⑥ 同上书，第99页。

其一，就天而言，天道作为世界万物的创生本体具有与西方哲学的最终本体以及基督教信仰中的上帝同样高妙的超越属性，但区别于西方哲学与宗教的是，中国哲学之天道同时又内在于每个个体生命的心中而为其性，对于每个人来说天道都是先天本有、不假外求的内在根基，因此天、天道是"既超越又内在"的。

其二，就人而言，每个人都内在地具有发动道德行为的全部根据，称为良知良能、本心本性，这种内在的道德根基是人之所以为人、之所以异于禽兽的最重要的特质；同时这内在的心性之根又不仅仅是一个个体的道德根据，而是与世界的创生本体"通而为一"，或者说作为道德根据的本心本性同时就是创生世界的天道本体。因此，在这个意义上讲，人只要反身而诚，在道德实践中觉悟、推扩自己的内在根基，便可以是"即内在即超越"的。

其三，就物而言，同样禀赋了"天命之性"的世间万物因为自身气禀的缺陷，难以觉悟或推扩自己"本体宇宙论地圆具"的"性体"，因而不能通过道德实践真正具有"天命之性"，与人相比便成为难以实现"超越"的存在。

由以上三点，我们可以看出牟宗三内在超越论的基本意涵。在这种终极关怀论中，基于传统儒学智慧所建构的"道德的形上学"之超越对象——上天——不是一个高不可攀、离世而独立的超越神明，作为超越主体的个人对于这一终极目标的追寻也不是有待于外、驰逐不返的，整个超越的过程是根据超越者自身内在的本性之灵明，反身而诚，上达于天，自做主宰，当下即是的。可以说牟宗三哲学的生命超越观主要是由内在的心性之路契悟天道创生实体的内在超越论，之所以名之为"内在超越"，就是凸显其由"内"而发、依靠自身内在的根据而实现生命超越的理论特征。以这种"内在超越"的终极关怀论为根基，中国文化成为一种"成德之教"，"'成德'之最高目标是圣、是仁者、是大人，而其真实意义则在于个人有限之生命中取得一无限而圆满之意义。此则即道德即宗教，而为人类建立一'道德的宗教'也。……既与佛教之以舍离为中心的灭度宗教不同，亦与基督教之以神为中心的救赎宗教不同"①。

进一步分析来看，"道德的形上学"的内在超越论是继承传统儒学的智慧而来，是基于儒家独特的道德学说来讲的超越精神。"在儒家，道德

---

① 牟宗三：《心体与性体》上册，第5页。

不是停在有限的范围内，不是如西方者然，以道德与宗教为对立之两阶段。道德即通无限。"① 正是儒家这种独特的"道德即通无限"的观念保证了"即内在即超越"的终极关怀说成为可能。具体说来，"道德行为有限，而道德行为所依据之实体以成其为道德行为者则无限。人而随时随处体现此实体以成其道德行为之'纯亦不已'，则其个人生命虽有限，其道德行为亦有限，然而有限即无限，此即其宗教境界"②。也就是说，牟宗三基于传统儒学智慧所讲的道德不是现代哲学的学科分类标准下的探讨伦理行为和价值目标的伦理学，而是作为一个统贯的概念涵括了本体论（天道观）、终极关怀论（人生观）等诸多领域。就其实质内容而言，正是由于道德行为的内在根据与天道本体的同一性，道德根据的性体具有了天道本体那样的超越性和神圣性，从而道德行为也就在道德践履的同时通达了"有限即无限"的宗教境界。对于这种"内在超越"所达到的人生境界，牟宗三分两个方面进行了阐述：一方面，"要说不圆满，永远不圆满，无人敢以圣自居"③；另一方面，"要说圆满，则当体即圆满，圣亦随时可至"④。以上两个方面可以被看作"道德的形上学"的超越之路所包含的两个向度：一是"践仁以知天"的实有形态的超越之路；二是"当体即圆满"的境界形态的超越之路。

"当体即圆满"是从本体宇宙论的"理"上来讲的超越之路，人先天地具有内在的"本心性体"，由于"性体"来自天道创生实体（为上天所"命"）并且在根本的意义上与天道同一，所以人所本有的内在性体就是绝对普遍的天道创生之体，那么人人皆得以足具"性体"这一点就使有限的人与无限的天道在根本的意义上"通而为一"。由此，人这一有限的存在也就不止具有有限的个体存在的意义，而是"当体即圆满"地展现出"生生"之天道的全部内涵，在天道生生大化的洪流中安顿自身存在的终极价值，达成个体生命的超越。由此而达成的生命超越是基于一种理想主义的观点，是境界形态的超越。

"践仁以知天"是从"道德实践"的现实上讲的超越之路。牟宗三曾多次强调，"性体""心体"作为人之禀赋于内的超越天理，其真实性就在于其不只是抽象的理念，"其真实性自始就是要在践仁尽性的真实实践的

---

① 牟宗三：《心体与性体》上册，第5页。
② 同上。
③ 同上书，第5-6页。
④ 同上书，第6页。

工夫中步步呈现的"①，"只是在这种知中、行中，乃至一切现实生活中，使性体心体之著见更为具体而真实"②。人们在现实生活中具体而真实地体证"性体"，通过道德实践步步展现其真实内涵，也就越来越多地展现出天道的全部意蕴，同时使自己的真实生命越来越接近超越的天道本体。人在这种永不停息的躬行践履中，最终会趋向完满的"圣人"境界，也就是个体的生命真正"与天地同体"，现实地展现出天道的全部创生之真意，实现生命的最高程度的超越。这是从道德实践的现实方面讲的实有形态的生命超越，是出于一种生命实践的现实关怀而言的。

以上两种生命超越的理路和境界在牟宗三的生命超越论中均有所论及，是其哲学之终极关怀论的两个重要方面。牟氏把自己的终极关怀论从总体上归结为"即内在即超越"的终极关怀论，可见他所期望达到的最终境界是一种基于理想主义的圆满境界，力图超越现实方面所讲的"要说不圆满，永远不圆满"的感性生命的局限性。与此同时，内在超越论的圆满境界又不是脱离了实有形态之真实实践的虚悬之境，而是统合了"境界形态"与"实有形态"、贯通了"应然"之理与"实然"之现实的。可以说，内在超越论主要倾向于阐明的是一种建立于"实有形态"基础上的"境界形态"的超越之路。具体言之，一方面，生命超越的最高境界基于真实的道德实践的现实而来，但又不局限于现实的人所具有的感性生命的局限性，而是高于此现实地成为一种"天道性命通而为一""一切圆融无碍"的高妙境界；另一方面，这种超越之路所达到的最高境界是一种天人贯通的超越之境，但却不只是通过改变人们认识世界的"观法"而达到的，而是在真切实在的道德实践基础上达到的人生之实相。通过这样一种对"实有形态"与"境界形态"、"应然"之理与"实然"之现实的安顿，牟氏哲学的生命超越论体现出一种对理想主义和实践现实的独特思考方式。

总的来说，上述本体宇宙论的"理"之超越可被归结为"境界形态的生命超越论"，生命超越之重"理"的特点体现出的是一种理想主义的倾向；"道德实践"意义上的"现实"之超越可被归结为"实有形态的生命超越论"，超越之路注重"实有"之道德创生的特点体现出的是继承传统儒学而来的注重现实关怀的传统。可以说，"境界意义"与"实有意义"构成了牟宗三哲学之生命超越论的两个基本点，这种生命超越论重"理"

---

① 牟宗三：《心体与性体》上册，第 145 页。
② 同上书，第 146 页。

的理想主义精神和注重生命实践的现实关怀的统合方式成为其理论特质的关键所在。

　　需要指出的是，以往学界对牟宗三内在超越论的研究，大多倾向于肯定其为一种境界意义上的生命超越，而对其基于道德实践的"实有意义"关注不够，甚至忽视其"境界不离于实有之实践"的特点。因此，学界对牟宗三内在超越论的研究存在着一种典型的倾向，即认为牟氏的主张直接基于"心性与天是一"的"本体宇宙论之理"即可言超越，因而认定其内在超越论为一种境界形态的生命超越论。本书力图阐明的是，牟氏对生命超越问题的思考始终包含着另一个向度，生命超越之最高境界的境界意义始终是与一种实有形态的超越思考相统合的，可以说牟氏生命超越论的境界意义是建立在实有意义的生命实践的基础上的。这一点在牟氏晚年所著的《圆善论》一书中表现得十分明显，他认为基于道德实践的天人合一之路代表了儒家圆教区别于佛、道两家的最根本的特质，在境界意义上无分高下的儒、释、道三家的生命超越论主要是通过是否依据真实的道德实践这一实有形态的"竖立的创生之宗骨"来评判优劣的。因此，无论是就内在超越论本身的义理内涵还是其与牟氏本体论之间的关系来看，都存在着更为复杂的理论内涵有待进一步厘清，本书对此问题的思考将在以下对内在超越论的哲学内涵的分析中逐步展开。

二、内在超越论的哲学内涵分析

　　"道德的形上学"的内在超越论，主要体现出注重理则、注重实践、"当体圆满"（自作主宰、无待于外）这三个主要的理论特征。分析以上三个特征的内涵及相互关系，可以展现出内在超越论的丰富哲学内涵。

（一）着重于"理"的生命超越

　　牟宗三的内在超越论多处体现出重"理"的特点，主要展现为以下两个方面：

　　第一，牟宗三着力凸显了超越的目标——天道和超越的主体——人心、人性作为一种普遍性之理的意涵。

　　牟宗三认为，中国哲学注重探讨一种"内容的真理"，讲的是一种关乎生命整个存在真实的绝对普遍性之理。虽然这种生命之理的普遍性被牟宗三概括为一种独特的"具体的普遍性"，以区别于西方哲学中探讨现实事物存在规律的理的普遍性，但其毕竟首先被归结为一种"理"，体现出它作为世界存在之规律的绝对普遍性和必然性。应当说，在作为根本理则的意义上，牟宗三所讲的中国哲学之理与西方哲学之理在哲学上指涉同一方面的内容，也就是相对于经验世界的零散性、偶然性、具体性，而代表着作为世界根本理则的规律性、必然性、普遍性。我们由此可以看出牟宗三认同西方哲学中的观念论传统，体现出注重经验之上的普遍法则的理论立场。牟宗三正是以这种普遍的规律、法则来诠释传统儒家"生生之道"的基本内容的。

牟宗三在《心体与性体》中区分了"存在之理"和"形构之理"，相对于西方哲学擅长探讨的"形构之理"，他认为中国哲学注重的是"存在之理"。"形构之理"（Principle of Formation），指的是对事物之自然特征进行描述的"所以然之理"，是表达事物存在的曲曲折折的具体征象的"类本质""类概念"，是"气之凝聚结构之性"；"存在之理"（Principle of Existence），指的是从本体论上推证事物存在之根据的"所以然之理"，是超越的使事物如此存在的本体论原则，亦称为"实现之理"（Principle of Actualization）。牟宗三指出，中国哲学不注重描述事物存在的具体特征，而是注重分析使事物得以存在的根本之道，体现出一种注重研究"存在之理"的倾向。西方哲学注重探讨"形构之理"，而把"存在之理"的问题直接交给上帝，并不把在根本上使事物得以存在的"存在之理"包括在事物的本质、"形构之理"中，可以说是把"存在之理"和"形构之理"割裂开来，不注重探讨世界的创生之道，而是主要研究事事物物具体的"形构之理"。这是中西哲学理论兴趣的差异。牟宗三在此基础上指出，西方哲学注重研究事物的具体特征而不注重其根本的创生之道，主张把它笼统地交给上帝去解决，实际上是使世界的存在根基处于晦暗不明的状态；中国哲学与此相比，更注重探讨使世间万物在根本上有其存在的"存在之理""实现之理"，讲明它是一种道德创生之道，因而是对世界的更根本之理的探索和彰明，这才是真正彻悟的通透之论。由此可见，中国哲学所探讨的宇宙人生的根本创生之道被牟宗三概括为一种"存在之理""实现之理"，生生之道在根本上被归结为一种根源上的创生之理，是比西方哲学探讨的理则更高一层的根本之理。对此，牟宗三曾自信地讲，唯有这道德创生之理才是"真实而真正的创造之意义"，"是创造性原则之最基本、最原初，而亦最恰当的意义"①。这种基于道德生命的"存在之理"是"唯

---

① 牟宗三：《心体与性体》上册，第154页。

一真实的创造",也是"一切创造中最高的创造","就是宗教信仰所说上帝之创造,若真是落实了,还是这道德的性体心体之创造"①。

在这个意义上可以说,牟宗三哲学对世界人生根本之道的探索注重其作为一种规律的普遍性、必然性的意涵,整体理路接近于西方哲学中的观念论传统。由此,牟宗三哲学所讲的天、天道作为世界本体的超越性便主要被归结为"创生之理"的超越性,作为"人之为人"的基本特征的"心体""性体"也被归结为一种内在于人的普遍性法则。可以说,牟宗三内在超越论的超越目标和超越主体都是以"理"之普遍必然性为根本特征的。

第二,人之生命超越境界的达成,或者说天道与人道的合一,可以通过"理上合一"的方式实现。

正如前文所论,内在超越论的一个重要方面就是境界形态上的生命超越,主要是根据"天道之内在性",从"理"的方面论证天人之能合一或者说人之能超越的基本观点的。

在牟宗三看来,天道实体、无限智心"是一超越的、普遍的道德本体(赅括天地万物而言者)而可由人或一切理性存有而体现者。……分解地言之,它有绝对普遍性,越在每一人每一物之上,而又非感性经验所能及,故为超越的;但它又为一切人物之体,故又为内在的"②。根据天道实体的这种内在性,牟宗三认为,尽管现实的人在日用平常中对天道的体证是逐步深入地"分证"(部分地渗透悟入),对于天道实体的真实性也只是部分地呈现,但这却"无碍于它(天道实体)的真实性即绝对的必然性之呈露"③。人的道德行为展现出其内在根据——天道实体的绝对普遍性和必然性,这就使人的道德行为顿时超化了有限的现实生命,而具有了无限的超越的意义。牟宗三讲:"一钱金子或一两金子毕竟同属金子","洒扫童子的良知与圣人的良知,虽在体证上有分全的不同,良知萌芽与良知本体虽亦有体证上的分全之不同,然即同为良知,则即是同具真实性与绝对必然性"④。因此,有限的人的生命超越可以基于其内在所禀赋的超越天道的绝对普遍性而当下被证成。这是根据心中之理的普遍性能够"当下朗现"这一点而讲的超越,"要说圆满,则当体即圆满,圣亦随时可至",

---

① 牟宗三:《心体与性体》上册,第 154 页。
② 牟宗三:《圆善论》,第 340 页。
③ 牟宗三:《心体与性体》上册,第 146 页。
④ 同上。

"要说解脱，此即是解脱；要说得救，此即是得救。要说信仰，此即是信仰，此是内信内仰，而非外信外仰以假祈祷以赖救恩者也"①。基于人道与天道在本体宇宙论之"理"上的同一性，有限的人在一种理想主义的基础上得以实现自身生命的超越。对此，牟氏弟子李明辉曾解释说："在新儒家的看法中，天之超越性意谓天与作为现实存在的人与自然之间有一段距离或一种张力。就现实存在的个人而言，这种距离或张力可能尽其一生之奋斗均无法完全消弭。但儒、道两家至少均承认人在现实生命中完全消弭这种距离或张力的可能性始终存在（尽管很难），而不必求诸彼岸或天国。天之内在性即涵此义。"②

由此可知，内在超越论是一种注重现实世界背后之普遍性的"理"、规律的生命超越论，其实现生命超越的方式是一种"当下朗现"心中之天理的全部普遍性的理路。

（二）基于道德实践的生命超越

牟宗三生命超越论的另一个重要特征是基于道德实践而立论，这是对传统儒家注重实践之现实关怀精神的继承和发展。

牟宗三在《圆善论》中探讨了儒家生命超越的最高境界——圆教之圆善，认为"儒家义理之圆教不像佛道两家那样可直接由诡谲的即，通过'解心无染'或'无为无执'之作用，而表明。盖它由道德意识入手，有一'敬以直内，义以方外'之道德创造之纵贯的骨干——竖立的宗骨"③。也就是说，虽然儒家在最高境界上与佛、道两家一样承认世间万物与本心本性的圆融一体，但这种圆融境界的达成不是单纯通过解除凡俗之偏执的弊端、悟到世界本性为"空"为"无"的理路，或者说通过改变自己对世界的理解方式来达到，而是在这种虚悬的境界意义之外，更注重实现一种基于实有之实践的超越境界，这种理路就是传统儒家所讲的"通过道德实践达于圆满境界"的超越之路。具体说来，"其无限智心之本除解心无染（自性清净心）与无为无执外，还有一竖立的宗骨，此即是'敬以直内，义以方外'所表达的道德的创造，即仁心之不容已……是故儒家的无限智心必扣紧仁而讲，而体现此无限智心之大人之'以天地万物为一体'之圆

---

① 牟宗三：《心体与性体》上册，第6页。
② 李明辉：《当代儒学的自我转化》，第121页。
③ 牟宗三：《圆善论》，第305页。

境亦必须通过仁体之遍润性与创生性而建立"①。出于这种认识，牟宗三以自己生命超越论中实有形态的实践超越理路继承了儒家"超越境界基于道德实践"的观点。

那么，内在超越论之道德实践的理路究竟如何实现生命超越呢?在牟宗三看来，道德实践对于现实的存在有一种"革故生新的创造的作用"②。在现实世界中，每个人的个体生命存在虽然是既成的，但并非不可改善，因此在根本上还是一种无定性的存在。由此推而广之，天地万物也都是既成的但未定性的存在。那么，包括人在内的一切存在都可以由道德实践而改善，可以最终涵容在仁心仁体的润泽中。牟氏指出，这种经过道德实践的改善与润泽的存在才具有真正的本体论意义，才能展现出真正的本体之理。并且，"依此无限智心之润泽一切，调适一切，通过道德的实践而体现之，这体现之之极必是以天地万物为一体，为一体即是无一物能外此无限智心之润泽"③。也就是说，通过道德实践对自我生命、世间万物的改善和润泽，而使人现实地、具体地展现和落实心中的本体之理，达至与天道本体合一、与世间万物圆融的超越境界。

在这种道德实践的超越理路中，牟宗三着力强调，"性与天道这存有论的原理不须强探力索以求知解，但须践仁成德即可冥契"，因而天人合一的超越之所以能够达成，"完全是由践仁以挺立者"④。从个人的现实生命来看，实现这种超越的人也就是儒家所讲的圣人、大人，"若离开大人之践仁而空谈天道，这便是玩弄光景之歧出之教，亦曰偏虚枵腹之妄大"⑤。我们由此可以看出，道德实践作为人把握心中之天理本体的根本方式，在牟宗三的生命超越论中处于十分重要的地位。

那么，牟宗三的生命超越论之基于道德实践的特点与其重"理"的特点之间究竟是什么关系呢? 可以说两者之间是一体两面、相互贯通的关系。注重现实生命之具体实践的精神并不与注重规律之普遍性的理性主义立场矛盾，而是相辅相成地从总体上展现出一种道德的理想主义的精神，主要体现在以下两个方面：

第一，道德实践的超越因为有内在性体的引导，所以不是迷失在特殊

① 牟宗三：《圆善论》，第 305 - 306 页。
② 牟宗三：《心体与性体》上册，第 153 页。
③ 牟宗三：《圆善论》，第 307 页。
④ 同上书，第 309 页。
⑤ 同上书，第 310 页。

的、片面的、偶然的经验之中，而是逐步把握到普遍的、整全的、必然的天理，并且使心中之天理成为一种充实的、有内容的"具体的普遍性"。

一般说来，实践是落实于具体的感觉经验的，相对于抽象的规律、法则的普遍性而展现为一种具体性、特殊性。对此，牟宗三强调指出，作为生命超越之路的道德实践不是要获得"丽物之知"那种单纯的特殊性知识，而是在道德理性的润泽和引导下，逐步把握一种"德性之知"，这种"德性之知"是道德理性中的"普遍性之理"的具体落实和真实呈现，因而是一种涵容了经验之特殊性的"具体的普遍性"。于是，道德实践的生命超越不会使自己迷失在纯然特殊性的经验知识中，而是在德性人格的真实生命之系统中展现出具体的天理、"具体的普遍性"。人之躬行践履的实践活动是有定向地逐步展现出天理的过程，因而生命超越的目标也不是渺无踪迹、遥不可及的。正如罗近溪所讲的"捧茶童子是道"一样，这种基于具体实践的生命超越是"特殊不作特殊观"，"虽特殊而亦普遍，虽至变而亦永恒"①，在纷纭万象的真实人生中契接那绝对普遍的天理本体，实现自己生命的超越。在这种超越所达至的最高"化境"中，道德理性、性体心体"在真实化、充实化中而成为真实生命之系统里得到其本身的绝对必然性"②，天人合一的生命超越展现为一种真实的、具体的而又具有绝对普遍必然性的超越境界。

第二，道德实践的超越并不展现为永无止境地进行德性修养的"渐教"，而是基于内在性体的绝对普遍性，肯定天理当下"圆顿呈现"的可能性，成为一种"顿教"，涵容了"从理上讲"的境界形态的超越之路。

牟宗三认为，儒家之圆教必须是一种"顿教"，必须承认人人都具有当下圆顿地体现天理的可能性。尽管从现实来看，人在经验世界中进行道德实践是一个无穷无尽的过程，似乎永远难以达到生命超越的最高之"化境"，但是由于儒家认定人以天理本体、"无限智心"为自己的本心，那么"无限智心"自身的"圆顿呈现"就包含了"圆顿地超化时间中一切感性之杂之可能"，"它可以圆满地普摄一切意与物而顿时超化之"③。也就是说，人们只要自觉地做工夫"操存涵养"，内在本有的"无限智心"之天理就会有当下"圆顿呈现"的可能性。这样一来，"吾人之感性现实地说

---

① 牟宗三：《心体与性体》上册，第 147 页。
② 同上。
③ 牟宗三：《圆善论》，第 322 页。

虽可以在一时间长串中无限定地拉长，然有无限智心以覆之，它亦可以圆满地顿时被转化。如孟子说大舜'闻一善言，见一善行，若绝江河，沛然莫之能御'，即是此境"①。

同时牟宗三也明确指出，这种"圆顿呈现天理"的境界是就"上上根器者"来说的，一般人不一定能够如此，但是我们却必须承认人人都具有这种"圆顿呈现"的可能性，"盖孔孟皆肯定无限智心随时可呈现故，既随时可呈现，即函圆顿呈现之可能。一般人虽较为艰难一点，然并非绝对不可能也"②。

根据"无限智心"能够"当下圆顿"地超化经验世界这一点，牟宗三认为自己继承传统儒学智慧而来的生命超越论在根本上是一种"顿教"，这种"当下圆顿"地超越其实也就是圆顿地体现出天理本体的全部内容，可以说是实践地真正展示出天人合于一"理"的超越境界。这虽然是一种极端的道德理想主义之言，但却使生命超越的实践之路不再是永无止境、没有希望的无限历程，而是当下即是的圆盈之教。

通过以上分析可以看出，道德实践的生命超越认为在具体生命中可以逐步落实和契接天理之普遍性，因而得以不迷失于经验世界；它肯定人人都足具一种当下圆顿地呈现天理的可能性，因而使超越活动成为充满希望的、自作主宰的。这两点使牟宗三生命超越论的道德实践之路没有成为渺无目标、永无止境的工夫践履，而是在根本上与牟氏生命超越论注重理则的"理性的理想主义"立场相贯通。正是因为有了内在于心的天理的保证，生命超越的实践之路才能有定向、有希望、有成果。内在超越论之重理、重实践的两个特征在总体上展现出一种脚踏实地而又不放弃理想的"道德的理想主义"立场。

（三）自作主宰、无待于外的生命超越

牟宗三的内在超越论彰显出中国哲学特有的自作主宰、无待于外的超越精神，不是依靠外在的启示和救赎，而是"即内在即超越""即世间而高于世间"的生命超越论。

由于肯定了个体内在的本心性体与超越的天道实体之间的同一性，内在超越论把生命超越的根据置于此世之内、个体自身之内，反对向外驰逐的他律道德和有待于外的超越观。牟宗三指出，"'人本身便是一潜势的上

---

① 牟宗三：《圆善论》，第 322 页。

② 同上。

帝，现下应当成就的上帝'，这话尤其中肯，这是东方宗教因而亦是儒教
'人而神'的精神（儒家所谓'人人皆可以为圣人'，佛家说'一切众生皆
可成佛'）。这是与基督教'神而人'底教义不同的。但这却是实践理性充
其极，'道德的形上学'实现后所必然要至的"①。也就是说，"道德的形
上学"承认人自身先天地具有超越之根据，并且肯定人充分发扬这种先天
根据的能力，这使中国哲学的超越之路不必依靠一个外在超越实体的拯
救，而是展现为一种自作主宰、内源充畅的超越之路。

在这个意义上，牟宗三认为康德所建构的"道德的神学"是一种"不
透之论"。"如果'道德的形上学'真能充分作得成，则此形上学即是神
学，两者合一，仍只是一套，并无两套。"② 所以，在牟宗三那里，"道德
的形上学"也就是中国文化中相应于"道德的宗教"的"道德的神学"，
不需要再另外建构一套以上帝主宰的神学为基础的终极关怀论。换句话
说，"道德的形上学"理论同时涵括了牟宗三对哲学本体论和人生终极关
怀问题的思考，"此两者是一，除此'道德的形上学'外，并无另一套
'道德的神学'之可言"③。基于天人合一的"道德的形上学"的内在超越
论，不需要外在人格神上帝的救赎，而是内信内仰、自作主宰的。

在这种"道德的形上学"的内在超越论的基础上，中国儒学展现出自
身独特的宗教精神。这是一种体现中国哲学特质的"极圆成的宗教精
质"，"那客观的上帝以及主观的呼求之情乃全部吸收于如何体现天道上，而蕴
藏于成德过程之无限中"④。牟宗三认为，儒教立教的中心与重心正是落
在"如何通过道德实践来体现天道"这一点之上，"这并不是中国人或儒
教乐观了，把事情看容易了，或把人与天道或上帝间的'紧张'减杀了，
退缩了，枯萎了，乃是中心与重心转了，转到如何尽性践仁以体现天道
上。全幅紧张藏在这里面，天启意识的无限庄严也蕴藏在这里面"⑤。

综上而言，"道德的形上学"的内在超越论追求的是一种建立于真实
的实有形态之实践超越理路基础上的人生境界。在实践超越理路的基础
上，内在超越论所达到的最高境界不再是一种脱离现实的虚玄境界，而是
一种基于实在的实践之现实的超越境界。从这个意义上讲，内在超越论之

① 牟宗三：《心体与性体》上册，第 158 页。
② 同上书，第 9 页。
③ 同上。
④ 牟宗三：《中国哲学的特质》，第 101 页。
⑤ 同上书，第 105 - 106 页。

"境界形态的超越"与"实有形态的超越"在实质上代表的是同一条超越之路，因为以儒家传统为基本精神的内在超越论是贯通本体之"应然"与现实之"实然"的，内在超越论的"境界形态"是一种不同于佛、道两家之"境界形态"的，"实有形态"基础上的"境界形态"。如果分而言之，内在超越论之本体宇宙论意义上的超越侧重于从"本体宇宙论的理"上来讲，是极端的道德理想主义之言；"道德实践的现实"意义上的超越则侧重于从人生实践的现实来讲，可以说是脚踏实地做工夫的儒者之言。内在超越论对于以上两个方面的统合，阐明的是一种基于真实的道德实践之现实的生命超越之路，有限的人就通过这种方式达到与天理本体的合一，实现真实具体而又境界高远的生命超越。

应当说内在超越论在根本上仍然是一种理想主义的超越观。牟宗三对超越问题的这种思考方式一方面把传统儒学关于生命超越的实践智慧从现代哲学话语中最为根本的"理"的层面予以阐发，另一方面为西方哲学、佛家、道家的理想主义所讲的空疏的境界意义上的天人合一赋予一个现实的、实在的根基。同时我们也可以清楚地看到，这种生命超越论又是与"道德的形上学"之本体论一致的，那种既基于实践又不迷失理想的本体论，可以说是内在超越论的理论基础。在这种本体论和生命超越论的基础上，"道德的形上学"成为一种"当体圆满"、无待于外的"即道德即宗教"的人文宗教。

第三节　超越目标与境界研判

牟宗三晚年所写的最后一本书名为《圆善论》，它以最完满之"圆教"的义理来探讨生命超越的最高境界，认为在此境界中方能解决"德福一致"的"最高善"问题。本节就以《圆善论》一书为中心，探讨牟宗三生命超越论之超越目标以及他对儒、释、道三家的超越境界所做的研判。

牟宗三讲："凡圣人之所说为教，一般言之，凡能启发人之理性，使人运用其理性从事于道德的实践，或解脱的实践，或纯净化或圣洁化其生命之实践，以达至最高的理想之境者为教。"[①] 也就是说，哲学在其探讨人生安身立命之道的意义上，成为一种探讨人的生命超越之路的"圣人之

---

① 牟宗三：《圆善论》，第 267 页。

教"。牟宗三认为，世界各种文化形态各有其不同的"教"，比如基督教、佛教、儒教等，中国哲学在此方面也展现出独特的优长之处，而以儒教作为最完满之"圆教"的代表。他基于内在超越论所阐扬的"成德之教"，正是借鉴儒家"圆教"的智慧来解决人之安身立命的基本问题，因此儒家"圆教"之"圆境"也就代表了牟宗三内在超越论的最终目标和最高境界。

所谓"圆教"，亦称为"圆实之教""圆满之教"，指的是"如理而实说之教"，"凡所说者皆无一毫虚歉处"①。与此相对的是"权教"，指的是"方便之权说"，"即对机而指点地、对治地，或偏面有局限地姑如此说，非如理之实说"，"就实理言，其如此说便有不尽，尚未至圆满之境，因而其所说者亦非究竟了义"②。具体分析起来，"圆教"之"圆"包括两层含义，第一层体现为"成德而纯洁化人之感性生命"，第二层体现为"成德而期改善人之实际存在"③。前者也即成就道德人格，在这一层含义上，"成德"与"纯洁化感性生命"之间的关系是分析的，进行道德实践也就必然蕴含着或多或少地纯洁化了感性的生命，成就了道德人格；后者探讨的则是幸福问题，在这一层含义上，"成德"与"改善实际存在"之间的关系是综合的，"改善实际存在"的期望不能由"成德"的行为分析地得出，因为这必须涉及现实的存在，而"存在的改善"不是人的道德修养行为直接能够达到的。在此基础上，牟宗三认为这"教"中的第二层含义也即"改善存在"的"幸福"问题是"圆教"最重要的问题，真正圆满之教不应止于涵养人的人生境界，还应改善人的存在现实。所以说，"期望'德福一致'便是教之极致，即'自然存在与德间之相应和而协一'是教之极致"，"德福一致是教之极致之关节，而圆教就是使德福一致真实可能之究极圆满之教"④。牟宗三正是以"德福一致"问题的解答为关键来诠释儒家圆教的最高境界，并判定儒、释、道三家之境界的高下的。

一、儒、释、道三家"圆境"的高下判释

在牟宗三看来，儒、释、道三家都是把"德福一致"问题置于自己的最高之"圆境"中进行思考的，因而三家的境界高下也主要是根据它们的最高"圆境"之高下来分判。

---

① 牟宗三：《圆善论》，第267页。
② 同上。
③ 同上书，第270页。
④ 同上书，第270-271页。

从总体上说，牟宗三认为佛、道两家的"圆境"是"境界形态的圆"，通过本心与存在界之"诡谲的相即"的方式来达到，只能称为"作用层"意义上的"圆教"；与此相比，儒家的"圆境"则是"实有形态的圆"，不是通过本心与存在界之"诡谲的相即"的方式来达到，而是基于真实的道德实践的"实有层"意义上的"圆教"。

具体说来，牟宗三首先承认儒、释、道三家都已达到各自的"圆教"形态，因为三家在根本上都是基于"纵贯"的存有论，都从"本体"竖直地直贯下来为万物之存在奠基。"凡对于万物之存在有讲法者，不管如何讲，开始总属于存有论的纵贯系统，以问题属于同一层次也，即同属于存有论的层次也"①，因此，基于明澈本源的"纵贯"存有论所讲出儒、释、道之教都已达到了"究竟了义"的"如理实说"的"圆教"形态。

但是，三家之智慧方向有所不同，故而三家最终表现为思想理路的进一步差异，三家之"圆境"的高下就是基于这种差异来分判的。牟宗三将儒家称为"纵者纵讲"，而将佛、道两家称为"纵者横讲"，这两者区别的关键在于是否肯定"创生"之义。"纵者纵讲"者凸显了"本心仁体"的创造性："肇始一切物而使之有存在即所谓'创生'或'始生'。无限智心能如此创生一切物即所谓竖直地直贯下来贯至于万物——贯至之而使之有存在。"②"'纵者横讲'者不言创生义而仍能说明一切法之存在或最后终能保住一切法之存在之谓也。"③ 具体言之，儒家"预设一道德性的无限智心，此无限智心通过其创造性的意志之作用或通过其感通遍润性的仁之作用，而能肇始一切物而使之有存在者也"④。与此不同，佛家唯识宗的宇宙论讲"阿赖耶识"变现世界，"是则一切法之存在原出于识变，所谓万法唯识、三界唯心，既非阿赖耶识创生之，亦非无限智心创生之。即讲至一切法等依于如来藏自性清净心亦如此，非清净心能创生一切法也"⑤。同样，"道家只是以'无为无执'之玄智保住万物之独化（道法自然），并非玄智能创生万物也"⑥。"此是玄智成全一切，非创生一切，亦如般若成

---

① 牟宗三：《圆善论》，第 328 页。
② 同上。
③ 同上书，第 329 页。
④ 同上书，第 328 页。
⑤ 同上书，第 329 页。
⑥ 同上。

全一切，非般若创生一切也。"① 关于道家所讲的"道生之"②，牟氏将此"生"解释为"不生之生"，即不是由道"创生"万物，而是万物自己生长，因此王弼注曰"不塞其原""不禁其性"③，万物自己能够生长，在外在表象上类比地说"道生之"。同时，这种"不生之生"也不同于儒家的"无心于生而生之"，后者虽然在主观上不是有意造作地去创生万物，但在客观上仍是由实体性的"心"来创生，这只在"作用层"上是"无"而在"实有层"上是"有"；但道家"不生之生"既无主观的创生之意，又无客观的创生之实，因此是真正"实有层"上的"无"。因此，佛、道两家缺少"道德创造"之义，而只成就"纵者横讲"。④

牟宗三在这里区分了"实有层"和"作用层"，我们在问"是什么"（What）的问题时涉及"实有层"，而在问"如何"（How）的问题时涉及"作用层"。牟氏指出，佛、道两家没有意识到"实有层"和"作用层"的分别，将两个层次混同为一，所谓"空"或"无"是一个"作用层上的字眼"，是主观心境上的一个作用，其在实质上是借"作用层"之"空"或"无"以说"实有层"："把这主观心境上的一个作用视作本，进一步视作本体，这便好像它是一个客观的实有，它好像有'实有'的意义，要成为实有层上的一个本，成为有实有层意义的本体。其实这只是一个姿态。"⑤因此，对于"实有层"之本体的理解偏失使佛家之"般若智"与道家之"玄智"所达到的"圆融之境"其实只是"作用的圆"，而并非"实有的圆"，牟氏将其称为"境界形态的形上学"，两家之圆教也就只能是"境界形态"的圆教。"境界"一词源于佛教，"境"指外在的对象，"界"指根据一个原则（"因"）将现象划为一类（"果"），在佛教中两个字都具有实有的含义，但将这两个字合成一个词就有了新的含义："把境、界连在一起成'境界'一词，这是从主观方面的心境上讲。主观上的心境修养到什么程度，所看到的一切东西都往上升，就达到什么程度，这就是境界，这个境界就成为主观的意义。"⑥"英文里边没有相当于'境界'这个字眼的字。或者我们可以勉强界定为实践所达至的主观心境（心灵状态）。这心

---

① 牟宗三：《圆善论》，第 329 页。

② 语出《道德经》第五十一章："道生之，德畜之，物形之，势成之。"

③ 王弼：《王弼集校释》，楼宇烈校释，中华书局，1980，第 24 页。

④ 参见牟宗三：《圆善论》，第 330 页。

⑤ 牟宗三：《中国哲学十九讲》，第 120 页。

⑥ 同上书，第 123 页。

境是依我们的某方式（例如儒道或佛）下的实践所达至的如何样的心灵状态。依这心灵状态可以引发一种'观看'或'知见'（vision）。境界形态的形上学就是依观看或知见之路讲形上学（metaphysics in the line of vision）。"① 在这种"境界形态的形上学"基础上，便只能成就"境界形态的"、"作用层"上的"圆境""圆教"。

与此不同，儒家"本心仁体"在"作用层的圆境"之上还具有"实有层的圆境"（亦曰"存有论的圆境"），这就表现为"仁心"的创生性："是故儒家的无限智心必扣紧'仁'而讲，而体现此无限智心之大人之'以天地万物为一体'之圆境亦必须通过仁体之遍润性与创生性而建立，此即其所以不能直接由'诡谲的即'而被表明之故也。它不能只由般若智或玄智之横的作用来表明，它须通过仁体创生性这一竖立的宗骨来表明。因此，它必须是纵贯纵讲，而不是纵者横讲。"② 因此，相对于佛、道两家从主观心境的意义上讲本体的方式，儒家从客观实在的意义上讲本体，后者被牟氏称为"实有形态的形上学"，而成就"实有形态"的真正圆满的"圆教"。"实有形态的形上学就是依实有之路讲形上学（metaphysics in the line of being）"③，这里所讲的"实有"不是静态地"观想"出来的本体，而是真实地创生万物和道德价值的"生生之体"，其活动性体现为实实在在的道德实践以及遍润万物的一切实践活动。但牟氏在这里并不是说儒家没有"境界"，因为儒、释、道三家都通过"诡谲的相即"实现了天人、物我、体用之间圆融一体的境界，因此"迹本圆融是三教之所共"④。只是儒家不仅仅呈现出这样一个虚悬的高妙圆融的境界，更重要的是肯定一个创生性的实有本体，后者是佛、道两家所不及的，这里显示出儒家义理的超胜之处。

由上可见，"境界形上学"与"实有形上学"的根本区别在于：前者是由一种静态的"观照"所得之主观心境，后者是由活动性的"道德实践"所展现之客观实体；前者是"纵者横讲"，后者是"纵者纵讲"；前者所成就的境界是"作用层之圆境"，后者所成就的境界是"实有层之圆境"；前者的生命超越仅仅依凭本心与存在界在境界上的"诡谲的相即"

① 牟宗三：《中国哲学十九讲》，第123页。
② 牟宗三：《圆善论》，第306页。
③ 牟宗三：《中国哲学十九讲》，第123页。
④ 牟宗三：《圆善论》，第305页。

而成圆教,其"圆境"通过"解心无染"或"无为无执"的"观法"的改变而实现,后者的生命超越则在"诡谲之即"背后还有实在的"创生义",其"圆境"基于真实的道德实践而达成。简言之,前者是"虚",后者是"实";前者重在"观",后者重在"生"(也可以说前者是"看出来"的,后者是"做出来"的)。在两种形态的形上学之分别的基础上,牟宗三在儒家与佛、道两家之间进行了"判教":"言创生者可具备'无为无执'与'解心无染'之作用,只言此作用者却不备道德创造之存有层。两层备者为大中至正之圆教,只备作用层者为偏虚之圆教,只横而无纵故也。其问题虽原属纵而却不能有纵以实之,故偏虚而中心无主干也。故佛道两家之圆教为团团转之圆教,非方中有圆圆中有方之圆教,看似甚玄甚妙,实只因团团转而为玄妙,并未十字打开,故纲维不备,非大中至正之天常。"①总之,牟氏将佛、道两家判定为"偏虚之圆教",未能达至最完满的"圆境"形态,而将儒家判定为"大中至正之圆教",达到了最高最完满的"圆境"形态。这种研判突出了儒家义理之关键在于"道德创生性",而"创生性"的标准正是与"境界基于实有之实践的超越之路"一脉相承的。这种生命超越论和"圆境"判释在学理上为牟宗三以儒家传统为正宗奠定了基础,也正因为如此,儒家"圆教"之"圆境"成为牟宗三生命超越论所追求的终极目标和最高境界。

二、儒家"圆教"——牟宗三生命超越论的最高境界

牟宗三生命超越论是以儒家最高之"圆教"作为最终目标的,儒家"圆教"的最高之"圆境"是由孔子开端,历经王阳明、王龙溪、胡五峰等人思想的发展而达到的。

牟宗三认为,孔子作为儒家"圆教"的创始者,其生命智慧是一种浑融一如的智慧,尽管孔子的思想中必然地涵括了后世儒家所阐明的"圆教"义理,但他并未对此进行分解的表述和明确的分疏。在儒家基于道德实践的"创生义"所阐发的"圆教"中,我们如果把道德创造的意涵推至其极,首先达到的是王阳明的"四有"句所讲的境界。在"无善无恶心之体,有善有恶意之动,知善知恶是良知,为善去恶是格物"(《传习录》下)的"四句教"中,"无限智心"这一本体是无善恶相而能评判一切善

---

① 牟宗三:《圆善论》,第 330 页。

恶的标准，应物而起的意念则是有善有恶的，以"无限智心"的良知察觉意之善恶，进而为善去恶，就完成了"格物""致良知"的过程。这整个过程充满了庄严的道德意识，体现了"圆教"之道德实践的创生作用，因此可以说达到了一种较高的超越境界。不过牟宗三同时亦指出，这种分别来讲心、意、知、物，孤立地体现其"自体相"的讲法尚不是最高的"究竟圆教"，而只能是"究竟圆教之事前预备规模"，可被称为"别教"。①

王龙溪的"四无"句是在"四句教"基础上讲出的更为究竟的义理，是一种比阳明阐发的境界更高的超越境界。"四无"句指出，"无心之心则藏密，无意之意则应圆，无知之知则体寂，无物之物则用神"（《天泉证道记》）。牟宗三认为，在"四无"句的境界中心、意、知、物不再分别地显示出各自的"自体相"，而是"一齐皆在浑化神圣之境中为无相之呈现"②。换句话说，心、意、知、物虽然在"实有层"上皆是各自独立的"有"，但是在"作用层"上则不显现出分别的"自体相"，因而是"无"。从这个方面来看，这种境界已经超过了阳明"四句教"所讲的境界，因而是儒者的生命超越所能达到的更高境界。不过，牟宗三认为王龙溪的"四无"句仍然是在现实的整全世界之外孤立地凸显了道德创生之本体的境界，可以说是"于四有之外立四无，乃对四有而显者"③，按照天台宗判教的说法，应当被称为"别教一乘圆教"④。

真正最完满的"圆教"应当依照胡五峰所讲的"天理人欲同体而异用，同行而异情"⑤ 的模式来建立。在此最终"圆教"的境界中，道德创生的本体不再是与现实生命的人欲相对立而言的，因此不是在现实世界之外孤立地突出道德的创生意涵，而是"同一世间一切事，概括之亦可说同一心意知物之事，若念念执着，即是人欲；……若能通化，即是天理"⑥。就道德本体来说，道德创生之本体虽然在"实有层"上是"有"，但是在"作用层"上是一种"无相的呈现"，因而是"无"。天理本体并不显现出森然兀立的"道德相"，并不因其自身实有的道德意涵而与现实世界对立，

---

① 参见牟宗三：《圆善论》，第 316 页。

② 同上。

③ 同上书，第 324 页。

④ 同上书，第 323 - 324 页。

⑤ 胡宏：《知言》，载《胡宏集》，吴仁华点校，中华书局，1987，第 329 页。朱熹在与吕祖谦、张栻反复讨论的基础上撰写《胡子知言疑义》，对胡宏《知言》中的一些观点予以批评（包括此句），明刻本《知言》依朱子之见于正文中删除了这些观点，而将《疑义》作为附录。

⑥ 牟宗三：《圆善论》，第 324 页。

或者需要隔绝人欲去追逐，而是在同一世界中，心、意、知、物一起"物各付物"地"如如的朗现"①。在此"大而化之"的浑化之境中，世间的一切都只是"那粹然至善其机自不容已的天命之性之神感神应之自然流行或如如呈现"②，本心与外物皆呈现出其本真的"自在相"，亦都为同一个道德创生之体所润泽，"同一世间相，顺理而迹本圆即是天地之化，……不顺理，则人欲横流，迹本交丧，人间便成地狱"③。这种浑融一如的"圆境"是真正的"圆教"之"圆境"，是儒家生命超越之路的最高境界，亦是牟宗三内在超越论的最终目标。

在儒家之最高的"圆实教"中，"圆善"问题才能得到最完满的解决。如前所述，在儒家的"圆教"中，"心"与"物"在知体明觉之神感神应中一起如如朗现，因此"心"（包括"意""知"）与"物"没有主客、能所的对待而"浑是一事"。在这个意义上，"此中之心意知本是纵贯地（存有论地）遍润而创生一切存在之心意知。心意知遍润而创生一切存在同时亦函着吾人之依心意知之自律天理而行之德行之纯亦不已，而其所润生的一切存在必然地随心意知而转，此即是福——一切存在之状态随心转，事事如意而无所谓不如意，这便是福。这样，德即存在，存在即德，德与福通过这样的诡谲的相即便形成德福浑是一事"④。这里，可以比较清楚地看到，在儒家之"圆教"中，"福"（"存在"）已经由现象界之"物"的层次转变为本体界之"物自身"的层次，由于"物自身"在根本上是由"自由无限心"所创生的，必然随着此"心"而转，因而"福"（"存在"）在根本上来源于此"心"的创生妙用；同时"德"是此"心"的显发，也属于"物自身"，在这个意义上"福"与"德"之间具有先天的一致性，因而动态地说是"心"与"物"之间的"遍润"和"创生"，静态地说是物自身层面的"德"与"福"之间"诡谲的相即"。这种"相即"只有达到"圆圣"之境才可能，这时外在的"命"已经"被超化"，尽管圣人也不免自然生命之终结，但"一切天时之变，生死之化，尽皆是其迹用，纵使一切迹用，自外观之，是天刑，然天刑即是福，盖迹而能冥迹本圆融故。天刑即是福，则无'命'义。一切迹用尽皆是随心转之如如之天定，故迹用

---

① 牟宗三：《圆善论》，第319页。
② 同上。
③ 同上书，第324页。
④ 同上书，第325页。

即是福"①。也就是说，在儒家之"圆教"中无所谓"命"，圣人的生命与经验现实之间不存在矛盾，因为这种矛盾已经为圣人之"心"的创造性所化除。因此，牟宗三揭示儒家的人格境界次第："由士而贤，由贤而圣，由圣而神，士贤圣神一体而转"，"至圣神位，则圆教成。圆教成则圆善明。圆圣者体现圆善于天下者也。此为人极之极则矣。哲学思考至此而止"②。

综上所述，牟宗三生命超越论主张一种"即内在即超越"的内在超越论。这种超越之路是一种建立于"实有形态"的道德实践基础上的、趋向天人合一的高妙境界的超越理路，其理论实质可以说是建基于"实有形态"之上的境界形态，统合了"应然"之理与"实然"之现实。内在超越论所达到的最终境界是儒家之"圆教"的"圆境"，是一种以道德实践的创生为基础的、本心与存有圆融无碍的高妙境界，这种境界与牟氏的生命超越理路一脉相承。从牟氏的整个哲学体系来看，生命超越之路与最终之圆境又都建基于"道德的形上学"之本体论，是以一种理性主义、理想主义的实践本体论为根基的。可以说，牟宗三"道德的形上学"体系遵循着一以贯之的根本原则，其最终境界论、生命超越论与本体论之间是一体直贯的关系，体现出对生命实践的现实关怀和对"应然本体"的理想主义追寻的统合。

① 牟宗三：《圆善论》，第 326 页。
② 同上书，第 333 - 334 页。

第三章 "形上生命哲学"的"外在超越论"

罗光毕生钻研中国儒家哲学与西方士林哲学的义理，力图在会通中西哲学的基础上寻求上帝信仰本土化的理论基础，探索儒家哲学在现代发展的可能道路。他在晚年归纳自己一生的所学所思，前后进行了五次大规模的修改，最终提出了"形上生命哲学"体系。① 整个哲学体系以"生命本体论"为核心，在根本精神上力图实现中国儒家哲学与西方士林哲学的会通和融合。

超越问题是"形上生命哲学"体系的重要问题之一，罗光"形上生命哲学"的超越理路注重由本体论层面对"超越"的理论基础进行思考，以"生命"为中心范畴展开探讨。

第一节 "形上生命哲学"之天人理境

"形上生命哲学"之天人关系论是其生命超越理路的整体背景，因此本书首先分析"生命哲学"所透显的"天人理境"，以此作为阐明罗光哲学之生命超越理路的理论基础。

罗光"生命哲学"所提出的天人观在学理上借鉴了中国儒家哲学与西方士林哲学的传统观点，并对这两大传统的理论问题进行了进一步的反思和回应；同时，罗光"生命哲学"之天人关系论也结合了他本人所信奉的

---

① 本书在第一章已经提到，罗光的"形上生命哲学"体系前后一共经历五次大规模的修改才最终定型。罗光在阐述其哲学体系的第一本著作和后来的第二、三、四、五稿中，把自己的哲学体系称为"生命哲学"体系，而在对此体系进行最后一次修改的著作（也就是第六稿）中把"生命哲学"更名为"形上生命哲学"，以突出整个哲学体系以形上学思考为重心，以"生命本体论"的形上学思考为整个体系之基础的特点。本书在叙述罗光的哲学体系时多采用"形上生命哲学"的称呼，有时亦简称为"生命哲学"，两者指代的是同样的理论内容。

天主教信仰，在一些重要问题上是直接根据天主教教义来阐发的。总的说来，"生命哲学"之天人观是一种以生命本体论为中心而展开的探讨，其中借鉴儒学传统而提出的"生命"这一核心概念和实在论的动态生命观是主干，借鉴士林哲学的理论框架而展开的天人关系是基本架构，在最终境界上，"生命哲学"的超越论以天主教教义所启示的上帝信仰和"超性境界"为皈依。

本节的分析就从罗光整个体系的核心概念"生命"切入，在梳理其意涵的基础上，逐步展现以此概念为核心的"生命哲学"之天人理境。

一、"形上生命哲学"之本体论

罗光的哲学体系以"生命"概念为核心，他赞同中国哲学的观点，认为宇宙是一个生命的整体，整个天地间是一道生命的洪流，生命力贯通了世间的一切人和事物。"生命"概念在罗光的哲学体系中之所以重要，一方面是因为"生命"作为一个本体论意义上的范畴，在形上学中具有关键作用，代表着罗光哲学体系的根本观点，展现出"生命哲学"独特的本体进路；另一方面是因为"生命"同时又是一个关切于现实人生的重要范畴，代表着通过健行不息的"生生之动"来真实地提升和完善个体生命的力量，这种真实生命的"践行"能够落实"存有"本体的真实意义，实现本体理论与现实人生之间的贯通。

本小节旨在厘清"生命"概念的基本意涵，分析其在罗光"生命哲学"之本体论中的地位，在此基础上思考这一概念的提出对于回应中西本体论问题的可能意义，以期对"生命哲学"体系的核心概念有一较为深入的把握。

（一）会通中西探求本体进路——"生命与存有为一体之两面"

罗光以"生命"为核心的本体论的提出，建立在深入反思中西形上学理路的基础上。在他看来，中西哲学对于形上学根本问题的探讨有着不同的理路，具体到每个哲学体系，其切入终极本体的方式更是各有侧重、不尽相同。他曾讲自己的"形上生命哲学"体系是在借鉴和会通中西形上学思考方式的基础上提出的，主张由"生命"的进路探讨形上本体论。他曾指出，"生命哲学"体系"不是以哲学讲生命，而是以生命讲哲学"①，

---

① 罗光：《生命哲学》（订定版），载《罗光全书》第 2 册，"序"第 XIV 页。

"生命的哲学，贯通了全部哲学的思想，结成一生活的系统。不是'隔岸观火'地研究哲学的对象，而是我在哲学的对象内生活。这就是中西哲学的结合，万物为'存有'，'存有'为'生命'"①。

　　具体来说，中西形上学均追求宇宙万物的根本理由。西方传统形上学的主流对宇宙万物采取层层分析和抽象的研究方法，从"一个人"抽象到"人"，从"人"抽象到"生物"，从"生物"抽象到"物"，从"物"抽象到"有"，因此以"有"（being）这个观念作为万物的根本。西方哲学对"有"进行静态分析，认为"有"的要素为"性"与"在"，得出"有"的根本原则为矛盾律、同一律等逻辑规律，由"有"本身的实在、完整、和谐得出本体之"有"的基本性质——真、善、美。罗光指出，西方形上学这种对"有"的静态分析有助于明了本体之"有"的规律和性质，但没有进一步讲"有"在实际上究竟是什么，"有"究竟为什么而有。在他看来，形上学研究"有"这一宇宙万物的最终理由，不能止于观念世界的抽象的"有"，而应当进一步看到，"有"在实际上应当是"在"（existence），是"有者"。他曾多次讲，对本体的研究"不能只停在抽象上，应该就具体的实体去讲"②。也就是说，作为哲学研究对象的本体之"有"，不应当止于一个抽象的观念，而必须对应于具体真实的现实之"有"。在罗光的本体论中，"本体是个观念，但不是虚构的观念，而是在事实上有根据的观念"③。"有是实体，不是单独的纯观念。……抽象观念是代表具体的整体，没有整体的印象，就没有抽象的观念。因此抽象的本体观念必要有一具体的实体。"④ 因此，以罗光的实在论立场来衡量西方传统形上学的观念论，可以看出其存在着过于注重观念之"有"而疏于把"观念的有"和"具体的实体"结合起来的缺失。在罗光看来，注重结合"具体的实体"来讲本体之"有"的学问，便是中国传统形上学，他认为这是从"在"的方面来研究本体之"有"，是以中国哲学之"体用合一"的智慧展开的对本体的探究，体现出中国传统形上学最典型的优长之处。罗光指出，在中国传统形上学中，哲学家们着重探讨了"'有'究竟是什么"，以及"'现实之在'究竟如何在"的问题，在这个意义上，可以说对于西方传统本体论有所疏忽的问题，中国传统形上学恰恰进行了很好的解答。

---

① 罗光：《生命哲学》（订定版），载《罗光全书》第2册，"序"第 XV 页。
② 罗光：《形上生命哲学》，第 102 页。
③ 罗光：《生命哲学》（订定版），载《罗光全书》第2册，"序"第 III 页。
④ 罗光：《形上生命哲学》，第 104 - 105 页。

在罗光看来，中国传统形上学注重从具体存在（"在"）的方面去研究"有"，从宇宙万物中去"仰观俯察"天道、天理。中国传统哲学认为具体的"有"（即"有"之"在"）就是继续不断地进行着万物之"生生"，这种具体的"生生"之"在"其实就是本体的"有"，两者展现为"即体即用、体用一如"的关系。并且，万物也不是经历一次"生生"后就固定不变了，而是继续不断地进行着"生生之动"，如果中断了"生生之动"，就可以说物体不再存在，从本体论上说也就不"有"了。所以，宇宙万物的现实存在与本体之"有"息息相关，可以说中国传统哲学认为具体之"生"即是本体之"有"。罗光赞同中国传统形上学的这种智慧，认为这可以使西方传统形上学所偏重的本体之"有"的抽象观念有一个实际根据，形上学在对本体进行抽象分析之外，应当借鉴中国传统哲学"体用合一"的智慧，由实际的、具体的"生生"之"在"来研究形上本体论。

罗光的"生命哲学"便是采取这种逻辑进路，由"在"来研究"有"，他曾明确地讲："西洋哲学讲'有'由'性'去讲，中国哲学由'在'去讲……我讲'生命哲学'也是由'在'去讲'有'。"[1] 这遵循的"乃是儒家哲学的传统"[2]。

由于和中国传统哲学具有相同的研究进路，罗光十分重视《周易》这一重要典籍中的相关思想，对于其中的许多观点进行过详细阐释，并在自己的理论系统中借鉴和发挥这些观点。他曾讲，《周易》对宇宙根本之道的研究是由变易之"在"来认识"有"，通过宇宙万物的变易来讲形上之道。在《周易》哲学中，整个宇宙为一个变易的宇宙，由变易而生万物；事事物物也常在变易，每一个物体为一种变易：万物之"在"、宇宙之"在"便是变易。《周易》作为中国传统形上学的重要著作，典型地体现了中国传统哲学通过"在"、通过宇宙变易之道来探究本体之"有"的独特理路。进一步，《周易》指出宇宙变易的目的在于"生生"，"生生"即是创生生命。宇宙的变易以阴阳为动力，阴阳两动力变易不停，宇宙就创生出各种物体；阴阳在每种物体内仍变动不止，使其中的每一个物体都成为一个具有内在活动力的"在"，这个"在"就是生命。因此，"生命"作为宇宙的流行、变易所要实现或培护的目标，是宇宙变易之道最核心的内容。《周易》对于"有"之"在"的研究启示我们，"在"的最真实、最具

---

① 罗光：《生命哲学》（订定版），载《罗光全书》第 2 册，第 122 - 123 页。
② 同上书，"序"第 XIV 页。

体的内涵就是不断变易的"生生",就是健行不息的"生命"。

罗光"生命哲学"吸收了《周易》关于"生生""变易"的观点,认为"'生命'和'在'的关系,是同一的关系……'在'便是'生命'"①。因此,"生命哲学"以"生命"为核心概念,由"在"的进路考察形上本体——"有",而这一"生命进路"的选择主要是受到中国传统哲学的启发。他明确地讲:"'存有'和'生命'为一体之两面。在这两面的根基上,建立我的哲学思想。"②

具体分析有之"在"的方式,或者说宇宙间"生生"变易的基本原则,罗光根据《周易》哲学阐明了以下三点:

其一,"互辅互成"。"生生"的变易,由阴阳两动力的变动而成,阴阳两动力的变易以"互辅互成"为原则,而不是互相否定的。阳不否定阴,阴不否定阳,阴阳互相辅助、互相协调。以春夏秋冬为例,春是阳渐盛、阴渐衰,夏是阳盛阴衰,秋是阴渐盛、阳渐衰,冬是阴盛阳衰:每一季都具有阴阳两种动力,彼此互相调剂。

其二,"中庸"。"中庸"原则是指宇宙万物恰得其当,阴阳各在所应有的分上。为此,《周易》讲求"时"和"位"的观念,每一卦的爻代表"位",也代表"时",凡是变易都要适合"时"和"位"的境遇,适合者即为中庸、为吉。孟子称赞孔子为"圣之时者",常能"时中",也是出于对这一观念的注重。

其三,"互相联系、天然和谐"。宇宙万物是"互相联系、天然和谐"的。生命不能孤立存在,整个宇宙联系在一起,互相沟通;彼此间的联系,天然具有次序,造成宇宙全体的和谐。

以上三点作为中国传统哲学所阐明的"有"之"在"的基本原则,深得罗光的赞许,他将其称为"本体方面的原则",或者"形而上之道",认为宇宙变易就是遵循着这些原则而继续不停,形成一道生命的洪流,长流不息。

在充分肯定和借鉴《周易》智慧的同时,罗光认为,《周易》颇有洞见地探索出由"在"的方面研究"有"的理论进路,并且明确提出了宇宙变易在于"生生",存有之"在"即是"生命"的观点,确立了传统儒家通过"生命"来研究本体之"有"的生命哲学的基本理路。但是,这一理

①　罗光:《生命哲学》(订定版),载《罗光全书》第2册,第123页。
②　同上书,"序"第XIV页。

路不应当止于"生命"概念的提出和"有"之存在方式的描述，而应进一步结合中西哲学的相关研究成果，对"生命"概念加以更严格的界定和更明确的哲学阐释，进而能够以此为核心建构起富有中国哲学特色的本体论系统。"形上生命哲学"正是提出了生命本体论作为中国哲学本体论思想的基本特征，以期参与世界哲学的探讨，尝试对当今世界学界的一些本体论难题进行回应。

对于中西形上学在理论特质方面的差异，以及自己的"生命哲学"在本体论探讨上的可能贡献，罗光曾经概要地进行过以下说明："西洋哲学讲论'有'，'有'是一个实体，可以说是'有者'。但是'有'为什么有呢？'有'究竟是什么？西洋哲学认为不必讲，也不能够讲。中国哲学却就是讲'有'是什么，'有'是'变易'。'有'为什么有呢？因为'在'。'在'是什么？'在'是'变易'。'变易'是什么？是'生生'。中国哲学提出来'生生'，说'生生'是生命，但没有讲生命是什么。我说明'生命'是内在的由'能'到'成'。'有者'就是'在者'，'有'是因为'在'。'在'则是继续的变易，继续的变易成于物体以内，所以是'生命'。"①

基于以上思考，罗光"形上生命哲学"的主要理论任务在于：对"生命"概念进行哲学阐明，并以此为核心建立本体论体系。

(二)"生命"本体——"形上生命哲学"的核心

1. "生命"的基本意涵

罗光哲学体系中的"生命"概念，是借鉴中西传统哲学中关于变易、"生生"、生命的理论思考而提出的。在西方传统哲学中，变易一般是指一个实体在存在或存在的形态上发生了变化，从一种形态转变为另一种形态。这一动作包含了以下三个不可缺少的因素：(1) 起点；(2) 终点；(3) 动因。变易的起点是"潜能"，终点是"现实"，"动因"则是推动"潜能"以达到"现实"的因素，因为"潜能"自己不能发动变易，而需要有另一个力去推动它。此外，这三个因素还需要有一个共同的基础，就是必须在已经存在的实体上进行，否则变易也不可能实现。

中世纪士林哲学家托马斯·阿奎那对"生命"概念进行过系统研究，他认为，生命是物体的一种特性，是使物体能够"自动""自成"的根本

---

① 罗光：《生命哲学》(订定版)，载《罗光全书》第2册，"序"第Ⅸ页。

因素。"自动"指的是一个存在的物体，自己由内部发动自己的活动，或者说物体本身是自己活动的动力因；"自成"指的是物体的活动是为了按照自己的本性去发展自己，通过发展使自己的本性得到成全。

中国哲学的《周易》传统明确点出"生生之谓易"（《周易·系辞上》），认为宇宙变易的目的在于化生生命。宇宙作为一个不断变易的整体，其变易主要是"气"的变易，"气"的变易可以说是"自动""自成"的变易，以自身为变易的动力因，变易以求自身的成全，因此宇宙为一个整体的大生命。生命由阴阳变化而成，阴阳变化不断产生新物体，又在新物体中继续变化，这种变化是物体内在的变化，为的是实现物体自身的发育，因此这个物体便是一个生命体。

宋代理学家张载通过对《周易》的阐释认为，气为宇宙变易的起点，且为变易的本体，其变易神妙莫测、永不停息。气之本体为太极，具有生命力，能够自化，而自化是生命的表现，这说明太极具有生命，因此气是一个具有生命的活体。这个活体通过阴阳而变易，变易而生成宇宙万物，所以说气不是虚无，不是幻见，而为实有，为宇宙这个整体的大生命。

罗光就是受到以上几种思考"生命"的理论传统的启发，而得出"形上生命哲学"之"生命"概念的。他曾经坦言："我所讲的生命，首先是中国哲学所讲的内在的变易；其次变易则是由'能到成'的行。"[1] 由此可见，罗光所讲的"生命"概念，首先借鉴的是中国儒家"易学"传统所强调的"生生""自化"的观点，其次借鉴的是西方士林哲学通过"潜能-现实"原理对于"生命"和变易的阐释。

简单来说，"形上生命哲学"之"生命"指的就是变易之一种，是基于实体自身内在的动力因，不断发生"内在的活动"以实现、完成自己本性的变易。汪惠娟教授曾经撰文阐释乃师哲学中的"生命"概念，把它概括为"实有的内在变易"，指的是实体由内部自动而使其自身更成全的活动。[2]

生命的成因在于变易，变易活动主要包括起点、终点和变易过程（即动因发挥作用的过程）三个要素。罗光借鉴西方士林哲学的观点，认为"生命"便是从作为起点之"潜能"到作为终点之"现实"的变化过程，

---

① 罗光：《生命哲学》（订定版），载《罗光全书》第 2 册，第 100 页。
② 参见汪惠娟：《罗光总主教生命哲学之形上学——存有、生命、创生力》，台湾《哲学与文化》1991 年第 1 期。

"潜能"（罗光在著作中有时将其简称为"能"）作为变易的起点，包含
"理"（形式）与"质"（质料），是积极的可能性，是变易活动的根本要
素；"现实"（罗光在著作中有时将其简称为"成"）是完成，是可能性的
实现，是通过变易而达到的自身本性的实现、成全。"能"与"成"在本
质上是相同的，"成"不过是"能"的实现；从现实存在来讲，"能"先于
"成"。

　　生命之所以堪称生命，最重要的特点就在于"自动""自成"。"自动"
指的是实体自己发动变易，自己是自己变易活动的动力因，或者说使实体
自身的本性由潜能变动到现实的动力来自实体内部；"自成"指的是实体
的变易不是盲目的、没有目标的，而是以实现自己的本性、使自己更加成
全为目标，因为有限的实体自身都是尚不成全的存在，唯有通过不断的变
易活动才可以使自身的"潜能"成为"现实"，促进自己本性的实现，最
终成为成全的实体。因此，生命的意义是实体由内部自动而使其自身更成
全的活动。

　　由"能"到"成"的变易过程被罗光称为"行"，罗光认为"生命"
是"继续的行""不断地行"。换句话说，生命的变化过程不是发生一次就
停止，使物体成为固定不变的存在，而是继续不断地发生着由"潜能"到
"现实"的变易，物体的存在也就不是一成不变或一蹴而就的存在，而是
不断实现自身的潜能，越来越充分地发展自己的本性。因此，生命不是静
止的，而是健动不息的。罗光总结说，宇宙万有的存在，是由"能"到
"成"的"继续的行"。

　　罗光借鉴了西方士林哲学以"有"本体的两大基本要素为"性"（亦
称为"本性""本质"）与"在"（亦称为"存在"）的观点，认为"生命"
的两大基本因素为"性"与"在"。"性"，指的是事物之成为它自身的基
本特征，类似于西方哲学所讲的"形式"和中国哲学所讲的"理"；"在"，
指生命、实体是"实际存在"的，是一种真实的"实有体"。士林哲学认
为，"存在"这一特征是"有"本体的最根本的观念，"存在"先于"本
质"。罗光赞同士林哲学的这种观点，认为生命在其最根本的意义上是一
种"在"，"性""本质"虽然规定着事物的各种特征，但如果没有真实的
"存在"这一要素，生命就只能永远成为一种潜在的可能性，而难以被真
实地实现出来，进而使整个"存有"的真实意义难以落实。

　　罗光进而强调，他的"生命"概念对于士林哲学的"两大基本要素"
虽然有所借鉴，但亦与之有着重要的不同。士林哲学所讲的"性"与

"在"是通过对"有"本体进行抽象的分析而得出的，进而在这种理论分析的基础上强调"在"对于"性""本质"的优先性，讲明"有"本体的根本因素为"在"。"形上生命哲学"所讲的"生命"不是这种抽象的分析所得出的"在"，而是一种具体、真实的"在"，是现实存在的生命、实体、事事物物。"生命"在整体上体现为这样一种真实的"在"，并且涵括了"本性"。换句话说，"形上生命哲学"不是孤立地强调士林哲学所讲的两大基本要素中的任何一方，而是以生命为一个包括了"性"与"在"的"整个的整体"，认为这个整全的"生命之在"在形上学上具有更为重要的理论意义，代表着"存有"本体的根本意涵。由此可知，"形上生命哲学"的核心范畴"生命"虽然在根本意义上是一种"在"，但却不是士林哲学之分析意义上与"性""本质"相对的抽象的"在"，而是另一种意义上的实际、具体的"在"。此所谓"生命"并不排斥"理""性"，而是涵括了"理""性"的真实的生命之"在"，只不过相对于"理"的规律性、普遍性，在本体之"有"的探讨中更注重现实性、具体性的维度。

更重要的一点在于，"形上生命哲学"的"生命之在"所代表的本体思考方式与士林哲学传统有着根本的不同。如前所论，士林哲学所讲的"在"来自抽象的哲学分析，与此不同，"形上生命哲学"所讲的"生命之在"指的是现实世界的具体存在。士林哲学讲"在"，只是在理论上抽象地探讨事物的"能存在"这一性质，把这种"能存在"的性质称为"在"，认为一个事物的形上学意义就是它的本质属性再加上"能存在"这一性质，并不去思考"事物如何具体存在"的现实问题。在罗光看来，士林哲学这种由"本性"加上"能存在"来思考"存有"本体的方式，虽然不像观念论传统那样偏重于强调"本性""形式"就是"存有"本体，但仍然是一种抽象的本体思考。"存有"本体的真实意义不能通过强调这种抽象之"在"来体现，而应当进行一种关联于现实的本体思考，使本体之"有"的意义由实际的"在"、真实的生命来体现。所以，"生命"概念在更根本的本体意义上不是由静态的抽象分析而得出的一种"能存在"的性质，而是一种动态的、变易的、真实的"生命之在"。

以上就是"形上生命哲学"之"生命"概念的主要意涵。分析起来，"生命"概念在罗光的著作中主要有以下两种用法：一是以"生命"的动词形式指代"生生"、变易的动作，其含义等同于"行""在"；二是以"生命"的名词形式指代作为主体、实体的"生命"，其含义等同于"成""在者"。这两种含义之间又可以说是"一而二、二而一"的关系，"形上生命哲学"就是以这个变易不息的实体为本体，由此变易的"生命之在"来探讨本体之"有"的根本规律的。

在罗光看来，宇宙万有的生命之动主要具有以下三个基本特性，代表了宇宙"生命"变化的根本之道：

其一，继续发展：生命是内在之动，因而具有继续发展的特性。在整个宇宙中，宇宙的创生为不停地健动，从而使万物生生不息；在每一物体之内，生命也是不断发展，因而儒家倡导"尽性"之说，认为人性和物性并非一成不变，而是常在发展之中。心性的发展并不是改变人性，而是发扬性的内涵，把性所具有的意义都发挥出来。因此，无论是个体生命还是宇宙整体生命，都具有继续发展的特性。

其二，万物相通：生命在万物中相互贯通。同一种生命力贯通了宇宙的一切实体，每一物体的生命虽为独立的生命，但并不彼此隔绝，而是整个宇宙内在地合成一个整体生命，因而儒家倡导"万物皆备于我"（《孟子·尽心上》），"民吾同胞，物吾与也"（《正蒙·乾称》）。

其三，按理而行：中国哲学以生命为阴阳的变化，阴阳变化之道则为理，生命的活动循理而行，生命力依理而动，即是说生命由理决定，而不是由具体的气质、材质决定。世间万物的生命之理，是造物主所赋予的理，为生命体的气质之中的"潜能"，在适当的条件下由内在的动力发动为"行"，最终成为"成全的实体""成全的生命"。①

罗光指出，以上三点是借鉴儒家生命哲学的智慧而提出的，是从动态的角度来阐发"生命"概念的基本含义。这三个基本特性阐明了宇宙"生命"变化之道的根本法则，展现出"存有"本体的真实意涵。

综上所述，我们可以看出罗光哲学的"生命"概念是结合中西传统哲学的智慧精神而得出的。首先，"生命哲学"吸收和借鉴了中国儒家的本体论观点，它认为世间万有在根本上都是"生命"，进而由生命的进路研究"存有"本体。其次，"生命哲学"借鉴了西方士林哲学以"潜能-现实"原理阐释变易的理论框架，同时融合了中国儒家关于生命的自化、变易不息的观点，在此基础上阐明"生命哲学"之"生命"概念的基本意涵。再次，在个体生命的动力因问题上，罗光对于士林哲学所主张的"一切物体的动力因都来自物体外部，因而都是由他物推动"的观点进行了改造，认为就单个的物体来说，每个生命体都是自己运动、自我成全的。这

①　参见罗光：《形上生命哲学》，第96－100页。

个贯通于一切个体生命之内的动力被罗光称为"创生力",创生力不是外在于世间万物的另一种力量,而是就在世间万物之中,也可以换句话说,创生力就是世界,就是世间万物。最后,在整个世界之创生力的来源或者说世间万物的最初动力因的问题上,罗光认同士林哲学和天主教教义的说法,坚持认为创生力不是自己产生出来的,而是在最初由上帝创造的,是分享了造物主上帝的"创造神力"才得以出现的。

需要指出的是,在思考作为生命之动力的"创生力"与造物主最初的"创造神力"之间的关系问题时,罗光多次徘徊于儒家哲学与士林哲学这两大传统之间。这种理论态度也是由上述两个传统在根本观念上的分歧造成的。儒家哲学传统与士林哲学传统对于生命之动力的问题分别做出了"自力"和"他力"的截然对立的回答,这种根本立场上的差异使罗光对整个问题的解答表现出一定的踌躇和矛盾。总的来说,这个问题的回答一方面关系到罗光生命本体论体系在根本上能否自洽的哲学问题,另一方面关系到是否符合天主教教义的信仰问题,展现出一种比较复杂的状况。

2. "生命"之"体""用"合一
第一,"有"之"体"与"在"之"用"。

罗光认同中国哲学的气学传统和西方士林哲学的实在论,在本体论上坚持实在论的哲学立场,认为"生命"以实体为主体,"有"的最完满意涵应该是"在",即实际之有,"万有能称为有,必定该是在,没有在的有,便是无"①。

对于西方形上学探讨本体之"有"的历程,罗光曾讲:"(有)在亚里士多德和圣多玛斯的思想里,和'在'不相分离。所谓'有'是一实在的'有';但是西洋形上学后来把'有'和'在'分开,'有'成了一个最普遍的观念,观念的解释,先从定义下手,解释这个观念的意义。……定义是从物的性质去说明,对于'有'便也从性质方面去讲。"② 从"性"的方面对"有"的静态分析,讲出的是一个抽象的本体,不注重实际的具体存在,而只是一个抽象的观念。罗光认为,这种"有"的研究进路的转变不利于说明"有"的真实意涵,而现代存在主义哲学的兴起,开始重新强调"有"的"存在"意涵,探索由"存在"(existence)的生存论分析契入"存有"(being)本体的可能性,体现出对实在论本体观的理论价值的

---

① 罗光:《形上生命哲学》,第102页。
② 同上书,第127页。

重新思考，以及在某种意义上向古典哲学复归的趋势。

罗光的"生命哲学"结合西方传统哲学的实在论立场和中国传统哲学的气学传统来阐发自己的实在论本体观，认为本体"不能只停在抽象上，应该就具体的实体去讲"①。也就是说，作为哲学研究对象的本体之"有"不应该仅止于一个抽象的观念，而必须对应于具体真实的现实之"有"。他明确地指出，"本体是个观念，但不是虚构的观念，而是在实事上有根据的观念"②。也就是说，"有"不是抽象之"有"，而应当通过"有者""生命""在者"来展现。③

"生命哲学"之"生命"本体就是从"生命""在者"的方面来探求的本体。在这样的本体中，最根本的一层"体用"关系是本体之"有"与生命之"在"的关系，其中，"本体只是一个抽象观念（西方哲学之'有'。——引者注），虽是抽象但有实际的根据（中国哲学之'有'。——引者注），实际的根据在于继续由'能'到'成'的'用'常结成一整体性和一致性……即是生命，中国哲学常讲'体用合一'，或'体用不分'"④。如果说本体之"体"即是作为观念的普遍之"有"，那么本体之"用"就是不断变易的"生生"之"在"。由"生命哲学"的理论立场观之，"在"即是"有"，真实的、完满的"有"应当是"在"，"在是实际的，是具体的，是本体"⑤。

由这种立场反观西方士林哲学的实在论，罗光认为其仍然存在一些"未尽之处"。他指出，本体之"有"的真正意涵只能是实体的"在"，或者说只能是现实的生命实体，而"实体是'在'，不能是抽象的普遍的'在'，而是具体的'这个在'"⑥。这句话所要批判的是士林哲学关于本体之"有"的观点，士林哲学虽然认为一个事物的"有"（being）与其"存在"（existence）不相分离，抽象观念得自实际存在的具体事物，但是却

---

①　罗光：《形上生命哲学》，第102页。

②　罗光：《生命哲学》（订定版），载《罗光全书》第2册，"序"第Ⅲ页。

③　在罗光的"生命哲学"中，"有"和"在"这两个概念是严格区分的，分别对应于西方哲学的"being"（学界多译为"存有"）和"existence"（学界多译为"存在"或"在者"）。不过他对"在"（动词，"exist"）和"在者"（名词，"existence"）这两个词却并不加以区分，常常出现混用的情况。"生命哲学"核心概念"生命"的用法也大致相当于"在"的用法，有时用来指代动词义的"生生"、变易，有时用来指代名词义的"生命"。

④　罗光：《生命哲学》（订定版），载《罗光全书》第2册，"序"第Ⅹ页。

⑤　罗光：《形上生命哲学》，第102－103页。

⑥　同上书，第103页。

常常在类比的意义上使用本体之"有"这一概念，"理想所想之有实际没有者，也可称为有。自身不能独立存在而要凭借他物者，也可称为有。本身不能自生而要假借他物而生者，也可称为有。圣多玛斯决定'有'的意义不是同一的，只是类似的"①。也就是说，以托马斯·阿奎那为代表的士林哲学认为，根本上的本体之"有"既包括作为观念之来源的实际事物，也包括观念本身，甚至连事物的各种性质、特征和诸种未完成的"潜能"也都是"有"。罗光认为这种观点是不彻底的实在论，在他看来，唯有实际存在的实体才是真正的"有"，才足以代表本体之"有"的真正意涵。他指出，虽然我们在认识实体自身的时候可以把它区分为"本性"与"存在"两个要素，但是本体之"有"只能由这个整全的实体来指代，无论在什么情况下，都不应当把实体区分为"性"与"在"，而认为本性也可以单独地代表本体之"有"。他说："'这个在'的实体，不能分析。若分成'性'和'在'，由'性'认识实体，所认识的实体不是实体的本体，只是人所抽出的普遍性本体……实体自体在任何环境中也不能分，若'性'和'在'相分，则实体已不'有'了……'有'是实体，不是单独的纯观念……'存有'是实体，在存在上不能分析，在被认识时也不能分析，必须常是完全的整体。"②

既然最根本的本体之"有"只能是具体的实体之"在"，那么代表一个事物之本体的根本原理也就不应该是此物之"本性"，而应该是包含了其本性或者说把其本性实现出来使之真正有其存在的"整全的在"。罗光正是以这种原则来衡量士林哲学关于事物之"本体"的观点的，他说："士林哲学认为把每种物的物性，从构成的分子中抽出来，构成一共同的观念，便代表这种物的本体。人的本体是什么？是理性的动物……这个抽象观念并不能代表人的实体，只是代表人本体的抽象意义，人为懂得这个抽象意义，在心灵上必要显映一个具体的人。……抽象观念是代表具体的整体，没有整体的印象，就没有抽象的观念，因此抽象的本体观念必要有一具体的实体。"③ 在以上阐述中，我们可以看出罗光始终坚持一种实在论哲学的立场，并且把这种立场推至其极，批判了士林哲学实在论在义理上不够完备的地方。实际上，罗光的这种"彻底的实在论"的观念主要来

①　罗光：《士林哲学·理论篇》，载《罗光全书》第 20 册，台湾学生书局，1996，第 840 页。

②　罗光：《形上生命哲学》，第 104 页。

③　同上书，第 104－105 页。

自中国哲学气学传统的"理在气中""器外无道"的观点。

通过以"有"为体、以"在"为用、体用合一、相即不离的本体论进路，罗光阐明了其"生命哲学"的实在论立场。这种彻底的实在论立场是与罗光"生命哲学"之本体论的基本内容一致的，使整个"生命哲学"之本体论成为一个自洽的理论系统；这种立场同时也体现在罗光哲学的生命超越论中，成为罗光哲学的生命超越论的一个重要特点。

第二，生命之"在"的"体"与"用"。

确立了由"在"论"有"的实在论立场后，具体分析这一变易的"在"、生命本体，就可以看出"生命哲学"的另一层"体用"关系："生命"一方面是不断变易的生生之动，另一方面也是一个"常变而又常一致"的主体、实体。生命的"成"与"行"分别构成了生命之"在"的"体"与"用"，"成"为现实之"在""在者"，"行"为变易之动、由"能"到"成"。相应地，"'有者'或'在者'可以说是本体，继续的由'能'到'成'，可以说是用"①。或者换句话说，生命的本体是实体，是现实之"成"，现实与生生的变易又是"一而二、二而一"的体用关系。

对于这种观念，罗光借鉴中国哲学的智慧精神，并结合士林哲学的理论框架进行了进一步阐释。他曾讲，理论上，"行"是由"能"到"成"的过程，是动态的发展、实现，"成"为"能"的实现，是静态的完成、实有，两者含义有所不同；但是实际上，"能"一动、一"行"即有"成"，"成"亦不是一成不变的、固定的静体，而是继续不断地变易、继续由"能"到"成"的"行"，两者是同一的。一般认为，由"能"到"成"中间有一段"行"的历程，但是就形上本质来说，"能"被发动就是"成"，"能"被发动不仅是一个行动（"行"），而且是"能"的实现（"成"），一被发动即实现，所以"行"即是"成"，"成"即是"行"，"成"与"行"实际上是同一的关系。② 因此，变易之"行"与实体之"成"、生命之"行"与生者之"成"实际上是同一的关系，"生命是我的'在'，生命是变易，'在'或生命是本体的'在'或生命，生命则是继续由能到成，生命的主体是一连串的成，在实际上生命和成同一，不可分离。……我认为生命是用，成或生者为体，两者在理论上有分别，在实际

---

① 罗光：《生命哲学》（订定版），载《罗光全书》第2册，"序"第Ⅹ页。

② 参见上书，第101页。

上是同一"①。

应当说这一观念在中国传统哲学"体用合一"的智慧精神中比较容易理解，然而对于西方传统哲学来说，则是一种较为陌生的思维方式。西方士林哲学认为，物体本身是否能够变易的问题应当就其"自立体"和"依附体"两个方面分别进行探讨。一个在本体论上自立的实体应当被区分为自立体和依附体两个部分。自立体指的是实体的本体，依附体则是附加在该本体上的性质、数量等各种关系。士林哲学认为，一个物体的变易只能是依附体的变异，其自立体的本体是绝对静止不变的；否则，自立体的变易就意味着自立体变成了另外一个个体，而这在形上学意义上其实就是该自立本体之毁灭，因此，自立体的本体绝对不能变易，变易只能是附加体的变易。也就是说，物体在其生成、发展、衰亡的过程中，其颜色、气味、形状、数量等方面均有可能变易，但物体的本体是绝对不能变易的，变易就意味着该本体的毁灭。

把上述观点与罗光的"生命哲学"相对照，可以看出其不同于这种以士林哲学为代表的西方传统哲学的变易观。"生命哲学"主张生命之"成"即是"行"，"在者""生命"就是继续由"能"到"成"的变易；同时，"生命哲学"又是以"在者""生命"为本体的，因此我们便可以明显地推知："在者"就是变易，"生命哲学"的本体即是变易之体。或者明确地讲，"生命哲学"的本体不是一个静定的本体，而是自始至终充满了变易之动。这种观点对于西方传统的本体论思考来说是比较陌生的，上述士林哲学的观点可以大体代表西方传统哲学关于"本体之动静"问题的基本立场。在西方传统的本体论中，无论是"观念论"传统还是"实在论"传统，其较为主流的观点都认为只有静定的"实体"或"观念"方能作为本体，一个不断变动的本体是不能保证"体之为体"的确定性的。具体来说，西方传统哲学（包括士林哲学）大多认为，"变易"不能是本体的变易，或者说不能作为本体的属性，而只能是本体之某些附属部分或附加性质的变易，比如时间、空间的改变，或者颜色、形状的改变。也就是说，"变易"这一概念对于"本体"来说不是同一序列的概念（或者说不属于西方哲学家洛克所讲的"第一性的质"的层面），"变易"不能是本体自身根本性质的改变，变易之体不能做本体。在西方传统哲学看来，本体之"变易"指的就是本体不再成为它自身，不再保有自身的根本性质，这种

────────────

① 罗光：《生命哲学》（订定版），载《罗光全书》第 2 册，第 120 页。

本体的根本改变无异于"本体之毁灭"。基于这种观念，西方传统哲学常常质疑："本体如果变易，本体怎么存在？"

对于这个问题，罗光的"生命哲学"尝试结合中国传统哲学"体用一如"的智慧进行回应。罗光讲："生命的本体，就是每个具体存在的实体，这个实体继续由'能'而到'成'……继续之'成'相连，不是灭和生相继续，又不是两个自立体的结合，而只是一个变易的自立体。"① 也就是说，由于本体之"有"与具体之"在"实际上是同一的关系，"生命哲学"的本体也就是现实万物的具体存在，故而"存在"（"在"）的变易也就代表着本体本身的变易。或者换句话说，"生命哲学"所讲的"变易"并非仅仅是本体之某些附属部分或附加性质的变易，而应当说就是本体之动，是一个从根本上以变易为属性的本体。在罗光看来，西方传统哲学坚持的所谓"不变的本体"，其实只是一个本体的观念，只是以这个"观念之体"为本体；而在具体存在上，本体则继续不停地变易。"生命哲学"由于坚持由具体的"在"的进路考察"存有"的实在论立场，故而与过分偏重观念之"静止性""同一性""恒定性"的西方传统哲学有着显著的区别。

对于在继续不停地变易中，生命本体如何保持自身的一致性，或者说如何保证一个常变而又能保持自身特质的统一本体的问题，罗光讲："生命是继续内在的变易，继续变易是继续由能到成，变易的本体，即生命的本体就是'成'，'成'在观念上不变，就是本体的不变……实际上则继续在变。"② 由此可见，"生命哲学"简单来说就是以"成"为本体，然而这种"成"不是固定不变的一次变易之"成"，而是不断持续地变易所得的历次成果之相互发展和彼此相续，同时这些在具体存在上不停在变的"成"又是同一个本体观念的不同程度的落实、实现，在不牺牲其发展性的同时共同构成本体之"一"的一致性。

罗光进一步讲："在本体论上，所谓主体必定要是能够自立的存有，这种主体便是本体（substance）。"③ "生命哲学"主张"有者"就是"有"，"在者"就是"在"，"生者"就是"生命"，从表面来看，"有者""在者""生者"是主体，"有""在""生"则应该说是"用"，那么"生命哲学"的主体究竟是否堪称本体呢？罗光讲，生命的变易"是由'能'到

---

① 罗光：《生命哲学》（订定版），载《罗光全书》第 2 册，"序"第Ⅲ页。
② 同上书，"序"第Ⅲ-Ⅳ页。
③ 同上书，第 112 页。

'成','成'就是'在者'或'生者','成'又继续由'能'到'成','成'便是'能'的主体,这个主体不是一成不变的静止体,而是继续变易的动体"①。因此,在"生命哲学"中,"主体(罗光此处承接前文的讲法,意指'生命哲学'的本体。——引者注)是活的,是'生命'……这个'生者'常在变易,继续由能到成,是一连串的'成',这一连串的'成'就是主体,这个主体……不是理智所虚构的,而是实实在在有的"②。这便是"生命哲学"之变易的生命本体,也正是在这种意义上,本体之变易不会导致西方传统哲学所认为的"本体之毁灭",而是本体的继续发展,不断发展的本体生命又并不与原来的生命相离为二,而只是同一个持续变易的生命本体。

这种关于"变易的动体如何作为本体"的疑问,在某种意义上也可以说是由西方哲学本体论的思考方式作为基本立场,对于中国哲学本体论所提出的一个质疑。罗光出于对中国哲学本体智慧的"同情的了解",展现出主动、自觉地与西方哲学对话的意识,当然这也与其所接受的以士林哲学为代表的西方传统哲学训练有关。他试图以中国哲学"体用合一"的动态本体观作为自己"生命哲学"之本体论的主要观点,以回应西方哲学之本体论所提出的质疑,从而展现中国哲学之动态的、变易的"生生本体"对于世界哲学之本体探讨所能提出的有益洞见。

综上而言,罗光的"生命哲学"坚持由生命的进路考察存有,主张存有即是变易的生命之在;生生的变易不是本体的改变或消亡,而是始终保有前后一贯的"成"作为形上的本体;这一作为本体的"生命"又是不断发展的动体,始终保持着不断变易的"行"。

(三) 以"生命"为中心的形上本体论

罗光"形上生命哲学"之本体论通过对其核心概念——"生命"——的阐释,确立了由"生生之在"探讨"存有"的实在论形上学理路,点明了常保持自身一致性的、"体用合一"的动态生命本体,这两个重要观念可以说是"形上生命哲学"之本体论的基本观点。在这种本体论中,"有"本体不能从哲学抽象出来的"形式""本性""理"等观念来探讨,而只能从实际的"在"、真实的"生命"来探讨。"形式""本性""理"等观念不能脱离具体的实在,更不能直接代表"存有"本体的真实意义。"生命"

① 罗光:《生命哲学》(订定版),载《罗光全书》第2册,第112-113页。
② 同上书,第113-114页。

是常在变动的"不断的行""不断的生生"，同时仍然保持着固定的本体。"成"作为同一个"本性"之"潜能"的越来越充分地实现，保证生命之本体的一致性，保证生命常是同一个生命。"成"又不是一"成"就固定不变，而是不断继续地变易，不断继续地"生生"。

在以上生命本体论之基本观念的基础上，我们可以进一步思考：这种作为世界之本体的"生命"究竟是什么呢？"形上生命哲学"认为，生命既然是一种不断变易的"在"，那么它在根本上就应当是一种力。罗光指出，生命的实质就是"创生力""生命力"，这种展现出"存有"本体的根本意涵的"生命"，其实质是一种力，"生命"就是"创生力"。作为整个世界之本体的"生命"，一方面是变易不息的"生生之动"，另一方面是一个具体的实体，这两者实际上是"一而二、二而一"的关系，而维系"生命"这两大要义的根本因素就是"生命之力"。在一种根源性的"生命之力"的推动下，整个世界变易不息以生成和发展实体，实体作为"生生"的动体又继续进行变易。罗光曾多次讲，"生命"在本质上是宇宙万物的一种内在的力，推动变易以形成实体，亦推动实体的继续变易，这种生命力运行不息、贯穿万物，使宇宙成为一道生命的洪流。

罗光"生命哲学"之"创生力"概念的提出，主要借鉴了以下三种哲学传统的理论智慧：一是中国以《周易》为基础的儒家"生生"哲学所提出的万物生生、健动的观点；二是西方以亚里士多德、托马斯·阿奎那为代表的古典哲学传统关于世界变易之动力因的探讨；三是天主教教义关于"天主创造世界"的"创造神力"观念的启示。

用这种"创生力为世界之根本"的观点来审视中西哲学，罗光曾指出："中西哲学讲宇宙万物，很慎重的讲'性'，讲'质'和'理'，然后又讲'在'，但都是抽象的观念。对于具体上一个最重要的问题，则都放过不讲。西洋哲学以'性'和'在'相结合而成一实体，却不讲'性'怎么能和'在'相结合，大家以为'在'是具体性，'性'有了'在'，便实际存在了。但是西洋哲学所讲的'在'为抽象观念，抽象观念的'在'，怎么成为具体的存在？乃一重要问题。中国哲学朱熹以'理'和'气'相结合而成物，朱熹也没有讲'理'怎么和'气'相结合，这个中西哲学的问题，乃是'力'的问题。"[1] 这个"力的问题"成为罗光"生命哲学"体系关注的重要问题，他就把这个推动"性"与"在"、"理"与"气"相

---

[1]　罗光：《形上生命哲学》，第51页。

结合的动力命名为"生命之力",也称为"创生力"。

应当说,罗光抓住了中西哲学的一个关键问题,或者更恰当的说法是,罗光在中国式的生命哲学致思理路的启发下,出于其由具体现实之"在"讨论"存有"的实在论立场,感受到以抽象的思辨分析理路讨论本体论问题的缺失所在,进而以注重具体实在的"生命哲学"的思维方式向两者进行了发问。能够准确地把握到这个问题,应当说是罗光基于实在论立场的"生命哲学"对于现代中国本体论建构的一种洞见。同样的问题在现代新儒家那里也成为理论关注的重点,最具代表性的就是牟宗三所探讨的理之"活动性""创生性"问题,不同之处在于两者对这一问题的解决方式存在着显著差异,容后文详论。

尽管罗光的思考触及了这个深刻的理论问题,但仔细考察他对于该问题的解答却不难发现,他的思想囿限于士林哲学的框架内,并且对于中西哲学存在着不同程度的误解,甚至把自己与抽象思辨的本体论在哲学立场上的差异归约为具体观点上的论争,反而使自己的实在论立场淹没于这些问题的争辩中而未能鲜明地凸显出来。

实际上,从罗光批判的主要对象——西方传统哲学——的立场来看,以"性"和"在"这两个范畴对"有"的研究本身就是一种抽象的研究。"性"代表"有"的本质特征和其他附属性质,"在"代表"有"的"能存在"这一性质,以结合这两者来研究"有"是对本体所进行的抽象分析,是一种思辨哲学的理路。由于思辨哲学的本体之"有"并未被理解为一定是"实际之有",故而按照其本身的逻辑,并不会必然地发生"如何使'性'具体存在"的问题,或者说这个问题不应是思辨分析的本体论关注的核心问题,因为从"性"和"在"这两个方面对"有"本体所进行的研究只是对现实世界从理论上进行抽象的分析探讨,故而不需要负责回答"如何形成具体事物"的问题。而只有基于实在论立场的哲学系统,以"有"为实际之"有"、具体实在之"有",才会把"如何使'有'成为具体的存在"作为关键问题。罗光对于西方传统哲学的提问就是由此立场而发的,在这个意义上,与其说这种发问是在某个重要论题上的观点差异,不如更根本地说是两者哲学立场的不同。

以上阐释了罗光"生命哲学"与西方传统哲学的关系,如果说这两者之间是立场的差异,那么"生命哲学"对中国哲学的质疑则更主要是由于理解的偏差。在罗光看来,以儒家为代表的中国哲学的本体论理路的主流是由实际之"在"的角度来研究"有"本体,这种为他所认同的观点主要是出自中国哲学中的气学一派。罗光就是根据气学传统的基本观点来批判以朱熹为代表的理学传统之观念论立场的。就事物的实际之"在"而言，罗光认为朱熹所讲的"理"大致相当于亚里士多德所讲的形式因，代表的只是单独的形式，"气"则代表单纯的材料，大致相当于亚里士多德所讲的质料因，因而理和气的结合必然还需要一个动力因的推动，方能形成具体事物。这样看来，以朱熹为代表的理学传统由于在本体论上只注重理则、规律，而不注重真实具体的现实事物、生命之"在"，故而并不强调"动力因"问题，可以说是没有抓住使事事物物得以形成的根本因素，也就难以展现"存有"本体的真正意涵。也就是说，宋明理学中注重规律、天理的观念论传统对于世间万物和"存有"本体的思考是不成功的。相对于以朱熹为代表的理学一派，罗光更赞同中国哲学中以张载、王船山为代表的气学传统的观点。

总的说来，我们可以得出以下两个方面的认识：一方面，罗光在这里对以朱熹为代表的理学的理解是不尽准确的。学界关于宋明儒学的相关研究已表明，即便是朱熹所讲的"理"，也是具有"创生性"的①，因此可以说"具有创生性的形式"是中国哲学所讲的"理"概念区别于西方亚里士多德传统所讲的"形式"概念的基本特征。换句话说，中国哲学之"理"，是自己包含着动力因（西方传统哲学所用的概念）、创生力（"形上生命哲学"所用的概念）、活动性（现代新儒家所用的概念）的，自己可以提供结合"理"与"气"、构成具体事物的推动力，而不需要向外寻找一个动力因。在这一点上，我们可以说罗光"生命哲学"对于朱熹哲学之"理"本身的创生性注意得不够充分。另一方面，我们如果比较罗光和现代新儒家的代表牟宗三对于朱熹理学的批判，就可以看出两者都着重于理之"活动性""创生性"问题。他们尽管在理之"创生性"的最终来源问题上观点各异，但却都把"欠缺活动性"这一点作为朱熹理论系统的主要缺陷，故而可以说在"活动性"问题上达成了一定程度的共识。

在这个"动力因"问题上，"生命哲学"所做的回答不同于西方传统哲学的观念论或者朱熹理学的思考方式，而是以亚里士多德的实在论、目的论哲学结合天主教信仰进行思考，最终以士林哲学为理论典范，对于

---

① 陈来先生比较详细地分析了朱熹关于"理生气"的说法，指出将这一说法解释为"气从理中产生"和"理使气从虚空中产生"是没有根本上的差别的，说明了"理"的创生性（参见陈来：《朱子哲学研究》，华东师范大学出版社，2000，第 91 - 92 页）。

"力的问题"做出了回答。

在他看来，生命是事物由"能"到"成"的持续发展，而"凡是'能'，都需要动因才会由'能'而到'成'"①。使具体事物存在的"能"被罗光称为"存在能"，这是任何事物得以成为它自身的最根本的潜能，而发动"存在能"、使事物存在的动因包括"最初动力因"和"继续存在的动力因"两种。"生命哲学"采纳亚里士多德的观点认为，本体的"存在能"最初由"能"到"成"，是由另一实体（上帝）发动，本体存在之后，继续由"能"到"成"之行，则由本体自己发动，"自己是动因"便是这种变易被称为生命的理由。总的来说，任何一个实体的"开始存在"和"继续存在"，都是由"存在能"经过"动力因"的发动而到"成"的，所有事物追溯到共同的源头，可以看出它们开始存在的动力是来自另一实体（上帝）；而事事物物继续存在的动力则来自实体自身。这两种动力在总体上都可以说是生命力、创生力，因此一切生命都是由创生力发动和维持的，"宇宙间的一切动力，都来自创生力"②。

具体分析两种动力发动的起点，则可看出两者之间的显著不同："开始存在"的动力起点是另一实体，世间万物形成了一个连续的因果链条，追溯到最初的"第一推动力"就只能是在此世事物之外的创造主上帝；"继续存在"的动力起点是实体自身，也就是说事事物物的"存在能"一旦被发动，便开始自己发动、自我成全，自己成为自己存在的动力因，成为一个个生命体。因此，除了"第一推动力"来自超越世界的创造主之外，世间万物作为自动、自成的生命，它们生生和发展自身的推动力都来自世界本身，生命力、创生力维系着整个世界的生命历程，使之成为一道生命的洪流。生命就是创生力。

应当说，罗光在这个"生命之力"问题的处理上，体现出尝试融合儒家思想与自身天主教信仰的企图。他一方面接受了儒家所讲的世间万物具有"生命性"因而内在地具有一种"生命之力"的观点，认为生命能够自动、自成，生命本身的内在动力推动着"生生"之变易的运行不息；另一方面为了接纳天主教的上帝信仰，又认为这推动一切生命的生命力在最初源头上需要一个创造主上帝，只有上帝最初那决定性的"一推"，才使世间的生命洪流得以不断运转。从这个意义上说，上帝又成为世间一切事物

---

① 罗光：《生命哲学》（订定版），载《罗光全书》第 2 册，第 103 - 104 页。

② 同上书，第 104 页。

的总根源，"生命哲学"正是通过这一点来论证上帝信仰的必要性的。

对于整个世界之生命力的最初源头——上帝，罗光在"生命哲学"体系中时时不忘加以强调。"宇宙万物为相对的实体，相对的实体有自己存在的开始，在开始以前不存在，不存在者不能使自己存在，所以必须由绝对自有的实体使它存在，宇宙便有创造主天主。"① 整个宇宙万物的存在，最终要依靠亚里士多德所说的最后或最高的动力因，这最后或最高的动力因为不含能而纯净是成的绝对实体，其用自己的力，从无中创造了宇宙。这最后或最高的动力因的创造力必要贯通于宇宙万物，不仅为使宇宙万物彼此间具有发动力、互相连贯，而且为使宇宙万物存在并继续存在。天主教信仰认为，创造力是天主圣神。这些论述体现出罗光的"生命哲学"体系坚持认同天主教信仰的特点，也正是在这个意义上，他的"生命哲学"被许多基督教学者称为一种"理性神学"。

对于这种"生命力"在宇宙产生之初是从何而来的问题，中国儒家哲学采取了"存而不论"的态度。比如，以朱熹为代表的理学传统认为宇宙最初有理，但不再进一步追问理的来源，或者说并不把理的源头问题作为思考的重点；以张载、王夫之为代表的气学传统认为整个世界为一气所成，但也不着重探讨气在世界产生之初的来源问题。罗光受到西方哲学思维方式的影响，在此宇宙的起源、最初生命力的起源问题上不是"存而不论"，而是寻根究底。应该说他的探究主要是认同中世纪士林哲学的理论逻辑，也与他自己所信奉的天主教教义一致。在笔者看来，这种思考对于中国传统哲学来说是一种较为陌生的理路，可以说是把士林哲学的问题意识嫁接到中国传统哲学的思考之中而产生的一种现代中国哲学的观点。

由于儒家与天主教对"生命之力"问题的思考在根本上存在着较大张力，所以罗光所期待的在学理上融通儒家哲学与士林哲学、天主教信仰的理论任务难以完成，"生命哲学"的阐述也常常表现出徘徊于儒学与天主教信仰之间的状态。比如，天主教教义认为，上帝不仅在源头上创造世界，而且一直持续地参与维持世界的运行，罗光出于对教义的信仰，也常常讲生命力、创生力一刻也不能脱离创造力，就好比电流不能脱离电源，两者一旦分开，生命力就无法创生和运化。按照这种说法，我们可以推知，即便最初的"存在能"被发动后，事物的自动、自成仍然在根本上是基于上帝的"创造神力"。那么，这种所谓的"生命"显然不是"自力"，

---

① 罗光：《生命哲学》（订定版），载《罗光全书》第 2 册，"序"第 IV 页。

而是"他力",更接近于天主教、士林哲学的观点;但是罗光同时又对儒家所讲的"生命为自动、自化"的观念深表赞同,并将此作为整个"生命哲学"之本体论的核心,强调唯有事物在"潜能"被发动后能够自动、自成,才堪称真正的"生命"。换句话说,上帝一旦在最初把动力因赋予生命力,生命力便成为世界万物之内自动、自成的动力,而不再需要上帝的"继续创造"。显而易见,这两种观点不可能同时成立,以至于罗光在"生命哲学"体系的最后一个修订本——《形上生命哲学》中,仍然在继续思考这个问题,并且坦率指出自己此前一直在这两种观点之间徘徊,最后出于信仰的关系,他在这本"晚年定论"中选取了上帝既进行"最初创造"又负责"继续创造"的观点,但是没有再给出学理上的论证,也没有进一步思考这种观念与"生命哲学"之本体论之间可能出现的矛盾。

综上而言,前述的"两个基本点"(由"在"论"有"的研究进路、"体用合一"的生命本体)加上世界根本的"生命之力"及其上帝源头,构成了罗光"生命哲学"之本体论的全部内容。在这种生命本体论中,基本的形上学理路体现出由"在"的角度来研究"有"本体的实在论立场,就此而言,生命是"有"之"在"("生命"概念的形上内涵);本体之"有"的现实形态是真实的、具体的、不断变易的生命,就此而言,生命是不断继续的"生生"之变易,是由潜能到现实的持续发展("生命"概念的具体内涵);整个世界的"生生"在实质上由一种根源的动力因来推动和维持,就此而言,生命的根本是创生力、生命力,而这种力在最初则是来自创造主上帝("生命"概念的宗教内涵)。

总而言之,罗光"生命哲学"之本体论具有以下三个特点:(1)就其与西方传统哲学的关系而言,罗光接受了系统的士林哲学训练,所提出的"生命哲学"之本体论主要遵循严密的思辨推理的理论逻辑,其大部分核心观点得之于严缜的哲学思考,通过与西方传统哲学、现代哲学和中国传统儒家哲学的对话,再经过进一步的反思而最终确立;(2)就其与中国传统哲学的关系而言,罗光始终将"儒家哲学的现代发展"作为自己努力的方向,并在立场上认同儒家气学传统,因而生命本体论在借鉴儒学传统资源的同时,亦与中国哲学中关于"理""气"的传统观点多有交锋,因而使其在中国现代哲学史上显示出鲜明的理论特色;(3)就其宗教信仰而言,由于自身的天主教信仰背景和教会主教身份,罗光将天主教教义所启示的一些观点吸纳于哲学思考之中,因而其本体论思想不完全是由严密的哲学推论而来,在某些较为重要的观念上借助于超越理智能力的、所谓

"超性界"的"启示真理",在哲学思考中混杂着一些信仰中的观念。

二、"形上生命哲学"之天人关系论

与上述本体论的基本立场一致,"形上生命哲学"之天人关系论主要围绕着"天"(创造主)之超越性和"人"之健动不息的生命性这两个方面展开。罗光通过阐发自己哲学体系的"创造主""创造力""创生力"这三个概念及其相互关系,来揭示"形上生命哲学"之天人关系论。

(一)超越之"天"——创造源头

"生命哲学"体系中的"天"可以说是一个中西合璧的范畴。它作为超越面的总代表,在哲学义理方面建基于"生命哲学"之本体论的主要观点,指的是世界整道生命洪流的原初动力——上帝,这样就使"生命哲学"得以坚持天主教信仰的立场;在哲学史方面,"生命哲学"之"天"主要指向儒学自三代以来的传统的"帝""天"信仰,罗光认为这是一种成熟的宗教信仰,并且这种信仰在后世儒学的发展历程中得以延续。对超越之"天"的这种"中西结合"的处理方式,是罗光达成其"在儒学中找到信仰的根基、使天主教信仰真正本土化"的理论目标的重要步骤,体现着他基于"中国人-基督徒"这种双重身份所包含的独特理论任务。

1. "天"为创造主"上帝"

罗光指出,中西哲学都曾探讨宇宙的来源问题,有"道""太极""第一推动力"等许多观点。有人说宇宙是自有自化的,比如老子认为"道"能自生自变,也有人认为宇宙是由他物而有的,而大多数哲学家都承认宇宙由最高神灵——绝对自有实体——创造。罗光也接纳这种主张,并说明了创造主以创造力而创造创生力,创生力即是宇宙。

正如前文已讲到的那样,罗光赞同以亚里士多德的哲学观点来论证上帝存在的士林哲学传统。亚里士多德认为世间万物的存在不是自有的,既非自有,便只能从他物而有,他物也不是自有的,又需从另外的他物而有。这样推论下去,必定要推到一个"纯粹自有的实体",这个"纯粹自有的实体"就是世间万物的最后或最高原因。中世纪士林哲学的集大成者托马斯·阿奎那就是采纳这种形上学理论来证明上帝的存在的。罗光继承了这一士林哲学传统,认为"最后的动因是造物主的'创造神力','创造神力'发动——宇宙开始时的初次物体,予以创生力,初次物体发动再次物体,以后陆续发动,陆续传予'创生力'……从开始到现在,一切物体仍靠造物主的创造神力继续支持，这种继续支持，等之于继续创造。造物主的创造神力，即是造物主生命的神力，这种生命的神力，联系了整个宇宙的万有，宇宙万物在生命上乃有整体性，而宇宙万物的生命也有整体性，由同一的生命神力所发，分享造物主的生命"①。

罗光"生命哲学"之"天"，指的便是这超越的"造物主上天"。对此"造物主上天"，他阐释说："宇宙万物有创造主，创造主为纯粹性、绝对性的精神实体。创造主为一纯粹实体（Purus Actus），自体是纯粹的实有，是纯粹之成，不含潜能。又是一绝对实体（Absolut Substance），是完全之有，是全部之有，不含变化，本性完全确定。"②

首先，根据"生命哲学"的形上理论，创造主作为世界的原初推动者，自身必然不包含任何潜能，而是"纯粹的实现"，是"纯全之成"。因为创造主既然为"第一推动力"，那么便不是依赖他物而有的，亦不需要他物的推动来完成自身。换句话说，创造主与世间由"能"到"成"的生命有着本质的区别，不需要进行由"潜能"到"现实"的发展过程，本身是不包含任何潜能的"纯粹的实现"。

其次，"创造宇宙万物的纯粹性和绝对性的实体，必定要超越宇宙之上，不和宇宙万物同性同体，他的本性本体也不能在宇宙万物以内"③。罗光指出，"纯粹性、绝对性的实体，创造宇宙万物，不能因自身的变化而化生宇宙万物，不能如同老子所说道生万物"④，因为"创造主是'绝对之有'，是'纯全之成'，本体不能变易"⑤。他进一步解释说，创造主不是用自己的本性、本体，而是用自己的力创造了宇宙万物，这种力称为"创造力"。"创造力"是"绝对实体"向外的力，因为被创造的宇宙万物是在创造主的绝对实体之外的。所以，"创造力"不是绝对实体的本体，而只是这个本体向外的动力，这便是宇宙万物的最初动力因，万事万物所具有的内在的生命力、创生力便是由创造力赋予的。而"创造主"之所以创造宇宙万物，以自己神圣的创造力发动一个生生不息的和谐世界（"创生力"），是因为"创造主"愿意把自己的美与善分给世间万物，"创造力"就是由"创造主"的意志而发的。创造主的意志作为全能的意志，能够发

---

① 罗光：《生命哲学》（订定版），载《罗光全书》第 2 册，"序"第 X 页。
② 罗光：《形上生命哲学》，第 37 页。
③ 同上书，第 38 页。
④ 同上书，第 37 页。
⑤ 罗光：《生命哲学》（订定版），载《罗光全书》第 2 册，"序"第 Ⅳ 页。

动整个世界之根源的"创生力",能够从"无"中创造万物的质,从"无"中使万物存在。

最后,创造主虽然是"纯粹之成",没有变化,但也"不是死呆不活的,而是最灵活的实体,是最神妙的无为而无不为的实体"①。因此,创造主所发出的创造力不是呆板的、静止的,而是极强的、继续的动力,用以维持受造的万事万物的存在。对于创造主这个超越时间、空间的绝对体来说,创造活动无所谓时间,亦无所谓空间,而只是一个"永恒的现在"。但是从被创造的宇宙万物的方面来看,创造活动则一直在时间、空间里进行,创造主不仅在使事物从无到有的那一刻发挥作用,而且在事物的发展历程中持续进行着创造活动,充满着永恒的时间和全部的空间。

2. "天"为《诗经》《尚书》中的上天信仰

由前文的阐述可以看出,罗光"生命哲学"之"天",是由"生命哲学"之形上学的论证结合天主教信仰而建立的,实际指的就是天主教所信仰的创造主上帝。不过,在作为一位理性神学家阐述信仰的同时,罗光亦没有忘记他的另一个理论任务,那就是作为一位现代中国哲学的研究者寻求传统在现代的合理诠释。作为一位把毕生大半精力用于儒学研究的学者,罗光积极寻找着在儒学中接纳上帝信仰的合理方式。他曾在许多著作中讲,"生命哲学"所说的"创造主上天",就是中国哲学在源头处的《诗经》《尚书》传统中所讲的"帝""天"。他曾指出,儒家哲学思想和宗教信仰的关系"只在一个'天'字",尽管后世儒家哲学的"天"字并不代表宗教信仰的尊神,但是"追溯'天'字的原义,在《书经》《诗经》中乃指着有位格的尊神上天或上帝"②。因此,"生命哲学"所阐发的超越者上天虽然代表天主教的上帝,但并非外在于中国儒家传统,而恰恰就是对儒学源头信仰传统的继承和发展。

一方面,罗光认为,《诗经》《尚书》所讲的"帝""天"为宇宙的最高主宰。罗光曾讲:"《书经》和《诗经》给我们的一个最大的印象,即是宇宙万物和人类,有一位最高的主宰,这位主宰称为'帝''上帝''天''上天''皇天''皇天上帝'。"③ 为了阐发这一观点,他征引了《诗经・周颂・天作》篇的"天作高山,大王荒之"与《诗经・大雅・烝民》篇的

① 罗光:《形上生命哲学》,第38-39页。
② 罗光:《中国哲学思想史・先秦篇》,载《罗光全书》第13册,第27页。
③ 同上书,第27-28页。

"天生烝民，有物有则"来表明上天造生宇宙人物而为万物的主宰。《周易》通过探讨宇宙变易的原则来讲天理；《诗经》《尚书》不讲自然之天理，而讲"彝伦""彝叙"①，上天所定的"彝伦攸叙"是人生的规范（也即道德法则）。罗光认为，这无论从宗教还是哲学的角度来看均为顺理成章之事（可依信仰或逻辑推出），且对两者都有着极大的意义：人的"有"和"存在"既然是由天而有，那么其行动之道（道德律）就必然由天而来。并且，天在制定生活之道的同时也监督人们遵守生活之道，操有赏罚的权力。

另一方面，罗光讲到此主宰之天的本性为无形无象、最高最大、具有位格的精神体，也即所谓"人格神"。"无形无象"得自《诗经·大雅·文王》"上天之载，无声无臭，仪刑文王，万邦作孚"；"最高最大"则是勉强用形容物质的形容词来讲天在其他一切神与万物之上，为无限大；"具有位格"在罗光看来是《诗经》《尚书》对天的描述中最为重要的一点。②也即是说，独一无二的创造主上天是一个"单纯而完整的理性自立个体"，具体体现为：（1）"天"是一个单体，"单体"指的是与别的个体不相混同的"一个"，且居于其他一切神灵和物体的最高级，是完全独立的自有，不依赖其他物体而有。《诗经》《尚书》中讲的是作为最尊神灵的唯一的天，创造并监督万物，绝对不与他物诸如宇宙等相混同。（2）"天"有理性和意志。罗光引述了《诗经》《尚书》中的如下几段话："明昭上帝，迄用康年"（《诗经·周颂·臣工》）；"敬之敬之，天维显思，命不易哉。无曰高高在上，陟降厥士，日监在兹"（《诗经·周颂·敬之》）；"天聪明，自我民聪明。天明畏，自我民明威。达于上下，敬哉有土"（《尚书·皋陶谟》）。"明昭"，形容上帝把一切事看得很明白，没有一件可以欺瞒上帝；"显思"，与此意同；"日监"，则说上天监察人的一切事，这些动作都假定上天有理智、有无限的智慧；"天明畏"，讲天显明其怒威，则是表现上天有意志，《诗经》认为赏罚来自上天，也是此意。因而，《诗经》《尚书》中

---

① 如《尚书·洪范》篇："王乃言曰：'呜呼！箕子，惟天阴骘下民，相协厥居，我不知其彝伦攸叙。'"

② "位格"一词为士林哲学术语，英文为 Person，拉丁文 Personale，也译为"人格"或"自我"。按照托马斯·阿奎那的讲法，其定义是"理性的自立个体"（Hypostasis Rationalis）。这一定义主要包含两个方面：首先，"位格"为"自立个体"（Hypostasis），这也是士林哲学术语，指的是"一个完整的物体，这个物体在自己的本性是完整的，在自己的存在上也是完整的"（罗光：《士林哲学·理论篇》，载《罗光全书》第 20 册，第 619 页）；其次，这一自立个体是具有理性的。

所信仰的上天，不是盲目的自然神，而是具有"位格"的最高之人格神。

在这个意义上，罗光认为中国儒家之三代传统对"帝""天"的崇奉是一种非常成熟的宗教信仰，而自己的"生命哲学"所讲的"天"，就是继承儒学源头的上天信仰而有的进一步的阐明。"生命哲学"之"天"对于儒学源头的这种现代发展，便可与天主教的创造主上帝相会通，进而实现于儒学中接纳天主教信仰、使天主教信仰真正本土化的理论任务。

这种意义上的"天"是创生者、引导者和启示者，超越于人和世界之上，在理想的彼岸世界独立存在，把善的光辉分享给世人和世界。人由于在源头上和自身的动力因都是由天而来，所以难以完全依靠自身的力量来发展自己，实现生命的超越，而必须依靠上天、上帝的启示和救赎，最终使自己达到上帝的国度才有希望达至最高境界，获得永生。整个过程是上帝的恩典和赐福的过程，而无法完全由人自己把握，人难以单纯通过自己的努力来达到这一境界。

（二）生命超越的主体——"人"

"生命哲学"关于"人"的观点，主要基于其本体论思想，将人作为自动、自成的生命体，同时亦结合儒家和天主教的有关思想进行阐发。罗光曾讲，中西哲学都承认人是万物中最优秀的，甚至说人可以代表宇宙万物。西方哲学认为人是创造主按自己的理念创造的，这表示人在宇宙万物中有着特殊的意义，和宇宙万物有着不同的特征。宇宙万物因为人的存在而充满意义、富有感情；创造主把宇宙万物隶属于人，供人使用，属人管辖。在中国哲学里，《礼记》认为人类独得天地之秀气而为万物之灵。孟子讲人有"小体""大体"，"小体"为耳目之官，"大体"为心思之官，心思之官是人之所以为人的理由。朱熹认为人得"天地之理之全"，物得"天地之理之偏"，人的主要特点则在于心灵。

"形上生命哲学"赞同中西传统对人的定位，并结合自己的本体论进一步申明：人是生命的主体。罗光曾讲，"生命哲学"以世间万物为活泼的生命，整个世界为一道生命的洪流，而"宇宙的生命，以人的生命最高、最复杂、最完成"[1]，"宇宙万物的生命，在人的生命中全部表现出来"[2]。因此，人作为世界之"生命"中最灵秀的，是最能自觉地体现生命的特征、履行生命之"由能到成"的真义的存在者。

---

① 罗光：《生命哲学》（订定版），载《罗光全书》第2册，"序"第Ⅵ页。
② 同上书，"序"第Ⅺ页。

　　那么，人之作为"生命"、作为自己生命活动的主体，又是在何种意义上体现生命之内涵的呢？罗光回答说："我们称自己为'自我'，自我乃我的整体，整个的实体才是自我。"① 此处所谓"整个的实体"，被罗光解释为：不是理和质的抽象结合，而是一个生活的实体。也就是说，"我"之作为"生命的主体"，不是抽象意义上的思辨的理性主体，而是基于"我"的实际、具体的"生活"，切实地展现生命之"在"的主体，是"有"之"在"的真正履行者和实践者。罗光反复强调："我的真正'自我'，是我整个活着的实体，因此'自我'是我这个实体的实际的'在'，是我的生命。我的生命，即是'自我'。"② "我之所以常是我，是因着我的'存有'，是因着我的生命，我的生命使我结成一个实体，与众不同，成为一个'我'。……我之为我，是整体的我，是实际具体的我，不是抽象的本体。整体之我是我，在于我活着，我有同一的生命。"③ 也就是说，在"生命哲学"看来，因为具体真实的生命之"在"，人才得以成为异于禽兽的独立实体——人。所以，人之为人的根本特质就在于体现生命之"在"，人通过自己发展心智、修养性情等各方面的生命活动，使其对自身本性的自觉发展成为生命之本体意涵的最高表现形式，从而展现出生命之"由能到成"的发展历程，落实"存有"本体的真实意义。

　　具体说来，人这一生命体是心灵和身体结合而成的实体，或者可以按照士林哲学传统来说，人是一种心物合一体。灵魂和身体是人之生命的两种要素，灵魂为精神体，身体为物质体，两者性质不同，亦不是相互独立的两个实体，而是在"存在"上结合为一，共同组成人这个自主、自立的实体。罗光说："灵魂和身体的结合，结合在'存在'（Existence）上，'存在'在一个实体内是唯一的，不可分立"，而"存在是动的在，是生命。"④ "人的'存在'为生命，灵魂和身体在人的生命上，合而为一。人的生命，乃是心物合一的生命。"⑤ 所以，"灵魂和肉体所以能结合成一个整个的我，是因着实际的'在'，实际的'在'乃是生命，'自我'所以由生命而成。生命使灵魂和肉体成一不可分的整体，不可分的整体便是'自

---

① 罗光：《生命哲学》（订定版），载《罗光全书》第2册，第138页。
② 同上。
③ 罗光：《形上生命哲学》，第152页。
④ 同上书，第164页。
⑤ 同上书，第163页。

我'"①。由此可知，人的心物合一不是两分的形态，而是合一的形态；不是灵魂运用身体，而是心物基于生命而结合，共同实现生命活动。

总的来说，"'自我'在理论方面说，是一个'实体'；在实际上说，是一个'实际的存在'，就是'生命'"②。作为"生命"的人时刻进行着从"潜能"到"现实"的发展历程，依靠源于生命自身之内的动力不断实现自己的本性，发展和完善自身。换句话说，人之发展自我、实现超越的生命期待是基于其本体论的基本特征，是一种具有形上学意义的本能要求。

根据这种观点，"生命哲学"把人这一生命主体区分为"本体的我""在世的我""求来世的我"三种存在形态。"本体的我"指的是人作为生命主体在本体论上的意义，"我从本体上说是具体存在，是生命，这是'本体的我'"③，体现出一种注重"生命"、探讨"具体实在之有"的形上学立场。罗光认为，这个"本体的我"是"自然呈现"的，这种观点的得出"不需证明，而且不能证明"，"我就是存在，不存在就没有我"④。"在世的我"则是世间具体的心物合一的生命所呈现的我，也就是我"在世的生活"，这个"我"是我在世的各种关系的基础，包含生理生活、精神生活等诸多内容。"求来世的我"指的是追求永恒的"我"，"来世"不仅代表宗教的彼岸世界，更重要的是指哲学上根源性的最终本体和终极关怀上对无限、永恒的追求。

"生命哲学"认为，"本体的我"展现人之为人的本体论意义，"在世的我"代表人在此世的全部具体生活，而超越于这两种存在形态之上的是以"求来世的我"的方式存在的"永恒的我"。"我"基于生命的本体特征，依照自己的本性不断发展生命的潜能，但并不止步于对自己"本性生命"的发展，而是最终进入自己的"超性生命"。这个基督教神学的范畴指的是超越世间一切有限事物的彼岸世界的生命，依据"生命哲学"之本体论，人最终必然趋向超越此世的有限生活抑或形上学探讨意义上的"生命本体"，去追寻此世之形上学探讨意义上的"存有"本体的终极根源，这便是世界一切的创造源头，也是超越于形上学的知识探索之外的"创造主上帝"。因此，罗光认为，"我"在最根本的意义上是一个"倾向无穷的

---

① 罗光：《生命哲学》（订定版），载《罗光全书》第2册，第139页。
② 同上书，第143页。
③ 罗光：《形上生命哲学》，第176页。
④ 同上。

我"。他进一步结合天主教信仰阐发这种观点:"在现世的生活里,我的生命所得的是有限,心灵便常感到不满……在现世生活中所能接触的只是物质体和心物合一体,这一切是有限的,不能和精神体直接相接触,只有在去世以后,灵魂独自存在,又在最后身体复活后,我已经是非物质的精神体,才能和绝对的实体——造物主直接相接触,我才能得到满足,才真是幸福的我。"①

由上所论,在"生命哲学"所阐发的天人关系中,天是超越此世的上帝,是世界一切生命的超越源头;人则是最为灵秀的生命主体,不断进行着超越自我的生命活动,基于自身的本体特性,以实现、发展自己的本性为本质特征和内在要求。天作为生命之本体的根源,成为人这一生命主体最为崇高的向往和生命的最终趋向,但是由于天人两者在根本上的不同质性,人虽趋向追求永恒,但难以凭借自身的力量在此世达到目标,而只能按照天主教信仰,依靠上帝的启示和救赎,使灵魂在天国复活后,方能真正达到超越的最高境界,进入永生。这种建立于生命本体论基础上的天人关系论是"形上生命哲学"之超越路向的基础和根据。

第二节 "形上生命哲学"之超越路向

在上述天人关系论的基础上,"形上生命哲学"之超越路向展现为人这一生命主体不断发展自身的本性,进而超越自身、趋向超越界的历程。我们在此从生命超越的理论根据、生命超越论的基本特征、生命超越的工夫实践这三个方面对这一超越路向进行阐述。

一、生命超越的理论根据

在"形上生命哲学"看来,生命超越的倾向是人之为人的根本性要求,人作为世间最为灵秀的生命主体,不仅应当而且能够完成生命超越的历程。具体说来,人之生命超越的理论根据主要包括以下两点:(1)人基于生命的形上本质而追求超越;(2)人在世界生命序列中的位置促使其追求超越。

---

① 罗光:《形上生命哲学》,第179页。

(一) 人基于生命的形上本质而追求超越

前文已经讲到，生命的形上内涵是实体由内部自动而使其自身更为成全的活动，因此生命可以说一种是"尚未完成的存在"，其"本性之全体"作为一种"潜能"隐含在生命之中，并不是一开始就完全彰显于事物之上，唯有通过持续不断的生命变易，方能在现实中逐步得到展现和落实。为了实现本性之"潜能"，生命就不断进行着由"能"到"成"的变易活动，这是由"生命"本身的形上本质决定的。人作为大千世界的生命之一种，自然符合生命的基本内涵，持续不断地进行着自动、自成的变易活动。人这种"由潜能到现实"的生命历程，一方面是越来越充分地实现自己本性的过程；另一方面也是不断超越此前已成的自我、创造新的成就、实现新的飞跃的过程。因此，人基于自身的形上本质，本身就倾向于持续不断地进行生命超越，实现生命的完善和境界的提升。换句话说，"生命超越"的倾向是生命之形上内涵的题中应有之义，罗光因此认为人之"生命超越"的倾向"是人类生命力的自然倾向"，尽管它在不同时期的表现程度或强或弱，但"生命超越"作为人之为人的一种本体论意义上的能力，永远不会消失。

"生命哲学"认为，人是宇宙万物之中最高级、最优秀的存在，是生命之形上本质的最充分的体现者，因而也是生命超越活动的最自觉和最完善的执行者。罗光在《形上生命哲学》中讲："人类的自然生理力，本然的薄弱，不能和自然界物体的创生力相比较。论体力，人的体力不如野兽；论耐风霜寒暑，人的体力不如树木；而且人所需要的食物，都要从自然界物体中去取。"① 在这些方面，人的生命几乎难以展现其超越本能，那么人之生命超越的能力如何体现呢？罗光认为，这应当体现在超出生理、感官领域之上的方面，他讲："人类的生命，必定要采取主动的方式，然后才能够生存，能够发扬。"② 也就是说，人之区别于世界其他事物的独特之处，在于自觉地发展自己的本性、实现生命的超越。"生命哲学"采纳天主教信仰来论证这一点，认为"造物主创造了人类，仿效他的神性，由人类统治宇宙，做宇宙万物的主人"③，"天主仿照自己的天主性而造了人性，人性是相似天主性。相似天主性和'存在'相结合成为宇宙间

---

① 罗光：《形上生命哲学》，第118页。
② 同上。
③ 同上书，第119页。

的最优秀'存有',具有宇宙间最高的创生力。……人类生命的发扬便运用生命力去创新,宇宙间的创新和进化,由人类的生命而表现,而完成"①。因此,"人类可以运用万物,而且应当运用宇宙的资源,以发扬生命"②。这就是说,人基于自身对宇宙"生命之力"的完全继承而具有最高的实现生命超越的能力,这种超越能力通过人之自觉地发扬"生命之力"展现出来。

(二) 人在世界生命序列中的位置促使其追求超越

首先,需要明确的是,"生命哲学"所讲的"超越"指的是与彼岸的超越界相对的此世之"生命"的超越、人的超越,应当说这种用法就其指代的是超越主体的超越行为而非超越界的超越性质而言,是与现代中国哲学中"超越"一词的一般用法一致的。③ 在"生命哲学"看来,这种中国式的"超越"一词不能用于上帝,因为上帝是已经完成的、最为成全的实体,其"存在"(现实存在的实体)与"本性"(全真全美全善的本性)是一,不再需要任何发展和变易,只有世间万物(包括人)这些"尚未完成的存在"才需要寻求生命的超越。

其次,人在整个世界中的生命超越是依照一个形上的生命序列来进行的。"生命哲学"认为,"在宇宙万物的生命(存在)中,含有一项次序的系统,由下而上,人类的生命在这系统的顶点"④,"万物所分享的生命,层次不同,结成一有次序的系统,由没有生命表现(即生命显露)的矿物,层层升到一级一级的植物,又层层升到一级一级的动物,最高层乃是人"⑤。罗光在这里以生命的实现程度为标准,来划分整个世界的生命序列。生命实现得越充分,也就是说对本性之潜能的实现程度越高,生命就越完满,也就在整个世界的生命链条中处于越高级的位置。有时候罗光又把这种生命实现程度的差异称为各种生命体之间的精神性程度或者非物质性程度的差异,他主要是按照生命的实现程度,或者说"生命能否自觉地发展自我、实现生命之本义"这一标准来区分精神体和物质体的主要差异

---

①　罗光:《形上生命哲学》,第 118 - 119 页。

②　同上书,第 119 页。

③　这种意义上的超越是罗光"生命哲学"中"超越"一词的主要用法,在其他一些情况下,他也遵循西方哲学的传统用法,以"超越"一词来指在此世之上的"超越界"、创造主上帝的超越性。

④　罗光:《形上生命哲学》,第 119 页。

⑤　罗光:《生命哲学》(订定版),载《罗光全书》第 2 册,第 61 页。

的，在这一标准下，精神体比物质体更高级，因为前者更能充分地实现生命的本义。对此，汪惠娟教授曾阐释说，创造主上帝创造宇宙万物，"万物因着创生力而结成一个生命的大系统，按着宇宙生命的系统，最低的是物质的'能而到成'的变易，然后有最低的非物质性的'能而到成'的变易，这种非物质性的'能而到成'的变易，渐渐加强非物质性的特性，最高乃到人的'虚灵之心'的非物质性变易，所以人的生命为最成全、最高贵的生命体"①。这种根据"非物质性"的程度而划分的生命序列主要考察的是生命中之"精神"的自觉和自由的程度，精神的自觉和自由的程度也就代表着生命体对于本性之潜能的实现程度，代表着生命本义的实现程度。根据精神的自觉和自由的程度由低到高的顺序划分出等级，就使宇宙万物按照生命实现程度的高低排列成一个序列。在此生命世界的序列中，人以其最为自由的精神性，居于顶点位置。更为自由的精神性就代表着更为充分地实现生命本质的能力，"生命哲学"因此强调，人的生命之所以能发动超越和有所成就，起根本作用的是人的心灵，"心灵是仿效造物主神性而成的，是精神性的本体，具有向前伸展的无限'能'"②。

不过，"生命哲学"的完整本体序列并不局限于世界万物的生命全体，在整个本体序列中，居于最高等级、拥有最为自由的精神性的"最终顶点"是天主教信仰所启示的创造主上帝。在"生命哲学"看来，虽然人的心灵神妙莫测，但其主体的人毕竟是由心灵和肉体相结合的整体，在生命的变易上是由心灵和肉体统一进行活动的，心灵便常要受到肉体的限制。因此，为了使心灵的生命完全自如地活动，就需要再升到序列的更高级别，使心灵不再受肉体的限制。罗光认为实现这种"最高的生命"的途径只存在于天主教信仰中，唯有从灵魂上皈依上帝，接受上帝的启示和最终救赎，方可使最高的神性生命降生于自己的生命中，从而达到最高、最自由的生命境界。

以上是从宇宙的生命序列方面对超越终极的论证，此外从纯粹哲学本体论的角度，"生命哲学"也常对此有所论述。罗光认为，宇宙的生命在整体序列中倾向于归本溯源，上帝作为最高级、最完满的存在是世间万物之生命的本体根源，对于万物的生命具有永恒的吸引力。"造物主造了万

---

① 汪惠娟：《变易与永恒——罗光生命哲学之探微》，第203页。
② 罗光：《形上生命哲学》，第120页。

物，万物返本归原应归于造物主"①，作为万物之灵的人类更是应当如此，因而"人类的造物主是无限的绝对真善美，人类的心灵是仿效造物主的神性，人类的生命'返本归原'要归到绝对的无限真善美"②，因此，心灵的追求最终必然超越此世的有限，趋向整个世界生命体系的形上源头，回到最终的创造主上帝。

二、生命超越论的基本特征

"形上生命哲学"之生命超越论，讲的是本体论意义上的、落实于"在"的、归向上帝的生命超越。

（一）本体论意义上的生命超越

正如《生命哲学》（订定版）的开篇所讲的那样，"生命哲学"是从哲学的角度研究生命，"重点在'本体'上"③。整个"生命哲学"体系以形上学为核心，着力于从本体论的角度探讨生命的相关问题，也正因为如此，罗光在对自己的"生命哲学"体系进行了五次修改后，在其晚年的"最后定稿"中，将书名改定为"《形上生命哲学》"，并反复强调"生命哲学是一种形上的生命哲学，从本体论研究生命，不是从自然哲学或伦理学去研究"④。基于这种观念，"生命哲学"对其所关注的核心问题——生命超越——的探讨，也主要是在本体论高度进行的。

在罗光看来，生命超越问题虽然首先关乎修养论和境界论，但是"超越"在归根结底的意义上是一个本体论问题。因此，"生命哲学"之超越论从本体论上探讨生命超越的理论根据，其生命超越的基本理路亦是基于生命本体论的基本理念，整个生命超越历程最终趋向"形上生命哲学"的最终本体。我们在下文的阐释中还将看到，罗光对儒、释、道和天主教四家学说的超越境界之高下的分判，是依据"是否从本体论高度探讨超越""是否具有健全的形上根据""是否趋向最高的形上本体"等标准来进行的。也就是说，在形上学理论上最为"健全"和深刻、以形上学最根源的本体作为生命超越之最终目标的生命超越论才是最高境界的超越学说。在这些衡量标准背后，体现出的仍然是"形上生命哲学"对于本体论层面的

---

① 罗光：《形上生命哲学》，第 119 页。
② 同上书，第 121 页。
③ 罗光：《生命哲学》（订定版），载《罗光全书》第 2 册，"序"第 Ⅱ 页。
④ 罗光：《形上生命哲学》，第 127 页。

生命超越问题的注重。

（二）落实于"在"的生命超越

根据"生命哲学"之本体观，"存有"本体不是一个抽象的、思辨意义上的本体，而是实际的、具体的"在"，是一种"生命本体"。因而生命超越不是在单纯的"本体之理"层面进行，而是落实于具体之"在"的。"形上生命哲学"之超越论是由"在"的理路而言的生命超越。

在"生命哲学"看来，这种超越方式的理论根据在于：整个世界之成为一个整体，是因为所有事物在根本的本体层面都是"存有"之"在"，尽管其作为"在"的实现程度各不相同，但基于同样的本体内涵这一点使它们在根本上具有相通性和关联性。他曾讲："我认为'生命之理'不是抽象之理，而是具体的'生命力'，'生命力'使实体之物存在，是'生命'，宇宙万物在'生命'上结成一整体。"① 因此，宇宙万物的全体就是整个的"生命之力""创生力"，"宇宙是创生力，万物是创生力所造的实体，又是创生力所维持存在的实体；创生力是宇宙的生命，又是万物的生命。宇宙万物在'生命'上，结成一个整体"②。"生命哲学"相对于"抽象之理"而提出"生命之力"，主要目的就在于站在自身的本体论立场上强调"有"之"存在"相对于抽象的"本质""本性"的更为根本的意义。基于这种考虑，罗光在著作中多次强调宇宙万物是在"存在"而不是"本性"上结为一个整体，"在'生命'上，即在'存在'上相结合，是在'存在'上相结合，不在'性'上相结合，也不在'质'上相结合"③。

在此基础上，"生命哲学"的生命超越就是在整个世界的生命之"在"息息相关、相辅相成的洪流之中，不断提高自己对于生命潜能中之"本性"的实现程度，更充分地实现生命之"在"，从而提升自己在整个"生命哲学"本体序列中的位置，逐渐成为最充实、最完满之"在"的过程。整个超越过程不是一种本性之"理"的提升，而是"存有"之"在"的越来越充分的实现。④

---

① 罗光：《生命哲学》（订定版），载《罗光全书》第 2 册，第 57 页。
② 同上。
③ 同上书，第 58 页。
④ 在此需要说明的是，按照罗光"形上生命哲学"的讲法，此处所讲之"在"不仅包括世间万物的各种生命主体，亦包括超越此世的天使乃至上帝等所有实体。上帝因其自身是一种"无始之始"的永恒的完满之"在"而与世间万物具有异质性，但这并不妨碍其本身仍然是一种"在"，并且是作为"在"的最完满、最成全的实现形式而为世间一切生命之"在"的典范。

　　根据这种观念,"生命哲学"在一定意义上赞同中国哲学所讲的"理一分殊"观点,但是同时又指出,儒家所倡导的"万物乃同一生命之理"的观点如果从"生命之理"的形上本质来分析,不应当着重强调"理",而应当着重强调"生命"("在")。"形上生命哲学"认为,世间万物之成为一个整体主要是一种"'在'上的'一'"(基于"在"的方面来讲的"一"),而不是"'理'上的'一'"(基于"理"的方面来讲的"一")。他在《生命哲学》(订定版)中说:"中国哲学主张宇宙为一整体的生命……没有生物和无生物之分,一切物体都是生物……不用对立的两分法,而用拾级升登的阶梯制;不从发动力去区分,而由本体存在去区分。……宇宙万物同有一生命理,这生命理为同一之理……宇宙万物的存在,即是生命;存在的实现因气的清浊不同,实际存在便各不相同,实际的生命也就各不相同。这就是'理一而殊'。"[①] 他进而解释说:"我认为'生命之理'不是抽象之理,而是具体的'生命力','生命力'使实体之物存在,是'生命',宇宙万物在'生命'上结成一整体。"[②] 也就是说,中国儒家哲学所讲作为"万物一理"之理论根据的"生生之理",虽然被称作一种"理",但不应当是抽象出来的法则、规律等观念,而应当是实实在在的"生命",是真实具体的"在"。因为在"形上生命哲学"看来,"理"只能是"生命中之理""'在'中之理",在现实世界中并不存在脱离了"生命"的"理",所以中国儒家哲学所讲的"生生之理"和西方哲学所讲的探讨事物的自然属性的"理""形式"有着本质的不同:一方面,"生生之理"研究的是天地万物得以存在的根本原因,不同于西方哲学之"理"以事物的具体自然特征为研究对象;另一方面,"生生之理"就是"生命中之理""'在'中之理",不能脱离真实的"生命"而独立存在,截然不同于西方哲学中与"质料"相对的"形式"之理、与"存在"相对的"本性"之理。因此,罗光认为,"生生之理"作为中国哲学的根本概念不能用西方哲学中的"理"概念来诠释,而应当用"在"概念来诠释。此所谓"在",指的是"存有"本体在现实世界、现实生命中的实现活动,不是脱离了"生命"的"形式""本性",而是在具体生命之中的"生命之理",唯有此"生命中之理"方能展现出"存有"本体的最根本、最完满的理论意涵。在这个意义上,罗光认为生命之"在"是与儒家所强调的形

---

① 罗光:《生命哲学》(订定版),载《罗光全书》第2册,第97-98页。
② 同上书,第57页。

容生命之创化、发展的"生生之理"最为相应的范畴。因此，"万物一理"观点讲的便是天地万物由于同为生命之"在"而在根本上被认为禀赋了同一种"生生之理"，具有一种一体相关的关系，万物彼此之间的差异只是对生命之"在"的实现程度不同。

在此基础上，儒家哲学的生命超越之路便采取由"在"超越的基本理路，罗光认为这种生命超越的独特方式是中国哲学之超越论的基本特征，而自己"生命哲学"的超越路向正是借鉴了这种观念。因此，"生命哲学"认为，宇宙万物之生命超越的基本方式不是抽象地强调其本性所包含的"生命之理"，而是培护自身的"生命之力"，使自己生命的"在"实现得更为充分、更为完满，从而使自身之内以潜能的形式存在的整全的"本性""生命之理"越来越充分地展现出来。由于这种超越并不改变万物内含的本性之理，而只是使之日渐充分地落实于现实之"在"，故而"生命哲学"之生命超越是由"在"的理路进行的超越。

既然生命超越是由具体之"在"来超越，生命之"在"又不能是一成不变的静止体，而必须是"继续不断的行"，持续进行着发展自身本性的变易，那么，生命超越作为生命本体的本质特征，就不是短期的一时一地的超越，也不是一蹴而就、一劳永逸的过程，而是在生命中持续不断地进行着的本质性活动。

与此相关联，"生命哲学"亦十分注重探讨生命超越的具体工夫实践，以阐明在实际的修养生命中如何持续这一"不断的行"、不断的生命超越。罗光不仅专门撰写了《生活的修养与境界》和《生活的体味》这两本探讨修养论的著作，而且在自己的人生实践中身体力行，结合儒家和天主教的智慧，长期坚持进行工夫修养活动。

对于中国哲学注重人生修养以培护具体之"在"的治学倾向，罗光是十分赞赏的。他曾在许多场合反对西方学界把儒家当作仅仅注重人生修养的伦理学的观点，并明确指出"修德不是伦理生活，而是本体生活；善德不是人生的习惯，而是本体生活的发展"①。由此可见，罗光对传统儒家注重躬行践履的修养工夫做出了一种本体论高度的解释，而他所讲的"生命哲学"的超越理路，也可以在某种意义上被称作"纳工夫于本体"的生命超越。

---

① 罗光：《儒家生命哲学》，载《罗光全书》第 4 册，台湾学生书局，1996，第Ⅲ页。

（三）归向上帝的生命超越

正如前文已经谈到的那样，罗光作为一生虔信基督的新士林派哲学家，他的"生命哲学"在最终归趋上是指向上帝信仰的。生命超越的最终境界，亦是趋向最完满的至善之"在"——创造主上帝。这种朝向至高的完满境界的超越努力，就"生命哲学"之本体论来说是归向最初的、最根源的本体的，根据生命超越的基本理路来看就是趋向最完满之"在"这一"绝对之有""纯全之成"。

罗光认为，人的生命超越历程不仅包括在现实的世界所进行的修身养性的道德实践活动，还必须包括在实现道德之超越的基础上而有的"本性生命"向"超性生命"的超越过程。这一迈向"超性生命"的过程对于人之生命超越的最高境界的达成是非常必要的，"超性生命"方能代表生命超越的最高境界。也就是说，现实世界的人们通过发展自身的生命能力、培护自己的生命，已经实现了生命超越在此世的最高境界，但是这种境界终究局限于此岸世界，并不是"形上生命哲学"的最高境界。由于"形上生命哲学"在本体论上肯定世间万物在最根本的意义上来自一个绝对完满的创造主上帝，所以与此相应，最高境界的生命超越就在于与这种最根源的上帝本体合而为一，也就是把自己"在世界之中"的"本性生命"提升为"超性生命"的过程。

对于这种最高的超越境界，罗光在哲学的解释之外更多地给予了天主教神学的解释。他根据天主教教义讲，人实现最高的生命超越可以有两条道路：一是使心灵离开肉体，二是使肉体脱离物质性。① 第一条道路是指人在去世后进入上帝的天国，心灵离开肉体而继续生活，人的生命就成为纯心灵的生命（也即神性生命），从而实现生命超越；第二条道路是现世的人可以走的道路，由于现世的人不可能只有灵魂的生命，上帝就为这些人开启了另一条道路，使肉体超脱为非物质性的"超性生命"。根据天主教信仰，创造主上帝派遣圣子耶稣降生成人，渗入宇宙的生命系统，所以耶稣基督在为一个凡人施予"洗礼"时，就因着"圣神"而得以把自己的神性生命分享给受洗的人，使这个人原来所具有的"只是分享天主生命力"的生命，升进为一种"分享到天主生命的本质"的"超性生命"。由于普通人的生命在本质上分享了创造主的神性生命，所以此人的心灵生命

---

① 以下参见汪惠娟：《变易与永恒——罗光生命哲学之探微》，第 204 - 205 页。

和创造主的神性生命融合为一体，就使受洗者成为创造主的子民。罗光认为，这种提升、这种生命的超越历程才是最终的根本意义上的"本体的提升""本体的超越"，这种最终与创造主合一的境界才是"形上生命哲学"之生命超越的最高境界。

我们由此可以看出，罗光出于自己的天主教信仰，认为唯有接受洗礼、成为一名天主教信徒，进而通过参与宗教生活这种生命超越的方式，才能达到生命超越的最高境界。在这种境界中，人的"本性生命"提升为上帝的"神性生命"，达至一种"超性的生命"（Supernatural-life）的最高境界。因此，我们可以说，"形上生命哲学"之生命超越论是一种"归向上帝"的生命超越论。

三、生命超越的工夫实践

"生命哲学"在研究形上学理之余，亦注重对生命超越的工夫实践进行探讨。在罗光看来，实现生命超越的历程可以分为"纯而明""明而神""神而通"三个阶段，他说："这三句取自中国的古书，'纯而明'取自《大学》的'大学之道，在明明德'；'明而神'取自《中庸》的'大德敦化'；'神而通'则取自王阳明的'一体之仁'（《大学问》），张载的'民吾同胞，物吾与也'（《正蒙·乾称》），但是我给三句标语，加予天主教精神生活的意义。"[①] 对于修养的这三个阶段，罗光曾加以解释："这个系统相当于天主教传统神修学的三阶段：净（Purification）、明（Illumiration）、合（Univification）。先是消极地洗净心灵，后是积极地进德行善，最后进入和天主相结合。"[②]

在生命超越实践的三个阶段中，罗光给每个阶段又分别列举出若干德目，他从中国儒、释、道三家的修养论和西方天主教灵修学的思想中挑选出相关的德目，再分别将它们散列入三个阶段中。这些德目对于每个阶段的修养来说不是经由严格地分析得出，亦没有依照严格的逻辑次序排列，每个阶段德目的总体与该阶段的名称之间的关系也是不周延的。罗光可以说是采用了一种择要品评、随机指点的方式，把这些德目组合而成篇。对此，他曾坦言："我不是用研究学术的方法，系统地、分析地来写，我是以中国古人体验生活之道来写，而且用文学笔法。因此，在一章中，不分

---

① 罗光：《生活的修养与境界》，第2页。
② 同上书，"序言"第Ⅳ-Ⅴ页。

段分节，只是一气写下，若就全书说，则有一个系统；所有系统是'纯而明'，'明而神'，'神而通'。"①

具体来看超越工夫的三个阶段，第一阶段是"纯而明"，"纯而明"指的是先"纯"后"明"，"纯"是要求节制、克服心中的私欲、私心。罗光认为这是精神生活的第一步，由此可以达到"静定"这一精神生活的基本境界。培护、涵养这种静定境界，得之日久，便可进一步去选择人生的目标，这就需要"明了仁义道德"或者"虔心皈依信仰"等行动，因为唯有心中树立了目标才会真正达到静定，此即《大学》所谓"知止而后有定"。概括起来，整个"纯而明"阶段依次包括止于至善、静而后定、定而后安、心地光明、斋戒沐浴、成性存仁、心灵祥和、怡然自乐这些德目。对于这个阶段，曾有研究者进行过神学方面的诠释："罗教授从'心地纯净乃真理'（《圣经·玛窦福音》第五章第八节）这句话的启示，配合了'大学之道，在明明德'的'明'的思索，引发了自己的灵修路向：'纯而明'——止于至善、静而后定、定而后安、心地光明、斋戒沐浴、成性存仁、心灵祥和、怡然自乐。一个人若能做到'心常主于一'，便能知'万物皆备于我'，更了悟生活的目标，再以基督的生活为自己的生活，即在于奉行天父的旨意（《若望福音》第四章第三十三节）；能奉行父旨的人，心中必有基督，基督便以圣神引人的心再一次归向天父，心境便能常常祥和，无忧无惧、常安怡乐，故心常明。"②

修养的第二阶段为"明而神"，承接第一阶段的心中之"明"，要求修行者在各方面努力去做，达到"化"的境界。罗光指出，"明"的最高境界在于能"化"，心之"虚明照鉴"明了了天道人道的真谛后，通过自觉的工夫修养，应当达到"德化众生"境界。一如孟子所讲的"夫君子所过者化，所存者神，上下与天地同流"（《孟子·尽心上》），君子应在事亲、事君、格物、交友等各项事业中做到与人为善、立己立人、达己达人，效法天地变化之道，体现天道生生、创化的真义。唯有真正做到"大德敦化"（《中庸》）的圣者，方能以德配天。这一阶段的德目包括：神而化之、肫肫其仁、大孝尊亲、致知格物、无忧无惧、冰清玉洁、中正心谦、天伦之乐、以友辅仁、为政以正。

---

① 罗光：《生活的修养与境界》，"序言"第Ⅳ页。
② 周景勋：《生命与信仰互融的智慧——谈罗光教授的生命智慧》，载《罗光全书》第2册，第762页。

修养的第三阶段为"神而通"，指的是由"明而神"的化境，始于此世生命与世界的融通无碍，最终达到与创造的终极——上帝——圆融的最高境界。罗光曾讲："精神生活的境界，层层上升，纯而明，明而神，神而通。通的意义，普通说是贯通。在精神生活上，庄子最注意'通'；……使自己的精神和道和天地和人物和世事，贯通无碍，顺乎自然，一切天然，无知无欲，素朴天真。儒家的圣人，以仁德的心和天地日月四时鬼神相通，'先天而天弗违，后天而奉天时'（《易经·乾卦·文言》）。基督的生命，既和天父相通，又和人类相通，且通于宇宙万物，造成一种新天地。"①"人心（基督徒的心。——引者注）以基督的生命，通于万物，以基督的爱，爱惜万物，在超越的境界里，实现儒家的'参天地之化育'。"② 这一阶段的德目包括：通于世人、守口如瓶、通于万物、天人合一。

作为一名信仰上帝的天主教信徒，罗光认为修养的最高阶段是要达到"与主圆融"的境界。"我们领洗，因圣洗和基督结成一体。我们因基督和天主圣三相结合，在世界生活中以信德而渡过这种天人合一的生活，死后升天进入永生，乃完满地实现天人的合一。"③ 那么，信徒在生活中如何保持这种天人合一的境界呢？罗光认为，因为人的软弱和罪恶会使人与主分离，所以为加强信徒与主的结合，信徒必须"通于圣事"，也就是常常参加宗教生活，从而与主共融合一。耶稣基督正是为了加强信徒与他的合一，才建立了"圣事"，赋予人"圣宠"，这种"圣宠"是信徒与基督合一的生命养料和力量。除了圣事之外，也必须"通于祈祷"，即是常常与主相晤、交谈，以助达成"一体的生命"。信徒既然与主有"一体的生命"，那么就能将自己奉献于主，分担基督的救世赎世工程，背十字架跟随着基督，这便是"通于痛苦"，在这种救世活动中与基督合一。另一个与主相契合一的方法是"默观"，即在静默中体验和观想天父的伟大、宽恕、光明、慈悲等，以助心灵归于安详、纯朴；在同基督一起工作时，虔心事主爱人，事事处处看到圣父的爱，时时刻刻寻求圣父的光荣。通过以上所述的"通于圣事""通于祈祷""通于痛苦""默观天父"的宗教生活，最终在生命的超越历程里实现天人合一、道通为一、圆融一体的灵修最高境界。

---

① 罗光：《生活的修养与境界》，第 137 - 138 页。
② 同上书，第 160 - 161 页。
③ 同上书，第 164 页。

　　曾有学者写到自己对于罗光"生命哲学"之修养论的观感:"吾人从罗教授生命哲学底心灵超越的反观中,体验到他那一股心灵开放的追索,和他那一份信仰生命的力量;又从他遵守儒家遗训的反思中,看到他那一份儒者君子的风范和允执厥中的精神;又从他努力将信仰体验融贯在中国文化的血液里的心愿可知,他切实希望基督(天主教)的信仰与中国文化紧紧地扣合在一起,使之化成一体的生命。"① 这种概括可以说大致把握了罗光"生命哲学"之修养论的主要特征。此外,对于生命超越的修养工夫,罗光不仅著书撰文进行探讨,而且在自己的生命实践中积极地身体力行。这一点从他的为人、为学、为政等各个方面,都可以看到许多明显的例子。

第三节　超越目标与境界研判

　　在罗光看来,"在中国的生命哲学中,儒佛道都趋求生命的超越,儒家以'天人合一',道家以'与道冥合',佛教以'进涅槃'为目的,都追求人的生命超越宇宙,达到与绝对体相合的境界"②。"中国古代哲学,儒释道三家都很明显地指示人的生命应超越人世的有限界限。道家指示人忘掉形骸,以心神的元气和宇宙的元气相合,成为'真人',长生不死,和宇宙而长终。《庄子》预言真人入火不焚、入水不湿,飘游六合中。佛教指示人泯灭假心,寻到真心,真心即真我,真我即真如,真如即绝对实体,人和真如相合,进入涅槃,'常乐我净',常在,喜乐,真我,洁净。儒家指示人和天地合其德,与天地参,赞天地的化育,《易经·乾卦·文言》:'夫大人者,与天地合其德,与日月合其明,与四时合其序,与鬼神合其吉凶。'中国哲学都提挈人的精神生活,发展到无限的永恒境界。"③

一、儒家——天人合德

　　儒家以心灵为人的大体,人的生命以心灵的精神生命为主。儒家的生命超越就在于全心培养心灵生命,这也即儒家所谓的"修身"。修身的主

---

　　① 周景勋:《生命与信仰互融的智慧——谈罗光教授的生命智慧》,载《罗光全书》第2册,第760-761页。

　　② 罗光:《生命哲学》(订定版),载《罗光全书》第2册,第301页。

　　③ 同上书,"序"第Ⅶ页。

要途径就是仁义礼智之道，儒家发展仁义礼智，就是发展精神生命。罗光强调，仁义礼智之道不是外在的伦理规范，而是人本身的自然无限性，是人心自己所有的生活途径。发展了仁义礼智，人心灵的"生命自然"就能得到发展，而不是像道家所批判的那样，儒家自己制造了仁义礼智的外在规范，守了外面的规范就使内在自然的精神生命遭到封闭。因此，儒家把"仁学"（仁义礼智之学）作为其整个哲学系统的代表，成为心灵生活的总纲，不仅具有形上、形下等意义，也包含着心灵和身体生活的根本规律。

罗光认为，儒家心灵生命超越的目标，从《诗经》《尚书》的三代源头上已经明确可以看出是安置于超越界的，超越的目标就在于作为此世之一切事物总根源的"帝""天"，与西方基督教的创造主上帝为同一尊神。及至《周易》探讨"大人之道"，讲"夫大人者，与天地合其德"，也就明确讲出"大人"的心灵生命为一种超越世间万物的生命。《中庸》区分了"圣人之道"和"君子之道"，"大哉圣人之道，洋洋乎发育万物，峻极于天。……故君子尊德性而道问学，致广大而尽精微，极高明而道中庸"，认为儒者的修养应当经由"君子之道"最终达至"峻极于天"的圣人之道，与皇天、上帝合一。宋明理学作为后世儒学发展的主流传统，却对先秦儒家的超越方向进行了略有偏差的诠释，可以说只注意到了"君子之道"而忽视了"圣人之道"，以程朱和陆王分别代表"道问学"和"尊德性"的两派，把上天解释成"理则"或者"良知"，忽视了儒家心灵生活的最高目标——"成圣之道"。

在罗光看来，这种圣人之道的根本就在于"与天地合其德"，"天地"代表的是整个世界之根源的创造主，体现着创造主生生不息的善德。他曾强调，儒家的天人合一在于合于天德。天德为天地好生之德，天地之德若不被解释为上天、上帝好生的爱心，天地则仍为宇宙，天地之德乃宇宙之德，人心合于宇宙之德，虽然广大无垠，但仍在宇宙内。儒家的超越是超越单体的万物，而不是超越宇宙。超越单体的万物，是超越单体的利益，而以整个宇宙的利益为关心，但总未能超越宇宙而归入"绝对存有"。因此，罗光把自己的"生命哲学"作为儒学在现代的新发展，重新发掘儒学传统中对于超越者上天的信仰根芽，并将儒家源头的"帝""天"信仰与天主教的上帝信仰进行会通，试图扭转后世儒学发展历程中偏离信仰源头的缺失。由此他认为，"生命哲学"在现代对于儒家超越精神的接续可以一方面掘发和凸显在传统儒学的主流中被忽视已久的上天信仰；另一方面也呼应着"生命哲学"从形上学方面对儒学的"补全"，正如前文已经讲到的那样，作为儒学之现代发展的"生命哲学"对于传统儒家由"在"论"有"的形上学理路进行了进一步的追问，并按"生命哲学"所服膺的逻辑为之补入了一个最终的本体——上帝，这种哲学史的诠释、"纠偏"是与形上学的理论相互呼应的。因此，在罗光看来，无论是从形上的学理还是哲学史的事实来看，儒家完整超越精神的显发和最高境界的达成都需要"重拾"原初之际的上天信仰。

对于传统儒家在先秦之后的主要代表——宋明理学——的超越境界，罗光认为它失去了儒家心灵生活的最高目标。他指出，这种精神生命超越宇宙万物，与天地生生的大德相合，但这种"天地生生之德"实际上是"上天造物的创造工程"，那么参与这种工程与上天相结合而得到的"天人合一"又是怎样的境界呢？罗光曾讲："这种天人合一，不见于人的本体和造物主的本体，而是见于造化的工程，在生生工程上相合。"① 他首先承认这种"合于生生工程"的境界已经是一种超越的境界，在此境界中，儒者的精神生命不受任何事物的牵制，也不以任何事物为目标，而是以上天的"创生工程"为目标。这样的精神生命的发展，高达于天，深入于地，"溥博如天，渊泉如渊"（《中庸》），不可测量其高深。

然而，这种精神生命的超越"不在于生命的本体，而在于生命的活动……是自我人格的提升……不使人性超越，而是自我的发展"②。之所以说这种超越只是"合于生命的活动"，是因为在"生命哲学"看来，宋明儒学由于只探讨生生变易的规则而没有追问变异之源头的"原初本体"，故而那时所讲的天道"不是天地的本体，更不是宇宙的根源"，"天之道，乃是行动之道"③。因此，罗光认为，作为传统儒学之主要代表的宋明儒学的超越境界并没有超越宇宙，只是与宇宙相合，参加天地的化育，参赞宇宙生生的创造，使"万物皆备于我"（《孟子·尽心上》），进而与天地相融。这种超越境界可被概括为"以仁道配生生"。

二、道家——与道冥合

道家生命超越的基本点，在于合乎本体论之道。罗光在《形上生命哲学》中讲，老子的人生哲学建立在他的本体论之上。人的本体为精神，为

---

① 罗光：《生命哲学》（订定版），载《罗光全书》第 2 册，第 308 页。
② 同上书，第 308－309 页。
③ 罗光：《形上生命哲学》，第 317 页。

道；人的身体为形相，形相不足重。形相的需要减到最少，精神的发扬方为最大。为减少形相的需要，老子主张"归真返朴"。道家生命超越的境界可以分为以下三个阶段：

道家生命超越第一阶段的人为"田园人"。"田园人"指的是热爱田园的自然生活、舍弃名利、不求闻达的避世隐居之人。"田园人"视社会事务为俗务，以官场为脏污之地，逃避人世间的日常接触；自己置身于山野之间，与自然景物为伴，不求心理感官的满足，只想心灵的自娱。这种境界的人超越世事，以自然美景和心灵清静为乐。

道家生命超越第二阶段的人为"虚静自然人"。"虚静自然人"首先使自己虚空，或者说把自己忘了。忘记自己的形骸，不再追求形骸的享受，无欲无为，乃得心虚；"心斋"便没有对事物的欲望，常常自足，乃可以静。心灵既虚乃静，精神活动便可以顺乎自然，与天地相通，"同于大通"。"虚静自然人"超越万物，心灵不为任何事物所牵绊，遨游于天地之间。

道家生命超越第三阶段的人，也是最高境界的人，称为"至人"或"神人"。庄子以寓言描述"至人"或"神人"能登天入地，遨游于六合之外。"至人"舍弃形相，忘怀自我，与"道"相合，寻得了自己真正的本体（"道"），舍弃了外在形相的个体之"我"。道生万物，以气成形，至人以气与天地之气相合，由天地之气与"道"相合，忘掉自己的小我，与真我——"道"——结合。至人的知，不以心知，而以气知。此"气知"为上知，此种德为上德。"道"超乎宇宙，无限无垠，"至人"乃超越宇宙的一切。

对于道家的生命超越，罗光曾讲，"至人"的超越在于本体的超越，通常人所有的只是小智，以自己的心灵为本体，由心灵的计算来过生活；"至人"则超越自己的心灵，以"道"为自己的生命。道家的这种超越境界与儒家不同：作为传统儒家之主流的宋明儒学，其生命超越只是与天地在道德化育上相合，由于没有进一步探究化育的最终本体，因而这种超越尚不是本体的超越；道家的超越则是合于其形上学所认定的"道"之本体，因而是一种"本体的超越"。"至人"的本体，已经不是一个人的本体，不是有限的、有时空的、相对的本体，而是一个"永恒的根源"、无限之"道"，所以"至人"的生命境界已经超越此世之现实的有限性，达到一种无限的超越境界。

三、佛教——合于真如

罗光讲，佛教素以提倡精神生命而自好，力图解决人生的痛苦，登于涅槃的"常、乐、我、净"的极乐世界。佛教认为人生现世的生命是痛苦的，痛苦的原因在于无明，或者说愚昧：宇宙万法本不存在，人却以为它们真实存在，于是就起贪恋之心，由贪而起各种欲望，产生各种罪恶，罪恶在来生引起业报，生命便轮回不断。因此，解脱痛苦之道在于除去无明，成为"智者"或者"觉者"。

小乘佛教认为万法不有，唯因缘为有。唯识宗主张万法唯识，万法之所以有是由"识"所变现的。此后大乘佛教进一步讲"识"的产生根源在于"心"，因缘是由心所现。"如来藏缘起论"又讲明"如来藏"（即"真心""根本清净心"）藏于"妄心"之中，人需破除妄心，达到"如来藏"境界。《大乘起信论》提出"真如缘起论"，以心即真如；真如为绝对实有，然其有二法门：一为心真如门，一为心生灭门。真如本体不可言说，绝对超越人的知识；但真如对外亦有"非我"的表现，这种表现即是心生灭门。妄心看到宇宙的形形色色，往往误以之为有，但若以智慧达到"觉"，则是有亦空、空亦有，一切绝对平等。大乘般若学便以《中论》来讲这种使人生命超越的智慧，"不生亦不灭，不常亦不断，不一亦不异，不来亦不去"。《中论》以本体为真如，真如为中，一切万法也以中为本体，因而常讲不有也不空，有和空不相对抗也不相完成，而是本体的两面。一切法都是不有不无，到底毕竟空。毕竟空的实相为如来，如来为相对者的否定，但也不积极肯定为绝对的实相，如来亦有亦无，毕竟空为最高妙理，为妙空，不讲有又不讲空，也不讲不有不空，而只是否定。

这种以否定的观法讲超越的思想，到了佛教的圆教（华严宗、天台宗、禅宗）发展为肯定的、积极的观法。圆教肯定有绝对实体的真如，宇宙万法为真如的"非我"现身。禅宗教人以直观透视心灵深处的真如，真如乃为真我，为真心，为实相。修禅观的智者，空虚一切的知识和思虑，直观本心真如：真如绝对又无限，无可言宣，不可传达。天台宗和华严宗主张以观法来洞悉真如实相，又圆满地透视宇宙万法：事为万法，理为真如，事理通融，万法和真如互相通达。一为真如，一切为万法，一即一切，一切即一，一入一切，一切入一。

在罗光看来，佛教圆教的精神生命的超越，也是和道家的生命超越一样，为"本体的超越"。人放弃了自己的妄心，识破了自己的假我，直观自己的本体真如。圆教的智者或觉者，将自己的本体和真如本体相融会，直接观看自己本体的绝对性、安定性、清净性，体认了自己的真我。真我为常、为乐、为净，这就是涅槃境界。这些得道者达到了涅槃境界，直观绝对真如，由真如再观万法，万法互相通融，又和真如通融，一切绝对平等。佛教圆教的这种生命超越，可以说是直入真如本体之中，以绝对本体为本体，以绝对本体为自我、为真心。在此真心本体的觉照下，宇宙的万法都空寂了，然而又显现为绝对本体之表相，即有即无，不有不无；生命修成了绝对生命，心灵始终保持空灵无滞，得以享受涅槃境界的"常乐我净"。

罗光认为，佛教和道家的生命超越都是一种"本体的超越"，合于道的本体或者真如本体，可以说是比儒家的合于天地化育的"德能超越"更高一层的生命超越，在思想高度上类似于天主教的生命超越。但是两者又与天主教的超越论有着根本的不同。佛、道两家认为万物的本体本来就是真如或者道，世人不知其真相而误以为万物各有自己的本体，因而这两家所讲的超越是一种破妄除错的修正工作，是破除了误解后得到大智大慧的过程。这种超越历程是由外而内地逐步洞见自己之真我，而不是将自己固有的本体提升到更高的绝对本体，所以既不是人性之外的超越（"性外的超越"，Praeternatural），更不是"超性的超越"（Supernatural），后者则是天主教的生命超越的主要特征。与天主教这种趋向外在的更高本体的"超性超越"相比，佛、道两家的生命超越主要是一种内在本体的发现。

对于儒、释、道三家的超越境界，罗光主要是依据"是否在根本上趋向形上的最终本体"这一标准来分判高下的。由于"生命哲学"在本体论上主张儒家最终应当需要一个作为创造之根源的终极本体，故而并未对这一点进行关注的传统儒家在超越境界方面被罗光判定为不尽高明，尚未达到"本体的超越"境界。相比较而言，佛、道两家由于肯定作为万物之根源的"道"与"真如"，并在生命超越论上以合于这个最终本体为归趋，故而被认为达到了"本体的超越"境界。

另外，作为一名虔信上帝的天主教信徒，罗光坚持着一种根深蒂固的宗教观念，认为今生今世、现实世界永远只能代表与圣域相对的凡俗世界，人们在此世如不经神圣的彼岸世界的接引，是绝对无法实现永恒、达至最高超越境界的。在这种熏习至深的天主教信仰的指引下，罗光认为"永恒、无限、超越本体"只可能存在于高于此世的彼岸世界，而生命超越之最高境界的达至一定要等待彼岸世界的接引方可实现。因此，儒家的理则、此世的化育之道可以是人生之自然，却很难同时就是超越的本体；佛、道两家虽然主张合于本体，但却把本体安置于本心之中或此岸世界之中，从而最终也比天主教的超越境界略逊一筹。应当说，这是一种基督教传统所坚持的习惯性的观念前提。

四、"生命哲学"之天主教精神生命的超越

在儒、释、道三家的境界之上，"生命哲学"认为：达到生命超越之最高境界的是天主教精神生命的超越，"生命哲学"通过结合儒家与天主教信仰而达到的学理上更完备、境界上更高明的生命超越就是其中的一个范例。"生命哲学"的生命超越，一方面使儒家的超越理论得到了学理上的补全和境界上的提升，另一方面使天主教思想真正地实现"本土化"，在中国文化内部找到天主教信仰的根芽。

罗光认为，"生命哲学"对于人的精神生命，具有健全的形上理论，以人为心灵（灵魂）和肉体相结合的整体，人一切的自主活动常由灵魂和肉体统一的主体来完成。"生命哲学"依据其天主教立场认为，人性是善的，人的肉体也是善的，只是人心常倾向于肉体的享受，造成罪恶，这种罪恶在根本上是由于原罪的流毒。在天主教信仰中，亚当为人类的原祖，人类由他的生命而获得生命，他的血脉流通于整个人类的血脉中，因而他的罪恶也就通于整个人类，正是这个原祖的罪恶，使人类都有了罪恶。但是上帝并没有因此而遗弃人类，上帝在最初按照自己的肖像造人，赋予人最高的精神性，就显现出对人类的眷顾。在原祖犯错后，上帝又派遣圣子耶稣降生成人，参与宇宙的生命系统，进入人类的历史拯救人类。基督耶稣舍弃了自己的生命，作为救赎人类的祭祀牺牲；制定了神圣事宜，以"圣洗"（洗礼）来洗涤人的罪恶，给予人类一种新的精神生命，基督也因此而成为人类的新的原祖。

基督通过洗礼来创造新的人类，使自己的精神生命与洗礼之后获得新生的人类相通，提升人的精神生命，最终使之与自己的神性生命结合为一体，使受洗者成为上帝的子民。因此，在"生命哲学"看来，"我们的精神生命，为基督的天主性生命，因着圣神的神力而成立。……这种生命的主体为基督，他上与天主圣父相通，下与因圣洗而参与自己生命的徒众相通，纵横通流，生命唯一"①。这种提升在"生命哲学"看来是"本体的

---

① 罗光：《生活的修养与境界》，第139－140页。

提升","我的人性生命,变成了天主的神性生命,不只是动作的提升,而是生命本体的提升。因此称为'超性生命'(Supernatural life)"①。在这种境界中,我的精神生命与基督神性生命相结合,灵魂作为我精神生命的本体和基督的本体相融会,我的灵魂接受神化,使我同样成为上帝的义子,从而不仅因为按照上帝的肖像受造而肖似上帝,而且因为与基督的结合而与上帝同性同体。因此,我们要敞开心灵,让基督的生命大量流入,基督的生命在我们心灵内发育了爱心,爱心四通八达滚滚地流入弟兄的心内,通于各色的人。

应当说,"生命哲学"对这种最高境界的描述,主要是基于其所认信的天主教信仰,同时亦与"生命哲学"之本体论的观点对应。出于自身对上帝的虔诚信仰,罗光断言这种生命超越为最高境界的生命超越。在罗光看来,"生命哲学"所达到的天主教精神生命的超越,与儒、道、释三家的生命超越主要具有以下不同之处。

第一,从生命超越的目标来说,不同于传统儒、道、释三家的"发展自己之本性"的生命超越,"生命哲学"的生命超越以接受基督的神性生命为目标。

罗光认为,中国儒家和道家的心灵生活,都没有至上神灵作为目标,儒家期望同天地合德,道家期望在元气中与道相合,同天地而长终;佛教虽有神灵,但亦以绝对实体之真如作为心灵生命的归宿,真如指的是人的真我和实体,心灵归于真如以入涅槃便是入于自己的本体,不是进入超越本性的境界。因此,中国传统哲学的修身进德,是把心灵关在自己之内,只求尽量发展自己的本性。

"生命哲学"之天主教的神修,则是洁净自己的心灵,以同基督相结合。罗光认为,基督在我们的洗礼中,因圣神而赦罪,我们再因圣神提高心灵生活的本质而进入超性界,接受基督的神性生命。我们的心灵有了神性生命,便和基督结合成一体,不是融会,不是化合,而是互相结合,基督仍是基督,我们仍是我们。但基督在我们心灵内,天主圣三也在我们心灵内。他认为这种超越与儒、道、释三家所讲的超越不同,儒、道、释都主张反观自心,以见自己本性;天主教也主张反观自心,目的则是得见心中的天主基督。反观自心以见本性的活动是一种自己对自己的反观,不需要对更高的绝对者进行祈祷;基督徒的超越则是反观自心以见天主基督,

---

① 罗光:《生命哲学》(订定版),载《罗光全书》第2册,第329页。

同天主基督这一绝对者进行密谈,是以祈祷的方式完成的。这种生命超越的境界不是像儒、道、释那样"专看自己的心,以求光明磊落"的"单面的反观""寂静的反观",而是"在心中看到天主基督,同基督而扩到无限,与基督而进入天父生命中,是交谈的,是孝爱的,是活跃的"①。

第二,从生命超越的主体来说,不同于佛、道两家达于最高境界的"至人""觉者"的离世背俗,达于"生命哲学"之最高境界的人仍然肯定现世的生活。

罗光指出,这种"生命哲学"之"本体的超越","不是我的本体被举到天上,而是天主降临我心灵内"②,超越是指我的灵魂和天主相结合,是天主住在我的心内。"我的灵魂和基督的生命结成一体,我并没有走出宇宙以外,我仍是我自己。"③ 因此,这种超越境界不是像道家那样把超越世界万物的"道"作为我的真正本体,进而脱离世界与"道"相合;也不是如同佛教那样以真如为"真我",进而否定尘世与"真如"相合。罗光认为,在道家与佛教的最高境界中,"普通我所认为的我消失了,而只有'道'和'真如'。我和天主相结合,我的灵魂虽然神化了,仍旧是我的灵魂。这个灵魂仍旧和肉体结合为一整体,连带使我整体的活动都成为神性的活动,我整体的生活成为神性的生活:因为我的本体已神化了"④。

这种"神化的生活",在现实世界中便体现为:"我有神化的意识,有和天主共同生活的意愿。"⑤ 这实际就是皈依天主教信仰的生活。罗光认为,在现实生活里,我的感觉和理智都不能直接透视天主,而只能靠我的信仰来接近天主。因此,现世的"神化的生活"是一种信仰的生活。信仰的生活虽然不是理智所能明了的生活,但并不是幻觉,也不是盲目迷信,而是不相反于理智甚至超越理智的生活。这种信仰的生活达到极致时,精神生活在现世也能超越信仰,而取得"直见"天主的生活。"灵魂直接明见天主,不是眼见,不是理智见;而是神见,玄之又玄,神秘更神秘,精神生命达到极高峰。不能言,不能说,不能表达。神见的天主乃绝对真美善的实体,不是空洞或无位称的空洞体。天主是位称的天主,是仁爱明智慈祥的天主。神见所得超乎人的想望,满足人的一切追求,是极乐的境

① 罗光:《生活的修养与境界》,"序言"第Ⅵ页。
② 罗光:《生命哲学》(订定版),载《罗光全书》第2册,第330页。
③ 同上。
④ 同上。
⑤ 同上书,第331页。

界。但是这种境界虽在我心内，又超出我的心灵，所以不能常留，乃是灵光的一眨。可望而不可求，不求又可得，可得而不常住，神秘莫测，无可言宣。"① 这种短暂的"直见天主"的体验在人肉体死亡进入天国后，便可以被人的灵魂永远拥有。根据天主教教义，信仰天主的人由于其灵魂没有因为罪恶而与基督分离，所以便可以自己的"灵魂之精神体"契合于天主的无限精神体，从而"直见"天主，进入这种永恒的、神化的超越生命中。

对于"生命哲学"的生命超越，罗光不仅在理论上予以阐发，而且在自己作为一名教徒的灵修生活中竭力奉行，以这种最高的超越境界作为自己生命的目标。

罗光曾指出，我的生命源于创造主的生命，本然地就倾向于回归来源。中国儒、释、道的哲学都讲一个生命的超越目标。"生命哲学"和天主教的神学相联，指定我的生命的超越目标，在于分享基督的神性生命，由本性生命迈进超性生命。因此，"我的生命，来自绝对的生命。和宇宙万物的生命相合，我能'仁民而爱物'，我的生命通贯到宇宙万物里，有孟子所说的'浩然之气'的境界，便要超越宇宙，面对绝对的生活，'慎终追始'，始自绝对的生活，终于绝对的生命。我的天主信仰指示我，我生命的归宿，是回到造物主天主。天主是绝对的完全生命，是绝对的真美善。我回到天主，因他的永恒生命，而使我的生命永远存在，因他的绝对真美善，我生命所追求的享受，乃能达到追求的目的。我的超越生命的完成是一种超越的圆融的爱；因为天主是爱，绝对生命的生命就是爱。在爱中，圆融为一。天主教的超越生命，不是冷清的冰冷生命，不是消失感情的平静生命，也不是空的虚浮生命，而是最实际、最有活力的超性生命，不是高飞天际倾向不可攀登的天主，而是天主在我心内的生命。超越生命是生命本体的体认生命，生命的根由和受造生命的结合，人乃以整个心灵喊叫天主为'天父'"②。

综上所述，罗光"形上生命哲学"的生命超越之路试图会通儒学传统与天主教信仰的基本精神，以实现"天主教信仰本土化"与"儒学传统现代发展"的双重理论目标。这种生命超越论注重从形上学方面进行探讨，以"生命之在"的超越为基本理路，在最终境界上趋向天主教所信仰的创

① 罗光：《生命哲学》（订定版），载《罗光全书》第 2 册，第 331 页。
② 同上书，"序"第 Ⅶ-Ⅷ 页。

造主上帝。生命超越论的基本理路与"形上生命哲学"的生命本体论一脉相承,可以说在基本精神上继承了儒家哲学以存有为生命、从生命的角度来研究"有"的观念,又通过对生命之源的进一步追问得出上帝信仰的必要性。以生命超越论为代表,罗光的学术思考从总体上体现出浓厚的会通中国哲学与天主教信仰的理论期待,尝试建构出一种台湾新士林哲学式的现代中国哲学,这种哲学体系一方面继承和接续着中国传统哲学的基本精神,另一方面又从根本的义理逻辑上向天主教的上帝信仰开放。

第四章 "儒家角色伦理学"的"非超越论"

不同于现代新儒家和台湾新士林学派，安乐哲对"儒学超越性"问题做出了另一个向度的思考。在他看来，无论是探讨儒家的天道观还是宗教性问题，都不应当盲目使用"超越"这一概念，换句话说，整个儒学的基本精神是"非超越"的。应当说，安乐哲在此问题上的观点一方面是出于自身哲学立场对儒学精神特质的独到见解，另一方面也是在反思当今中国哲学界关于"儒学超越性"问题的观点之后提出的，可以说是对现代中国哲学尤其是新儒家的内在超越论的一种回应。

所谓"当局者迷，旁观者清"，以安乐哲为代表的海外汉学家在一定程度上是作为中国文化的审视者出现的。西方汉学始于对中国历史、文物、考古方面的研究和对中国古代典籍的翻译、阐释，在面对现代中国学界讨论中国传统文化的诸种观点时，汉学家们往往能够提出自己独到的论断。汉学家们在理论视野上兼赅东西，十分善于把握西方文化的现代演进，并常常能够结合中国文化的基本特征做出具有一定深度的论断。

第一节 "超越是否适用于儒学"的质疑

关于当代中国哲学界思考"儒学超越性"问题的现状，安乐哲概括说："对西方传统中超越这个词有效验的意义并不充分了解的那些中国学家、翻译家、本土解释者等人物，肯定超越的观念对于中国人的重要性，起初它似乎是模糊的、非规范的概念，然而最后被解释为其语义内容具有这个词的最严格的意义。"① 他明确反对这种在中国文化中简单移植"超

---

① 安乐哲：《自我的圆成：中西互镜下的古典儒学与道家》，彭国翔编译，第23页。

越"概念的做法,认为"不规范地、随意地使用超越的概念,来表述中国的感悟方式,多半会导致严重的混乱,因为这样做,就允许不加鉴别地将比较严格意义上的超越,引进到人们的论述中来。正是这种做法发生于对中国儒家和道家的常见解释之中"①。安乐哲之所以极力反对用"超越"概念来表述儒学的基本特征,主要是出于以下两点考虑:

第一,也是最根本的一点,安乐哲认为直接把"超越"概念应用于儒学研究容易同时引入此概念所附带的西方文化内涵,从而影响儒学精神特质的显发,阻碍中西文化在根本精神层面的深入交流。

安乐哲指出,"超越"概念植根于西方文化传统的深厚土壤,一旦使用它来指称某种文化,就必然要连带地把"超越"概念背后的西方文化观念一同引入。他说:"一个概念的文化配备,经常随同此概念一起被引进,其结果是,诉诸诸如'真理''超越'这样一些观念,从这些词的西方意义上加以理解,就会引导人们接受一堆附加的概念和解释,它们可能不是那样受欢迎。"② 也就是说,"超越"这一概念不可避免地关联于西方文化独有的一些理论特质,使用"超越"概念就意味着同时接受这些作为"前见"的文化观念,而这些异质的文化"前见"对于儒学传统而言是十分陌生的,引入它们来诠释儒学思想并不适宜。

早在《孔子哲学思微》一书中,安乐哲和郝大维就已经十分关注严格意义上的"超越"概念,安乐哲在后来的《自我的圆成:中西互镜下的古典儒学与道家》一书中沿用了之前所给出的"超越"概念的定义。在《孔子哲学思微》中,他们说:"在原则 A 和原则 B 的关系中,如果 A 在某种意义上决定 B 而 B 不决定 A,那么,原则 A 就是超越的。就是说,如果不诉诸 A,B 的意义和重要性就不能得到充分的分析和解释,而反过来,情况就非如此,那么,A 就超越 B。在西方哲学传统中,原则的支配意义要求设定以上严格意义上的超越。"③《自我的圆成:中西互镜下的古典儒学与道家》对此含义进行了转述和概括:"如果 B 的存在、意义和重要性只有依靠 A 才能获得充分的说明,然而反之则不然,那么,对于 B 来说,A 是超越的。"④ 在最新著作《儒家角色伦理学——一套特色伦理学词汇》一书中,安乐哲继承了此前关于"超越"概念的观点:"'严格'哲学或神

_____

① 安乐哲:《自我的圆成:中西互镜下的古典儒学与道家》,彭国翔编译,第 19 页。
② 同上书,第 39 页。
③ 郝大维、安乐哲:《孔子哲学思微》,蒋弋为、李志林译,第 5 页。
④ 安乐哲:《自我的圆成:中西互镜下的古典儒学与道家》,彭国翔编译,第 19 页。

学'超绝性',就是声称一种独立和地位高高在上的原则'甲',它始作、决定着、主宰着'乙',而这是不可颠倒的顺序。"① 通过上述定义,安乐哲指出,"超越"概念大致包含了以下两点西方文化的基本观念:一是肯定一个独立自足的超越界和一个必须依赖于超越界的世界(非超越界);二是强调超越界与非超越界两者之间具有不可逆的超越关系和十分严格意义上的二元对立。

他举出了西方哲学与文化发展历程中的许多例子来证明这一点。比如在神学领域,"超越"概念被应用于上帝,表示"独立于被创造的秩序之外",或者说是"上帝超越于世界,反之则不然",这其中包含了一个严格的超越界的存在和对两个世界之严格的二元对立关系的肯定。在哲学领域,"超越"概念大多用于表述"最高的绝对理念""不动的推动者""世界的目的因""专断的独立意志"等内容,而这些概念也都是在其相应的哲学体系中用于标明一个独立于并绝对高于现实世界的"超越界",同时涵衍了超越界与世俗界、偶然与必然、可能与现实之间严格的二元对立。由此可知,西方哲学与文化的传统是这样发展的:"以神学所支撑的这样一种客观主义,保证了这个世界具有某种意义。世界被理解为理性的形式,可以按照形式化的数学语言,以范式加以表达,这样,它就从被当做神智的上帝的隐喻获得根据。这种隐喻到了一定的时候就世俗化,变成绝对精神的概念、充足理由律,或者只是以数学语言解释的自然法则。"②

在安乐哲看来,无论是"独立于世界的超越界"的观念还是"两个世界相互独立、二元区分"的观念,都是儒家哲学中没有的。这些在西方文化传统中根深蒂固的观念一旦被用于诠释中国文化,就恰恰成为最容易引发误解的理论预设,"超越"概念正因为难以避免地蕴含了上述观念,才使其对儒学的解释成为一种误导性的诠释。

尽管如此,对于儒学之"超越"维度的研究依然在儒学传统之现代诠释的理论大潮中占据着主流位置,无论是现代新儒家还是一部分海外汉学家,他们大多认为儒学具有与西方文化类似的"超越性",并以此作为理

---

① 安乐哲:《儒家角色伦理学——一套特色伦理学词汇》,孟巍隆译,山东人民出版社,2017,第233页。

② 安乐哲:《自我的圆成:中西互镜下的古典儒学与道家》,彭国翔编译,第29-30页。

论前提对儒学的超越精神展开深入研讨。安乐哲说:"当我们开始讨论超越的观念是否适合中国语境的问题时,我们将会发现,现代中国和西方的解释者同样轻率地使用这个词,也许更常见的是,同样不假思索地断定,这个观念与中国文化相关,这导致了对中国古典传统的根本性的误解和牵强附会的诠释。"① 他进一步归纳出现代哲学使用"超越"概念来诠释儒学的两种错误倾向:一是用"超越"所关联的神学语言来解释儒家的"天""道"等概念,这就把儒学解释成了西方"二元对立"的一神论,曲解了儒家的宗教精神;二是用"超越"所关联的西方世俗的哲学术语来解释儒学概念,这就误把儒学这种本来具有独特宗教精神的思想世俗化了,忽视了它本身的真正价值。"在使用与一神论的隐喻相似的世俗的术语(如用'绝对',或'理性',或'自然法则'来表示'道')时,也许就造成了更大的损害。因为在上述这些实例中,我们已经有效地将一种文化世俗化了,然而事实上,这个文化深深地具有宗教性。这样,我们已经使中国古典时期的思想受到损害,因为首先,给了它一个不恰当的一神论的解释,其次,给了它一个不恰当的世俗的解释,这两种解释能将一种超越的意识归于中国哲学,然而这种意识从未成为那个古典传统的文化叙述的一部分。"② 由此可知,使用"超越"概念或者与此相关的"Heaven""Way"等概念来诠释儒学,都只可能做出一些陌生的西方文化式的解释,而这些解释与儒学本身的基本精神是不相应的。

第二,"超越"概念虽然在西方哲学与文化的发展历程中影响深远,但当代哲学所发生的"后现代转型"倡导"去超越化""去实体化",反思和批判了传统哲学的"超越"观及以"超越者"为核心的思维方式,现代中国哲学对"超越"概念的直接采纳不符合现代世界哲学发展的总体趋势。

通过评述西方哲学发展的历史,安乐哲指出西方哲学自 20 世纪中期以来发生了后现代的转化,传统的绝对超越者上帝或者作为上帝化身的"绝对精神""充足理由律""自由意志"等超越观念统统遭到了质疑和批判。"在我们讨论超越的概念在当代西方文化中的命运时,对超越的存在

①　安乐哲:《自我的圆成:中西互镜下的古典儒学与道家》,彭国翔编译,第 23 页。
②　同上书,第 24 页。

者和原理的攻击，变得几乎无所遗漏"①，"这场运动有这样一种气势，它在横扫共同的思想传统中相当大的部分的时候，就将作为理性的或客观主义诉求的根源或基础的上帝观念也埋葬了"②，那种"客观主义的超越诉求"被"多元论和相对主义之酸"溶解掉了。在这种后现代思潮的激荡中，"超越者"或"超越界"被重新放到哲学思维的审视下加以反问，甚至被哲学家直接否定和抛弃。在西方哲学这种普遍否定超越维度的声浪中，中国哲学急于把儒学的某种基本精神阐述为"超越的"就显得有些不合时宜了。"这种情况的可笑之处不应被忽视。在西方出现了一个广泛的、具有重要意义的、显然是决定性的转折，舍弃了那种诉诸超越观念的文化自我认识，可恰恰就是在这个时候，许多中国知识分子似乎都在急忙声称：这样一个观念对于他们自己的文化十分重要。这样一种情况最终可能导致出现相互理解的第二个障碍，它至少像三代中国和西方学者据信要清除的那种障碍一样难以克服。"③

综上所述，无论从儒学自身的理论内涵还是世界哲学的发展潮流来看，"超越"概念都不应当被用于诠释儒学的基本精神。在此论断的基础上，安乐哲进一步阐发了他对儒学基本精神的思考，认为儒家的天道观和宗教性都是"非超越"的。

第二节 "儒家角色伦理学"之天人理境

安乐哲的"非超越论"不是单独阐发人生问题的终极关怀论，而是建立在一整套天道观、人道观和天人关系论基础上的理论系统。安乐哲在深入研讨儒学义理精神的基础上提出了自己"儒家角色伦理学"之独特的天道观和人道观，这些思想是"非超越论"之终极关怀论的形上基础。

一、"儒家角色伦理学"之"互系性"天道观

本小节着重探讨安乐哲所阐发的"儒家角色伦理学"之天道观，进而在此基础上阐释其独特的天人关系论。

---

① 安乐哲：《自我的圆成：中西互镜下的古典儒学与道家》，彭国翔编译，第23页。
② 同上书，第31页。
③ 同上书，第24页。

安乐哲基于对儒学的重新诠释建构了自己的"儒家角色伦理学"①，"角色伦理学"之天道观是一种"互系性'气'的宇宙观"，展现出一种独特的"互系性思维方式"②。

面对以儒学为主要代表的中华文化，安乐哲虽然反对以西方哲学的思维方式来寻找中华文明背后的普遍超越法则，但并不否定这种文化有其自身独特的"常识"与"深层基质"。首先，中华文化的这种常识主要是由儒家文化提供的，"我们可把儒学历史性认同为中国人自己的总处于演变而且一以贯之的文化核心（或曰道统），然后扩展并从不同程度将它认同为韩国、日本和越南所接纳的中华文化重要特征"③。其次，中华文化的常识与基质又是独特而稳定的，"数百年的历程中沉淀于我们思维与生活方式中的，是一种持久稳固的深层基质，是一种成为表面变化基础的经久不变的内在脉冲力；无疑，这一'常识'在不可避免的变化过程中，是始终容易受到影响的，而相对也可以说，它同时又是弹性的、坚毅的"④。

那么，这种"常识"与"基质"究竟是什么呢？安乐哲指出，中华文化的常识就是一种互系性思维方式，是人与自然共生性、互系性的宇宙观。安乐哲曾多次讲，儒学的核心精神就在于"互系性思维"，它的起源至少可以追溯到商代，"我们可小心翼翼地将这样一个宏大的阐释视域称为一种'互系性宇宙观'或者'互系性'气'的宇宙观'"⑤。由此，"互系性宇宙观"就是安乐哲所归纳的中华文化的"常识"与"基质"。在他看来，这种天道观集中地体现在《周易》中，"《易经》……包括一个用于认识宇宙互系相连关系的符号组图构成的经文部分与七篇传文。……经文部分历来被用作有效互系性思维的启发法"⑥。他在《儒家角色伦理学——一套特色伦理学词汇》中引述了汉学家裴德生（Willard James Peterson）的观点："《易经》文本本身作为一个特别视点，对在天地大范

---

① 《儒家角色伦理学》一书在安乐哲的思想体系中具有重要地位，卞俊峰在其编著的《豁然：一多不分》中指出，"《儒家角色伦理学》一书，可以视为安乐哲对中国哲学研究成果的综合性表达，2011 年出版英文版，2017 年出版中文版。该书论述了在儒家角色伦理中，关系是一种事实，角色不仅是关系的描述，人类还可以通过它们实现家庭和社区的繁荣，以此作为自身的最高成就"（第 16 页）。

② 安乐哲：《儒家角色伦理学——一套特色伦理学词汇》，孟巍隆译，第 59 页。

③ 同上书，第 55 页。

④ 同上书，第 53 页。

⑤ 同上书，第 59 页。

⑥ 同上书，第 60 页。

畴之内运作的关系与过程进行复制，因而为那些意在理解《易经》文本的人们，提供一扇显示宇宙正在运行的窗户。这是对这些关系与过程知识的及时运用，它是在人的社会范畴采取有效行为的基础。"① 在安乐哲看来，《周易》正是通过一套符号系统揭示了宇宙之间本有的种种互系性关联，进而与人生对应，去指导人生活动的种种互系性关系。

　　进一步地，究竟"互系性宇宙观"所谓何事，或者说安乐哲所强调的宇宙之互系性旨在说明什么内容呢？安乐哲曾在《儒家角色伦理学——一套特色伦理学词汇》的不同篇章把这种宇宙观表述为互系性的气宇宙观、互系宇宙观、生态宇宙观、道德宇宙观。为了理解互系性宇宙观的深层意涵，我们可以把它与西方哲学的宇宙观做一对比："在传统西方思想中，追求一种物质与精神的二分叉……总是把赋予生命的'原则'与被它赋予了生命的'东西'设想为二元分离。"② 安乐哲指出，中国哲学的气宇宙观是不存在这种二元分离的思维方式的，"在'气'观念上，气就是气，不存在什么分离着的、需要去赋予它生命的'东西'。所以，这种互系性的'气宇宙观'是'万物生命观'（hylozoistic）。也就是说，生命与物质是同一'实在'的不可分方面，是同一事物从两种角度地看待。世间存在的，只有'气'场及其大量'生气勃勃'的、充满'气'场的聚为焦点表现"③。

　　可以说，这种互系性宇宙观最终的根本概念是"气"，天地万物都是一气的生化流衍。关于互系性宇宙观的根源——"气"，安乐哲讲："气是一种意象，性质如水，可意会，不可言传，潇洒的、撩拨的，令亚里士多德式概念范畴的西方语言与思维无所适从。"④ "气是能量化场域，它表现为特别性而且总是每件'东西'变化之中的聚焦点，这种情况构成人的经验。这些总处于某种情势的'东西'所具有的明显特别性（所谓"万物"）对于为'自然分类'（natural kinds）信条提供根据的'本体形式'或'理念''范畴''原理'或者'纯性物类'，是一个屏蔽。"⑤ "从'一个充满生机世界'这样的认识所能得出的，是在有感知与无感知、有生气与无

---

① 安乐哲：《儒家角色伦理学——一套特色伦理学词汇》，孟巍隆译，第61页。
② 同上书，第74页。
③ 同上。
④ 同上书，第76页。
⑤ 同上书，第74—75页。

生气、有生命与无生命之间并无一种最终界限。"① 把上述说法进行一种
哲学的解析，我们看到安乐哲强调气宇宙观与西方哲学之本体、形式、理
念等概念的不相容性。安乐哲在这里更为具体的洞见是，在气的流变过程
中，气所成之物与气本身之动、气所赋之形与气所运之则都是混融不分
的，物体与法则不分离，生命之形与生命之动不分离，物质与精神不分
离，主观与客观不分离，焦点与场域不分离。安乐哲进一步强调，"比起
它的固定形式，事物的内在活动过程是更首要的，这种情况否认形式与功
用、物质与精神、主观与客观，某一聚集点与它所处场域之间存在什么严
格与最终性的二元分叉"②。这种思维方式落实到人生层面，安乐哲指出
每一个生命可以既是一，又是多；既是自身生命活动的持续一贯之一，又
是各种社会关系节点、各种互系性造就的诸多角色之多。"事物既是一也
是多：a wife、a mother、a daughter；更恰当地说，是 wifing、mother-
ing、daughtering——每个角色都是一个女人自己所处的许多不同特点的
关系所约定的身份。这样的事物既是生命力脉动的延续（通）也是演化
（变），是始终处于不以人意志为转移的环流且终极性的转化过程。"③

　　安乐哲进一步从中国哲学的"体用"概念入手，深入阐发儒家天道观
作为互系性宇宙观、不区分作为特殊具体形态的形式与作为动态功能意义
的生命的独特思维方式。"'体用'即'呈形'与'功能'之不分；从那时
起（安乐哲意指从公元 3 世纪王弼注解《道德经》使用"体用"阐述生生
不息转化理念开始。——引者注），这一观念就成为中国宇宙观的主旨意
义。它起初由道家延伸，之后进入儒家、释家哲学的阐释性理念，逐渐成
为一个表述互系性宇宙的根本用语。"④ 具体说来，"'体用'表述一个非
二元对立宇宙，一切经验必须从将其置于关系整体之中开始，一切两末之
别（如人性与行为、肉体与思想、物质与生命）都不过是简单地从不同角
度看待同一件变化着的现实。'呈形'与'功能'（也即'为何'与'如何'
两范畴）只是一种阐释性、非分析性语汇，表述人经验的起伏性与无休止
性延展节律，既是其形式的也是其具有生气的方面。比如，人所认为的一
物的'为何'以及它的'如何'，只是同一延续过程的两个相连的方面。

---

① 安乐哲：《儒家角色伦理学——一套特色伦理学词汇》，孟巍隆译，第 74 页。
② 同上。
③ 同上。
④ 同上书，第 77 页。

经验之中的现象世界与其持续变化的活力源泉之间，不存在本体性差异"①。也就是说，"我们人类经验场域中任何具体现象，都可以作为从许多不同方式观察的着眼点：一方面，它是一个特别的、持久类的具体物；另一方面，从全部信息性上说，它又包含整个宇宙并且正处在一切皆蕴含在它本身的特殊性与活态的关系形式之中"②。所以，在安乐哲看来，"不是将世界划分为（本体性）'类别'的，而是视为'阴阳性'及相系不分性的，这是上古中国世界观自然宇宙论的切实内涵……这种相系不分'气宇宙论'的成形结构与功能特点（或者更简单地说，事物'变成什么'及它们'做着什么'）之间的相互依赖不分，是内含于早期文献典籍互系不分的阴阳这一词汇之中的；这种关联性一直延续于传统中，而且在数百年过程之中，逐渐变成阐释性词汇，表达于诸如体用、知行互系偶对性的广泛应用之中"③。通过上述阐述我们看出，安乐哲把这种中国哲学独特的宇宙观概括为互系性的气宇宙观、互系宇宙观、生态宇宙观、道德宇宙观。

从总体上讲，安乐哲所阐释的儒家天道观是一种以气为根本范畴，贯通形式与生命、个体与关系、焦点与域境的世界观。从"焦点-域境"的角度来看，"在这样的世界里，人生经验构成一个域境，其中无数的聚焦视点则是构成它的万物。……生生不已的世界必然需从某一个具体视点或其他视点去看待，所以气的'场域'总是特殊的、不同视角的；这种视角是无间断性的'此'或'彼'，也可以说延续性的'我'或'你'。此外，每一特别视角都是具有全息性的，即每一视角都处于它所在充满关系的域境，'域境'使得这一视角域境化；这一充满关系的域境，也因这一视角的聚焦程度以及解析程度，而产生大小不同（的）意义"④。也就是说，世界是由无数个焦点构成的，这些焦点承载了无数种关系，体现出无数个视角与域境，同时每一个焦点、视角与域境又是具有全息性的，在一定意义上展现出它所在世界的全部意涵。并且，焦点作为关系的节点代表的是事物的特殊性，但特殊性不能脱离其所处的关系与域境，形成焦点的关系与域境对于事物之特殊性、对于事物之核心的本体论意义同样重要。安乐哲以"诚"为例进行了进一步的说明（解孟子"万物皆备于我矣，反身而诚，

① 安乐哲：《儒家角色伦理学——一套特色伦理学词汇》，孟巍隆译，第77页。
② 同上书，第85页。
③ 同上书，第76页。
④ 同上书，第80—81页。

乐莫大焉"）："从一个作为过程、作为一切相互关系看待的世界来看，'诚'是纽带，它把人与他人（的）关系联合成一体。这种状态，使个人的协同创造活动过程达到可能。……诚并非简单个人所保持'拥有'的'什么'或者说个人本质不变的'是谁'；而是人的做人、成人，使之成功与家庭和社会和合为一体。所以，'诚'是人的圆成一体性与创造性过程。'诚'不是静止不变本质性的'一体'，而是在构成人的特定自然、社会与文化天地中，多维关系的'圆成为一体'过程。"① 通过"诚"的诠释可以看出，儒家关于人的诸种概念表述并不是对人之本质或人之单体存在的表达，而是阐述个人身处各种焦点、参与各种关系并与社会融为一体的过程。

正是基于上述理解，出于对世界之中的物体与生命活动历程不相分离、事物作为形式之一与作为角色、依于关系（域境）之多不相分离的认识，安乐哲认为中国古代哲学的天道观是互系性的气宇宙观。"互系性的气宇宙观"不承认西方哲学式的物体背后的根本法则理念，也不承认单个物体的孤立的存在形式。它始终把物体的单独存在融入气、生命的流衍历程中，把事物运行的法则融入事物的真实活动历程中，把事物孤零零的个体存在融入其所身处的关系与域境中，从而实现一与多、物体与生命、物质与精神、本根与事物的相互融合。在此意义上，安乐哲认为中国古代哲学独特的"互系性的气宇宙观"是"非超越的"，因而绝对不能使用西方哲学一贯采用的本体、理念、法则、规律等范畴来加以阐释。

二、"儒家角色伦理学"之天人关系论

在上述"非超越"的互系性天道观的基础上，安乐哲进一步阐明了中国哲学独特的天人关系论。在他看来，中国传统文化中的"天"是一种历史的、域境性的创造过程，中国哲学的天论是一种历史叙事意义上的宇宙发生论。中国哲学宇宙论是一种表现为"胎生"模式的宇宙发生论，并不强调背后的超越原理或终极法则。中国哲学的"人"则是关系性、具体性、域境性的个体，既不是西方哲学意义上的"单体"，也不是西方哲学所谓的"类本质"。

（一）天：一种历史的、域境性的创造过程

安乐哲指出，中国哲学的"天"是一种历史的、域境性的创造过程，

---

① 安乐哲：《儒家角色伦理学——一套特色伦理学词汇》，孟巍隆译，第80页。

中国哲学的"天论"是一种历史叙事意义上的宇宙发生论。因此，对中国哲学的"天论"的表述应当与西方哲学"本体论模式的宇宙论"的表述区分开来。"我努力提供一种语言，去理解中国的自然宇宙论，用它将这个宇宙论与那个还原论（简约）、单一秩序、'一在多背后'本体模式的宇宙论区别开来。后者是古希腊形而上学的思维。"① 与古希腊的形而上学宇宙论不同，"中国宇宙观没有提出世界有一个独立、超绝本源，这种一开始即没有这种意愿的倾向，必然会影响到宇宙起源论的走向"②。

那么，中国哲学的宇宙论通过何种方式来理解天与世界呢？安乐哲引述了《淮南子》中"道始于虚廓，虚廓生宇宙，宇宙生气"的句子讲："这里的'宇宙发生论'是个胎生和历史叙事；宇宙发生在'如此之世界'（world as such）的展开过程之中，而不是对一种从世界外部而来的形而上学干预的叙述。这个叙事是个未成形、初始生命形式的出生，讲的是血脉与祖源，而不是什么本源原则或神性计划；它是一种在意义上的永远境况性、养育性的生长状态，而不是什么预先计划的潜在因素直线性的现实化。"③ 也就是说，《淮南子》所揭示的宇宙论并不是在世界之外追寻形上本体或超越原则，而主要是把世界的生长状态、展开过程讲清楚。对此，另一位汉学家本杰明·史华慈称之为"生殖或出生比喻"，以区别于西方文化的"制作或创造之说"。在此"胎生"模式的宇宙论起源之上，宇宙发生的历程不是无中生有的创造，而是自然而然、生生不已的发生过程，是从古代的事物、特殊性、场域发展到今天的事物、特殊性、场域的不断延续的发生过程。那么，中国哲学对这样一种宇宙发生过程的表述，所使用的必然不是西方哲学那样的"把现象世界收摄于本体"的形而上学概念，而只能是一种历史的、偶然性的、域境性的、描述性的词汇。安乐哲在此指出，"我们要诉诸的任何理性化语汇，作为对经验的阐释坐标图，都说明不了这个生生不已的发生过程；所以才有《淮南子》给出的那种阐述语言，比如'天坠'（地）、'道'、'宇宙'（时空）、'元气'、'虚廓'（空远）等，解放了我们此时此刻对宇宙秩序的阐释能力。……它立刻对世界秩序的新兴阐述做出叙述，而且对这种阐释设定历史限制。人们对现今的、永远临时性的情势相对清晰的理解，是不能变成普世性的，也不能

---

① 安乐哲：《儒家角色伦理学——一套特色伦理学词汇》，孟巍隆译，第107页。
② 同上书，第248页。
③ 同上。

成为解释所有情势的依赖"①。也就是说,《淮南子》所提供的宇宙发生之初的描述只能是时间性的、历史的、特殊性的,只是一种宇宙发生论,而不是统驭此后一切宇宙秩序、作为宇宙背后之规律与根源的本体性阐释。"正像宇宙在变化,所以对它阐释的语言也必须变化。生育过程后溯到一个玄冥混沌那里去,它是无法用我们熟悉的宇宙论语言做叙述的,而是以发现某种计划性与宇宙含义的终极本源提供逐渐的启蒙。所以不像某种传统西方宇宙发生论,它指引给我们的是一个后溯的智力本源,让它来制服混沌,中国自然宇宙发生论也引导我们回溯,从现今角度看,是到某种环境中,我们越是往后走,它就越变得玄冥、未形与幽远。"② 所以说,中国哲学的宇宙论只是对于世界产生之初的情境的历史性描述和基于这种描述的启迪,而不是西方哲学形而上学提供的一切存在之源。

那么,中国哲学那种并不充当一切存在之源的"道"究竟是什么呢?以《淮南子》为代表的中国哲学之"天道"是一个包括世间万物在内的生命历程,是历史的、偶然性的、域境性的,与此相应,中国哲学的宇宙论表述是历史的、比喻性的、临时的、诗性的。"这个宇宙论意义的'道',远非那个高高在上形而上学的起始原则,它独立于它的造物,实际上是把它们都包括在内持续不已的生命过程。这种世界本身自生和永远偶然性的血脉展开,是我们的经验场域。……如果秩序真是内在和新兴的,而不作为独立原则即存,那么阐述这个'世界形成'的一切语言,一定是历史的、临时的,有时是诗一般的,有时是比喻性语汇,它表述'如我们所知'的这个世界秩序。"③ 在此,"道"不是独立于世界之外的形而上学超越原则,而是把一切现实存在、历史经验包含在内的生命历程,这里的道不是超越的、孤立的、隔绝的、抽象的,而是内在的、偶然的、历史的、丰富的。进一步地,安乐哲把中国传统以《庄子》和《淮南子》为典型代表的宇宙发生论概括为"血缘宗谱宇宙发生论",认为它描述的宇宙是一种历史性呈现和血缘宗谱性化育的世界,其特点迥然不同于西方哲学基于线性"因果"思维和理性的"形而上学宇宙发生论"。"我们决不能认为血缘宗谱宇宙发生论,就是那种以某种外在原理战胜混沌的形而上学宇宙发生论。'混沌'作为'没有形状''浑浊',也作为'分裂',分别被《创世

---

① 安乐哲:《儒家角色伦理学——一套特色伦理学词汇》,孟巍隆译,第 249 页。
② 同上书,第 249－250 页。
③ 同上书,第 250 页。

记》的神命（意志）、《蒂迈欧篇》的理性和《神谱》的'同一'所征服。这样的'因-果传说'（宇宙本源故事）推出的是'主动体'（agency）与'意识解释'（construal）理念，引出线性的'因-果'思维和理性；推理就是解释或揭示秩序，就是线性'因-果'地去思维。《庄子》和《淮南子》，尽管很有差别，但还是一起来到血缘宗谱一边。对于它们的理解，必须一边是古代中国经典讲的历史性呈现和血缘宗谱性化育的世界——其生育繁殖力量来自世界本身，另一边是人们熟悉的古代西方故事中某种超绝原理派生的秩序。"①

在此理解下，安乐哲通过具体对比中西宇宙论中不同的"天"来阐明血缘宗谱宇宙发生论的意涵，认为中国古代宇宙论之"天"的拟人性与西方宇宙论之"天"的神性大不相同。"在中国一边的'天''地'拟人性，是'人为中心'的宗教感的一种自然延伸，它的恭敬对象是血缘宗谱、宗祖性的。其实，我们在中国宇宙论中发现的历史论拟人性，它允许祖先为子孙后代进行干预，这与超绝主义具有很大性质的不同，超绝主义所依赖的，是一种作为超绝主义知识本源的神性启示录。如果是超绝或形而上学宇宙论，初始性与决定性的原理——上帝或者柏拉图的'质相形'（forms）是独立于由它派生而来之物的，而且作为外在源头，在'混沌'之上强加一种'已预先分配'的设计。……这样，自然变化就成为受一种线性之目的驱动而发生的——这个说法带着我们从宇宙'起始'，来到其'预先设计'的实现。这是一个计划，有一个'开始'，有一个'终结'。某种非历史、非文化'主动体'（agent）——无数小写'本体'（beings）背后的大写'本体'（Being）、一切被造之物背后的造物者（creator）——必须作为前提假设出来……形而上学宇宙发生论非常大胆，向人们保证：只要能将'多'（the many）追溯到给予秩序的'一'（one），一切皆可知。"② 也就是说，西方哲学宇宙论的"天"是超越的形而上学本体、"多"背后的根本秩序之"一"、世间万物的初始性与决定性的原理，它隔绝于现实世界，不干预现实历史进程，是世界背后的形式因、目的因。中国哲学宇宙论的"天"则是中国人注重血缘宗族的人文宗教感的延伸，天与现实世界密切相关，祖先神明可以干预子孙后代的生活，是世界的经验性、域境性、历史的起源。

---

① 安乐哲：《儒家角色伦理学——一套特色伦理学词汇》，孟巍隆译，第 253 - 254 页。

② 同上书，第 254 - 255 页。

　　在上述内在的、历史的、区别于形而上学的宇宙发生论视野下，世界中的物体也不是固定的"客观性"物体，而是流变的变化历程。在此流变历程中，这些物体不是彼此孤立的"客体"，而是与其他所有事物相容不分的"事物"，此物与彼物的关系如同相容不分的一条溪水的水流。"在中国叙事中，没有虚设假定的'客观性'理念，有的只是时过境迁的流变。没有'客观性'，那么以往的'物体'，不是对变化与转型的'客观化'，反而是化解到流变之中，成为它们周围之'变化'。其实它们并不是'物体'（objects，客体），而是'事物'，与其它所有事物是相容不分的，是一条溪水的水流。被认知为一以贯之的'东西'，随着时间的推移，从出生、成熟到最后衰弱，虚设性地主宰一种认同性，其实是在永远不断变化的庞杂状态中的一个相对短暂的稳定。于是通过'一贯性'所设想的任何'东西'的认同性，在根本上都是一系列充满活动性的关系构成与作用意义的类推。它是一种去客观化、去事实化、行进过程中的话语，对这个语言的讲和听，是对事物流动的经验。"① 由此可知，安乐哲认为西方哲学所谓的事物之独特客观的统一性不过是始终变化状态之中的一种相对短暂的稳定状态，世间万物不过是一种去客观化、去事实化的流动的经验，在根本上表现为一系列充满活动性的关系。

　　安乐哲进一步引述中医思维方式所阐发的中国式宇宙论来佐证上述观点。"在中国传统宇宙论中，物体不是简单散居于世界；而是这个世界构成着相互关联的过程。这些过程发生并且被气（能量流动）维持着。西方术语所指的是'物体'的东西，在中国术语中是指稳定性流变状态……任何实体都是过程中的一个过程，流变中的一个流变，而且在每一实体之内都是由过程构成。没有不作为能量流动而存在着的事物。"② 因此，在中国哲学的宇宙论中，物体在本质上是被天地之气维系着的流变历程，彼此之间始终存在着基于能量流动的密切联系。或者更明确地说，中西传统理解"事物"的根本差别在于"古希腊传统推崇某种永恒'本质'作为本体根据，而中国古代叙事倾向'流动过程'导向"③。

　　总而言之，安乐哲认为，中国哲学的宇宙论是一种历史叙事意义上的"血缘宗谱宇宙发生论"，这种宇宙发生论对于宇宙起源的揭示不注重现象

---

① 安乐哲：《儒家角色伦理学——一套特色伦理学词汇》，孟巍隆译，第 238 - 239 页。
② 同上书，第 239 页。
③ 同上书，第 240 页。

世界背后的存在本体、超越法则，而是把自己展现为源头处境域性的、历史的、偶然性的生命历程，这种生命历程把一切现实经验包含于其中。在此世界之中，事物也不是具有绝对客观性的孤立客体，而是彼此关联、相容不分的流变历程。安乐哲指出，中国哲学的这种宇宙论与西方哲学的形而上学宇宙论具有根本区别，用他自己的话说，"在形而上学的'无中生有'创造推定假设（决定了某种古希腊和亚布拉罕关于本源和起始的说法）和中国自然宇宙论特点的域境化境况创造过程之间，是一种鲜明的对照"①。

（二）人：关系性、具体性、域境性的个体

相对于历史的、境域性的创造过程之"天"，安乐哲诠释的儒家之人是关系性、具体性、境域性的个体。

1. 中西对比与中国哲学之人论的独特性

对于儒家独特的迥异于西方哲学思维方式的人生观，安乐哲曾经用精练的概括和形象的比喻进行过风趣的表达："人的本体性构成'存在'与儒学的'做人'人生，这二者的根本不同，人们一直未曾给予足够关注；而结果却是，人们毫不觉察地将儒家的脚，用鞋拔子穿到希腊的鞋子去。"②具体来说，安乐哲明确区分了西方形而上学式的还原论、本质论的人论与中国式的过程性、关系性的人论之区别。

在希腊传统之下的西方文明看来，"人是什么？"的问题应当给予本体论回答，"即'人类'的本质（或曰'存在'——being）是一颗永恒、成形、自给的灵魂。'认知自己'作为苏格拉底的至理名言，指的就是'认知'这颗灵魂。我们每一个都是个（本质性的）人"③。与此相比，儒家的回答显得迥然不同。安乐哲把儒家的人生观阐释为"做人"的人生观，人不是某种预先存在的本质或灵魂在生命历程中的逐渐实现，而是在各种域境中做人、成人的过程。"变为人，是对人行为进行勤勉的修养，是通过鲜活的家庭、社会与宇宙性角色与关系而体现的。"④ "我们每一个人……都是作为我们要去'活'他们的，是各种角色的总和……人生目的是为自己、为他人求得和谐和睦的愉悦，途径则是在实行那些角色与关系

① 安乐哲：《儒家角色伦理学——一套特色伦理学词汇》，孟巍隆译，第 249 页。
② 同上书，第 101 页。
③ 同上书，第 100 页。
④ 同上。

上达到一种恰到好处的适当行为方式；是那些角色与关系构成着我们的独特性。"① 由此，做人的过程就是扮演某种角色、进入某种关系、不断生成自身特质、寻求人己和谐的过程。因此，与西方文化不同的是，"儒家的'人'观念，根本不去诉诸什么地位高高在上、独立存在的实体，诸如'灵魂''一己''意愿''才能''性质''精神''性格'等这样的范畴，而是恰恰相反，把人们在行为过程中体现的思维与情感的社会活动，置入到家庭、社会和自然环境构成的多层次的复杂关系中去。……是一个'成人'过程，而不是一个质性'本体'；是持续进行中的'做'，而不是'自性'的'本体'；是实打实的、活性的、构成关系的形态，而不是个体性的质"②。这样一来，儒家人生的根本意义正是在这种角色、关系与过程中成就某种具体性、独特性并营造某种和谐性的过程。

　　为了进一步阐明中西人论之区别的实质，安乐哲深入形上基础层面进行中西对比，以阐明西方本质主义人论的本体论根基，并对照中国哲学独特的天道观，在最深层含义上比较中西人论的根本差异。在安乐哲看来，中西基于形上思考对"人之为人"问题的回答主要体现为：西方文明认为人的意义从根本上来自神，而中国文明认为人的意义来自人与环境、关系的共生共成。"在亚布拉罕传统，回答很简单：意义来自一个高高在上的'神本源'（a Divine source）、来自'个体'的'独立'……而儒家人生观并不诉诸某种独立性'原则'，而是告诉我们，意义来自共生性，来自本身意义丰富的盘根错节的关系。一个人致力于'为仁'……既是对人、社会乃至宇宙意义的起点，也是它根本的源泉。就是说，通过成就和开拓于家庭环境之内与之外的健康关系而对个人人格进行修养。这样，他丰富了宇宙意义，使宇宙更宏大了；反过来，获得丰富意义的宇宙，也为人自己人格修养提供了丰富的养分环境。"③ 安乐哲阐明的中国传统天道观认为，人的意义不是回溯性地去诉诸一个抽象本质、先在法则进而最终诉诸上帝本源或终极理念，而是主张人与天道是相互生成的，人不仅在实际的家庭关系、社会关系的开拓和处理中成就了自身的独特性，而且在做人、为仁实践中丰富了天道的内涵。在此意义上，人在具体域境、具体关系中不断做人，在成就自身人之为人的本质的同时也成就了宇宙之为宇宙、天道之为天道。

---

① 安乐哲：《儒家角色伦理学——一套特色伦理学词汇》，孟巍隆译，第 109 页。
② 同上书，第 234 页。
③ 同上书，第 104 页。

进一步地，安乐哲更明确地用"本"与"树"的比喻来阐发儒家思想之人性与天道的相互生成性。"一般时不时认为是与'人性'有关的那种单一性、排他性词汇的东西，如'本''潜性''始因'和'本源'，应是必须理解为'双向''相互'和'自反'的"，"当想到'树'是在'本'上成长的，也要想到'本'（本质）反过来也是在'树'上成长的。"① "将本与树视为一共生整体的理解"是"把本作为一种独立、单一原始之因设想的另一种变换考虑。"② 在这里，"本"指的是一个人的独特性或西方哲学意义上的人的本质，"树"则是指一个人身处其中的各种域境、关系、经历，也就是人的具体生活历程。西方哲学秉持"把本作为一种独立、单一原始之因"的"单一性设想"，认为人的具体性、具体人生是在先天本有的抽象而完备的人性基础上实现而来的，而中国哲学的人生思考则认为，生命根本与现实人生历程的关系不仅仅体现为本源、本质之"本"塑造了人生历程之"树"，更是人在人生的各种域境、关系、经历中生长之"树"不断生成并塑造、更新了人的生命实质之"本"。换句话说，中国哲学之人论在根本的天道层面是把人之为人的本根、始源与人的现实成长域境、历程理解为双向的共生关系，认为两者之间相互成就、相互生成，从而摒弃了以人性决定具体的人、以先天之本决定人生历程的单向度思考。

2. 中国哲学之人论的具体意涵

在"儒家角色伦理学"揭示的中国哲学之人道观中，"人的基本单位指的是：这个家庭的'这个'具体人；而不是'单独、互不联系'的'个人'或什么'平等地抽象'且'类属性'的家庭概念"③。也就是说，人既不是西方哲学所说的"单体"，也不是"类本质"。

安乐哲先讲明了他探讨人性问题的方法论原则："我们是对人和人类做出概括性归纳，其方法是把特殊情况与特性之点联系在一起，而不是后溯到不变的实质公式那里，去寻找单线单向原因"④，"不是依赖形而上学假设推定，或者是什么超自然遐想"⑤。从总体上说，安乐哲把儒家人生观定位为一种"试验的自然主义"，儒家人生观的起点是真实的人生经验。儒家人生观的"经久不衰的力量是从对人切实经验较为直接的表述开始

---

① 安乐哲：《儒家角色伦理学——一套特色伦理学词汇》，孟巍隆译，第 103 页。
② 同上书，第 104 页。
③ 同上书，第 109 页。
④ 同上书，第 86 页。
⑤ 同上书，第 107 页。

的。……它将关注点放到加强人的作用可能性上，这是人自己身边的、通过提升日常事务意义所能做到的。一个祖母或外祖母对孙辈的爱，是直接的最为日常性的事情，而同时也是最为非凡的事情"①。在此基础上，安乐哲进一步明确指出儒学实质上是一种经验主义传统，他对于"人是什么?"问题的回答是以人生经验为依据的。"是什么使得儒学比经验主义还要经验性（也即，是什么决定了儒学根本就是经验主义），该是这样一个事实，也即它尊重具体事物的特殊性，同时也是对概括性智慧的需要。……儒学不是宣布什么普遍原理，假设一种自然种类分类学，这种假设是根据一种严格质本身的理念；儒学总是从现实的概括总结出发，针对那些生气勃勃、具体事物'特殊的'历史呈现。"② 由此可知，被安乐哲诠释为经验主义的儒学传统并不注重先验本质或普遍原理，而是注重具体事物和现实人生的经验性、特殊性、具体性。

在此视角下，安乐哲把《论语》的真正意涵阐释为"伦语"，也即"角色伦理之语"。《论语》展现出孔子作为一个个体关系构成性的人，"用一生的时间，尽可能成功地'活'他的许多角色：作为关爱的家庭一员；作为良师益友；作为慎言慎行仕宦君子……作为对祖先感恩戴德的子孙；作为文化遗产的热忱继承者"③。在此意义上，"《论语》所塑造的孔子形象，并非是有意识要建立什么一切人都要遵循恪守的通行公式，而是唤回孔子这个具体人的故事；他怎样通过与他人的关系修身为'仁'，如何完成了一个圆满的人生，受到周围人的仰慕……他为后世留下值得效仿的榜样，而不是'原则'，是劝诫而不是命令。……这些思想是具有眼见为实说服力的，是随时可运用到后世后代（也包括今天的我们）的情形中去的"④。也就是说，孔子在《论语》中并不是为后人提供某种道德法则，而是以自己在各种角色与关系中的人生经验为后人提供可以类比的例证，这种例证是案例而不是法则，是劝诫而不是命令。与孔子的人生经验和《论语》的叙事方式一致，安乐哲认为"'仁'是把人自己行为与身边榜样人物行为互相联系起来，修养而成的，不是行为上合乎一些抽象道德原则"⑤。

---

① 安乐哲：《儒家角色伦理学——一套特色伦理学词汇》，孟巍隆译，第107页。
② 同上书，第108页。
③ 同上。
④ 同上书，第107-108页。
⑤ 同上书，"中文版序言"第4页。

在上述理解的基础上，安乐哲明确强调儒家的"人"实质上是多种域境中扮演不同角色的关系的集合体，也就是"角色伦理"之人。人是作为关系的结点而存在的，"每一个人都被划分开来并且有时构成'多种'冲突的关系……也就是说，每一个人都构成一个切切实实包括许多'自我'的场域，而且通过此场域，这些不同的'自我'与人格都在表现着为人父母、为人子女、为人同事、为人对手、为人老师、为人情人、为人施恩者又为人所报复者等不同角色"①。安乐哲多次强调，"人都是特殊的人，都是特殊状态的角色和关系"②。基于这种理解，安乐哲强调儒家人生观是一种关系性的焦点场域式人生观，"每个人都有一特殊角度，对待家庭、社会、理政组织以及宇宙，以尽己态度，精心呵护它们的发展与关系"③。在各种不同的域境与关系中，人一方面成就了关系与世界，另一方面塑造了自己的独特性，日益成为独特的人、独特的我。因此，安乐哲认为"儒家角色伦理"的重要洞见就在于，"它提出人在家庭的'角色'以及与他人、人群构成延伸的关系；它把人行为的具体形态指称为各种各样'身份角色'，如父亲、母亲、儿子、女儿、老师、朋友和邻居，这些'身份角色'本身是蕴含'规范性'的词汇，其强制作用比抽象的训令还要大"④。因此，人之为人的最重要的规定性在于其在人伦中的角色定位、独特关系，以及这种定位与关系所蕴含的规范。

在这种"人是特殊性、具体性、经验性的关系与场域"的观点的基础上，安乐哲重新阐释了儒家人论的重要范畴——"性"。

在安乐哲看来，性"必须被理解为这种'一'与'多'的意义。在一个人所处的具体特殊域境内，是不存在互不联系、不变本质、生来固有、可复制的'性'的，真正存在的人，只是具体特别又类比性相似、总是由特别角色与社会关系构成的人"⑤。在"角色伦理学"看来，"'性'说法一般是指人自家庭环境开始的那种初始状态，它的生命力的表述是作为关系状态中的'成长'，这种关系状态就是那种初始条件"⑥。进一步地，安乐哲对孟子的人性论进行了重新诠释，以反驳此前研究者把孟子讲的人性

① 安乐哲：《儒家角色伦理学——一套特色伦理学词汇》，孟巍隆译，第 85 - 86 页。
② 同上书，第 86 页。
③ 同上书，第 106 页。
④ 同上书，第 186 页。
⑤ 同上书，第 86 页。
⑥ 同上。

理解为抽象的先在本质（进而在成长中落实此本质）的流行观点。在安乐哲看来，孟子讲的人性是具体的、特殊的、关系性的、域境性的。他首先描述了把人性视为先在本质的人性观，"现有的诠释很多都是将孟子理解为弘扬一种抽象、天生固有、不变本质人性先验的概想，一种天生而就的潜在性，之后要在生命经历中实在化的"①。面对这种广为流行的人性观，安乐哲进一步发问：我们究竟应当如何定义一个人的"性"呢？"是用一种抽象、简约化推理，假设天生固有、孤立存在的'始因'，将人置于他们的角色和关系之外，还是另种选择：将人的初始条件和所处域境考虑进去，然后对发生的整个聚结进行研究分析？"② 面对上述两种截然不同的态度，安乐哲的选择显然是后者。在他看来，孟子的人性论实际上是一种"关系构成的'成人'观点"，"个人是社会的一部分，而不是排他性、未成形的单子个体人。我们必须要参照的，是截然不同的人类文化内部思维与生活惊人多元化的方式"③。安乐哲还引述了新儒家学者唐君毅在此问题上的阐释："'性'的潜能不在于'性'本身之中，而是一物同所处各种环境之间创造性的协同过程。……说'人人皆备圣人之性'与说'如圣人般行为的是圣人'，二者之间区别很大。成为圣人的潜力与相互联系的活动是一起呈现的、没有分别的，人与人的相互联系性是人生命生活的本质构成。"④ 基于这种考虑，在解释孟子的"性善"观点时，安乐哲主张"把'善'解释成我们倾向去做的事情，而不是我们在本质上是什么。'可以为善矣'是行动、成为、作善。这一对善的积极理解认为，善是活动的质，是人倾向于通过人的实际情况去达到的，而不是什么脱离一个人的环境对作为人格天生固有素质的表达"⑤。在此意义上，人性并不是先在固有的完备本质，而不过是一种"天生倾向"，这种"天生倾向"有待于人具体的行动和作为去加以修养、培育、塑造。"天生倾向，如果不去修养它，将会完全失掉。……人的原始条件产生效果，只是因为它获得积极启用，正是这种刻意行为本身……带来人格上的一切变化。"⑥

　　对于孟子思想中作为人性善之重要论据的"四端之心"，安乐哲认为

① 安乐哲：《儒家角色伦理学——一套特色伦理学词汇》，孟巍隆译，第151页。
② 同上书，第152页。
③ 同上书，第153页。
④ 同上书，第155页。
⑤ 同上书，第156页。
⑥ 同上书，第157页。

"四端之心"并不是先天的原初状态，而是人出生后所经历的生活环境、角色和关系的结果。"我们作为人一出生就被置于家、国等多形态、多联系的角色与关系之中，而且正是这些深厚的环境条件，才使我们有恻隐之心，有羞怯、恭敬之心，有规矩之感和赞同与反对之心——其实，这就是伦理感。伦理感根植于心，是对人一出生就已有的条件的一个一般性概括。恰恰是这一伦理感，成为之后贯穿具体个人人生的特殊叙事话语，是人与世界协同而成的'性'的叙述。"① 由此可知，安乐哲认为"四端之心"不过是对人出生后所经历的社会生活环境、角色和关系的概括，进而这种概括又成为人性的主要内容。就孟子之"人性四端"的具体解读来说，安乐哲讲："人之为人的那些角色与关系，我指的是一般说来，没有无母亲的孩子，没有无兄弟的兄弟，而且肯定的，没有确定成活的婴儿出生之时不是在一个家环境中，有人爱它，使它活下来并健康成长。其实，家庭形成的习惯首先是来自抚养与教育婴儿，婴儿的天生条件是第二位的，因为它主要依赖于家庭对它的启发、促进与表现。人性'四端'深深扎根在家的关系中的，而且一开始人就是在关系的意义与价值中成长的，成长来自家庭亲密关系这个直接第一源泉。"② 由此可见，安乐哲认为人性"四端"深深扎根于家庭关系和家庭对婴儿的疼爱、启发、抚育中，"四端"的养成依赖于家庭的亲密关系这一直接的第一源泉。进而，孟子的人性论也是开始于家庭、成就于此后各种关系与域境中的行为过程，"在很大程度上，我们是什么——是我们做的事情。孟子'人性'观的最好理解也照样是一个道德成长过程，是开始于家庭环境之内的原始条件，成就于总是域境化及道德习性进化的生机勃勃的形态中。也就是，'这一'家庭是'这一'特殊型个人达到修养之可能的入门与源头"③。在此以家庭为源头、以不断扩大的关系与域境为载体的成长过程中，人之为人的特殊性、"人性"得以真正形成。

在此基础上，安乐哲认为关系与个体性相比是更为优先的。他举了以下例子加以说明："在'女儿与妈妈'这种双向附属意义中总是特殊型的人，不是'有'关系，或者'进入'关系，而是由关系构成，是那些纽带把她们置入大家庭这个场域中，使她们成为'焦点'，具有不可忽略的关

① 安乐哲：《儒家角色伦理学——一套特色伦理学词汇》，孟巍隆译，第158页。
② 同上书，第158－159页。
③ 同上书，第161页。

系性。她们的起点是'我们'而不是'我'。"① 换句话说，是关系构成了
"我"，各种关系和场域正是形成"我"之特殊性的条件，而不是先有一个
固定本质的"我"，而后"我"进入关系中。

　　安乐哲对上述观点进行了反复申述，并且他的阐明并非局限于人性
论、人生观的领域，甚至并非局限于中国哲学之根本的天道观的维度，而
是进一步拓宽视野，把上述研判拓展到对整个中国传统社会历史情况的理
解上。应该说，安乐哲的研判从较为偏重社会历史的维度、在一定意义上
也较为现实的侧面诠释了中国传统思想对人、对社会的理解。在他看来，
"四端之心"正是血缘家族事实和社会历史处境投映于人心的结果，是每
一个个体与其身处家国之中的角色和关系协同互动所形成的特殊叙事，而
不是形而上学的思辨本质。"四端……是阐述人在根本上是域境化、联系
的和变化而来的，是首先具备的条件。……生命的头几年中具有恰当操行
的最大动力和意义，不是来自脱开家庭关系的'人'本身。恰恰相反，它
来自已经生成的、附属于家庭一方的自己的角色和关系。鉴于此，我认
为，对孟子人的天性倾向的观念，须给予一种宗族谱系与历史性理解，而
不是一种基于形而上学的思辨认识。"② 衡之以中国文化发展的实际进程，
我们认为这种更为强调历史性理解的向度从一个侧面凸显了中国传统哲学
的特定维度，具有一定的合理性。

　　在关于"性"的诠释之外，安乐哲进一步从关系论、生成论视角阐释
了儒家的"情"。"'情'是在形态上看待为人的成长，向我们提供充满活
力、具体的环境条件；这一具体环境条件，让我们知道，一物对它所在域
境而言，它的真实意味着什么。……'情'既是任一特定情势的真实性，
也是渗透在这一特殊情势中的情感。任何在'情况'与'与此情况相呼应
情感'二者之间划分出事实/价值区别的认知，都是失败的。"③ 也就是
说，儒家的"情"不仅包含人们通常诠释的情感这层含义，还同时包含这
种情感得以产生的具体情境、特殊经验、历史条件等内容。安乐哲所阐释
的儒家的"情"，是"真实情感"与"真实具体情势"的统一。

　　在重新诠释人性论的"性""情"等重要概念的基础上，安乐哲从
"角色伦理学"视角出发，非常富有启发性地重新诠释了儒学的若干基本

---

①　安乐哲：《儒家角色伦理学——一套特色伦理学词汇》，孟巍隆译，第 160 页。
②　同上书，第 159 页。
③　同上书，第 86 - 87 页。

概念，展现出深刻的历史文化视野与社会政治关怀。他对儒家的"义""正""政""礼"等概念做了如下解释："把人作为一个积极参与者，他尽己于人的各种（物性与社会性）生活形态的个人化，使这些生活形态成为属于一个具体人他自己的。……如果我们接受，对儒家'人'须是坚持一种关系性而不是质相性的理解，那么'义'就不会是'righteousness'（一种推定个体人服从外在神性的原则）。而应该，'义'必须是在那些与自己的具体家庭和社会的关系之中包容性的'自己的恰当行为'。也就是说，'义'是最符合具体情况的行为，而不是简单地执行一些外在的原则或法规……'正'必须是作为一个具体人与所处的一个特定的社会域境进行协调的包容性的'自己恰当的行为'或'名正言顺'。作为关系性的，'政'不是简单的'政府'，而是一种反身性的'恰当治理'，它必然性地源自家庭生活的家中，而后向社会和政治组织辐射性地延伸。还有'礼'也不是简单'丝毫无误地履行典仪'，而是个人的、坚持不懈的、由人的身份角色与关系所决定的最为适当的行为，因此而达到成就的礼仪性品质。"[①] 安乐哲对上述概念的重新诠释凸显了个体从其具体的特殊性出发与外在社会相互协调、采取恰当行为的含义，反对那种驱使个体服从某种外在抽象法则的解释，强调了具体性、特殊性、域境性的维度。

通过上述分析我们可以看到，"儒家角色伦理学"视野中的人不是单体，也不是抽象本质，而是历史的关系，是生成性的过程，是各种角色与域境中的具体性。安乐哲对于"四端之心""性""情"等概念的解读在根本上阐明了人是在具体域境中生成的角色与关系的观点。

由上可知，安乐哲所阐释的儒家天道观是一种以气为根本范畴，贯通形式与生命、个体与关系、焦点与域境的世界观。"儒家角色伦理学"的天是充满事物之间的相系不分性、充满角色与境遇的特殊具体性的世界；"儒家角色伦理学"的人是在从家庭到社会的各种角色与关系中不断塑造自身之性、不断成就自身，进而在成就独特的、历史的、具体的人的同时赋予世界、社群意义的人。天人之间不存在抽象的本体论法则或本体论联系，而是具有一种原初的互系性，天人之间是彼此相互塑造的关系，而塑造的载体则在于各种具体的、特殊的、历史的角色、关系和域境。

安乐哲曾多次指出中国传统哲学的天人之间、自然与人的行为之间是一种"相系不分、彼此互相塑造的状态"。也就是说，人道与天道是共生

---

① 安乐哲：《儒家角色伦理学——一套特色伦理学词汇》，孟巍隆译，第126页。

的，基于一种"生态连续性"而相系不分。并且，天人之间的这种不分性"不是世界中两个原本分立不连的方面后有的结合性"，而是人类经验在初始状态即存在的"延续不分的共生相互性"①。在此基础上，"人类的修养不是把世界与人类经验作为两件分立的事物而使它们结合在一起，而是让同属经验的两个本身不可分的部分，由于生态连续性（也即'我与我的世界'）而更深度、紧密地相合"②。安乐哲曾经以《易经》为例阐发这种人与世界的连续性，认为"伏羲神农所实践的是一种'域境化'做法，即有效地实现、将人类经验与自然运行过程视作同一域境，且使其相合，努力将宇宙的可用性创造潜能，利用到最好程度——伏羲神农在对《易经》一套深邃卦象的建构之中，耕种出一种文化与自然之间厚重的不分性。……这种和谐状态显明地表达于对这一关系特点的描述性用语中，如天人合一、天人相应或天人感应"③。由此可见，从《易经》的古老智慧开始，中国哲学的天人之间、自然运行与人类经验之间已经展现出一种原初而厚重的连续性。

第三节 "儒家角色伦理学"之终极关怀论

安乐哲在其著作中不止一次地指出，建立在儒学天道观基础上的宗教精神是一种独特的"非超越"的宗教精神。"中国思想文化最明显的特征之一，就是在其精神、道德和政治的感悟方式的表达中，缺少对于超越性的真正充分的意识。"④

一、"儒家角色伦理学"之天道观的"非超越性"

安乐哲在分析《论语》和《易传》这两部儒家文献关于"道""真理""自我"等概念之论述的基础上，得出了"儒家角色伦理学"关于儒学天道观之"非超越性"的三点依据。

（一）多元性、具体性、情境性基础上的"非超越性"

安乐哲认为，儒学天道观尊重个体的独特性，肯定宇宙间的不同个体

---

① 安乐哲：《儒家角色伦理学——一套特色伦理学词汇》，孟巍隆译，第64页。
② 同上。
③ 同上。
④ 安乐哲：《自我的圆成：中西互镜下的古典儒学与道家》，彭国翔编译，第18-19页。

在本体论意义上均具有平等的地位和价值。进一步地，儒家哲学在承认个体之间固有差异的前提下认为世界是多元的，而不是由某一种实体或要素决定的。在这个意义上，安乐哲指出中国传统的宇宙论与怀特海哲学颇有相通之处，即两者都承认这样一种被怀特海称为"本体论原则"的假定："认为所有事物同样真实的一种关于有限物的本体论一致的观念，这种观念，我们可以称为'真实的多元论'。这种本体论原则是对任何特定事物的真实性的肯定，任何特定事物之间关系的和谐构成了那种真实性。"①《中庸》作为儒学的重要文献，讲到"天地之道可壹言而尽也，其为物不贰，则其生物不测"，这句话受到安乐哲的高度重视，他就此认为"秩序的建构是多元的，全体不是由各种秩序其中之一所主导"②。因此，安乐哲认为《中庸》所讲的世界秩序的和谐"是在万物或万有的各种可能的关系中获得的"③。也就是说，儒家作为终极意义之来源的"天道"不是一个先在的实体或法则，不是由某种宗教启示的昭示、天赋的先天观念或出于理性推论而来的法则所提供的，而是以现实世界真实存在的多元的、具体的个体为前提。"天道"就是世界上这些具体的个体在其演化历程中所展现出的"生生之流"，它随时随地可见地出现在每一个具体事物发展变化的情境和关系中，因而从总体上看，并没有一个单一的、高高在上的"天道"存在，而是相反，天道只蕴含在个体的演化历程中，可以说天道就是多元的、各种各样的、情境化的、具体的生活之道。"没有假定的'多背后的一'作为终极的意义根源，也就没有单一秩序的世界，只有不断进行着的演化的和谐，这种和谐被表达为不断的、共同创造的各个个体所获得的生活质量。"④

由此我们可以看出，安乐哲把儒学天道解释为一种多元的、个体的、情境化的、具体的生活历程，进而认为世界变化的法则就展开于这些多元的具体情境中。他通过研读中国历史和古典文献，认为在儒家那里，"各个个体都以独特和互不相同的方式来接受和体现'道'"⑤，也就是说，并没有一个优先于具体性的天道在那里指导众多个体的发展演变，实际上真实存在的只是一个个具体的个体，而同时这许许多多具体的个体恰恰就是

①　安乐哲：《自我的圆成：中西互镜下的古典儒学与道家》，彭国翔编译，"序言"第8页。
②　同上。
③　同上。
④　同上。
⑤　同上书，第2-3页。

天道本身，毋宁说，天道在儒家哲学中正是以具体的个体、经验、情境的面目出现的。并且，在儒家文化发展的漫长历程中，天道的实现形式是十分丰富多样的，这种作为"天道之落实"的具体性可以是某个历史人物，比如文王、武王、周公，也可以是某个历史时期，比如"三代""上古"，还可以是当下、眼前的个体或时代，比如我们的同代人，老师、家人，或者当今这个时代。所有这些丰富多样的个体，这些不断发展的具体经验，始终处于演化历程中的具体情境都是儒家之天道的展现方式。

由此可见，在安乐哲看来，儒家思考终极性的天道的方式与西方哲学大相径庭，后者恰恰最擅长用那种诉诸超越界、超越者、超越法则的思维方式来解决本体问题。经过后现代思想家对于西方哲学这种传统理论倾向的反思，那种西方式的"哲学的谬误"成为现代中国哲学思考中应当着力避免的东西。"哲学的谬误"（the philosophical fallacy）这一术语由杜威提出，他认为西方传统哲学思维最普遍的错误就在于忽略经验的、历史的、发展的以及脉络化的方面，或者说忽略了经验本身的过程性，它往往从经验的诸多要素中抽象出某一个要素并把它绝对化，上升为最根本的普遍原则，"当过程的结果被认为是先于该过程时，哲学的谬误就发生了。在任何'多背后之一'的系统形上学的各种形式中，这种问题都会产生"①。怀特海把西方哲学这种追求本体的倾向称为"错置具体性"（misplaced concreteness），认为西方哲学往往把形式上的抽象之物当作真实和具体之物，并以此为前提展开哲学推理，这样就发生了不可避免的错误。相对于西方哲学这种根深蒂固的"超越情结"，儒家哲学恰恰提供了另外一种宝贵的思考角度。

因此，"富有成果的和谐只能来自于各个活生生个体的真实、共享的经验。……和谐首先是具体和局部的，然后才是抽象的"②。

（二）动态的、过程性的、开放的"非超越性"

在肯定个体的真实性和世界秩序的多元性的基础上，安乐哲认为儒家天道就实现于众多个体的前后相续和彼此相关的发展历程中。从总体上看，天道发展的整个过程是动态的、过程性的、开放的。

在总体性的天道演化历程中，各种具体性（各个个体、时期，各种经验）不是相互孤立地、一成不变地存在着，而应当被看作变化中的天道整

---

① 安乐哲：《自我的圆成：中西互镜下的古典儒学与道家》，彭国翔编译，"序言"第7页。
② 同上书，"序言"第5页。

体的种种境遇性的案例，或者说是天道在具体的环境和关系中逐步展开的过程，是天道正在发生和实现的过程。以儒家最为注重的个体——人——为例，安乐哲颠覆了那种关于"人是既成的理性个体"之类的传统观念，重新从变化和过程的角度定义人的本性，"作为人，我们的叙述从其性质来看，是不断发展的，是汇聚而成的"①。他认为对人性的这种定义代表了哲学史上的一个决定性转折，"将人性定义为过程，即人类经验的积聚，是对哲学上那种将人性物化和将它视为是现成不变的倾向的挑战"②。以对儒家"人性"概念的这种解释为代表，安乐哲认为整个儒学世界观中的具体个体与其说是事物、物体，不如说是事件。这里之所以使用"事件"一词，是为了强调任何一种具体性都是过程性和关系性的存在，时时刻刻处在变化发展的过程中，时时刻刻关联于各种特殊的、复杂的关系。"它们不是物体，而是事件。并且，作为事件，他们与别的事件之间存在着连续性，这样也就融入到我们经验的交互性过程之中。"③ 正是因为这些具体的个体不再被看作固化的、已定型的封闭之物，而是作为事件不断与其他事件发生关系，不断处在相互联系、相互影响的变化过程中，天道才得以在这些事件的相互关联中形成整体性的、不断演进的洪流。

安乐哲的思考致力于从具体性的角度理解天道，在他那里儒家的天道不再是高高在上的超越存在，而是一个个具体事件的演变历程。就其基本精神而言，儒家的天道在根本上是人之道，天道集中展现于人这种个体的生命历程中。那么，集中体现天道的人生旅程究竟是一种什么样的历程呢？这便是在其与世间万物的相互关系中不断地经历世界、调适自己、影响世界、最终获得成功的过程。正如安乐哲所讲的，"实现'道'就是去经验、诠释和影响这个世界，强化并拓展文化先驱所建立的生活方式，而这种生活方式为后代提供交通图和方向"④。"道"就是人本身不断活动、不断发展的历程，人对于"道"的重要作用就在于人不仅是"道"的继承者和传播者，而且事实上是"道"这种终极性的创造者。这种作用实际上包含了一种双向的互动关系，具体包括以下两个方面：

一方面，作为"继承者"的人通过学习"道"，学习种种前人的生活经验，积累了"道"在此前诸多特殊境遇中实现的丰富案例。"继承者"

---

① 安乐哲：《自我的圆成：中西互镜下的古典儒学与道家》，彭国翔编译，第 602 页。
② 同上书，第 601 页。
③ 同上书，第 599－600 页。
④ 同上书，第 2 页。

把这些案例都作为自己的知识储备积攒起来，用以指导未来的活动，以助于在将来的其他境遇和关系中成功地实现"道"。在这个意义上，"世界就像是一个匠人的作坊，在这个作坊中，一个人学习各种技能和以往的经验，作为为了自己的时空而创造性地获得'道'的准备"①。"所获得的道被当做一条门径，为有所觉悟的人提供方向。……'道'是一个人的文化氛围所架构的门径，通过这一门径，一个人得以成功。"② 而作为这些既成经验之集合的"道"是由此前的圣贤们所贡献的，"道"之演化的洪流就是古圣先贤们诸多成功的生命活动的汇聚，被继承的"道"就是古圣先贤们的生活经验的积累，并且这些活动和经验始终在发展变化的过程中。"一条被清晰描绘的道路上有什么，是由那些文化先驱们所打造的，并且，对于那些使用这条道路来开辟自己的不同生活道路的人来说，这条道路是保持开放的。"③

另一方面，作为"创造者"的人在自己真实的生命历程中，置身于种种特殊境遇，面对自己与他人、他物的复杂关系，能够根据自己的知识储备创造性地做出合适的判断，采取恰当的行动，完成自己独特的实现"道"的历程。那么，人就在这里创造了"道"的一个崭新案例，"道"的发展历程在这一案例中得到继续，"道"的丰富内涵在这一新经验中得到拓展。"究极而言，人行道最终来自于自己的努力，它包括组织并构建人类经验的历史过程的所有方面。它是一个造就世界的过程。"④ 也就是说，"道"并不提供对于问题的现成解答，不是"一个终极的目的地"，而只是"一个出发点""一个确立方向的指示灯"⑤。被继承的"道"作为前人经验的积累只是给后人提供一些可参照的案例，在真正的意义上，我们只能说"道"出自人类的活动，在人之创造性的活动中实现出来的"道"才是真正属于这个人的有意义的案例，才是总体的"道"在这一时期的进展，所以从根本上说，"道"依赖于人的活动而存在。

由此可知，基于人之个体生命的变化性和过程性，以及人类世代绵延之经验的持续性和发展性，"道"展现为一道动态的、过程性的、开放的洪流。换句话说，"道"是人类文明的不断进步，是对世世代代所总结和

---

① 安乐哲：《自我的圆成：中西互镜下的古典儒学与道家》，彭国翔编译，第4页。
② 同上。
③ 同上书，第6页。
④ 同上书，第5页。
⑤ 同上书，第4页。

传承的人类经验的诠释。并且，这个不断进步、不断发展的历程是永无止境地保持开放的，因为各种独特境遇和具体关系始终在不断涌现，相应地，人之创造性地实现"道"的经验也在不断更新、代代相续，个体在这样不断进展的历程中实现着永无止境的调适、互动、成功和再调适、再互动、再成功的过程，使"道"的内容不断得到塑造和拓展。由此可以说，"道"始终处在一个不断生成的开放过程中。在这个意义上，安乐哲认为，"道是一张穿越生与死的通程车票，它由形成之中的人性和变化之中的世界之间的相互交流所决定"，"在一个独特的个人与其独特的环境之间的动态互动过程中，这个人本身既得到了定义，也定义着该过程"①。这样永不停息的互动历程使"道"与人都成为动态的、过程性的、开放的存在。

（三）和谐的、统一的、共同创造的"非超越性"

安乐哲强调儒学天道观所注重的具体性和历程性的特点，但他同时指出，儒学亦从未因为对多样性和变化的注重而否定天道的统一性。

安乐哲认为，天道不断发展演进的历程是具有统一性的，这种统一性是一种独特的涵容了个体性的整体性。儒家哲学对于天道统一性的这种思考与西方哲学的思维方式大相径庭。西方哲学一贯以来的思维方式是把整体的统一性与个体的独特性对立起来，再从两者之间选择其一作为哲学系统的主要追求。中国哲学则认为天道的统一性与个体的独特性并不冲突，这种统一性包含了整体与个体、环境与人、秩序与变动、前代与后代之间多重的相互影响、相互生成的关系。在这种相互影响、相互生成的过程中，个体的独特性既不遭到损害，又能在总体上汇聚成天道的统一性，可以说个体与天道整体之间形成了一种"共同创造"的关系。"共同创造性"这一概念是安乐哲对于中国哲学独特的天道观的称谓，他在多处指出儒学天道观正是这种"共同创造性"的一个典型体现。"儒学颂扬这样一种方式：人的成长和拓展的过程既为意义总体所塑造，同时又对意义总体有所贡献，而这个意义总体，我将称之为共同创造性（co-creativity）。"② 与儒学的这种思维方式不同的是，西方哲学始终徘徊于"统一性"与"独特性"的两极之间，采取了"非此即彼"的立场。"西方古典形而上学在重'统一性'（unity）与重'独特性'（uniqueness）之间长期摇摆，最后问

① 安乐哲：《自我的圆成：中西互镜下的古典儒学与道家》，彭国翔编译，第5页。
② 同上书，第593页。

题基本解决，其结果是偏向于'统一性'。"① 相应于这种注重"统一性"的理论倾向，西方哲学认为终极本体的整体性与具体事物的关系是一种"强力创造"的关系，"作为强力的创造"诉诸"某种时间上在先的、独立的、超越的以及外在的力量"②，这种模式下万物与创造主之间是一种"绝对依赖"（absolute dependence）的"崇拜"关系。相对于此，以儒家理论为代表的"共同创造观"表现出根本的不同，这种独特的理论洞见包含了儒学思维方式的理论价值。

　　那么，在儒家那里，天道作为"共同创造"过程的统一性究竟是如何达到的呢？

　　首先，儒学没有西方哲学一贯主张的主体与客体、创造者与被造物之间的区分，而是在根本的本体论意义上认为宇宙间一切事物都是平等的，这种本体论上的"平等性"主要体现为：任何事物都能参与创造，也能被他物创造；或者换句话说，万事万物都具有塑造自身和影响他物的能力。"在'共同创造'的过程中，本体论上的区别被舍弃了，代之以一切事物之间在宇宙论上的平等地位（cosmological parity），并且，在'共同创造'的过程中，独特的个体及其环境被看做是相互塑造的。"③

　　进而，在此基础上，由于事物本身作为过程的变化性和开放性，个体的创造历程始终并未完结，而是不断处于与他物、环境，或者与变化了的新的他物、新的环境相互影响的关系中，并被这种影响重新塑造。在这个意义上，原本处于过去的该事物就进入了现在甚至未来，原本处于彼处、另一时空的该事物就进入了此处、此一时空，按照这样的变化和发展，该事物最终被统一于天道的整体演进的洪流中。世界上一切环境、关系或其他事物均是如此发展演变的，它们在相互关联、相互影响和相互塑造的过程中融入统一的天道整体，形成一种统一性。正如安乐哲所讲的，"共同创造就是叙事本身的连贯性，它的持久性和连续性。这种叙述塑造着不断变化着的环境，同时也为环境所塑造"④。个体的发展历程作为一种叙事，在不断更新和发展自身的前提下与世界整体的叙事汇合，或者说世界整体的叙事就是众多个体叙事发展自身并彼此相关、彼此相续的结果。虽然天道整体的体现总是需要一个特定的视角，但是"在道的综合性的扩展当

---

① 安乐哲：《自我的圆成：中西互镜下的古典儒学与道家》，彭国翔编译，第 54 页。
② 同上书，第 593 页。
③ 同上书，第 598 页。
④ 同上书，第 601 页。

中，对于历史人物及其所在时期的不当区分面临崩溃"①。就个体性的叙事而言，每一种当前看问题的立场都是所有以往事件作用的结果，同时也是所有将来各种可能性的根据，"这样一种事实表明了道的统一性。不但过去会重新塑造现在和将来，而且过去本身也会根据现在的各种结果被不断地重新观察和重新塑造"②。所以，个体永远处在与其他个体的相互关联中，并且个体自身也在这种关联中被重新塑造。就儒学最为注重的个体——人——而言，"在古典文献中，'共同创造性'有许多彼此相关的表述（仁、君子、圣人、和、中庸），而用杜威的话来说，所有这些都是在努力中'行动与经历'（doing and undergoing），这种努力为的是从一个人的各种经验中最大限度地有所取益"③。比如中庸之德作为人努力培养的德性，就是人这一个体叙事发展自身的鲜明写照。"作为人，我们的叙述从其性质来看，是不断发展的，是汇聚而成的，因此，在其人生旅途中，那些想显达于世的人会义不容辞地对这种叙述做出适当的调整。……平衡（中庸）是通过学习而获得的在塑造人的自然、社会和文化环境中守中道的能力，它是一种富有意义、充满生机的和谐。"④

　　最后，这种基于不断发展的历程性的统一性是和谐的，在此之中的万物都作为过程而相互关联、相互影响，内在于自身地在根本的意义上保持着相互的连续性。这种彼此关联的统一性、连续性并不以牺牲个体的独特性为代价，因为在天道整体中，万物间的关联不仅仅是外部相关的表面联系，更是对事物内在本质的重新塑造。这种重新塑造不是对个性的抹杀，而是对个性的进一步发展，随着独特的情境和关系的改变，个体的内涵也在变化中得到发展。变化了的环境和关系构成了事物在新的发展之后的独特本质，这些发展了的独特事物又构成了内在相关、整体和谐的天道整体。在根本意义上，唯有不牺牲个体性的整体性才能实现真正意义上的统一与和谐，这种和谐包容了各种事物变化历程的独特性并且统而为一，是一种丰富的、饱满的、真正的和谐，而实现这种和谐的关键就在于对万物本质的过程性、关系性的理解。"在儒家模式中，对于经验的过程性和转化性的信念使构成世界的万物不仅相互为一，而且保持独特性。"⑤ 就万

---

① 安乐哲：《自我的圆成：中西互镜下的古典儒学与道家》，彭国翔编译，第7页。
② 同上。
③ 同上书，第593页。
④ 同上书，第602页。
⑤ 同上书，第48页。

事万物的独特性而言，总体之"道"可以被描述为"各种文化矢量的聚结"，"通过连续性的多重视角，那些文化矢量被整合并集中为一种可理解性的中心"①。就其层次而言，"'道'具有不同领域的重要性和不同程度的成就，其较低的层面可以被描述为细枝末节的'小道'……而其中心的、更高的层面则是对人的生活的恰当关注"②。"在形形色色的文化趣味的各种领域中，所有人所不断获得的种种成就的基本一致性使这一过程得到了统一。"③

综上所述，安乐哲所阐释的儒家天道观以"非超越性"为根本特征。具体而言，这种"非超越性"的天道观包含了对世界之多元性、具体性的肯定，对事物之动态性、过程性的强调，以及对天道之和谐性、统一性的承认。

二、"儒家角色伦理学"之"以人为中心"的宗教感

安乐哲在他与郝大维合著的一系列书籍与论文中始终致力于批判那种以"超越"概念来诠释儒学宗教性的理论主张。从《通过孔子而思》开始，经过《期望中国：对中西文化的哲学思考》《自我的圆成：中西互镜下的古典儒学与道家》等著作，直至《儒家角色伦理学——一套特色伦理学词汇》，其观点始终如一，而且论证日益深入，在天道观、人生观等方面不断深化和拓展。

在《儒家角色伦理学——一套特色伦理学词汇》的第五章"儒家思想'人为中心'的宗教感"中，安乐哲清楚明晰地使用了这样的节标题——"厘清过程天下观与本体论的差别，不再理睬'超绝'"④，旗帜鲜明地亮出了自己"非超越论"的儒学宗教观。他先引述法国汉学家葛兰言（Marcel Granet）"中国智慧无需上帝理念"、现代新儒家唐君毅"天与我们的世界是分不开的"、李约瑟"中国理想的东西不包括'上帝'，也没有'法'"等观点，然后总结说："不管中国学界还是西方学界，那些中国哲学领域最好的翻译家，对中国宇宙论起始于一个孤立、超绝原则的这种说法都是明显摒弃的。"⑤"我们该关注的，是它所有的对人们日常生活的激

① 安乐哲：《自我的圆成：中西互镜下的古典儒学与道家》，彭国翔编译，第7页。
② 同上书，第7-8页。
③ 同上书，第5页。
④ 安乐哲：《儒家角色伦理学——一套特色伦理学词汇》，孟巍隆译，第231页。
⑤ 同上书，第232页。

励能力，而且是它在'成千上万人中间'成就的一种宗教性精神。这种精神的质感，远比'我们宗教秩序的创始人所成就的'更优异。"① 在安乐哲的"儒家角色伦理学"看来，中国哲学的宗教性可被称为一种"以人为中心"的宗教感。

（一）中国哲学以儒家为主流的宗教感与西方"以上帝为中心"的宗教感大不相同

西方宗教传统把一切意义的来源诉诸一个超越本体、世界灵魂、终极原则，进而把人生的超越意义从根本上依托于上帝和终极原理。安乐哲指出，"在西方所熟悉的质性本体语言中，'上帝'被理解为不可察觉的人类'灵魂'的放大写照，是作为主宰的'世界灵魂'。可类比于灵魂的，使得我们人类拥有一切的'本体'（being），看不见、不可改变的本质，造物者'上帝'是那个在这一切'本体存在'（beings）背后的质性的大写字母'Being'（本体存在）——唯一的一个贯穿性、看不见的设计，隐藏在背后主宰着我们这个'universe'（同一体）'宇宙'——我们这个'单一秩序'的宇宙"②。

进而，安乐哲通过引述杜威对西方传统机构化宗教的批评来阐明西方宗教传统的缺陷与问题，并在此基础上指出儒家与杜威在某种意义上不谋而合。安乐哲甚至认为儒家宗教传统有望成为克服西方宗教缺陷的药方。在杜威看来，西方宗教传统的问题在于："就算可用千次辩证论确凿地表明，生命作为整体意义是由一个超绝先验原理所控制，最后走向一个终结性、一切都包括在内的目的；尽管如此，真理与错误、健康与疾病、善与恶、希望与恐惧，仍然实打实地就像现在一样，是什么的还是什么，在哪儿的还在哪儿。"③ "那种关于一个先验超绝本源的说法，不能为我们现实经验中的世界带来任何真正变化。"④ 事实上不仅如此，笃信超越先验原理的倾向还可能牺牲人对现实世界、人生、家庭等实在关系的重视。"当人的关系被置于服从一种个人与先验超绝崇拜对象关系的时候，无论这种服从会带来什么好处，这种红利都会必然成为对家庭和社会纽带关系的一个代价。"⑤

---

① 安乐哲：《儒家角色伦理学——一套特色伦理学词汇》，孟巍隆译，第23页。
② 同上书，第235页。
③ 同上书，第263页。
④ 同上。
⑤ 同上书，第263－264页。

　　与此相区别，儒家传统所认为的宗教感是世俗世界的创造性。中国哲学的宗教感来自人的现实生活世界的世俗经验，来自人作为各种角色在各种关系中"成己成物"的过程。"当我们转向儒家的宗教感，就发现它不用什么独立、回溯和自我存在实体性的'神性主体'作为表象背后的真实和作为一切宇宙意义的终极源头。反倒是，这个世界是自生、'自然而然'（self-so-ing）的过程，它本身就具有在构成它的多层复杂关系之中实现自我变化的能量。"① 也就是说，以儒家为代表的中国哲学的宗教性并不诉诸世界背后的上帝或终极原则，而是体现在世界本身的意义中，体现在人类协同作为、修德成就的世俗生活中。"经验生活的世界总是一个暂时性世界秩序的无限展现，其韵律是它自己内在的创造过程，没有任何外在的固定模式或者进行指挥的手。因为没有任何造物者'上帝'，儒家宇宙论更加大大地提升所期待的'德配天地'的人类协作的创造力。一个丰富意义的世界，只能实现在人类共同协作的努力之中。"② 安乐哲引述理雅各（James Leggs）的观点进一步阐明了这一点。儒家传统"以一种人类的创造性，挑战《圣经》所言造物者上帝创造人的权威。……人类在他们的圣贤领导之下，在自己的世界之中，为达到他们的'自我圆成'所必需的一切，都不去诉诸什么超然绝对的神；况且，这些人类楷模，对围绕在他们周围、充满人类创造性的世界的鼓动作用是如此之强大，乃至天地也没有必要去诉诸它们之外的更为终极的'真实'。宇宙创造力是一种人与他所在世界的充分合作"③。由此可见，儒家传统认为人类的创造性是宗教性的终极源泉，作为终极源泉的人类创造性不仅是人生超越意义的来源，同时也是整个世界意义的来源之一，整个世界的存在意义并不依托于超越的上帝神明，而是依托于宇宙与人的合作创造、协同创造。在此意义上，安乐哲反复申明儒学所代表的中国哲学宗教性与西方哲学宗教性之根本差异："古代儒学既是无神论，也是具有深刻宗教内涵的。无疑，它是个以祖先和文化英雄为意义的鬼神宗教传统；不管还有什么别的，但就是没有一个'上帝'。"④

---

　　① 安乐哲：《儒家角色伦理学——一套特色伦理学词汇》，孟巍隆译，第 235 页。
　　② 同上书，第 262 页。
　　③ 同上书，第 268 页。
　　④ 同上书，第 260 页。

（二）中国哲学的宗教感存在于现实生活世界，是对社会生活的美学升华和精神提升，因而是一种"以人为中心"的宗教感

安乐哲多次指出中国哲学的宗教感来自人的现实生活世界。"对于儒家来说，是深受鼓舞的人生创造性可能，致使宇宙充满魅力，这是'宗教感'更重要的意义。"① "在这样的儒家传统之中，有一种从'为仁'向着一种以人为中心'宗教感'的直接通道……儒家'宗教感'，也即获得价值感和人格归属感的那种强烈意义，在充满意义的人与人关系交融成长之中，油然而生。"② 也就是说，以儒学为核心的中国哲学的宗教感来自现实人生的创造过程，来自人与人之间的关系、交往，来自每个人的成仁、成就的历程。

安乐哲认为，儒家宗教经验直接来自兴旺发达的人类社会生活本身，宗教生活的质量直接取决于人类群体之社会生活的前辈经验、社会文化、持续成就中的勃勃生机。"儒家宗教经验本身是一种兴旺发达社会的产物；这种宗教生活质量直接来自群体社会生活质量。儒家思想的神圣性，不仅作为从数辈前人传承而来的繁荣社会的根本，也不仅是文化建立的基础，而且还是持续不断地成就而来的生气勃勃的生活质量——标志人类发展的鲜花与果实。这是一种以人为中心的宗教感，而不是以上帝为中心的宗教；这种宗教感在人为升华自己经验而采取勤勉谨慎的态度之间萌发，在成就角色、关系之礼的途径中形成。"③ 在这种"以人为中心的宗教感"中，人的勤勉谨慎的行为、成就角色践行关系的行动成为中国哲学宗教感之最根本的意涵。

进一步地，安乐哲认为，中国哲学的宗教感不仅是对社会生活的反映，而且是对社会生活的美学升华和精神提升。"它是日常普通事务中人们生活品质的一个具体转变，不仅提升和激励人的日常性相互联系，而且以家和社会为本，更进一步向外四散辐射地延伸而去，让世界充满魅力。"④ 安乐哲在这里举出了吃饭升华为烹调技艺，记事升华为书法、青铜艺术，粗鲁行为升华为礼仪舞蹈等例子来说明上述观点："当人的原始觅食行为提升为高级烹调术，当用木棍划痕成为规范的精美书法和叹为观

---

① 安乐哲：《儒家角色伦理学——一套特色伦理学词汇》，孟巍隆译，第264页。
② 同上书，第104页。
③ 同上书，第262页。
④ 同上。

止的青铜图案,当粗鲁动作变为礼仪的肃穆乐律和欢快舞蹈,当发出干预的咕噜咕噜声音演绎为崇高、萦绕于心的旋律,当偶然交媾的激情变成永久归宿感的温馨家庭,宇宙变得更广阔、更深远、更充满内涵。"① 在此基础上,安乐哲尽情赞颂了中国哲学这种基于社会生活而又高于社会生活、出于世俗人生而又升华世俗人生的独特宗教性,"是如此之化育,使平常与普通具有优雅的气质,似乎至少提供了那种神秘宗教情感的另一种表述,而不需要那种对先验、超自然之物的诉诸"②。

此外,中国哲学之独特的宗教感在历史发展过程中形成了各种辅助性的形式或载体,后者虽在功能上类似于西方宗教的教区、教堂、教士,但却表现出迥然不同的样态和特质。"它是一种宗教意识,确认一种源自人的身心鼓舞的经验本身的共同精神。它没有教区,却有向社会延伸的家;它没有教堂神坛,却有家宴餐桌;它没有圣职,却有作为家和社会生活核心的贤人楷模。儒家思想关注人的成长和发展过程要走的道路,需是为整体的意义塑造、贡献于整体的意义;这是一种'成己成物'(creatio in situ)的思想,它与西方一神的'无中生有'创造(creatio ex nihilo)传统形成鲜明对照。"③ 在没有教区、教堂和圣职的儒家传统中,人的生长发展、成己成物以及在此过程中塑造的世界意义是中国哲学宗教感的重要体现。

安乐哲曾经讲到《中庸》一文最强有力地表达了儒家思想的这种宗教感,他认为《中庸》是"一堂儒家思想宗教感四散辐射式表达的高强度示范课","以谦恭自我修养开始,上升到与天地合一的境界。……《中庸》前几节的韵律,是一种毫无生气的展开,是在为人类于世界寻找自己道路的不断失败中表达自己幽深的委婉。……而一旦进入正体,《中庸》速度开始渐渐加快,颂扬人之于天地之地位并提升自己'与天地参'、共创宇宙新兴秩序的根本责任。随着《中庸》继续向前,步速显著加快,宣示要通过全身参与天地之化育大德,'故曰配天'。然后,在最后的高亢旋律中,《中庸》急速冲向高潮——它的《欢乐颂》——它真的放声歌唱起来,为达到圆成的仁人的创造意义、为实现他们的世界大德而欢欣鼓舞"④。实际上,《中庸》描述的过程正是一个人从自我走向世界、从自我修养达

---

① 安乐哲:《儒家角色伦理学——一套特色伦理学词汇》,孟巍隆译,第262页。
② 同上。
③ 同上书,第260-261页。
④ 同上书,第261页。

到参赞天地状态的共同创造的历程；在此历程中，人实现了自我存在意义的圆成，同时最大限度地成就了世界的意义。

（三）儒家"以人为中心的宗教感"的实质内核在于"礼"，"礼"为以儒家为代表的中国哲学提供了一种既不同于无神论又不同于西方超越一神论的"准无神宗教感"

中国哲学的宗教感，展现为现实社会角色与人之交往关系的精神提升。那么，这种宗教感落实到现实社会中有何制度载体呢？安乐哲指出，"儒家哲学宗教意义的核心在于重视'礼'的生活，这是一种实实在在的'准无神'宗教感"①。那么，"礼"在古代中国的社会生活中起到什么作用呢？安乐哲指出，"礼"能够"在家庭中作为社会语言知识与运用能力将人植入他与别人相对关系的适当位置，从而将人绑结在一起，加强社会的结构并鼓励一种强力的共同意义与归属感"②。也就是说，"礼"的作用在于赋予人特定角色，促使人进入特定关系进而形成社会共同体、营造共同的归属感。更进一步地，"礼"是如何起到上述联结作用的呢？安乐哲讲到了"礼"的狭义、更宽广的含义、最广的意义这三个层面的含义。

在狭义层面，"'礼'是个人如何侍奉家庭和社群先人神位，为活着的和逝去的创建一个兴旺繁荣的家和社会，强调的是此生此世过得好，而不是来世"③。由此可知，狭义的"礼"是维系家庭、社会关系的纽带，"将'礼'理解为流程性的、重要性的、以家和社会为中心的，这是古代儒家宗教感的鲜明特征，其中心点在于尊重血脉传承，表达诚挚的家庭情感与关怀（孝）。……对孔子而言，精神作为一种人生价值，产生于努力去做对家庭和社会内其他人最为恰当之事"④。由此，第一层面的"礼"发挥作用的对象是此生此世实实在在的家庭和社会，"礼"使人做最为恰当之事，进而维系家庭、社会的兴旺繁荣，使人表达出诚挚的家庭情感。"礼"所发挥的联结血缘性的家庭以及家庭基础上之社会的作用正是儒家的人文宗教感的核心所在。也正是在此意义上，安乐哲强调指出，"儒家哲学是一种世俗人文主义"⑤。

---

① 安乐哲：《儒家角色伦理学——一套特色伦理学词汇》，孟巍隆译，第 263 页。
② 同上书，第 256 页。
③ 同上书，第 257 页。
④ 同上。
⑤ 同上。

在更宽广的含义层面，"'礼'是一种社会语法，每一次都给一个社会成员提供一个于家庭、社会及政治的确定位置和排序"，"在形式方面，'礼'是那些充满意义的角色、关系和组织，它们提供交流媒介，培养社会性意识。大多数造成人们社会生活的形式与惯例化行为，都是充满意义的具体角色与关系"①。也就是说，更宽广含义的"礼"给人提供由个体通往家庭、社会及政治的角色和关系。这些具体角色和关系是个体通达社会的交流媒介，为个体培养了社会意识并为其提供了确定的恰当位置，从而成为社会发展的真正意义上的基础。总的来说，"礼的最宽大含义，即'努力在角色与关系中做得恰到好处'。……'礼'是角色与关系的精心协调，以利于实现社会的意义"②。

在最广的意义层面，"礼"被理解为"话语"，"在最广意义上，在最文雅时以及宗教运用中，'礼'相当于'话语'，它可成为一种社会诗情与天籁之声的源泉"③。根据伽达默尔的观点，人的特质在根本上展现为话语，整个世界在根本上是由话语和无数的对话、商谈构成的。"在话语纷飞的社会，意义从最佳的关系状态呈现，是一切形式的有效交流带来的可能。……话语是我们所有的一切，如同一种流通形式，在有效协商的形式下兴起，正如理查德·罗蒂所称，我们可设想无限'再对策'的可能（也许儒家'再处方'的说法更好）；这样，商榷就可以继续下去。"④ 在此意义上，人的社会角色通过人独特性的话语来体现，人的语言协商对话是人与人之间、人与社会之间最真切的协同和最好的共同创造，人的社会交往就是不断对话、商榷、再对策、再处方的商谈和调适过程。并且，这一交往与商谈过程不仅包含实际的行为和互动，而且体现出审美境界和诗情。"其实，语言变为诗，在诗中，诗文的呈现来自完全的自主性——这个世界确实是那样的。……在诗情之中和在'礼'的气氛的歌中，人才能最直接、最全神贯注地领略人与人之间感同身受的协同以及人们共同创造世界的那种大视野的场域。"⑤ 也就是说，人扮演某种社会角色、参与社会交往和共同创造的过程不仅是实质性的，而且是审美性的和境界性的，是一种最佳关系状态的呈现，是一种社会诗情与天籁之声。在此意义上，"礼"

---

① 安乐哲：《儒家角色伦理学——一套特色伦理学词汇》，孟巍隆译，第258页。
② 同上。
③ 同上。
④ 同上书，第258－259页。
⑤ 同上书，第259页。

的诗情与审美意涵赋予了儒学宗教感最终的超越维度，赋予了整个世俗社会、人的角色和交往关系诗情美感与宗教意义。

通过以上三个层面可知，"礼"的第一层含义是世俗意义，这种世俗意义上的"礼"成就的儒学宗教感是一种"世俗人文主义"，它要求人们努力做对家庭和社会最恰当之事，旨在建立兴旺的家庭与世俗社会。"礼"的第二层含义是角色与关系的政治哲学意义，这种政治哲学意义上的"礼"成就的儒学宗教感是一种社会政治层面的宗教性，它"精心协调最恰当的角色与关系"，也即为人指出社会角色、培养社会意识，协调人的社会交往，构成社会的整体交往关系并赋予其意义，在社会与人的交往中成就真正的人与社会。"礼"的第三层含义是根源性、宗教性的意义，这种宗教性意义上的"礼"成就的儒学宗教感是建立在根本性的商谈基础上的感同身受的协同创造。"礼"在这里展现为话语，社会交往与关系展现为商谈，而话语与商谈的过程一起在审美意义上呈现为诗。因此，"礼"在根源意义上成为一种社会诗情与天籁之声，而这也正是安乐哲阐释的最感同身受的协同和最根源、最高级别的共同创造。

通过上述三层逐级提升的含义，安乐哲指出，只有"礼"才能成就真正的宗教感。"尽管在儒家语境中'礼'本身不是一种机制化的形式'宗教'，但它还是以加强家庭与社会的纽带性，在人生经验中起到培养宗教质感的作用。"① 在儒家这种基于"礼"的真正的宗教感中，"'宗教'是指宗祠和宗族训教；以'家为中心'的宗教感是它的首要含义"②。"在这样的儒家传统之中，有一种从'为仁'向着一种以人为中心'宗教感'的直接通道……儒家'宗教感'，也即获得价值感和人格归属感的那种强烈意义，在充满意义的人与人关系交融成长之中，油然而生；当家庭与社会成员都诚心诚意渴望在其与他人关系之上奉献自己之时，它是那种'精神'，是人们为一种被激发的灵感而活着。这种'宗教感'本身，是家庭兴旺、社会繁荣的源泉，也是它的效果。"③ 并且，在此联结个人与他人、加强社会共同意义与归属感的过程中，"礼"同时也充当了人生经验的艺术化表现与文雅提升。"'礼'（在角色和关系上找到恰当性）意识，它是儒家哲学的艺术术语，标志着作为儒家角色伦理基础的人生经验的转变与

---

① 安乐哲：《儒家角色伦理学——一套特色伦理学词汇》，孟巍隆译，第 256 页。
② 同上。
③ 同上书，第 104 页。

文雅提升。"① 安乐哲还引述了芬格莱特（Fingarette）的观点作为佐证："在儒家世界，人的家庭、社会结构角色和关系有种'礼仪化'与'文雅性'，赋予人生经验美感与意义，建立了一种'什么是神圣'的根本所在。"②

　　由此可见，无论是"儒家角色伦理学"之天道观因为注重具体性、特殊性、情境性、历程性而拒斥西方哲学式的"超越"概念，还是儒家"以人为中心的宗教感"扎根于世俗世界的社会交往之美学升华、否定世界背后的主宰与法则、落实为一套礼仪制度基础上的神圣诗情，"儒家角色伦理学"从天道根源到终极关怀的宗教情感都展现出与西方诉诸上帝和超越法则的宗教精神迥然不同的宗教情怀。因此，安乐哲所阐发的儒家终极关怀论是"以人为中心"的、独特的、非超越的。

---

① 安乐哲：《儒家角色伦理学———套特色伦理学词汇》，孟巍隆译，第 255－256 页。
② 同上书，第 255 页。

第五章 "内在超越论"与"外在超越论"的比较研究

　　牟宗三、罗光基于各自的哲学洞见对生命超越问题进行了不同解答，两者在探讨生命超越问题时都着重对传统儒家的超越精神予以阐发，并以不同的方式试图在现代中国哲学中进一步发展或者改造传统儒家的超越精神。在这个意义上可以说，牟宗三、罗光的哲学都以儒家生命超越思想作为重要的理论典范，对之进行借鉴、发展或者改造、转化，并进一步会通西方哲学的思想资源而形成了自己的生命超越论。

　　两种超越路向以各自的理论思考试图发展或改造儒家生命超越的传统智慧，建构了两种不同的生命超越论。牟宗三、罗光的理论建构显示出他们对于儒家生命超越论中某些重要观念的共同肯定，同时亦对儒家生命超越论的不同维度、不同观念采取了不同程度的偏重，甚至对一些观念展现出相异或相反的诠释进路。这种现象一方面展现出儒家对超越问题的思考具有一些典型的理论特征，使身处不同学术立场的研究者在一定意义上能够共同肯定这些特征进而达成一定的共识；另一方面也表现出儒家超越问题本身的复杂性，使不同的研究者分别突出了同一问题的不同侧面，或者对其中某个重要观念进行了不同方向的诠释。因此，对于牟宗三、罗光之生命超越论的比较研究有助于更为充分地展开儒家超越问题的丰富内涵，进而深化我们对儒家超越问题的理解。

第一节　牟宗三、罗光生命超越论之比较

　　在前文分别论述牟宗三、罗光哲学之超越理路的基础上，本节试图就几个理论要点对两人所诠释的儒家超越之路进行比较和分析，以展现两人基于不同的哲学立场所呈现的主要差异，同时彰显儒家超越问题本身的复杂内涵。

一、"生命"本体的肯定

牟宗三、罗光的哲学理论不约而同地注重了传统儒家关于世界万物之创造性、生生不息的生命性的观点。牟宗三、罗光的生命超越论强调天地万物皆为生命，并且把对生命本体的肯定作为自己生命超越论的重要内容。

（一）牟宗三："中国文化的核心是生命的学问"

牟宗三将"生命"问题视为中国哲学乃至中国文化的根本精神。在他看来，"中国文化的核心是生命的学问。由真实生命之觉醒，向外开出建立事业与追求知识之理想，向内渗透此等理想之真实本源，以使理想真成其为理想，此是生命的学问之全体大用"①。在文化比较的视野下，牟氏将中西哲学、文化精神之间的根本差异归结为"生命"与"自然"的区别，他指出："中国哲学，从它那个通孔所发展出来的主要课题是生命，就是我们所说的生命的学问。它是以生命为它的对象，主要的用心在于如何来调节我们的生命，来运转我们的生命、安顿我们的生命。这就不同于希腊那些自然哲学家，他们的对象是自然，是以自然界作为主要课题。"②更广泛地就文化而言，"中华民族是最有原初性的民族。惟其是一个原初的民族，所以它才能独特地根源地运用其心灵，这种独特地根源地运用其心灵，我们叫它是这个民族的'特有的文化生命'。这个特有的文化生命的最初表现，首先它与西方文化生命的源泉之一的希腊不同的地方是在：它首先把握'生命'，而希腊则先把握'自然'"③。具体而言，"中国文化生命之首先把握'生命'，而讲正德利用厚生以安顿生命，由之以点出仁义之心性，一方客观地开而为礼乐型教化系统，一方主观地开而为心性之学，综起来名曰内圣外王，成为道德政治的文化系统，而以仁为最高原则，为笼罩者，故亦曰仁的系统。而西方希腊传统，则首先把握自然，表现'理智'，因而开出逻辑数学与科学，此以'智'为罩笼者，故亦曰智的系统"④。由此可见，中西文化之差异在总体上被定位于"尊仁"与"重智"的区别，其关注点分别在于"生命"与"自然"。在牟氏看来，西

① 牟宗三：《生命的学问》，广西师范大学出版社，2005，"自序"第1页。
② 牟宗三：《中国哲学十九讲》，第14页。
③ 牟宗三：《历史哲学》，台湾学生书局，1985，第164页。
④ 牟宗三：《关于文化与中国文化》，载氏著《道德的理想主义》，台湾学生书局，1985，第249页。

方文化由于克服了"自然"的外在性，对内在的"生命"之关切指向了人自身的意义世界，而以儒家为主导的中国文化传统以此为中心，展现为一种"生命的学问"。

牟宗三明确说明，以上所讲的"生命"不是生物学意义上的"自然生命"，而是人之为人的"德性生命"。这种"德性生命"在根本上是创造道德价值的实践理性，因此这种超越性的"德性生命"在价值层级上远远高于经验性的"自然生命"。后者是生物学研究的对象，而前者则是道德宗教关切的内容。牟氏认为，西方基督教的系统中也有类似层面的"生命"，比如耶稣说"我就是生命，我就是真理，我就是道路"，这里的"生命"就是一种超越性、价值性的生命。[①] 但有所缺陷的是，这种宗教所讲的"生命"是外在的、属于神的生命，不是内生于人性之中、由人在此世可以把握的生命，而后者只有在儒家的价值系统中落实于"道德理性"才成为可能。因此，他认为，"中国文化在开端处的着眼点是在生命，由于重视生命、关心自己的生命，所以重德。德性这个观念只有在关心我们自己的生命问题的时候才会出现"[②]。在他看来，"德性生命"是主体的理性经过自我反省的过程而必然呈现的，在这个意义上，中国哲学、中国文化由于首先把握了内在固有的"德性生命"，也就把握了人之为人最为根本的真理，这种真理被牟氏称为"内容的真理"。

在牟宗三看来，西方哲学重视以逻辑推理、概念思辨为特征的"外延的真理"，故而成就了事实世界的科学知识、民主制度等硕果，但在价值世界却体现出了"无体""无理""无力"的病症，造成了现代社会的"理智一层论""科学一元论"，以及社会历史的"物势观"的泛滥，导致了整个世界的庸俗化和人生意义的失落，最终必然陷入虚无主义的深渊。[③] 这一切的根本症结都在于"生命的学问"的丧失。在牟氏评判系统中，人类文化之存在与发展最根本的要素是"德性生命"，只有"德性"本身是操之在我的，而"知识"是求之在外的，因此只有真正把握好人性内在的"德性生命"，才能正确把握整个人类文化生命的发展方向。在这一点上，牟氏多次援引康德关于"实践理性优先于理论理性"的立场来论证中国文化的深刻洞见："中国人首先重德，德性这个观念首先出现，首出庶物。

---

① 参见牟宗三：《中国哲学十九讲》，第 31 页。

② 同上书，第 43 页。

③ 参见牟宗三：《论"上帝隐退"》，载氏著《道德的理想主义》，第 196－198 页。

这个拿康德的话来讲，就是实践理性有优先性，有优越性，优先优越于theoretical reason。"① 在这个意义上，牟氏充满信心地宣称："实则真正的生命学问是在中国。"②

牟宗三进一步揭示了以儒家思想为核心的中国文化中"生命的学问"的具体内涵："生命的学问，可以从两方面讲：一是个人主观方面的，一是客观的集团方面的。前者是个人修养之事，个人精神生活升进之事，如一切宗教之所讲。后者是一切人文世界的事，如国家、政治、法律、经济等方面的事，此也是生命上的事，生命之客观表现方面的事。如照儒家'明明德'的学问讲，这两方面是沟通而为一的。个人主观方面的修养，即个人之成德，而个人之成德是离不开国家天下的。依儒家的教义，没有孤离的成德，因为仁义的德性是不能单独封在个人身上的，仁体是一定要向外感通的。'义以方外'，义一定要客观化于分殊之事上而曲成之的。"③这里鲜明地显示出"生命的学问"所包含的"内圣"和"外王"两个重要的向度：前者是个体的内在德性生命的培护和陶冶，而后者是整个民族生命及其文化生命的保存和延续，在儒家的价值系统中，"外王"是由"内圣"扩展、外推而来，其本质依然是作为本体的"德性生命"之发用。在现代新儒家那里，所谓的"外王"指向具有现代性特征的科学知识和民主制度，而牟宗三运思一生所意图完成的主要工作正是"本内圣之学解决外王问题"，其实质就是在充分肯定"德性生命"之本体地位的先决条件下，为现代人提供安身立命的价值源泉，进而为以科学、民主为代表的现代性成就奠定形上基础。

在以上认识的基础上，牟宗三借鉴儒家传统的"生命的学问"建构了自己的"道德的形上学"体系，其中对生命本体的肯定是一个重要的理论内容。与此一脉相承，"道德的形上学"的生命超越之路明确地强调对"生命"本体的肯定。在牟氏所倡导的内在超越论中，作为生命超越之主体的人是自觉进行道德实践的生命主体，作为生命超越之终极的天道同时即是与人心通贯为一的宇宙生生之道。在这个意义上，我们可以说"道德的形上学"的生命超越论是一种注重对"生命"本体的肯定的超越论。

---

① 牟宗三：《中国哲学十九讲》，第 14 页。
② 牟宗三：《关于"生命"的学问——论五十年来的中国思想》，载氏著《生命的学问》，第 32 页。
③ 同上书，第 33－34 页。

（二）罗光："中国哲学以研究生命为中心"

在回顾自己的学思历程时，罗光讲："哲学界对于生命的研究，在西洋早有论著，中国哲学界对于中国哲学以研究生命为中心，有熊十力、方东美、唐君毅、梁漱溟诸位先生。我因久居罗马，少读这几位学者的著作，自己暗中摸索，以《易经》的中心思想在于'生生'，后代理学家发挥了'生生'的思想，儒家哲学的一贯之道，应以'生生'思想为最恰当。来到台湾以后，在这二十多年中，读了熊、方、唐三位先生的著作，发现他们都已早在讲这种思想了，自心非常兴奋，也就肯定我的一种信念：凡是真正以哲学的眼光去研究儒家哲学，必定要认定'生生'为儒家哲学的中心思想。"① 对于自己毕生关注的主要研究对象——儒家哲学，罗光以"生生哲学"来概括其根本的理论内涵，并且借鉴儒家"生生哲学"的智慧精神，提出了自己的哲学思想体系。

罗光的哲学体系是"形上生命哲学"体系，顾名思义，这种哲学体系是以"生命"概念作为核心的关注点的。罗光多次指出，他的"形上生命哲学"体系就是在通过心理学、生物学、文学、艺术等方式研究"生命"的思想之外，尝试以一种哲学的眼光和方法对"生命"进行研究，因此是一种关于"生命"的更根本意义上的理论思考。同时，这种以"生命"为研究对象的特点也使"形上生命哲学"不同于其他一般的哲学理论。通常意义上的哲学研究多是以主体的理智能力去思考一个外在的研究对象，试图通过研究来把握外在的客体；而"形上生命哲学"则是主体自己来研究自己的生命行为，其研究对象与研究者之间是同一的关系，所以"不是'隔岸观火'地研究哲学的对象，而是我在哲学的对象内生活"②。换句话说，"形上生命哲学"的研究对象就是研究者亲历、亲知的生命行为，同时"形上生命哲学"的学术研究也是这种健动不息的生命行为的继续。通过罗光所介绍的"形上生命哲学"的理论特征，我们可以对"生命"概念在罗光思想中的地位有一个初步的认识。

需要讲明的是，罗光把"生命"作为自己哲学体系的研究对象，并不是单纯进行一种对生命现象的描述和对生命活动的行为规律的分析，而更在于其不同于自然科学研究的"哲学的研究方式"。更确切地说，"形上生命哲学"是以形上学的方式研究和思考生命，正如罗光自己所说，"我自

---

① 罗光：《中国哲学思想史·民国篇》，载《罗光全书》第 14 册，第 485 页。

② 罗光：《生命哲学》（订定版），载《罗光全书》第 2 册，"序"第 XV 页。

哲学方面去讲，重点在本体上"①。"形上生命哲学"正是以世间万有均为"生命"，进而以"生命"为世界之本体，主张"'存有'和'生命'为一体之两面"②、"存有"本体必然是现实"生命"的基本观点。由此可见，"形上生命哲学"把"生命"概念置于核心的"本体"地位，由"生命"来阐发形上之天道的理论意涵，其对"生命"的注重实可谓达到了相当高的程度。

罗光在其"形上生命哲学"中讲，自己赞同中国哲学的看法，认为整个宇宙是一个整体的大生命。生命在最宽泛的意义上，可被理解为使物体内部的各分子结合在一起的连系力，这种"连系力"使物体的各部分结合成一个整体，并推动物体的生命活动。一旦失去了"连系力"，物体就不再成其为自身，它的"生命"也就停止了。就人来说，人的身体的各个部分或者肉体与精神之间的"连系力"一旦消失了，人就无法继续进行生命活动，人的"生命"也就终止了。在这种意义上，即便是无知无觉的石头、山脉，也有它们自己的"生命"，"连系力"的维持使石头或山脉的内部各部分不至于分崩离析，从而形成一个整体，这样石头才成为一块石头、山脉才成为一座山脉。如此观之，宇宙万物虽然在生命的实现程度上各不相同，但都应当是具有生命的生命体。这些生命体又在根本的生命上互相关联，使整个世界成为一个通贯为一、流行不息的"大生命"。③

那么在"形上生命哲学"那里，生命对于个体和世界的意义究竟是什么呢？

对于个体来说，世上每个物体都是因为"生命"而成为一个自立的、独立的个体，生命在根本上体现为个体的一种自动、自成的内在力量。这种生命的力量即是罗光所讲的创生力，创生力使物体通过实现自己内在的本性而成为一个真实具体的生命存在。更重要的是，罗光认为每个个体的自我、独立性也是基于生命之"在"的。他曾经指出，对于世界上独立个体的成因，西方士林哲学与中国哲学中朱熹的理学表现出相似的观点。士林哲学认为世间万物有同一的"元形"，个体之间的差异性和独立性是由于"元质"的不同；朱熹的理学亦认为世间万物都有同一的"理"，物体之间的差异来自"气之清浊"的不同。罗光认为，个体之为个体的独立性

---

① 罗光：《生命哲学》（订定版），载《罗光全书》第 2 册，"序"第Ⅱ页。
② 同上书，"序"第ⅩⅣ页。
③ 参见上书，第 97 - 99 页。

不能仅仅通过单方面的"气"或"元质"来解释，而应当通过个体的"在"来解释。"在"指的是理、气结合而形成的真实具体的生命，现实世界中没有无气之理，也没有无理之气，每个个体都是一个理气结合、形质合一的真实的"在"。因此，事物之间之所以产生个体的差异性，或者说个体之所以体现出相异于其他个体的独立性，就是因为这种理气合一的"在"的不同，个体之为个体必须是一个整体，整体之中有理有气、有形有质，理与气、形与质因为创生力的维系作用而结合，从而使物体成为一个真正是"一"的整体。因此，个体之为个体的独立性，个体之所以能够成为整体之一，就应当从这种具体的、整全的生命之"在"的角度来理解，生命之"在"在根本上就是一种结合了生命之理与气的生命力、创生力，个体的彼此不同也就是生命力展现的程度有所不同，所以在归根结底的意义上，生命、"在"、创生力是个体形成的根本原因。

对于世界而言，整个世界在根本的"生命"上相连，基于"生命"之"在"而连接为一，成为真正意义上的"一个"整体。罗光指出，宇宙间的每个物体都是一个独立的个体，有自己的"单独在"，"每个实体是单体，有自己的'单独在'。许多实体，便乃许多'在'"①。世界上这许多"在"的"单体"基于自身内部的原因而自动、自成，彼此分别开来。如果我们要从理论上对事事物物有所区分，或者从区别世间万物之单独的本体论意义的角度来看，应该说所有事物都是各自独立的个体，唯有如此独立自足才堪称一个真正的生命。显然，使世界成为一个整体的原因不能从事物强调自身独立性、差别性的"单独在"的意义上讲。那么，世界之成为一个整体的原因究竟何在呢？罗光认为应该从各个生命存在的具体现实上讲，"若'在'是变易，是生命，两个单体的生命则可以连成一个生命。……因此多数的单体，若都是变易，变易是它们的存在，变易在动因上相连，它们的'在'便也相连"②。也就是说，虽然众多个体在本体论上被分别为一个个的单体，显示出彼此分别、各自独立的状态，但是在实际上，每个个体作为活动的生命，是互相联系的，因为它们之生命活动的动力是同一种动力，也就是罗光所讲的创生力，各个个体因为这同一的创生力而在根本上相互联系和贯通。"在实际具体上，'在'是继续的变易，

---

① 罗光：《生命哲学》（订定版），载《罗光全书》第 2 册，第 56 页。
② 同上书，第 57 页。

是生命，则彼此相连，因为生命的动力是相连的。"① 正是基于这同一的生命力、创生力，整个宇宙在根本上成为一个整体。

在这个生机洋溢的世界"大生命"中，"形上生命哲学"认为生命始终在积极寻求自身的超越之路。这一点在上文中也已讲到，罗光指出，生命的本质就是不断实现自身的潜能、寻求本性的更充分的实现、使生命的意义更加完善、趋向更高的超越境界的活动。人作为生命超越活动的主体，其最根本的特征就在于人是一种不断地健行不息的生命体，其不断实现着自身的生命超越这一点就是在践行生命之为生命的形上意涵。换句话说，生命超越的追求是"生命"概念的题中应有之义，同时也是人之为人的最本质的属性。在"形上生命哲学"的生命超越论中，人作为世界上最优秀的生命，是生命超越活动的主体。

在以上这种世界观和超越论的思考之下，罗光认为，"生命"这一概念是他哲学体系中最为核心的概念，包含着整个"形上生命哲学"体系的最重要的理论识见。因此，他也十分重视中国传统哲学中的生命思想，反对当今中国哲学界那种倾慕西方、鄙薄传统的做法。他指出，"中国现在的社会正在倾慕西方文化，企图以科技来发展物质生活，因而忘了自己本有的生命哲学，甚至予以鄙视，而使中国的社会将陷于与西方社会一致的对于生命的苦恼和堕落，生命哲学正足以阻止中国人陷入这种精神危机里"②。在这种观点的基础上，罗光明确倡导，"在目前讲儒家思想，甚至中国哲学的现代化，由儒家生命哲学去发展，很能融会当代社会剧烈变化的时势，又能适应新科学的意义"，他正是在这种考虑下提出"形上生命哲学"体系的，以求能够"从这方面求儒家思想的现代化"③。

综上而言，牟宗三与罗光的生命超越论共同体现出对生命本体的注重。而以世间万物为生命、以人这一超越主体的本质为生命的观点是传统中国哲学的主要观念之一，牟宗三与罗光的超越观对生命的注重正是继承中国哲学尤其是儒家哲学的传统而来的，在这个意义上可以说，两人都继承并且进一步阐发了儒家哲学注重生命的精神。

---

① 罗光：《生命哲学》（订定版），载《罗光全书》第2册，第58页。
② 罗光：《儒家生命哲学的形上和精神意义》，辅仁大学出版社，1980，转引自汪惠娟：《变易与永恒——罗光生命哲学之探微》，第239页。
③ 罗光：《生命哲学》（订定版），载《罗光全书》第2册，第35页。

二、"心之理"的超越与"生命之在"的超越

正如前文所揭示的，牟宗三、罗光的生命超越之路分别体现出重"理"与重"在"的特点，下文的论析就以此为重点逐步展开。通过这种探讨，我们可以更清楚地看到：重"理"与重"在"的超越理路区分不仅是两人生命超越论之基本理路的表面差异，而且在更深的层次上显示出两人心中根本的"哲学典范"的不同。两人各自基于自己心中的"哲学典范"，对传统儒家的超越之路进行了各有偏重的诠释，有选择地借鉴了自己最为认同的西方哲学传统，分别建构起"道德的形上学"与"形上生命哲学"的生命超越论。从根本上说，两人生命超越论的主要分歧是一种基于不同的形上学洞见而提出的超越理路之争辩。

（一）牟宗三："心之理"的超越之路

牟宗三"道德的形上学"的超越之路是注重现象世界背后的绝对普遍的理、法则而实现的生命超越，这种超越之路用牟宗三自己的话说，在根本上是一种"道德的理想主义"，或者说"理性的理想主义"的超越之路。"理性的理想主义"注重"心中之天理"的显发，通过道德实践不断彰显出的是具有绝对的普遍性和必然性的天理本体、道德理想，这种理想之体虽然不一定在现实的人生实践中能够时时被圆满地达至，但并不妨碍其作为最终本体的根源性和至高无上的优先性。应当说，这种观点是牟氏基于"道德的形上学"之本体论而提出的，又与内在超越论所推崇的最高境界相贯通，主要受到了中国哲学中的儒家心学传统和德国观念论的影响。具体说来，注重"心之理"的超越路向主要具有以下三个基本特征：

1. 理性主义：作为宇宙理则的普遍之理

"道德的形上学"认为，天地万物的最终本体在根本上是超越于经验的现象世界的、普遍性的理本体，天道（超越目标）和人道（超越主体）都以此绝对普遍性的"理"为最终根据。

牟宗三指出，"凡顺躯壳起念而追逐下去的一切念头与行动皆是私利的、主观的。如果应当之命令所表示之理想是公而无私的，则必是正义的、客观的。自其足以指导吾人之行为言，即自其足以指导吾人革故生新言，它是一个'理'。这个理是从怵惕恻隐之心发，所以是'天理'。天理即是天定如此之理，亦即无条件而定然如此之理。自其为公而无私的、正义的、客观的言，它是一个有普遍性之理，即它是一个普遍的律则。凡公

心而发的皆有公性，即皆有普遍性。此即王阳明所谓'良知之天理'。此如跟怵惕恻隐之心来而说'应当仁''应当义''应当有礼''不应当侮慢''不应当顺躯壳而追逐物欲'，等等，皆是普遍的律则，放之四海而皆准的；不只对我个人有效，对任何人皆有效"①。也就是说，虽然人之现实的感性生命容易"顺躯壳起念"而追逐物欲和私利，但生命超越的根据却不在此经验的现象界中，而是以更根本的"本体之道"作为超越活动得以实现的原则。"本体之道"指的是"怵惕恻隐之心"中所含的"天理"，是高于现象界之感觉经验的更根本的法则、规律，体现出其作为天地万物的根本之理的普遍性、必然性、绝对性。

因此，"儒家的道德形上学（即吾所谓理性主义的理想主义），完全由此（指包含了'理'的'怵惕恻隐之心'。——引者注）而成立"②。并且，"怵惕恻隐之心，同时是心，同时也就是理。此心理合一的心，就是儒家所说的'仁'。孟子即于此言性善。王阳明于此言良知。康德于此言'善意'。吾人如不说人性则已，如要说人性，必须从此心理合一的仁处言人的性，了解人的性"③。由此可知，在牟氏继承传统儒家智慧而阐发的哲学体系中，普遍性的"理"与"怵惕恻隐"的"本心"之间是"一而二、二而一"的关系。所以，我们可以说，"道德的形上学"的超越之路是根据现象世界背后的绝对普遍性的"天理"而超越，是一种注重"心之理"的超越之路。

2. 理想主义：作为价值本体的应然之理

在牟宗三那里，"理想的"一词是相对于"现实的"而言，指的是在现实世界之"实然"以外的、高于现实经验的价值。④ 牟氏的整个"道德的形上学"体系具有一种理想性，它所肯定的是在"实然"世界之外的

① 牟宗三：《道德的理想主义》，第17-18页。
② 同上书，第15页。
③ 同上书，第19页。
④ 牟宗三曾在《道德的理想主义》一书中讲到"理想主义"哲学的两个代表，一个代表是柏格森的注重生命之本能冲动的"浪漫的理想主义"，这种哲学关注的是比现实的食色生命更深一层的"生命本身的冲动"，寻求一种高于现实的食色生命的价值，并以此作为最终本体，因而属于一种理想主义的哲学系统；另一个代表是儒家的"道德的理想主义"，这种哲学注重的是与现实的食色生命相区别并比柏格森的生命之本能冲动更高一层的应然的价值生命，并以此作为最终本体，因而是理想主义的（参见第17-18页）。由此我们可以看出，牟宗三所谓"理想主义"的哲学系统，指的是能够肯定一种不同于"实然"世界的"应然"价值作为最终理想并以此"理想之体"作为最终本体的哲学系统。

"应然"的价值本体，并且认为这种价值本体作为整个世界的最终本体能够在我们的生命中真实地"呈现"出来。

牟宗三指出，"这个仁心之所以为理性的，当从其抒发理想指导吾人之现实生活处看。仁心所抒发之每一理想皆表示一种'应当'之命令。此'应当'之命令只是对已现实化了的习气（或行为）之需要克服或扭转言。此'应当'之命令所表示之理想，一方根于怵惕恻隐之心来，一方跨越其所需克服或扭转之习气。依是，他显然必是'公而无私'的"①。由上述这段引文我们可以分析出两层意思：（1）"道德的形上学"之"仁心"、本体是一种不同于现实世界之"实然"的价值之体，牟氏哲学对这种"应然"本体的肯定意在彰显其在根本精神上所关注的价值理想；（2）牟氏在此根据"仁心"之代表"应然"价值的特点来论证其作为一种"公而无私"之"理"的绝对普遍性，可见在他的哲学思考中，天地万物之本体作为一种"规律"的"理性主义"与其作为一种"应当"的"理想主义"这两个特点是分不开的。

综合以上两点可见，"道德的形上学"是一种"理性的理想主义"的哲学系统，后者正是牟宗三在《道德的理想主义》一书中所使用的概念。他认为儒家的哲学系统在根本上是一种"理性的理想主义"，自己对于中国文化传统的现代建构也是以此为中心的。正如他所认定的，"绝对的善，是称'怵惕恻隐之心'而发的。由此所见的理性是理想的，由此所见的理想是理性的。由此吾人极成理性主义的理想主义，或理想主义的理性主义"②。在这种哲学思考中，"理性主义"与"理想主义"这两个特点不是互相冲突的，而是有着密切的相关性。"理性主义"所强调的是本体之理的普遍性、必然性、绝对性，与之相对的是经验的现象世界的特殊性、偶然性、相对性；"理想主义"所强调的是本体之理的应然性、价值性、理想性，与之相对的是经验的现象世界的实然性、事实性、现实性。牟宗三的"道德的形上学"把这两个方面相结合，探讨的是以一种在现象世界、实然世界之后的应然的本体之理，其最终本体体现出结合现象与本体、实然与应然（或者说事实与价值）进行思考的理论倾向。牟氏哲学的形上学和生命超越论都建基于对此"应然的本体之理"的把握。在这种"理性的理想主义"的哲学思考中，"吾人此处所谓理性是指道德实践的理性言，

① 牟宗三：《道德的理想主义》，第 17 页。
② 同上书，第 19 页。

一方简别理智主义而非理想主义的逻辑理性，一方简别只讲生命冲动不讲实践理性的直觉主义，浪漫的理想主义，而非理性的理想主义。我们如果明白了此所说理性不是逻辑理性，又明白了与此理性相反的非理性，则怵惕恻隐之心何以又是理性的，即可得而解"①。由此可知，"心中之天理"所具有的超越于现象的本体意义和区别于感觉经验"实然"的理想性，是牟宗三的形上学体系着重阐明的要点，也是其"心之理"的超越之路的关键所在。

牟氏晚年所著的系统地建构哲学体系的《现象与物自身》一书延续了这种哲学立场。牟宗三在此书中讲："本书内容以康德的现象与物之在其自己之分为中心，而以中国的传统哲学为说明此问题之标准。"② "现象与物自身之超越的区分"被牟宗三看作"一个客观的、最高的而且是最根源的问题"③，"是康德哲学的全部系统的重大关键"④；然而康德受其思辨哲学的传统所限，并不能"充分地证成"这种"超越的区分"，真正能够证成这种"超越的区分"的只有中国传统哲学。实际上，牟宗三在此所阐发的"现象"与"物自身"的区分就是感觉经验之"实然"的现象界与道德价值之"应然"的本体界之间的区分。比如，他曾讲，"现象"就是感觉经验所成的现实世界，在人之"智的直觉""自由的无限心"看来，这一经验世界并不是世界之真相、"事实之定然"，而是由我们的感性和知性能力而产生的"识心之执"，也就是"认知心"对于世界所起的一种"执着"，因此被称为"现象"。"物自身"则是此"现象"世界背后的真实的本体，是"把我们的感性与知性加以封限，把它们一封封住，不只是把它们视为事实之定然，而且须予以价值上的决定"⑤，进而彰显出的具有价值意味的本体之理。以此理为根本的世界是事事物物如理呈现、自在自得的一个天理世界，"物处即知体流行处，知体流行处即物处，故冥冥而为一也……物是'在其自己'之自在相，亦即如相，非'现象'相也"⑥。由此可知，"现象与物自身之超越的区分"作为牟氏哲学的一个根本观念，主要是为了凸显一个现实世界背后的超越的天理世界，此天理世界不同于

---

① 牟宗三：《道德的理想主义》，第17页。
② 牟宗三：《现象与物自身》，"序言"第1页。
③ 同上书，"序言"第2页。
④ 同上书，"序言"第4页。
⑤ 同上书，第16页。
⑥ 同上书，第99-100页。

现实的经验世界，但又是现实世界一切价值的源泉和归宿。"现象与物自身之超越的区分"由人之"智的直觉""自由无限心"而见出，使世界之真相并不是事事物物之既成的经验事实，而是以超越的"良知之天理"为最终根据；人之本真存在也不是现成的食色生命，而应当是提撕、超拔此生命而体现出的心中之理、良知良能。可以说，《现象与物自身》的"道德的形上学"体系接续了牟宗三在《道德的理想主义》中阐发的观点，注重的是一个现象世界背后的更为真实的理世界，相对于现成的经验世界的特殊性、偶然性、现实性，更为注重现象背后之本体的普遍性、必然性、理想性。

在这种本体论的基础上，"道德的形上学"之天人观认为大化流行的天道之根本是一个"绝对普遍性的价值之理"，作为生命超越之主体的人具有一种根本的"道德理性"。既然人的性体心体在根本上是一种与天道同一的、绝对普遍性的"应然之理"，那么生命超越的过程就是不断克服现实的感性生命中与此理不相应的方面，越来越充分地展现出心中本有的天理本体的绝对普遍性和价值理想性，通过健行不息的实践最终达到个体与世界、现象与本体、实然与应然圆融无碍的完满境界。在这个意义上，我们将"道德的形上学"的超越之路称为一种注重"心之理"的超越之路。

3. 活动性：落实于具体实践的创生之理

此外还应强调的一点是，"道德的形上学"之"理本体"不仅像"西方哲学之理"一样具有一种规律意义上的绝对普遍性，而且是"即存有即活动"的。也就是说，无论是天理本体还是人之心性本体，都是一种具有"活动性"的本体，具有发动道德创造之大用的"创生性"。"乾元者即创造性之自己也，亦得名曰创造原则……离此无可言道。"[1] 所谓"创生性"，指的是一种充畅有力、健动不息的内在动源对于整个世界的"成全"作用。"此所谓'生'或'有'乃是成全地'生'或'有'，不是说自然生命连同其曲折与波浪皆是存在地由诚体而生出也。……不可表面地徒顺其字面之次序而空头地视为外在之直线的宇宙演化而解之。"[2] 天理本体的"活动性""创生性"不是一种对事物之现实具体存在的创造，而是"成全地'生'或'有'"，"离了这成全的创生也别无创生"。如果没有这种"成

---

① 牟宗三：《心体与性体》上册，第278页。

② 同上书，第312页。

全的创生","试想若不是有这活灵之一,妙以成全之,那迹上该动该静者若一味顺着自然生命滚下去,而至于发狂而死,或腐烂而死,则将何有存在之事之可言乎?"① 因此,"使存在之事永远生息下去而不至于梏亡,这便是对于存在的创造。这就是《中庸》所谓天道之诚之'生物不测'也,这是通过本体论的妙用而显的创生,也可以说是依诚体之神而来的形式的创生——成全事为一必然的实有,而不只是一偶然的存在之创生"②。由此可知,在牟宗三"道德的形上学"体系中,"应然"的价值本体对于万事万物的"创生"并不是生出具体事物的"存在的生",而是以一种化育流行的"生生之道"对于事物的护持与成全。由于这种护持使事事物物得以归于整个世界之根本的本体之道,故而是对于世间万物的最为真实的成全和"创造"。应当说,牟氏哲学所讲的"创生"在归根结底的意义上是一种价值上的"成全",由于"创生"万物的本体是一种价值意义上的"应然"本体,所以对于万物在价值上的"成全"也就使其在根本上契合了本体之道,因而是使事物成为"必然的实有"(价值的"物自身"意义上的必然实有),而不再是"偶然的存在"(实然的现象意义上的偶然存在)。这种"创生之道"在总体上体现出一种"道德的理想主义"的倾向。

在此创生性的基础上,"即存有即活动"的"应然"之理作为本体的普遍性就不是如同西方哲学之理本体一样的"抽象的普遍性",而是一种充实饱满的"具体的普遍性"。牟宗三指出,"对于性体心体之体证,或性体心体本身之呈现,不只是隔绝一切经验而徒为抽象的光板的体证与呈现,而且还需要即在经验中而为具体的有内容的体证与呈现。'具体的'即是真实的:它不只是一抽象的光板、纯普遍性,而且是有内容充实于其中而为具体的普遍。普遍性不因有内容而丧失,故虽是有内容,而却'浑是知体著见'"③。"其为具体是超越而普遍的具体,其为特殊亦是超越而普遍的特殊,不是实然层上的纯具体、纯特殊。"④ 牟宗三根据传统儒学的智慧认为,"道德的实践不能离开现实的生活,尤其不能离开历史发展中的集团生活。如是,在随特殊环境的屈曲宛转而实现或表现理想时,就不能不有特殊性。……随历史发展中的特殊环境而表现理想,理想因所受之限制而成之特殊性不伤害其普遍性与客观性,此与随躯壳起念的私利的

---

① 牟宗三:《心体与性体》上册,第314页。
② 同上。
③ 同上书,第146页。
④ 同上书,第109页。

主观性不同"①。这种"具体的普遍性"其实就是儒家所讲的基于实践的普遍性,在具体的生命实践中展现出天理本体的真实意涵,同时也不因为强调人生实践的具体性而影响到理本体之普遍性。天理本体的"活动性""创生性"就在这种"具体的普遍性"中体现出来。因此,我们说,"道德的形上学"之"理本体"是"即存有即活动"的本体,在根本上体现出本体的一种发动道德活动、生生活动的动能,故而亦被称为"创造真几"。

综上可知,牟宗三"道德的形上学"所强调的根本之道、天地万物的最终本体是一种涵容了具体生活内容的普遍性的应然之理。此"本体之道"同时具有"作为规律、理则的普遍性""作为应然之理的理想性""落实于具体实践的创生性"这三个方面的基本特征。

(二) 罗光:"生命之在"的超越之路

罗光"形上生命哲学"的超越之路是注重现实的生命之"在"、由"在"的方面进行生命超越的理路。这种理路主要是基于罗光生命本体论的形上学思想而提出的,并且吸收了西方士林哲学和中国传统哲学中气学传统的一些观念。

在"形上生命哲学"看来,世间一切事物都是现实的"生命",都是"生生"之"在",因此罗光注重从现实存在的具体事物来研究本体之"有"的根本意涵。在他看来,本体之"有"的完满意涵只能是现实存在的"在",只能是真实的"生命"。除此之外,单纯的"形式"(此概念为西方古典哲学所注重)、"理"(此概念为中国传统哲学所注重)或者单纯的"质料"(西方古典哲学之概念)、"气"(中国传统哲学之概念)等概念都不能代表本体之"有"。"形上生命哲学"认为,本体之"有"在最根本的意义上只包括现实的具体存在,这种存在是涵容了"理"与"气"或者"形式"与"质料"的统一的整体,虽然涵容了"理"与"气"两个方面,但在根本意义上是一个整体,所以说应当以此整全的"在"作为其本体论的基本意涵,展现出本体之"有"的真实意义,而不能由"理"与"气"或者"形式"与"质料"中的任何一方来代表本体之"有"。

在这个意义上,"形上生命哲学"认为,单纯强调"理"与"气"或者"形式"与"质料"中的任何一方都是不恰当的,都是对本体之"有"的抽象研究。因为在"形上生命哲学"看来,"理"与"气"这两个概念

---

① 牟宗三:《道德的理想主义》,第17-18页。

都是通过一种哲学的分析对世界之真实存在的抽象考察，因而哲学理论强调双方中的任何一方作为本体之"有"都是脱离实际世界之真相的。世界上不存在无理之气，也不存在无气之理，没有脱离形式的质料，也没有脱离质料的形式。在现实世界中，本来都从不存在纯粹单纯的、自在的"理"或"气"、"形式"或"质料"，实际存在的只有包含了"理"的"气"、包含了"形式"的"质料"，只有这些具体现实的、"理""气"合一的事物才是真实存在的。因此，虽然我们在对具体事物进行研究时可以通过哲学的分析方法，得出事物构成的两个要素是"理"与"气"或者"形式"与"质料"，但这种哲学的分析是以实际存在的具体事物为前提的。也就是说，先有一个实际存在的具体事物，进而我们对它进行哲学的分析，以明了这个事物的几种构成要素，在此基础上才能形成诸如"理""气""形式""质料"等哲学概念。在这个过程中，实际存在的事物、具体的"实体"是哲学之抽象分析的前提，哲学分析所得出的概念是结论，因而实际存在的"实体"应当先于"理""气""形式""质料"等抽象概念。

"形上生命哲学"着重强调这个过程绝不能颠倒过来，我们通过对具体事物进行哲学的抽象分析得出了其要素为"形式"（"理"）与"质料"（"气"），其中"形式"是指事物之所以成为该事物的"本性"①、本质特征，"质料"是指事物得以构成的材料。进而，人们由于"质料"作为事物之要素在实际上不过是由"形式"来规范和赋予形状的，便把"质料"作为事物之要素中的次要一方，单独以"形式""本性"来代表事物的本体意涵。更进一步，许多哲学理论忽略了"理""形式"是从具体事物中抽象出来的这个事实，而直接以"理""形式"作为首要观念，认为这种观念性的存在甚至先于实际的具体事物而存在。在这种观点下，"形式""理"等观念成为它们的形上学探讨中最为重要、最具有优先性的哲学范畴。罗光认为，以上所讲的观点就是观念论哲学的基本主张，其对"观念得自具体实在"这一事实的忽视是导致其理论偏失的根本原因，进而观念论哲学所强调的"以'形式''理''本性'代表本体之'有'"的哲学立场是一种首尾颠倒、本末倒置的哲学观。

与观念论哲学立场相区别，罗光阐明了自己的实在论哲学立场。"形

---

① "本性"是西方哲学中大致相当于"形式"的另一个重要范畴，与"本性"对应的范畴是"存在"，"本性"与"存在"、"形式"与"质料"这两对范畴的区分以及以此为核心的争论是西方古典哲学时期的重要问题。

上生命哲学"的实在论哲学立场主要反对的是这种对于本体之"有"的抽象研究方法，而主张从"具体真实的现实"、实际的"在"来研究本体之"有"。在"形上生命哲学"看来，事物的"形式"等无一不是从具体事物的存在中分析和抽象出来的，所以应当将具体事物的存在作为哲学本体论的首要观念，实际存在的具体事物是先于一切观念的存在，因而"存在"在形上学上具有最核心的地位，"存在"先于、优于"本质""本性"。

并且，"形上生命哲学"借鉴中国儒家哲学的观点，认为这种具体"存在"的真实意涵是"生命"，世间一切"存在"均是不同程度地实现着自身之"在"的"生命"，整个宇宙形成了一道生命的洪流，是一个统一的"宇宙大生命"。"生命"作为"形上生命哲学"之实在论本体论的核心概念，强调现实世界之真实具体的存在才能展现"存有"本体的真实意义。罗光曾多次强调，生命是一个整体、一个整全的"在"，生命之中既包括"理""形式"，也包括具体的"气""质料"，生命的这种"在"是一种"整体的在"，这种"在"在任何时候都不能随意分割，因为一旦把事物之"在"的"理"与"气"相分离，该事物就不再是生命，或者说不再存在、不再"有"了。因此，罗光强调"在"在实际存在中不能区分，在认识论中也不应当被区分为"理"与"气"而单独由任何一方去认识，而是应当"常是一个整全的实体"。我们虽然需要通过哲学分析的方法去认识事物，但无论在讲本体论还是认识论时，都应当注重"何者为第一性"的问题。事物在根本的意义上应当被认识为一种整全的、整体的"在""生命"，世界在根本的意义上应当是一种包含了"理"与"气"、"形式"与"质料"的整全的"宇宙大生命"。这种整全的"在""生命"才是世界和事物的真相，而完全不同于进行哲学的抽象分析所得出的"理"或"气"、"形式"或"质料"。

此处还需辨明的是，"形上生命哲学"所讲的"在"亦不同于西方古典哲学所讲的与"本性"相对的"存在"概念。本书在探讨生命本体论之"生命"概念时提到，西方士林哲学传统认为"存有"的两大基本要素是"性"与"在"，罗光在分析"生命"概念时借鉴了这种观点，认为生命的两大基本要素是"性"与"在"。其中，"性"是指生命之成为自身的本质特征，大致相当于"形式""理"；"在"是指该生命有其"存在"，是真实存在的。这里的"在"是继承西方传统哲学的用法而讲的与"本性"对应的范畴，也就是通过抽象地分析事物的组成要素而得出的。"形上生命哲学"所探讨的代表本体之"有"的"在""生命"，不是上述这种抽象的

"在"，不是在对具体事物进行了哲学的抽象分析后所得出的与"性"对应的另一个要素"在"。罗光讲，哲学分析所得出的"性"与"在"，与"理"和"气"一样，实际上都是一种抽象的观念的存在，因为即便是"在"这一要素，也是通过进行理论的分析抽象地讲事物本身的"能存在"这种性质，而不是对真实具体的事物之存在真相的研究。所以，强调"本性""理"作为自己哲学的立场固然有所偏差，单纯强调这种理论分析所得出的抽象的"在"亦是不恰当的。在现实世界中，没有任何一种事物是只包括"性"或者只包括"在"的，所以以两者之中的任何一方作为自己哲学立场的重点都是一种抽象的哲学。因此，"形上生命哲学"所强调的是整全的"在""生命"，这与西方古典哲学所讲的对一个事物进行了哲学的抽象分析后所得出的"性"与"在"两大要素中的"在"虽有联系，但并不相同。

同时，这种实在论的哲学立场，因其所肯定的"在"不是与"性""形式"相对之"在"，故而并不排斥"性"和"理"。"形上生命哲学"所倡导的是一个包括了"性"和"在"的整个的实体、整全的生命，在这个实体中，"性""理"也是其重要因素，生命之"在"就是对这种"本性"之"潜能"的不断充分地实现。因此，"形上生命哲学"并不排斥"理"，也不提倡非理性主义的哲学立场。相对于观念论的哲学立场所强调的理则、规律的绝对性，实在论的哲学立场旨在把"理"置于"第二义"的位置，而更强调"事物、世界作为一个整体的现实存在"这一点在形上学中的优先性，这是两种哲学立场之间的根本差异。

通过以上分析，我们知道生命不是单纯的"理"或"气"、"形式"或"质料"，而是一种"整全的实体""整个的生命"。那么，这种生命之"在"的实质究竟是什么呢？"形上生命哲学"认为，生命是一种由实体内部自己发动而使其自身更为成全的活动，在不断实现自身内在之"本性"的"生生"过程中证成其"生命"的形上本质。换句话说，"生命"实际上就是一种不断由能到成的"生生之动"，在其最根本的意义上，生命是一种"生命力""创生力"。"形上生命哲学"认为，整个世界的根本、"存有"本体的真实意义是一种生命的创化与发展之力——"创生力"，创生力蕴含着使"理"与"气"、"本性"与"存在"相结合的生命动能，这种动能推动着生命不断实现自己的本性，使本性之理由潜能成为现实，推动着宇宙万有的"生生之动"，正是这种不息的"创生力"使物体成为真实的生命，使整个世界成为一个整体的生命。

这种被称为"创生力"的原初动能是罗光"形上生命哲学"之本体思考的根本点。正是由此创生力,在世界最初的来源问题上,罗光讲出了上帝必须存在的理由;同样正是由"此创生力之不断生生的变易性是落实于具体的生命实体"这一点,罗光强调"形上生命哲学"是一种注重"实有""实在"甚于注重"理"的实在论哲学。在这个意义上,我们认为罗光"形上生命哲学"的本体思考在根本的意义上肯定一种创化、生生的生命动力作为其最终本体,其生命超越论是一种"生命之在"的超越路向。

(三)牟宗三、罗光的超越路向之比较

对比牟宗三与罗光对超越问题的思考,可以看出两人思想在根本上的相通之处在于"本体作为一种根源的生命动力"的观点,对于天道本体的这种把握在两人的超越问题思考中具有关键性的地位。与此同时,两人的思考向度又在诸多方面呈现出鲜明的差异。

正如前文所述,罗光在自己的各种著作中多次强调:"本体在根本上是一种力","生命的实质就是创生力"。而牟宗三对于世界终极本体的探讨亦着力于肯定一种具有"活动性""创生性"的理本体,"本体是否具有活动性"成为牟氏评判一个哲学系统的本体观是否"通透"的最重要的根据。也就是说,"道德的形上学"的天理本体一方面具有相应于西方哲学中"规律""法则"的根本性和绝对性,另一方面又具有一种独特的自发、自动的创生性,具有一种充沛的、健动不息的生命动能,正是本体的这种动能、活动性才得以成全天地之间的事事物物,成就人的道德行为。

在这个意义上,"心之理"的超越路向与"生命之在"的超越路向在根本的本体基础上具有一定的相通之处。两者都注重探讨世界的根本之理,并且都认为此根本之理不应当是静态的规律、法则,而应当是动态的生生之理,是整个世界的动源和根本。如果进一步分析,我们可以看出牟、罗两人对于本体作为一种"活动"、动力的肯定是与注重生命实践的中国传统哲学分不开的。中国传统哲学以人之安身立命问题为主要的理论关注,因此注重探讨在不同的具体境遇中都能"兴发"实践之大用的生命动力,这一点在形上学上就体现为对本体之活动性、创生性的肯定。在这个根本点上,应当说牟宗三与罗光作为中国现代哲学领域的探索者,出于各自对中国传统哲学精神的把握,不约而同地肯定了本体的"活动性"这个重要特征,可以说在此问题上达成了某种意义上的共识。

与此同时,牟宗三与罗光的超越理论又体现出了相当的差别。这是本

书在比较两者时要着重加以论说的。

第一，两者最为显明的不同是观念论立场和实在论立场的差异。

牟宗三对于天道本体持一种观念论立场，倾向于把这种"活动性"的生命动能诠释为与经验的现象世界相对待的普遍性的"理本体"，更强调其区别于经验世界之偶然性的一种作为规律的普遍性。虽然牟氏亦注重"理本体"在经验世界、具体实践中的"发用"，认为"理"在具体实践活动中成为一种包容了特殊性的"具体的普遍性"，但是他认为这种特殊性是"特殊不作特殊观"，"虽特殊而亦普遍，虽至变而亦永恒"① 的。在这种包容了实践之具体性的"理"的意义上，牟宗三所强调的依然是本体作为一种规律、"理"的"放之四海而皆准"的绝对普遍性。可以说，牟宗三的哲学立场在根本上是一种涵容了具体性的观念论。

与牟宗三的立场不同，罗光在根本上坚持一种实在论立场。他不赞成本体与现象的二元区分，更不主张在现象世界背后寻找一个更高的理则作为本体。在他看来，本体与现象的区分是哲学抽象思辨的结果，这种区分在现实世界中并不真实存在。实际上，"理"即是"气中之理"，与"现象背后的理本体"相比，在形上学上更具有根本意义的是一个个"具体的实体""整全的生命"。如果用牟宗三的范畴来诠释这种生命实体，可以说这种生命实体是包含了感觉经验的现象与现象之条理（"理"）的一个整体。在此整体之中，"理"不再是与现象相分并高于现象的本体，感觉所成的现象亦不是虚幻的"识心之执"，由感觉经验所代表的"气之杂多"与"理之条理"共同组成的"整体的生命"是最根本的本体。用传统儒家的话说，"理"不是与"气"相离为二，而本来就是"气之条理"，涵容了"理"的"气"是罗光"形上生命哲学"的根本概念。我们由此可以看出，罗光哲学的本体论虽然强调具体生命实体的优先性，但也并不否认规律、"理"的重要意义。总的说来，与牟宗三哲学的本体论对于"理"之普遍性的偏重不同，罗光哲学的本体论更注重的是现实世界之真实生命的具体性，体现出一种涵容了"理"之普遍性的实在论立场。

第二，两人的思考体现出对价值与事实、应然与实然的不同处理方式。

牟宗三的"创生本体"是一个应然的价值之体，其对于世界的创生也是一种价值意义上的创生，并不是创造实实在在的具体事物。这种价值本

———————

① 牟宗三：《心体与性体》上册，第 147 页。

体的"创生性"实际上是一种对世间万物的成全作用。① 具体说来，在"本体是什么"的问题上，牟氏哲学的这种"本体"在根本上强调的是一种价值意义上的"应然"之体，在上述之"经验世界与理本体"的区分背后隐含着"实然与应然"（或者说"事实与价值"）的区分，强调的是一种价值意义上的"应当"之理、善本体；在"本体如何创生"的问题上，牟氏哲学强调创生是一种价值意义上的成全活动，而不是生出实实在在的具体事物及其自然属性；在"本体创生什么"的问题上，牟氏哲学认为"应然"本体所创造的是事事物物的"物自身"，而非感觉经验所成的"现象"，"物自身"是世间万物的价值之应当，是一种价值之理，而不是现实所说的具体的事事物物的"实然"存在。

罗光则认为天道本体之"创生性"代表一种包括了价值在内的对于整个世界之实际存在的创生能力。本体并不是具体事物背后的理，也不是实然背后的应然，因而本体的"创生"并不区分实然与应然、现象与物自身，并不只是创造应然的物自身界。也就是说，相对于牟宗三所讲的区分实然与应然的创生来说，"形上生命哲学"的创生不是只创生一种价值的应当，而是创生万物的具体实在，认为这种实际具体的创生才是最根本的创生，而不仅仅主张一种理想主义意义上的"生"。"形上生命哲学"所阐明的本体是实然的"生生"之天道，创生是实在地生出具体事物，天道创生的结果不仅仅是价值之应然，而首先是实在之实然。在这种创生观的基础上，天道本体不再被局限为应然的价值，而是代表一种统贯的生化万物的"生生之理"，应然的价值之理被涵摄到统一的"生生之理"这一"本体之理"的内容中。由此可知，不同于牟宗三那种结合现象与本体、事实与价值两对概念进行本体思考的倾向和价值优先的理论立场，罗光主要进行了另一个向度的考量。

具体说来，罗光的思考在"创生实际事物"的主张中强调的是天道的"生生之理"，认为在此"生生之理"的基础上方能讨论价值上的"生生之德"。在他看来，"生生之理"是一种本体之理，虽然包括了"生生之德"而体现为一种"本体论上的善"，但是不能割裂开"生生之理"而孤立地

---

① 牟宗三在《现象与物自身》中接受了康德所讲的"上帝只创造物自身而不创造现象"的观点（按：这一观点本身并非康德的原意），认为良知之体对于天地万物的创生是只创造事物之价值意义上的"物自身"，而不创造具体事物及其自然属性。在这个意义上，良知之体对于万物的"创生"在彰明、实现它们更根本的本体内涵的意义上成为一种对事物的"成全"作用，因此我们说牟宗三所讲的"创生"不是如同罗光的"创生力"那样包含了对具体事物的创造。

谈论"生生之德"。在根本上"本体之理"与"价值之善"是相即不离的，代表着上天、本体对于世间万物的创造和保全，同时体现出本体的形上根源性和价值意义。因此，"形上生命哲学"认为"创生本体"不仅仅是一种道德价值意义上的应然本体，其创生也不只是创造世间万物的"价值之应当"，而应当是一个真正地创造了包括价值在内的整个世界的"创生本体"。在罗光看来，不离于"本体之理"来讨论"价值之善"的观点是传统儒家也是他自己的哲学思想的重要观念。

简而言之，在这个问题上，牟宗三哲学的本体之"创生性"是在具体事物的现象与"理本体"二分、实然与应然二分的框架下，舍弃"实然"的事物之具体性而创生"应然"的价值之理则，最终证得本体自身也只是一种价值之理、具体事物背后的本体；罗光哲学的本体之"创生性"则是纳"理本体"于具体事物之中，创生出包含了"理"（这种本体之理是价值之理的根基）的具体事物，最终把本体自身展现为一种普遍性与具体性、应然与实然相结合的本体。

第三，在"创生本体"是否需要一个最初来源的问题上，牟宗三与罗光亦给出了不同的回答。

牟宗三认为这种本体意义上的"生生"之动能在世界产生之初是自生、自化的，或者说他严格遵循了传统儒家的观念，对此问题保持一种"存而不论"的理论立场。因此，"心之理"的超越之路不需要肯定一个最初的造物主，"道德的形上学"认为上帝之创造落到实处也还是这"道德的性体心体之创造"，在此之外再去信仰上帝无异于叠床架屋。

罗光则认为世界之根源的创生力不能自有、自生，创生力在宇宙之初必须是由上帝赋予的，生命在根本上来自上帝。因此，"生命之在"的超越之路必须承认一个上帝作为生命本体的源头和生命超越的终极，整个超越历程的最高境界就在于通过上帝的拯救进入永恒的彼岸世界。

综上所述，牟宗三与罗光的生命超越论在理论根基上都注重传统儒学所具有的关于生命动力、"活动性"的理论传统。在强调这种"活动性"之天道的基础上，两人的超越问题思考又在根本精神上展现出以下几个重要的理论差异：在"根本之道"是"普遍性"优先还是"具体性"优先的问题上，牟宗三更注重其作为理的普遍性，罗光则更注重其不离于具体事物的具体性；在"创生之力"是"价值的"创生还是"存在的"创生的问题上，牟宗三更注重价值的创生，罗光则认为价值不离于存在，本体的"生生之德"不能脱离"生生之理"来悬空谈论；在天道的"创生本体"

是否需要一个最初来源的问题上，牟宗三强调"创生本体"的自动、自生、自化，罗光则认为其在最初需要由绝对自有、全知全能全善的上帝来创造。

通过这种比较，我们可以看出上述这种根本精神上的差异主要是牟宗三与罗光的形上学观点之差异，而两人生命超越之路的根本区别也正是基于这种形上洞见的差别而展现的。他们对于儒家生命超越之路的不同向度的阐释也揭示出儒家超越问题本身的复杂面貌，为我们今后对此问题的进一步思考提供了较为广阔的理论空间。

三、"当体圆满"与"归向上帝"的超越之路

在超越的最终指向问题上，牟宗三、罗光的生命超越之路分别体现出"当体圆满"与"归向上帝"的特点。

牟宗三哲学所阐明的超越之路是一种"当体圆满"、无待于外的"内在超越"之路。这主要体现为以下三点：（1）从生命超越的本体论基础来看，"道德的形上学"所强调的本体之理是"即存有即活动"的自在、自生之理。对于"理本体"在宇宙产生之初是如何而来的问题，牟氏继承传统儒学的智慧精神采取了一种"存而不论"的态度，不承认此本体之理的存在还需要一个外在的上帝来保证。（2）从生命超越的基本理路来看，在上述本体论的基础上所提出的内在超越论主张显发心中先天本有的天理本体，基于这种通于天道的本心的"创生性"来发动道德实践，通过不息的实践以越来越充分地展现出超越本体（天理）的绝对普遍性和价值理想性，从而实现个体生命的超越。整个生命超越的理路都是充分发挥自身本有的性体心体之自觉性和能动性的历程，可以说是一种通过"自力"而达到的圆满境界，不需要任何外在的神明进行启示和救赎。（3）从生命超越的最终境界来看，有限的人通过显发心中之天理本体的全部内涵所达到的最终境界不是脱离了此世的彼岸世界（比如上帝的天国），而就是在现世中达到的一种"具体的普遍性"，即一种寓天理本体于日用平常之中的圆满境界。

罗光哲学所阐明的超越之路是一种"归向上帝"的超越之路。这主要体现为以下三点：（1）从生命超越的本体论基础来看，"形上生命哲学"之本体论认为整个世界之生命本体在最初的根源上需要一个创造主上帝，唯有肯定一个自有自生而又全知全能全善的上帝作为最终源头，才能解释有限的世间万物得以产生的最终根据。（2）从生命超越的基本理路来看，

有限的个体虽然主要是发挥自己本身具有的生命力进行一种自我成全的超越行为，但这种生命力在根源上则是由创造主上帝创造的。并且在此世之"本性超越"的基础上，超越之路还包括了更高层次的"超性超越"，而人要完成这种"超性超越"，就必须通过皈依上帝的行为来实现。如果离开上帝所施予的洗礼、启示、救赎等行为，人类单纯凭借自身的生命力是无法实现"超性超越"的。（3）从生命超越的最终境界来看，最为圆满的超越境界是超出有限的人类的"本性生命"，进入一种"超性生命"境界。这种基于天主教教义所提出的最高境界实际上就是在皈依天主教信仰的前提下，通过天主教的灵修所达到的最终状态。这种超越境界是高于现实世界的彼岸世界、上帝的天国，在现世生活中是难以达到的，唯有在人的肉体生命消亡后，灵魂进入上帝的国度时才能最终实现。这是罗光的"形上生命哲学"所肯定的最高、最圆满的超越境界，这也就是天主教信仰所讲的永生。

由上可知，牟宗三与罗光的生命超越论在最终境界上存在着根本的区别，前者趋向自力自足的道德实践所达到的"当体圆满"境界，后者趋向通过上帝拯救所达到的"归向上帝"境界。以各自的最终境界为依归，牟宗三的思考成就了"即道德即宗教"的人文宗教，罗光的思考则指向了皈依上帝的天主教。衡量他们对于超越问题的思考，本书认为，虽然两人对于"究竟是自力还是他力""是否需要一个上帝"等问题都从哲学义理上提供了自己的解答，但这种哲学义理上的诠释仍然是以他们的信仰身份为前提的。儒家道统的现代传人和基督教知识分子这两种学术身份分别构成了牟宗三与罗光的理解"前见"，相对于两人的哲学论证来说，他们各自的信仰传统之差异无疑是这一问题上更为根本的影响因素。

第二节　两种超越路向的理论根据

牟宗三与罗光对生命超越问题的思考可谓自成体系、各具匠心，不过他们的观点显然也都不是四无依傍的偶发之论，而是借鉴了中西哲学中的许多有益思想资源。在中国传统哲学资源中，牟宗三与罗光分别借鉴了心学传统与气学传统的理论智慧；在西方哲学资源中，两人分别借鉴了德国古典哲学与中世纪士林哲学的思想资源。

一、心学传统与气学传统

在对中国传统哲学资源的借鉴方面，牟宗三、罗光分别表现出注重心学与注重气学的倾向。在此首先应当明确的是，本书所讲的对于中国传统哲学资源的"注重"，可被区分为以下两种含义：一种是在接续道统的意义上讲的"注重"，另一种则是在借鉴学术资源的意义上讲的"注重"。牟宗三与罗光正可被分别归入以上这两种情况。牟宗三对儒家心学传统的借鉴是在接续道统的意义上进行的。在一种接续儒家精神生命的现代儒者的意识中，牟宗三对于传统儒学的思想理路分判了"正宗"与"歧出"，又以自己心目中最为相应的哲学范畴对之加以诠释，并且建构了"道德的形上学"体系来探讨其现代发展之路。牟宗三在儒门淡泊、花果飘零的忧患意识中始终以一位现代儒者的身份出现，孜孜以求"为往圣继绝学"的合理途径，并以儒家义理作为衡量一切学术观点的最高标准。而罗光对儒家气学传统的注重，则是在借鉴学术资源的意义上讲的，也就是说，他不是以儒学的现代传人自居，而是出于现代中国哲学建构的理论思考，认为儒家气学传统的一些观点具有较大的合理性，是一种值得借鉴的学术资源，因而以之来建构自己的现代哲学体系。

（一）牟宗三与心学传统

牟宗三"道德的形上学"的理论思考是建立在借鉴传统儒学智慧的基础上的。在传统儒学中，他最注重的是宋明时期的儒学，"道德的形上学"体系的核心思想主要借鉴了陆王心学传统的理论智慧。

首先应当指出的是，牟宗三的思想有一个发展变化的过程，他在中年梳理哲学史时的观点与晚年建构哲学体系时的观点略有不同，导致对于儒学内部各派系的注重程度有所转变。[①] 在梳理宋明哲学史的《心体与性体》一书中，牟宗三认为北宋以后至明末这一时期的儒学沿三系发展。其中"五峰蕺山系"由《周易》《中庸》回归《论语》《孟子》，"象山阳明系"从《论语》《孟子》渗透至《周易》《中庸》，因此这两系可被视为"一圆圈的两来往"，两者可以会通为一大系，牟宗三称之为"纵贯系统"，其主要特征为将形而上的实体（"道体""性体""心体"等）视为"即存有即活动"的，其工夫入路是"逆觉之路"。而"伊川朱子系"则与之相

---

① 关于牟宗三思想中期到后期的转变历程，本书参考了卢兴《牟宗三与阳明学》（《思想战线》2008 年第 5 期）一文中的观点。

对，将本体视为"只存有不活动"的"理"，其工夫入路是"顺取之路"，因而牟氏称这一系为"横摄系统"。（这里所谓"纵贯"是讲活动性、创生性，"横摄"是讲平列性、对待性。）在纵贯系统中，又以"两方面皆饱满"的"五峰蕺山系"在义理上最为圆熟。与这种哲学史的研判不同，牟宗三在建构"道德的形上学"体系时由原先所期望的"心性兼备"的完备理想（"五峰蕺山系"）逐步转向了"一心之朗现，一心之伸展，一心之遍润"的陆王心学的理路。概括言之，"五峰蕺山系"的理路是"以心著性"，"象山阳明系"的理路是"心即是性"，而两系在最后的理论归结点上都是"心性合一"。就牟氏之"道德的形上学"体系而言，"心即是性"是"以心著性"的逻辑归结，最终必然走向一个先天而绝对的道德主体（"良知"）。在这个意义上，我们认为牟宗三最终偏离了他对宋明儒学判教之初的理论预期，成为陆王心学的现代传人。具体说来，"道德的形上学"对于心学传统的借鉴包括以下三个方面：

1. "即存有即活动"的本体观

牟宗三曾讲，对于道体性体的体会只有两种：（1）体会为即活动即存有；（2）体会为只存有而不活动。在纵贯系统的本体观中，从"尚未分系"的濂溪、横渠、明道一直发展到陆王心学的整个学术传统都认为道体、性体是一种"即存有即活动"的本体，这一点（对于本体之"活动性"的强调）也是纵贯系统的哲学思想最为突出的理论特征。"溯自濂溪之言诚体、神体乃至太极，横渠之言太虚神体，明道之直就'於穆不已'之体言道体性体，而又易体、诚体、神体、心体、理体、仁体、忠体、敬体，通而一之，总之是对于道体性体无不视为'即活动即存有'者。"① 牟宗三认为，"活动性"是纵贯系统之本体观与以程颐、朱熹为代表的横摄系统之本体观的根本差异。

在纵贯系统中，"此天理实体是能起道德创造、宇宙生化之创造真几，亦是贞定万事万物使万事万物有真实存在之自性原则。此是支撑万物挺立宇宙之刚骨"②。由此可见，纵贯系统的天理本体同时具有作为万物之原则的"存有义"与作为"生化真几"的"活动义"这两个方面的意涵。具体说来，"天理之为本体论的实有与天理之为宇宙论的生化真几这两者是同一的，是表示天理既是存有，亦是活动，是即存有即活动的（活动是动

---

① 牟宗三：《心体与性体》上册，第69页。
② 同上书，第66页。

而无动之动,是神用神动之动,不是气动之动),不是只存有而不活动之'只是理'。动而无动的活动与存有这两者合而观之,便可说天理是一个生化的真几、创造的实体。……生化之理是言创生万物的真几、实体;存在之理是言'使然者然'的存在性。这是人乃至万物底真自己"①。由此可知,纵贯系统的本体是涵括了"生化之理"与"存在之理"这两层意涵的本体。

这种天理的活动性、创生性,在传统儒学的纵贯系统中被称为"太虚神体""创造真几"。在传统儒学看来,天道实体之所以具有创生性,是"本乎其自体之至虚而神","此是一切创造中最高的创造……惟此太虚神体之创造是无限的"②。牟宗三曾经解释这种"太虚神体"的具体意涵,认为"明道于此从'寂感真几'来了解这个根源,了解作为生道之易。……在'寂然不动感而遂通'之诚体之神中'天理俱备,元无欠少',恒常自存,不增不减。总持地说,寂感真几就是理,即生化之理,其内容就是所谓'百理',合寂感与百理为一而言之,统曰天理。此天理不是脱落了神的'只是理',故它是理、是道、是诚、是心,亦是神。……父子君臣乃至随事而见之种种理,所谓百理、众理或万理,俱浑完于寂体之中,而复随感而显现于万事之中以成事之为实事。……此皆寂感真几、诚体之神之所显发,故无一少欠也"③。也就是说,天道本体的创生性就体现在这个从"寂"的"存体"到"感"的"发用"的过程中。天道作为应然的价值之体,对于世间万物来说处于一个指导原则的地位,在应物处事的具体性中"当然而不容已"地引导事事物物归于正道,显发出"寂体"之用。事事物物终将为这种"生生之道"所引导和润泽的事实体现出天道对于事物的引导与规范作用,这种天道本体之自然而然的引导与规范作用也就是天道本体之活动性、创生性的根本意涵。所以说,传统儒学所讲的"寂感神体"并不是神秘主义意义上的"神体",而是在真实的道德实践、天道创生实践中所体现出的本体之"神用"。"'寂然不动者诚也',此就诚体之体说;'感而遂通者神也',此就诚体之用说。总之,诚体只是一个'寂感真几'。"④ 在这个"承体启用"的意义上,传统儒家认为天道本体是"静寂时无声无臭、无方所、无形迹、一尘不染、纯一不杂……静时虽

---

① 牟宗三:《心体与性体》中册,第49页。
② 牟宗三:《智的直觉与中国哲学》,第185页。
③ 牟宗三:《心体与性体》中册,第54页。
④ 牟宗三:《心体与性体》上册,第285页。

无，然非死体，故动时则虚而能应、品节不差……则即因其所应之事而有方所、有形迹……则仍不失其一尘不染、纯一不杂之虚体"①。在这种由"静"到"动"、由"寂"到"感"的"承体启用"之间，体现出天道本体的活动性、创生性。

通过以上分析我们可以看出，纵贯系统对于本体的这种"活动性"的肯定，主要在于强调天道本体对于世间万物的引导和润泽作用。这种"遍润万物"的本体之创生，落实来讲就是心体性体发动道德实践的能力以及由此"推扩"而有的"应然"之本体对于世间万物的引导和规范。人之道德实践活动正是天道这种创生性之最重要的表现，在这种活动性、创生性的基础上，本体的普遍性不再是像西方哲学之理那样的"抽象的普遍性"，而是基于具体的生命实践活动而展开为一种"具体的普遍性"。

与此相反的是，横摄系统认为天理是一种静态的规律、法则，是"只存有而不活动"的。天理只是就事事物物进行分析而得出的"所以然之理"，而不是真实的创生道德实践与天地万物的生化之理。牟宗三认为，这种"只存有而不活动"的本体观使天理本体在根本上缺乏一种内在的自发自动、挺拔有力的动能，从而难以成全世间万物，也难以发动道德行为乃至其他一切实践活动。在这个意义上，横摄系统的本体论由于在根本的"内在动源"问题上的理论困难，而成为对儒家本体论之根本精神的一种误读，以程颐和朱熹为代表的横摄系统成为传统儒学中的"别子为宗"。

以上这个本体的"活动性"问题是牟宗三在梳理宋明儒学时着重强调的，他在"道德的形上学"中对于心学传统的借鉴也以这种良知本体的"活动性"为根本内容。"道德的形上学"的"良知本体"亦是一个"即存有即活动"的本体，"知体明觉是道德的实体，同时亦即是存有论的实体。自其为存有论的实体而言，它是万物底创生原理或实现原理，是乾坤万有之基，是造化底精灵"②。牟宗三着重强调"良知本体"不仅是理则，而且是一种具有"创生性"的"生道"。他用《易传》所讲的"乾知大始"中的"乾知"来解释良知本体，"《易传》说'乾知大始'，是以天之乾健之德（即生德）作为万物之大始，即由之以创生万物也。……乾之所以可主万物之始，以其为生道也。而生道之所以为生道之实则在'心'也，故历来皆以'仁'说此生道也。……在王学，即以知体明觉说此仁，故即以

---

① 牟宗三：《心体与性体》上册，第 283 页。
② 牟宗三：《现象与物自身》，第 92 页。

知体明觉实'乾主始'之主也,因此,遂有'乾知'之说。……亦即以创始万物的乾健之德之身份说此良知也"①。可以看出,良知本体作为天地万物之"大始",代表的是一种创生万物的"生生之道",具有健动、生生的"活动性"。"活动性"在根本上代表着一种主动自觉地创发行为的能力,这种能力使应然的道德理想落实为真实的实然的道德行为,亦是这种能力使应然的天理本体落实为真实地对万事万物进行护持和保全的真正创生之体。

2. "一心之遍润"的本体观

牟宗三在"道德的形上学"中赞同传统儒学的"天人合一"观念,认为天道与人道"通而为一",天理本体创生万物的活动性与性体心体发动道德行为的活动性之间是同一的关系。他的这种观点主要是借鉴王阳明的观点进行阐发的,认为"唯有道德的性体心体之创造才是真正真实的创造",因而"心即是理",本心良知就是天地万物的最终本体。

在《心体与性体》中,牟宗三认为陆王之学是沿着孟子的理路,以道德主体的"本心良知"涵摄道德原则、"摄性于心",从而在本体论上做到了"摄客观于主观""摄存有于活动",将实体性的存有问题纳入"本心良知"的道德实践活动来证立,将主体性的"本心"提升为理论体系的核心。这种把握应当说是比较准确的,我们可以从王阳明论"良知"的下述语句中看出这种倾向:

> 天地间活泼泼地,无非此理,便是吾良知的流行不息。
>
> 良知是造化的精灵,这些精灵,生天生地,成鬼成帝,皆从此出,真是与物无对。
>
> 人的良知,就是草木瓦石的良知。若草木瓦石无人的良知,不可以为草木瓦石矣。岂惟草木瓦石为然,天地无人的良知,亦不可为天地矣。(以上均出自《传习录》卷下)

可以看出,阳明这几处所论的"良知"已经超出心性论范围,涉及存有问题了。也就是说,"良知"不仅是人的道德本心,而且是宇宙造化由之产生的本原,是天地万物存在的形而上学根据,真正具有了"本体"地位。从引文来看,阳明所讲的"理"已经不局限在主体的范围内,而是扩大至整个存在界,成为天地万物"所以然之故"与"所当然之则",因此

---

① 牟宗三:《现象与物自身》,第93页。

在对"理"的理解上，"心即理""良知即天理"的含义就不局限在主观方面的道德实践领域，而是具有了本体宇宙论的典型特征。可以说，阳明所言之"良知"是"即主观即客观""即存有即活动"的；其之所以如此，也可以说是不自觉地继承了《中庸》《周易》以来儒家的本体宇宙论传统。

我们如果仔细检阅牟氏后期的几部著作，可以明显地看出他在建构自身"道德的形上学"体系时对王学（王阳明、王龙溪、罗近溪等）语录的引用在频率和篇幅上大大超出对胡五峰、刘蕺山著述的引用。牟氏对王学的这种倚重不仅表现在形式上，而且在精神实质上更加鲜明地站在阳明学的立场，将"良知"或"知体明觉"视为德性主体与形上实体的统一：

> 道德的实体同时即是形而上的实体，此是知体之绝对性。知体有三性：一曰主观性，二曰客观性，三曰绝对性。主观性者，知体为"良心"也，即"独知"之知，知是知非（道德上的是非）之知也。客观性者其本身即理也。绝对性者其本身即"乾坤万有之基"也，亦即王龙溪与罗近溪依《易传》"乾知大始"所说之"乾知"也。①

> 此绝对普遍而无限而又有创造性的本心仁体即上帝——最高的主宰。此在中国以前即说此即是天命天道之真体——客观说的天命天道必须与主观说的本心仁体合一，甚至是一。如是，不能于本心仁体外别有一个上帝。②

"知体"（"良知"）具有了绝对性，也就不仅是单纯主观性的道德之"心"，而且具有了客观性、普遍性和无限性，成为存有论意义上的实体。这样一来，"天命""道体""性体"等这些实体性概念所具有的意涵无一遗漏地被收摄于绝对性的"知体明觉"中。换句话说，在牟宗三的"两层存有论"体系中，由于"心体"的存有论化，"性体"与天道实体在根本的意义上就是心体发动道德实践的能力，因此心即是性，心即是理，心体、良知就是一切的最终本体。绝对性的"良知"（"自由无限心"）本身就是圆满具足的，面对经验世界中的种种缺陷，"良知"自身就包含了超越任何缺陷的可能性，在这个意义上，"良知"充当了上帝的角色——全知、全能、全善。由此可知，牟宗三的"道德的形上学"之本体论与王阳明的"一心之朗现，一心之伸展，一心之遍润"的理路十分相近，可以被

---

① 牟宗三：《现象与物自身》，第 92－93 页。
② 牟宗三：《智的直觉与中国哲学》，第 201 页。

称为"一心之遍润"的本体观。

3. "当体圆满"的生命超越论

在传统儒学看来，作为世界之本体的天理与人之为人的内在本根从来都是相互贯通的关系。陆王心学"一心之遍润"的世界观把这种观念发展到极致，认为人之内在的"本心""良知本体"就是天地万物的最终本体，也就是现实的人进行生命超越的最高目标。所以，在心学传统看来，人之生命修养或者说追求超越的过程是一个逆觉体证、发明本心的过程，其关键就在于发现心中的"良知之天理""知体明觉"。在这个意义上，可以说陆王心学最大限度地发展了传统儒学关于天人之间贯通性的理论思考，一方面，继承了传统儒学天人相通的观念，认为人之做工夫、实现生命超越的根据就在于"与天理相通的本心"，而不是把超越的根据交付给一个外在超越者的"启示"或指引；另一方面，心学把这种贯通性推至其极，使天理本体与人的内在本心完全同一，从而只要"发明本心"，就可完全契悟天理本体，实现圆满自足的生命超越，而不需要等待任何外在的无论是"理本体"还是"创造主上帝"的审视，可以说是一种"当体圆满"的超越之路。

我们分析牟宗三"道德的形上学"的生命超越论，可以看出它继承了陆王心学的上述观点。牟氏在其学思历程中始终认为康德为其思辨推证的传统所限，虽然提出了道德自律、意志自由等重要观念，但却未能正视其是一个"真实的呈现"这个事实，最终导致把意志自由推给上帝，也就把整个世界的创生本体交付给了神学的上帝，从而只能建成"道德的神学"。"道德的形上学"正是根据儒家实践体证的传统肯定"意志自由""本心良知"为"真实的呈现"，从而贞定天地万物的创造根基，这个根基是"一切创造中最高的创造"，"就是宗教信仰所说上帝之创造，若真是落实了，还是这道德的性体心体之创造"[①]。因此，"道德的形上学"的超越之路是以内在的"良知本体"为根据，通过"反身而诚"的逆觉体证之路寻求生命超越，并且其最终境界就是充分地发展自己的"本心良知"，而不需要外在的上帝的启示与救赎。我们可以从总体上把这种超越论概括为"当体圆满"的生命超越论。

(二) 罗光与气学传统

罗光"形上生命哲学"受到了以儒家为主要代表的中国哲学的重要影

---

① 牟宗三：《心体与性体》上册，第154页。

响，他曾讲，中国哲学的基本精神应当由儒家哲学来代表，"中国哲学在传统里称为儒释道三家，传统的中国哲学则以儒家为正统，中华民族的文化乃为儒家的文化"①。在以儒家为正统的中国传统哲学中，罗光最为推重的是以张载和王船山为主要代表的气学传统。"形上生命哲学"的理论思考在很大程度上受到了气学传统的启发和影响，主要体现在以下三个方面：

1. 实在论立场的本体观

针对一些中国哲学研究者认为儒家没有形上学传统的观点，罗光明确指出，儒家有形上学，中国哲学的形上学传统应当主要由儒家的形上学观点来体现。"通常研究中国哲学的人，常说儒家没有形上学；我则总以为若没有形上学，儒家哲学就没有基础，怎么能传了二千年？《易经》的宇宙思想，就是儒家的形上学，后来更有宋明理学的形上思想。把儒家的形上思想和西洋的形上学比较，骤看，有点看不见儒家形上思想的形上意义；但深入去研究，则可以见到《易经》形上思想的深奥。"② 由此可知，罗光认为中国哲学的形上学传统就是以《周易》哲学为基础而由后世儒家不断传承的包含在解易传统之下的理论思考，这种思考又以宋明直至清代的义理之学最为典型。罗光曾多次讲，在《周易》哲学的基础上所形成的中国形上学传统中，自己最为赞同的是以张载和王船山为主要代表的"气学"一派，他认为"气学"对于形上学的主张是最为合理的。"形上生命哲学"之本体论观点就是借鉴了气学传统的许多重要观念而提出的。

罗光对比西方哲学传统，从总体上讲明了以张载和王船山为主要代表的气学传统的基本形上学观点："西洋形上本体论讲'有'，以'有'为万有的最后根本。'有'是什么？从本体的性质没可讲，因为一切都是'有'，'有'是最后的观念。中国《易经》的形上学讲'在'，万有都要是'在'，不在就不有。'有'和'在'不能分离。'实有'由'性'和'在'所构成，西洋形上学讲'实有'由'性'去讲，中国儒家形上学由'在'去讲。"③ 也就是说，相对于西方哲学从抽象的"有"的观念来研究本体的理路，以气学传统为主要代表的中国哲学注重研究实际的"在"；在具体事物的研究方面，西方哲学注重探讨其"本性"之"理"，中国哲学中

---

① 罗光：《生命哲学再续编》，载《罗光全书》第 2 册，第 105 页。
② 同上书，第 111 - 112 页。
③ 同上书，第 106 页。

的气学传统则认为"理在气中""性在气中",注重探讨具体事物的实际存在。

罗光对气学传统的认同主要是通过其对王夫之思想的分析和借鉴而表现出来的。罗光讲:"王夫之的易学,便代表他的形上学。"① 在梳理王夫之"解《易》"著作中的形上学思想时,罗光指出,"汉易失在过于讲气数,不讲义理;王弼和程颐橄矫却过于讲义理不讲象数;朱熹想橄正程子则又偏于汉易。王夫之自己尊重张载"②。由此,罗光认为张载、王夫之所代表的"气学"一派体现出区别于"汉易"和程朱理学的独特形上学洞见。在《读四书大全说》中,王夫之认为,"程子统心、性、天于一理,于以破异端妄以在人之几为心性而以'未始有'为天者,则正矣。若其精思而实得之,极深研几而显示之,则横渠之说尤为著明"③。罗光在这个意义上认为,"王夫之且注张载的《正蒙》,采纳他的宇宙论。张载的宇宙论以气为基本,气为实体,理在气中,朱熹虽主张理气二元,然在理论上,理在气先……王夫之主张实有论,故不采朱熹的学说,而采张载的思想"④。

具体说来,罗光对王夫之的实在论形上学思想的赞同体现在以下五个方面。

其一,王夫之认为《易经》所讲的宇宙之源——"太极"——不是朱熹所阐释的"理之极至",而是张载的"太和","阴阳之本体,絪缊相得,合同而化,充塞于两间,此所谓太极也。张子谓之'太和'"⑤。罗光就此指出,"太极究竟是什么?王夫之说是气的本体,是气未分阴阳以前的太和。……宇宙是实有的……实有的宇宙之源乃是气,气为实有"⑥。

其二,王夫之认为"天""性""心""理"都在实有的"气"中,"盖言心言性、言天言理,俱必在气上说。若无气处则俱无也"⑦。"天之命人物也,以理以气。然理不是一物,与气为两,而天之命人,一半用理以为健顺五常,一半用气以为穷通寿夭。理只在气上见。"⑧ "盖气者吾身之与

---

① 罗光:《中国哲学思想史·清代篇》,载《罗光全书》第13册,第146页。
② 同上书,第148页。
③ 王夫之:《读四书大全说》卷十,载《船山全书》第6册,岳麓书社,1991,第1109页。
④ 罗光:《中国哲学思想史·清代篇》,载《罗光全书》第13册,第148页。
⑤ 王夫之:《周易内传》卷五下,载《船山全书》第1册,岳麓书社,1991,第561页。
⑥ 罗光:《中国哲学思想史·清代篇》,载《罗光全书》第13册,第150页。
⑦ 王夫之:《读四书大全说》卷十,载《船山全书》第6册,第1109页。
⑧ 王夫之:《读四书大全说》卷五,载《船山全书》第6册,第726-727页。

天下相接者也。……则理以治气，而固托乎气以有其理。是故舍气以言理，而不得理。则君子之有志，固以取向于理，而志之所往，欲成其始终条理之大用，则舍气言志，志亦无所得，而无所成矣。"① 罗光赞同这种观点，认为"朱熹追随程颐的思想，以天、性、心为理，不是气。张载则以天、性、心、理，俱在气上说，王夫之接纳张载的主张。气为实有，天性心理若不是虚无幻想，则必在气以内，不能离开气。当然天性心理不是气，然也不能说是理，理气不能分离，离气而说天，则没有天，离理而说天，也没有天"②。因此，"理不能自立，必附于气上，在气以内，理为气之理。……宇宙唯一气，理则在气中。太极为气，阴阳为气，人也是气"③。

其三，王夫之认为气的本体为"神"为"虚"。罗光讲："气的本体为虚，为无形；然而氤氲善变。这种气不能归属于物质，王夫之接纳张载的思想，称气之本体为神，为灵明。"④ 罗光认为王夫之的这种观点肯定了"气"本体之偏于精神性的虚灵一面，把它与纯粹作为事物之材料的"气"区别开来，是具有积极意义的。

其四，王夫之主张宇宙为一气所成，但也并不否认有"理"，相反还十分重视"理"。罗光讲："他虽以气为天地的一元，然却很看重'理'"⑤，"宇宙之源为太极，从气方面说称为太虚，从理方面说称为太和，太虚之中有太和之理"⑥。罗光认为，王夫之的这种观点不因为强调"气"的根本性而否定"理"所代表的世界的规律性，在根本上坚持着理性主义的立场，是值得肯定的。

其五，就"道器"关系来说，王夫之认为"道不离器"。罗光赞同这种观点，并将王夫之的思想阐释为："阴阳运行，化育万物，神妙莫测，没有形象可见，故称为形而上之道。至于成形，形质已显，则已成物，物则为形而下之器"⑦，"道为化育运行之道，化育运行必因器而成，器既为化育运行所成，又为化育运行之用；故道与器不相离。而且在人事方面道

---

① 王夫之：《读四书大全说》卷八，载《船山全书》第 6 册，第 922 页。
② 罗光：《中国哲学思想史·清代篇》，载《罗光全书》第 13 册，第 155 页。
③ 同上。
④ 同上书，第 156 页。
⑤ 同上书，第 159 页。
⑥ 同上书，第 160 页。
⑦ 同上书，第 168 页。

因器而有，器由道而成"①。

总的说来，相对于程朱以"理"为核心的理学系统，王夫之的思想代表了具有鲜明实在论特征的气学系统。"太极为气之极致，朱熹却以为理之极致；然王夫之以气有理，理即气之理，则气之极致也即是理之极致。王夫之讲气时，常讲理，理气不相离。在存有上理气同存有，在认识上理气同认识，不能有气没有理，也不能有理没有气，理气没有先后的可言。"②"宇宙有大化流行，化生万物，长流不息。有理学家主张大化为气，有理学家主张大化为理，王船山注解张载的《正蒙》，就以太和的太虚之气，有不息的大化能力。"③ 显然，以王夫之为代表的气学传统是罗光"形上生命哲学"所赞同的形上学观点。

王夫之继承张载的形上学观点，认为"理在气中""道不离器"，坚持一种实在论的本体观，这也反映了清初多数学者为了反对宋明理学的空疏，一致注重实学，认为气为实有、理附于气的总体观点。罗光"形上生命哲学"认同这种立场，并借鉴它来进行现代哲学的本体论思考。首先，"形上生命哲学"认为本体之"有"的完满意涵只能是"实在""实体"，唯有从"在"的角度来研究本体之"有"才是最为合理的形上学路线；其次，本体之"有"不能被简单归结为"理"或"形式"，而通过"理""形式"等抽象的观念进行抽象的研究。"理""形式"只能是"气中的理""事物的理""实体的形式"，不能脱离"气""实体"而单独存在；最后，"形上生命哲学"并不因为以"气""在"为本体而轻视"理""形式"，而是认为"在""实体"就是对"理"的越来越充分的实现、落实。"理""本性"对"实体"的存在具有规定作用。不过这种规定作用不能脱离"实体"而成为悬空的、独立自在的法则，现实具体地包含了"理"和"气"的"整体的实体"在本体论上具有更为根本的意义。

2. "本体"为"不断变易之体"

以王夫之为集大成者的气学传统不但认为世界之根本的"气"是实有、实在，而且继承《周易》传统认为"气"是一种不断变易的本体。实际上，"本体为变易之体"的思想不仅是王船山或气学哲学的观点，而且是整个中国儒家哲学基于《周易》传统而有的一贯主张，王船山作为整个

---

① 罗光：《中国哲学思想史·清代篇》，载《罗光全书》第13册，第169页。
② 同上书，第166页。
③ 罗光：《生命哲学再续编》，载《罗光全书》第2册，第107页。

儒学发展史上的总结性人物，对儒学的这种观点进行了更为充分的阐发。罗光"形上生命哲学"就吸收了王夫之所阐释的代表着整个儒家哲学根本精神的变易的本体观，并且认为这种思想体现着中国哲学本体论的独特之处，"亚里斯多德看宇宙为物质，乃由物质方面去讲'变'；……亚里斯多德讲宇宙便从物质的动去讲宇宙。中国《易经》讲变，则从形上本体论去讲"①。

具体到王夫之关于"变易"的思想，罗光指出，"王夫之思想的一种特点，在于主张动。他不单接纳《易经》的思想，以宇宙常在变易之中，而且推论到极点，以每件物体在本质上仍继续在动……因此王夫之的'动'：是彻底的动，是神妙的动"②。他进一步阐发说："宇宙的动起自太极，太极为道，道之实为气。气在太极，阴阳相合，称为太和。然而太和之道为变化之道……太和之性，为动的性，又升起氤氲相荡胜负屈伸的动，而后阴阳乃显，天地乃成，万物乃生。"③ 王夫之主张，"体道者不于物感未交、喜怒哀乐未倚之中，合气于神，合神于性，以健顺五常之理融会于清通，生其变化而有滞有息，则不足以肖太和之本体，而用亦不足以行矣"④。罗光就此进一步指出，"太和之道的本体不是静，不能从物感未交、七情未发之中去看，也不能在变化中有滞有息。太和的体可以从人的生命去观察，人有神有气，有性有五常之理，融会贯通于阳的健和阴的顺之中，常行不停"⑤。

关于宇宙变化的基本原理，张载认为，"两不立则一不可见，一不可见则两之用息。两体者，虚实也，动静也，聚散也，清浊也，其究一而已"⑥；"一物两体，气也；一故神，两故化"⑦。王夫之为之作注曰："氤缊太和，合于一气，而阴阳之体具于中矣。"⑧ "自太和一气而推之，阴阳之化自此而分，阴中有阳，阳中有阴，原本于太极之一，非阴阳判离，各自孳生其类。故独阴不成，孤阳不生，既生既成，而阴阳又各殊体。其在

①　罗光：《生命哲学再续编》，载《罗光全书》第 2 册，第 106 页。
②　罗光：《中国哲学思想史·清代篇》，载《罗光全书》第 13 册，第 183 - 184 页。
③　同上书，第 184 页。
④　王夫之：《张子正蒙注》卷一，载《船山全书》第 12 册，岳麓书社，1992，第 17 页。
⑤　罗光：《中国哲学思想史·清代篇》，载《罗光全书》第 13 册，第 185 页。
⑥　张载：《正蒙·太和》，载《张载集》，中华书局，1978，第 9 页。
⑦　张载：《正蒙·参两》，载《张载集》，第 10 页。
⑧　王夫之：《张子正蒙注》卷一，载《船山全书》第 12 册，第 46 页。

于人，刚柔相济，义利相裁，道器相需，以成酬酢万变之理，而皆协于一。"① 也就是说，变化的基本原则以"一气""太和"为根基，阴阳皆在此"太和"中，由"太和"分为"两"（阴阳）以开始变化，阴阳互相交结、互相消长，遂起变化。"阴阳的变动，互相对待，然不相敌不相否决，而是互求合一，虽不能合而为一，然不相离，而且维还送至，不停不息。"②

这种阴阳协调的不断变化在宇宙中是一个永不止息的过程。王夫之在注释《周易》的过程中，领悟到天地运行是一个恒久不息、循环不止的过程，他指出，"天理日流，初终无间"③，"万物方以此终，即以此始。终于厚者始于厚。厚者，义之至，仁之尽也。故曰'始终于艮'。艮可以终而可以始，化万物者，无不厚之日。旧谷之登，新谷之母也。而何疑其有卒乎阴之一日哉！故剥消而复长，人事之休咎也；艮止而震起，天理之存存也④。可以看出，在王夫之的思想里，"道"附丽于"气"，"道"流行不息即是"气"流行不息，阴阳两气互相交结、互相推却，继续不停。阳气为天为乾，持续施予；阴气为地为坤，持续承受。这种一施一受的运动，持续不断，天地万物就在此过程中变化不止，所以说"旧谷之登，新谷之母"，"剥消而复长，人事之休咎也；艮止而震起"。

天地之道变易不息的目的在于化生万物，秉承《周易》的核心思想，王夫之指出，"天地之间，流行不息，皆其生焉者也，故曰'天地之大德曰生'"⑤。"生生"作为天地变易之道的核心和目的，不仅是指阴阳相交而生成万物，并且强调阴阳在形成的物体内仍然变易不息。罗光赞同王夫之的这种思想，认为"阴阳的运行不只在天地中周流不停，化生万物；在所成的物体内，仍旧继续运行。每一个物体都是动的，万物中没有一个绝对静止的物，连石头也是动的，不是外面的动，而是物体内阴阳两气的动。既然物体内部有动，便称物体为生。每个物，本体动而又和万物一齐动，整个宇宙乃是一个动的宇宙，川流不息"⑥。

综上所述，在以王夫之为主要代表的气学传统中，天地的根本之道是

---

① 王夫之：《张子正蒙注》卷一，载《船山全书》第 12 册，第 47 页。
② 罗光：《中国哲学思想史·清代篇》，载《罗光全书》第 13 册，第 197 页。
③ 王夫之：《周易外传》卷一，载《船山全书》第 1 册，岳麓书社，1988，第 826 页。
④ 王夫之：《周易外传》卷四，载《船山全书》第 1 册，第 954 页。
⑤ 王夫之：《周易外传》卷六，载《船山全书》第 1 册，第 1042 页。
⑥ 罗光：《中国哲学思想史·清代篇》，载《罗光全书》第 13 册，第 204 页。

一种变易之道，宇宙之体是一种永不止息的变易的本体，变易不仅体现在宇宙生成万物的过程中，而且在每个物体内持续着不息的阴阳之动。宇宙变易的目的在于化生生命，因此世间万物在根本上都是"生命"，不断进行着发展自身的变易活动。罗光"形上生命哲学"正是借鉴了王夫之所阐发的这种"变易与生生"思想，以"生命"为本体，认为世间万物都是"生命"，唯有"生命"方足以体现"存有"本身的完满意涵；"生命"不是一旦形成就固定不变，而是一种"不断持续的行"，也就是不断继续着实现和发展自身本性的变易活动，一旦停止了"行"，生命就终止了，不再是"在"，也就不再"有"了；生命的发展、变易不是本体的偶然性质，而是本体的根本特征，生命的变易是一种本体的变易，整个世界就是一道不断变易的生命的洪流。我们把罗光的这些观点与上述王夫之的观点做一对照，可以发展两者之间明显的相似之处。

3. 对事物之"本性""理"的思考

对于理气化成的具体事物之性，尤其是"人之为人"的本性，王夫之提出了"命日降而性日生"的观点。他指出：

愚尝谓命日受，性日生，窃疑先儒之有异。今以孟子所言"平旦之气"思之，乃幸此理之合符也。

朱子言"夜气如雨露之润"。雨露者，天不为山木而有，而山木受之以生者也；则岂不与天之有阴阳、五行，而人受之为健顺、五常之性者同哉！在天降之为雨露，在木受之为萌蘖；在天命之为健顺之气，在人受之为仁义之心。而今之雨露，非昨之雨露；则今日平旦之气，非昨者平旦之气，亦明矣。到旦昼牿亡后，便将夙昔所受之良心都丧失了。若但伏而不显，则不得谓之亡。且其复也，非有省察克念之功以寻绎其故，但因物欲稍间，而夜气之清明不知其所自生。若此者，岂非天之日命而人之日生其性乎？

乃或曰，气非性也，夜气非即仁义之心，乃义之所存也，则将疑日生者气耳，而性则在有生之初。而抑又思之：夫性即理也，理者理乎气而为气之理也，是岂于气之外别有一理以游行于气中者乎？……

…………

…………

天之与人者，气无间断，则理亦无间断，故命不息而性日生。……

　　若云唯有生之初天一命人以为性，有生以后唯食天之气而无复命焉，则良心既放之后，如家世所藏之宝，已为盗窃，苟不寻求，终不自获；乃胡为牿亡之人非有困心衡虑反求故物之功，而但一夜之顷，物欲不接，即此天气之为生理者，能以存夫仁义之心哉？①

在这段话里，王夫之根据孟子的"存夜气"之说来论证自己"命日降而性日生"的观点。在他看来，"夜气"代表着人的清明之气、天命之性，如果"夜气""本性"是一成不变的，在人"初生之际"获得后就"无复命焉"，那么一旦"旦昼牿亡"，"便将凤昔所受之良心都丧失了"，而且很难再通过存养"夜气"而得到，只能通过向外追求来获得。这是因为，"良心既放之后，如家世所藏之宝，已为盗窃，苟不寻求，终不自获"。但是孟子的"存夜气"之说却认为只要"一夜之顷，物欲不接"，就可以再存养自身之"夜气"。换句话说，人天天都有"夜气"可存，即便昨日之"夜气"已经"旦昼牿亡"了，亦有今日之"夜气"可以存养，从而使人获得天命之本性。在这个意义上，王夫之认为，"今日平旦之气，非昨者平旦之气"，因此"天之日命而人之日生其性"。

　　从这种主张中我们可以看出，在以人性为代表的具体事物之性的问题上，王夫之坚持着把"理在气中"的思想贯彻到底的实在论立场。以朱熹为代表的理学一派认为，具体事物之性是在物体有生之初就已完全禀赋的天理，个体一旦获得此理作为内在之性，此后的工夫修养就都只是变化后天之"气"，"性"作为内在的道德法则是始终不变的，个体生命通过修养而达成的所有变化都只是"气质之性"的变化。王夫之不赞同这种观点，认为它把"性"和"气"分而为二，在实质上体现着"理气二分"的本体论观点。在王夫之看来，"理"即是"气中之理"，世界上不存在与"气"分离的、独立的"理"；相应地，在个体生命中，作为"性"的理亦是"气中之理""气中之性"，而不是与"气"分立而为二的"性"，并且"天之与人者，气无间断，则理亦无间断"，因此可以得出"命不息而性日生"的结论。由此可知，个体生命在做工夫改善具体之"气"的同时，也就使与"气"合一的"性"日新不已。王夫之主张"命日降而性日生"的人性论，主要就在于强调这种"理在气中""性在气中"的理论立场。

————————
　　① 王夫之：《读四书大全说》卷十，载《船山全书》第6册，第1075-1077页。

需要讲明的是，王夫之讲的这种"日生日成"的"性"，虽然因为不离于"气"而日新不已，但并不在根本上改变人之为人的本性，影响人之为人的个体生命的统一性。因为在王夫之看来，"日新又日新"的人性来自同一种天命，天命为人的理在根本内容上不因为"气中之性"这一具体性的改变而改变。"盖天命不息，而人性有恒。有恒者受之于不息，故曰'天命之谓性'。"① 所以，"命日降而性日生"的观点虽然认为"性是气中之性""离气无性"，强调个体生命之性的"日新又日新"的具体性，但却并不因为对于具体之性的注重而流于相对主义，使"今日之性"完全不同于"明日之性"。应当说以王夫之为代表的气学传统承认一种常在变易又能保持自身一致性的统一的人性，从而规避了本性在不断生成过程中流转不定的相对主义观点，避免了个体生命的自身统一性的丧失。

在由这种"日生日成"的"生命"组成的世界里，天地是一道永恒的生生不息的洪流，"天地之生亦大矣。未生之天地，今日是也；已生之天地，今日是也。唯其日生，故前无不生，后无不生"②。

罗光赞同王夫之的这种观点，认为"'命日降而性日生'的主张，贯彻了宇宙流动不息的思想，也贯彻了理在气中的思想。若照朱熹理气二元的思想，则气可流行不息，理则常在不变，人性决不能说是天天在新生。不过王夫之的主张，并不是彻底的相对论，不是说人性没有一定，今日的性并不是明天的性，性常在改。他只是说理在气中，气流行不息，理也就流行不息，今日的气不是同一气，却是同类的气，因所有的理相同；理相同，因天命的节制相同。这样，才可以谈人性"③。

在这种理解下，"形上生命哲学"强调人性在人出生时的未完成性以及"生生之变易"的生命活动对于发展人性的必要性。"儒家不以人性在人出生时，就已经完全，就已固定，而只是在出生时，有了基本的人性，具有人之为人的基本理由和能力，孟子说是具有仁义礼智之端，每个人一生要努力养心养性，发挥人性之善。……王船山常讲'继善成性'。"④ 因此，"形上生命哲学"认为，"人性或个性在实际上是一束能力，心灵上的能和身体上的能，孟子称为才。这束能力，应该随着时间，实现为成。'我'的生命就包含这一束能力，生命的活动即是生活，生活就是在发挥

---

① 王夫之：《读四书大全说》卷十，载《船山全书》第 6 册，第 1138 页。
② 王夫之：《周易外传》卷二，载《船山全书》第 1 册，第 885 页。
③ 罗光：《中国哲学思想史·清代篇》，载《罗光全书》第 13 册，第 209－210 页。
④ 罗光：《生命哲学再续编》，载《罗光全书》第 2 册，第 8 页。

这些能力。身体生活从小到大，天天成长，壮年以后则因物质力衰，渐渐退化。心灵生活从孩童到耄老，不断进步，发挥各种能力"①。而所有这些"求真求美求善的生活"，"不是累积外来的智识和良好习惯，而是发挥自己的个性，成全自己的生命"②。这些探求真善美的生命活动的最终目标被罗光称作"有得于心"，所谓"有得于心"，其实也就是不断培护"日生日成"的善性，使自己的真实生命日渐完善、日渐成全。

并且，"形上生命哲学"根据气学传统"命日降而性日生"的主张，认为在具体事物中更为根本的是"气中之性""生命中之理"，相对于抽象的"理""本性"来说，具体真实地涵容了"性"的"生命""在"具有更为重要的理论意义。罗光曾讲："'在'是实际的，是具体的，是本体。"也就是说，不同于抽象之"理"的实际之"在"是"形上生命哲学"所强调的具体事物的基本特征。在这一点上，罗光认为西方士林哲学与朱熹的理气论犯了同样的理论错误，在分析具体事物的成因时，"士林哲学以'性'和'在'结成本体，'性'限制'在'，使本体归于一类，'在'又限制'性'，使本体成为具体的单体。这种思想和朱熹的理气论相似，朱熹以理限制气，使有人物之分，以气限制理，使人和人彼此不同。但是张载和王船山则以为理在气中，气所以成'此物'，就是气有'此理'，不是气'因''此理'，乃是气'有''此理'"③。之所以强调气"有"此理，正是因为"形上生命哲学"赞同气学传统的立场，认为"理气并非两物"，主张"理在气中"。朱熹的理气观由于把"理""气"分而为二，对于具体事物的成因问题就只能在理气之间寻找一个更为根本的因素，最终得出"理限制气""气又限制理"的回答，从而使问题陷入混乱。罗光认为，西方士林哲学把事物的"本性"与"存在"分而为二的做法最终会导致和朱熹哲学一样的困境。

关于这个问题，罗光曾就朱熹的人性论具体进行分析："朱熹说人由理和气合成，人的气受人之理所限定，气成为人之气。每一个人的具体性，称为气质之性，由气的清浊而限定这个人之理，理乃成为这个人的气质之理。门生们问朱熹，气质之性的清浊由何而来？这个人的气和那个人的气，清浊不同，为什么缘故？不是来自理，因为人和人的理都同是人

---

① 罗光：《生命哲学再续编》，载《罗光全书》第 2 册，第 8 页。
② 同上。
③ 罗光：《形上生命哲学》，第 103 页。

性；不是来自气，因为气不能自己决定自己的清浊，中国人便说这是
'命'，是天生的，你聪明，我愚蠢，你的气清，我的气浊，我俩的命不
同，实际上这是来自创造主的意旨，也就是天命。"① 也就是说，在思考
个体之人的成因问题时，朱熹所主张的"理"限制"气"使之成为"人"、
"气"又限制"理"使之成为"这个人"的观点是不成功的，所以"气之
清浊"问题最终还是被归于"命"。在此问题上，罗光借鉴了王夫之的观
点，认为"人之为人"的类性的普遍性和"人之成为这个人"的个性的特
殊性都是由"天命"规定的，通过这种"天命"的规定赋予每一个个体生
命，成为一种具体的"气中之理""气中之性"。所以说，"万有的实体是
'在'，'在'有'性'。一讲实体，就是讲'在'，'在'是具体在，实体是
具体的"②。"理"是"气中之理"，"性"是"在中之性"，"理"与"气"、
"性"与"在"并不分离为二，而是共同组成一个个包含了类性与个性的
具体的生命之"在"。

　　正是在上述理论思考的基础上，罗光"形上生命哲学"认为个体生
命、具体事物都是在生命之"在"上成为一个整体，整个宇宙也是在生命
之"在"上成为整体之"一"。对"生命之在"的注重，强调的是具体真
实的生命、涵容了"气"的"理"在世界本体的问题上更为优先、更为根
本的意义，因而可以说是在具体事物之性的问题上，把"理在气中"的实
在论立场贯彻到底。

　　综上而言，对于以张载和王夫之为代表的气学的主要观点，罗光大部
分表示认同，并且在自己的"形上生命哲学"中予以借鉴。他对于气学传
统的借鉴以"理在气中"的实在论本体观为中心，在此基础上采纳了以王
夫之思想为代表的气学传统关于理气、变易、人性的主要观点，来建构自
己的"形上生命哲学"体系。

二、德国古典哲学与中世纪士林哲学

　　就西方哲学资源来看，牟宗三、罗光分别借鉴了德国古典哲学与中世
纪士林哲学的理论成果。

（一）牟宗三与德国古典哲学

　　牟宗三的哲学思想深受以康德、黑格尔为代表的德国古典哲学传统的

---

① 罗光：《生命哲学》（订定版），载《罗光全书》第2册，第48页。
② 罗光：《形上生命哲学》，第103页。

影响，主要体现在"自律道德""本心作为绝对的实体""本体作为一种规律、法则"这三个方面。

1. 自律道德

牟宗三借鉴了康德伦理学的"自律"观念，强调德性主体在动机上的纯粹性和自主性，并且进一步将普遍必然的道德法则建基于内在的"良知""本心"之上。

康德在西方伦理学史上是义务论的代表，将"自律"（Autonomie）作为整个道德哲学的根本原则。康德的理路是，从"意志自由"的设准出发，推出实践理性自身作为"善良意志"，只有准则（Maxime）的单纯立法形式才能充当行为的法则（Gesetz），在命题形式上表现为"定言命令"，因此有"普遍立法""人是目的""目的王国"三条道德律令，而按照实践理性自己颁布的命令行动成为强制性的"义务"。在康德看来，真正具有道德意义的是在主观动机上"出于义务"（Aus Pflicht）的行为，而不是在客观效果上"合乎义务"（Pflichtmäzig）的行为。康德在道德哲学上坚持"理性"与"感性"的截然二分，认定道德立法之所以具有普遍性，是因为从"自身就是实践的"纯粹理性出发，而不是从某种习惯性的感性"爱好"（Neigung）出发，亦即从实践准则的单纯形式出发，而不是从其质料（意志的对象）出发，以后者为依据的道德准则都是"他律"（Heteronomie），不论其对象是经验性的"幸福"还是理性的"完善"。康德以"意志自律性"为道德的最高原则："意志自律性，是意志由之成为自身规律的属性，而不管意志对象的属性是什么。所以自律原则就是：在同一意愿中，除非所选择的准则同时也被理解为普遍规律，就不要作出选择。"① 可见，在康德的伦理学说中，实践行为的道德价值的来源是道德法则的普遍性（先天性、形式性），而区别于西方传统伦理学所强调的"德性"或"幸福"，因此显示出鲜明的理性主义特征。

牟宗三指出，"在西方哲学家中，只有康德始认真地认识了这彻底而严整的道德意识"②，这种道德意识就是强调意志的自律，因此"唯是心之自主、自律、自决、自定方向方真正是道德，此是道德之本义，并不是只要顺理即是道德也"③。牟氏认为，自孔孟以来的儒家正宗所完成的义

---

① 康德：《道德形而上学原理》，苗力田译，上海人民出版社，1986，第94页。
② 牟宗三：《心体与性体》上册，第103页。
③ 同上书，第96页。

理系统都强调德性主体的自我立法和纯粹动机,因而道德理论上的"自律"与"他律"是区分儒家之"大宗"与"别子"的基本依据。儒家正宗之所以符合康德"自律"之义,关键在于德性主体自身的活动性。这里的德性主体对应于康德的术语是"自由意志",对应于儒家的术语有二,即"理"("性体")和"本心":前者表示客观性的道德法则,即前文所述之"性分义",表征无条件的绝对命令("决定的应然");后者表示主观性的道德动机,即前文之"心能义",表征自觉履行义务的实践("呈现的实然")。由于儒家正宗肯定"本心即性","摄理归心,心即是理,如是,心亦即是'道德判断之标准',同时是标准,同时是呈现,此为主客观性之统一"①。这里的"心"不是感性经验层面的"运动知觉"的"气心",而是形上的"本心"。尽管牟氏非常强调儒家的"本心"概念包含了一种形上的"道德情感",这种情感超越了康德关于"理性/感性"的二分法;但不可否认的是,牟氏深受康德"自律说"的影响,凸显出"本心"之"自我立法""自定规则"的能力,将"规则"的普遍必然性置于其道德哲学的核心。

2. 本心作为绝对的实体

牟宗三借鉴了黑格尔的"绝对精神"概念,将"本心""良知"予以绝对化和实体化,使之成为存有论意义上绝对而无限的"宇宙本体"或"第一因"。

在黑格尔那里,"绝对"(das Absolute)作为一个概念,有诸种界说,其最高定义在于"绝对是精神",他指出:"绝对的最高定义是:绝对不仅一般地是精神,而且是绝对地显示着自己的、有自我意识的、无限创造的精神。"② 精神的最高阶段是"绝对精神",它是"永恒地在自身内存在着的、同样是向自身内回复着的和已回到自身的同一性"③。"绝对精神"之所以是"绝对"的,一方面在于其"无所对立",是自身与他物的"和解"(Versöhnung)和"统一",扬弃了对立面的外在性,是矛盾双方的相互承认④,因而具有真理性和现实性;另一方面在于其"创造一切":"绝对精神,它出现为万有的具体的、最后的最高真理,将更加被认识到

---

① 牟宗三:《心体与性体》上册,第 142 页。
② 黑格尔:《精神哲学》,杨祖陶译,人民出版社,2006,第 26 页。
③ 同上书,第 371 页。
④ 参见黑格尔:《精神现象学》下卷,贺麟、王玖兴译,商务印书馆,1979,第 176 页。

它在发展的终结时，自由地使自己外化，并使自己消失于一个直接的存在的形态——决意于一个世界的创造，这个世界包含在结果以前的发展中的全部事物。"①"绝对精神"就是黑格尔的"上帝"，其具有最具体的普遍性、最现实的理想性、最神圣的真理性，"一切源于此，一切复归于此，一切取决于此，外在于此再无任何具有绝对的、真的独立性者"②。

与黑格尔所谓的"绝对精神"类似，牟宗三指出，德性主体具有"主观性""客观性""绝对性"三个特征："本心即性即理之本心即是一自由无限心，它既是主观的，亦是客观的，复是绝对的。主观的，自其知是知非言；客观的，自其为理言；绝对的，自其'体物而不可遗'，因而为之体言。由其主观性与客观性开道德界，由其绝对性开存在界。"③ 牟氏所谓"自由无限心"的"主观性"是指"智地认识的感受力"，是对道德是非的判断能力；"客观性"是指"自发自律的实体性的理性"，决定道德行为应当与否，为其订立道德法则。以上两个特征是道德领域的主客观根据，分别代表了主体性之"心"与实体性之"理"，并且后者是前者的前提："只因它是独感中的实体性的理性，它始有那智地认知的感受性。"④ 而"自由无限心"的"绝对性"是在存有论层面讲，"自其为存有论的实体而言，它是万物底创生原理或实现原理，是乾坤万有之基，是造化底精灵。由此开存在界"⑤。在存有论意义上，牟氏所讲的"自由无限心"类似于黑格尔所讲的"绝对精神"，其一方面表现为"绝对的实体性"，为一切存在背后的形上根据；另一方面表现为"绝对的主体性"，能够创生万物，使一切存在得以真实地实现。就这种实现的过程而论，黑格尔通过"绝对精神"的外化及扬弃这一"否定之否定"的过程，认识到存在的本质即是思维，通过反思在对象中回复到自身，最终达到思维与存在的同一；而牟宗三通过"推心及物"而又"摄物归心"的辩证法，达到了"心体与物在明觉感应中如如地一起朗现"，以同样的方式确证了"心"与"物"的内在同一性。由于有了黑格尔哲学关于"精神之绝对性"的思想助缘，牟氏极力彰显了王阳明哲学中"良知"的"实体性"之维，力图将

---

① 黑格尔：《逻辑学》上卷，杨一之译，商务印书馆，1976，第56页。原译文中的"有"（Sein）改为"存在"。

② 黑格尔：《宗教哲学》上，魏庆征译，中国社会出版社，1999，第69页。

③ 牟宗三：《现象与物自身》，"序"第12页。

④ 同上书，第64页。

⑤ 同上书，第92页。

主体性绝对化而通向绝对的实体性，达到"主体性"与"实体性"的统一。牟氏的这一思想理路无疑源于其对黑格尔哲学的融契。

3. 本体作为一种规律、法则

牟宗三继承了德国观念论的基本立场，特别强调"本体"所包含的"规律性"和"法则性"，这种"规律"和"法则"是先天的、普遍的和必然的，是隐藏于经验世界背后的生发、推动和主宰力量。具体而言，他借鉴了康德关于"现象与物自身之超越的区分"，建构了"两层存有论"的哲学体系，同时吸取了黑格尔的"精神辩证法"，凸显出"本体"的无限性、绝对性和实体性，强调形上之本体（"即心即性即天之理"）对于形下之现象（"流转变动之气"）的优先性和根源性。

康德在西方哲学史上的重要贡献在于对人的认识能力进行了批判，提出了"现象"与"物自身"的划界，在此基础上将知识的来源转到主体自身（即"人为自然立法"），实现了认识论上的"哥白尼式革命"。在康德的"革命"中，传统形上学所探讨的对象都被归入"物自身"的范围而被置于"只可思而不可知"的彼岸世界。严格地说，康德所言之"物自身"不是一个"概念"（"概念"属于知性），而是一个超验的领域（知性所不及），其中包含了复杂的内容，只不过基于一个共同特征而被归在一起，这个共同特征就在于"不可知"。在康德看来，所谓"物"被区分为两重身份："现象之物"（"感性直观"的对象）和"自在之物"（"智性直观"的对象）。康德进一步在"物"（"对象"）的两重身份的意义上，以拉丁文"Phaenomenon"（现相）与"Noumenon"（本体）① 来表示两个世界的划分，实际上康德所谓的"本体"是一个表征范围的术语（代表了整个"理知世界"），而不是表征实体的概念（因为不存在这样一个"实体"）。

尽管牟宗三通过肯定"人有智的直觉"而将康德所认为的不可知的"物自身"转化为儒家式的"本心仁体""知体明觉"，但就其所建构的"道德的形上学"体系而言，这种"两层存有论"的架构显然深受康德划界学说的影响。所谓"两层存有论"，是指"本体界的存有论"（亦曰"无执的存有论"）和"现象界的存有论"（亦曰"执的存有论"），在对于这两层的区分中，一个"执"字表明了牟氏心中的价值倾向：前者是无限、无

① 康德经常使用这两个拉丁文的复数形式"Phaenomena"和"Noumena"，牟宗三分别将两者译为"感触物"（"法定象"）和"智思物"（"本自物"），本书采用邓晓芒的译名"现相"和"本体"。

对待、无分别的，而后者是有限、有对待、有分别的，前者较之于后者更真实、更优越。具体而言，首先，在"无执的存有论"中"心物一起如如朗现"，其中"心"是"自由无限心"，在儒家名曰"本心"，在道家名曰"道心"，在佛家名曰"如来藏自性清静心"；"物"是"物自身"，即康德所讲的"Noumena"。在本体界，心无心相、物无物相，无主客、能所之别，只是在明觉之感应中呈现，"呈现之即实现之、即创生之"①，在这种"呈现"和"创生"的意义上可以讲"心体物用"。其次，"执的存有论"在很大程度上移用了康德认识论的概念和理路，牟宗三之所以不称之为"认识论"（Epistemology）而名之曰"存有论"（Ontology），原因在于强调"现象"的"存有性"，这与康德强调主体的"认知能力"有所区别。②现象界有主客、能所之别，其能知主体方面是"认识心"，包括感性、想象力和知性等认识机能，其所知对象方面是"现象意义上的物"，包括整个经验世界，广义上也包括认识的结果（即"科学知识"）以及心理学意义上的"假我"。以上主客两方面之间的基本结构是"对偶性"（Duality），就是说认知主体与认知对象之间对立为二，因而两者都是有限的。

由上可见，牟宗三深受德国古典哲学自康德到黑格尔的观念论（也被称为"唯心论"）传统的影响，然而在更细致的分析中，可以看出牟氏哲学在精神气质上更接近黑格尔的"绝对唯心论"。面对"本体"与"现象"的区分，康德认为"现象"更为真实，因为这是我们人类作为理性的存在者所经验的世界，而这个世界的界限就是人类认识能力的界限。也就是说，"我们所知道的事物只是对我们来说是现象，而这些事物的自身却总是我们所不能达到的彼岸"③；而在黑格尔看来，"本体"无疑更为真实，原因在于其包含了绝对性的"精神"或"理念"，正如黑格尔对康德哲学的不满："事实上，真正的关系是这样的：我们直接认识的事物并不只是就我们来说是现象，而且即就其本身而言，也只是现象。而且这些有限事物自己特有的命运、它们存在的根据不是在它们自己本身内，而是在一个普遍神圣的理念里。这种对于事物的看法，同样也是唯心论，但有别于批判哲学那种的主观唯心论，而应称为绝对唯心论。"④ 在这一点上，牟宗三哲学更接近黑格尔式的"绝对唯心论"，作为本体的"自由无限心"并

① 牟宗三：《现象与物自身》，第 99 页。
② 参见牟宗三：《"存有论"一词之附注》，载氏著《圆善论》，"附录"第 337 页。
③ 黑格尔：《小逻辑》，贺麟译，第 127 页。
④ 同上。

不是现实存在的具体事物（这是"无限心之权用"），甚至不是"物自身"（这是"无限心之经用"），而是产生"物自身"的绝对无限体，具有黑格尔意义上的"普遍性""神圣性"，正可以被视为儒家式的"绝对精神"或"绝对理念"。正如黑格尔的界说："绝对精神，它出现为万有的具体的、最后的最高真理，将更加被认识到它在发展的终结时，自由地使自己外化，并使自己消失于一个直接的有的形态——决意于一个世界的创造。"① 同样，牟氏所理解的"自由无限心"也是"乾坤万有之基"，它既是绝对无限的实体，也是普遍必然的法则，同时还是产生整个现实世界的根源并且自身就具有这种创造的动力，可谓集形式因、动力因和目的因于一身。②

在这个意义上，我们可以明确地将牟宗三哲学中的**本体**归为一种"理"而不是一种"在"，其哲学的整体倾向带有一种鲜明的"本质先于存在"的观念论特征，因而他对超越问题的思考路向是一种"理之超越"的理路，与罗光所强调的"在之超越"的理路恰成对反。

（二）罗光与中世纪士林哲学

前文已经述及，罗光在罗马求学和教书的时间长达三十余年，1961年回到台湾地区后，他秉承着虔诚的天主教信仰继续担任各种神职工作，也一直坚持着对士林哲学理论的进一步思考。基于自身的天主教信仰及学术训练，罗光认同的西方哲学传统是中世纪士林哲学。他曾多次指出，作为一种传统学问的中世纪士林哲学在许多方面与中国传统哲学存在相似之处，不仅如此，中世纪士林哲学还能以其现代转化方面的成功经验为中国传统哲学的现代转化提供有益借鉴。因此，罗光认为借鉴中世纪士林哲学的智慧精神来思考中国传统哲学的现代转化问题是一项十分有意义的工作。

在"形上生命哲学"体系中，罗光对于以托马斯·阿奎那的学说为代表的中世纪士林哲学进行了借鉴、阐发，也在结合中国传统哲学的基础上对其展开了进一步的反思和改造。

1. 罗光在自己哲学体系的建构过程中借鉴了士林哲学的基本精神

第一，罗光赞同士林哲学的实在论立场，强调"存在"在本体论上的优先性，认为宇宙人生的根本之道不能由理论上抽象出的观念来探讨，而

---

① 黑格尔：《逻辑学》上卷，杨一之译，第56页。
② 牟宗三明确指出："'诚'这个字就涵着'形式因'（formal cause）、'动力因'（efficient cause）、'目的因'（final cause）这三者。"（牟宗三：《四因说演讲录》，上海古籍出版社，1998，第18页）

应该由实际的"存在"来探讨。①

在西方哲学存在论（本体论）的发展史上，存在着两种色彩迥异的存在论：一种是本质主义的存在论，其基本哲学观点为"本质先于存在"；另一种是存在主义的存在论，其基本哲学观点为"存在先于本质"。在托马斯·阿奎那之前，哲学家们已经对"存在与本质"的关系问题进行了一些思考，当时无论在古希腊的本体论还是中世纪教父哲学的本体论中，占统治地位的都是本质主义的观点。"本质主义的存在论"认为一个实体在其存在之前首先要有"本质"，"其所是"决定了"是这个"，这种观点强调"形式""本质""本性"是事物的存在事实中最为优先、最为根本的概念，因而本体之"有"的全部意义应当从"形式""本质"中进行探讨。简而言之，本质主义的存在论认为形式决定实体，本质决定存在，这种哲学路线从总体上继承了柏拉图观念论理路的基本立场。

在这种本质主义的存在论的主流立场之外，由于亚里士多德主义的复兴，士林哲学中也开始出现注重实体之"存在"的思想的萌芽。② 托马斯·阿奎那吸收了这些思想，创造性地发挥了亚里士多德所讲的实在论立场的"存在优先"的基本原则，扭转了形而上学中的柏拉图主义倾向。中世纪哲学研究的著名学者吉尔松对阿奎那的这种做法十分重视和赞赏，认为托马斯·阿奎那进行的是一种"革命性的变化"："作为一种哲学，托马斯主义实质上是一种形而上学，他对第一原则，即对存在的解释是形而上学历史上的一场革命。"③

具体说来，阿奎那把亚里士多德关于"潜能与现实"之关系的原理应用于对"存在与本质"关系问题的思考中。在他看来，任何事物、形式或本质在未获得真实的存在之前都只是一种潜能、一种潜在的可能性；而存

---

① 此处关于托马斯·阿奎那所形成的中世纪形上学之"理论转向"的观点参考了吉尔松（Gilson）所著《中世纪哲学精神》（沈清松译，上海世纪出版集团，2007）、段德智所著《阿奎那的本质学说对亚里士多德的超越及其意义》（《哲学研究》2006 年第 8 期）和《试论阿奎那存在论的变革性质和现时代意义》[《华中科技大学学报（社会科学版）》2008 年第 5 期]、赵敦华所著《基督教哲学 1500 年》、傅乐安所著《托马斯·阿奎那基督教哲学》（上海人民出版社，1990）和董尚文所著《阿奎那存在论研究——对波埃修〈七公理论〉的超越》（人民出版社，2008）中的相关论述。

② 这种萌芽主要包括波爱修（Boethius）关于"是这个"与"存在"的区分、阿维森纳（Avicenna）关于"存在"与本质的区分、拉波里的吉尔伯特（Gibert dela Porree）关于"其所以是"的研究等，参见赵敦华：《基督教哲学 1500 年》，第 375 页；段德智：《试论阿奎那存在论的变革性质和现时代意义》，《华中科技大学学报（社会科学版）》2008 年第 5 期。

③ 转引自赵敦华：《基督教哲学 1500 年》，第 381 页。

在的根本特征是在于它的现实性，它是使潜能转变为现实的活动。如果按照现实与潜能的关系来理解存在与本质的关系，那么可以得出：作为现实的存在应当高于作为潜能的本质。也就是说，存在是高于、优于和先于本质的；本质依赖于存在，没有存在，就没有实在的本质。阿奎那曾就此指出："事物的任何卓越性都是存在的卓越性；假如没有人的实际智慧，就不会有智慧的美德，同理也不会有其他美德。"①　可以看出，阿奎那的观点从根本上批判了把存在当作实体的可有可无的偶性的观点和认为本质先于存在、决定存在的观点，指出这些传统观念是出自这样一种偏见，即认为"存在如同原初质料一样是最不完善的，因此，正如原初质料可被任何一种形式所规定，存在因为它的不完善性，可以被一切谓项表述的性质所规定"②。面对这种偏见，阿奎那针锋相对地指出："我在这里把存在理解为最高的完善性，因为活动总比潜在更完善。形式若无具体存在，将不会被理解为任何现实的东西。……显然，我们在这里所理解的存在是一切活动的现实性，因此是一切完善的完善性。"③　所以，这种作为"一切完善的完善性"的"存在"才是"一切事物"中"最内在"的东西④，唯有"存在"方能展示出"存有"本体的根本意涵。

这样一来，阿奎那就通过他所提出的"存在先于本质"的形上学观点将此前阶段的整个西方古典哲学关于"存在与本质"之关系的设定从根本上颠倒过来了，也正是在这个意义上，吉尔松将阿奎那关于存在与本质之关系的这种新观点宣布为"形而上学历史上的一场革命"。

托马斯·阿奎那的这种实在论的形上学立场正是罗光"形上生命哲学"认同士林哲学的最核心的观念。虽然罗光多次宣称其"从'在'的方面来研究'有'本体"的形上学理路主要来自中国传统哲学，但是我们在此显然可以看出，"形上生命哲学"的这种实在论立场也在很大程度上受到了阿奎那的"形而上学革命"的影响。罗光也曾讲，实在论立场是托马斯·阿奎那的形上学洞见中最为重要的一点，"西方哲学的唯理论和唯心论，都不注意'存在'而只注意本性（本质）"，把"有"之"存在"当作"偶然的附加品"，阿奎那则是"以本性和存在并重，不过从理论方面说，

---

① 转引自赵敦华：《基督教哲学 1500 年》，第 380 页。
② 转引上书，第 380 - 381 页。
③ 转引上书，第 381 页。
④ 参见段德智：《试论阿奎那存在论的变革性质和现时代意义》，《华中科技大学学报（社会科学版）》2008 年第 5 期。

'存在'为现实，为完成，价值较比本性更大更高"①。因此，"'实有'为一切事物的最高理由，为解释万物的意义和存在，先从'实有'出发，则可以明了万物的真正意义"②。罗光曾直接讲明自己认同托马斯·阿奎那的"存在优先"的实在论立场③，并且认为，以托马斯·阿奎那为代表的实在论的形上学立场是西方士林哲学与中国传统哲学最大的相似之处，"圣多马斯对于'有'所讲的特性，所讲的'成'和'能'、'理'和'质'，也不是悬空的概念，而是就'实有'而论'有'，就和中国哲学讲理和气、性和质，也是据物而论物"④，因此这两者的共同特征都是"注重实有"，士林哲学对于"最重实在的物体"的中国传统哲学具有十分重要的借鉴作用。因此，罗光认为，唯有以托马斯·阿奎那为代表的士林哲学才最有助于诠释中国传统哲学的智慧精神。

罗光在"形上生命哲学"体系中由"在"的进路来探讨"有"本体，便是受到了这种士林哲学与中国传统哲学共同的实在论立场的启发。进而他由本体之"有"的最完满意义只能是实际的"在""生命"，又对阿奎那的士林哲学实在论进行了进一步的发展，甚至对其有所批判和改造。

由此可见，罗光"形上生命哲学"的实在论立场在很大程度上受到了以托马斯·阿奎那为代表的士林哲学之"存在先于本质"思想的启发，经过自己的反思和消化后，在一定程度上借鉴了这种观点，成为"形上生命哲学"之本体论的一个重要观念。不过，罗光的本体论进路不是对阿奎那的"存在先于本质"的本体论观点的简单继承，而是结合了中国传统哲学中气学一派的理论智慧，对阿奎那的思想进行了进一步的发展和反思。

第二，罗光赞同士林哲学以神学为依归的做法，把天主教所信仰的创造主上帝作为整个哲学体系的最根源和最完满的本体，代表着生命超越所趋向的最终目标。

众所周知，托马斯·阿奎那作为中世纪士林哲学的集大成者，建立了一个以神学为最终指向的神学哲学体系。阿奎那把士林哲学"从哲学的理

---

① 罗光：《中国哲学的展望》，载《罗光全书》第 16 册，第 393 页。
② 同上书，第 392 页。
③ 参见罗光：《士林哲学·理论篇》，第 867 页。
④ 罗光：《中国哲学的展望》，载《罗光全书》第 16 册，第 415 页。

路思考上帝"的思想路线发展到极致，提出了"上帝存在的五种证明"。①
可以说，阿奎那以上帝为最终指向的哲学观是以"上帝证明"为基础的，
进而其整个哲学体系都是围绕上帝这个主题建立起来的。他所提出的上帝
存在的"五路论证"也成为基督教神学史上被奉为经典的上帝证明。

　　托马斯·阿奎那之前的基督教学者已经提出过许多关于上帝存在的证
明，当时主流的上帝存在的证明是教会一直采用的柏拉图式的先验性直觉
证明。这种观点认为，上帝存在是众所周知的自明真理，人的理性可以直
接感知到上帝的存在。这种理路以基督教早期的著名神学家奥古斯丁为主
要代表，他认为，一切真理都来自上帝的理性形式也即理念，所以从本体
论角度说，人通过直观理念完全可以直觉到上帝的存在。托马斯·阿奎那
批判了这种证明方式，认为这种证明混淆了思维与存在的关系，人们不可
能从上帝这个观念及其"理念"中得出上帝实际存在的结论，所以这种关
于上帝存在的先验性本体论证明是不可取的。与此相应，阿奎那认为，不
妨放弃这种先验证明，从上帝创造的自然界中来证明上帝的存在，通过归
纳经验世界的现实存在来证明上帝的存在。他曾讲，关于上帝，"需要我
们根据较为了解的事实或者根据略微知道的自然效果加以证明"②。

　　在此基础上，托马斯·阿奎那提出了自己相对于先验证明的五种"后
验证明"，这是一种通过归纳万事万物的方法来证明"上帝存在"的理论
努力，阿奎那称之为通向上帝的"五个途径"，也因此被学界称为上帝存
在的"五路论证"。这"五路论证"载于《神学大全》第一卷第一集第二
题第三条，可被大致概括如下③：

第一种，从事物的运动推论出"第一推动者"；

第二种，从因果关系的有限性推论出"第一因"；

第三种，从偶然的存在推论出"必然的存在"；

第四种，从万物的等级性推论出"完满性"；

第五种，从世界的目的性推论出"有智慧的存在者"。

这五种论证中包含了对于上帝存在的宇宙论论证、物理学-神学论证和目

---

　　① 本部分的写作参考了傅乐安《托马斯·阿奎那基督教哲学》、张志刚《宗教哲学研
究——当代观念、关键环节及其方法论批判》（中国人民大学出版社，2003）、赵敦华《基督教哲
学1500年》中的相关论述。

　　② 转引自傅乐安：《托马斯·阿奎那基督教哲学》，第61页。

　　③ 此处的"五路论证"，参见张志刚：《宗教哲学研究——当代观念、关键环节及其方法论
批判》，第50页。

的论论证，都是通过人们容易认识到的结果（世界的各种现象）来推论原因（上帝存在）的后验证明，其论证的关键在于从经验观察的事实出发来追溯它们的根本原因，从而在此基础上证明上帝的存在。

罗光基于对士林哲学观点的认同和自身作为天主教信徒的身份，其"形上生命哲学"继承了以托马斯·阿奎那为代表的士林哲学的神学哲学路线，在根本上肯定一个创造和主宰天地万物的超越者上帝，并且把人生生命超越的最高境界安顿于此。与阿奎那哲学一样，"形上生命哲学"的生命超越论及其他关于上帝的学说也是以本体论上的"上帝存在证明"为基础的。罗光关于上帝存在的必要性的阐明，也是秉承托马斯主义的理论传统，从世界的各种经验事实来追溯其"第一推动力""最初创造者""目的与秩序的安排者"，从而得出"上帝必定存在"的观点。

具体说来，罗光曾借鉴阿奎那关于上帝作为"第一推动力""最初原因""必然的完满存在"等观点来论证上帝的存在。例如，我们在前文中已经提到过，罗光认为世界上的一切有限存在都不是"永有"（永远存在、无始无终）的，都有自己存在的开始。也就是说，这些"有限存在"在它们出现之前是不存在的，而"不存在者"是无法使自己由无变为有的。那么，我们要探讨这些有限存在物如何产生的问题，就必须承认在宇宙的最初阶段有一个"绝对自有（自己产生自己）、永有（无始无终）的实体"，正是这个"必然的存在""完满的存在"使有限存在物得以产生，并且维持整个世界的繁衍生息，这个"绝对自有、永有"的"必然存在"即是上帝。上帝在创造世间万物的意义上，也成为整个世界大生命之生生、变易的"第一推动力"和"最初原因"。

不仅如此，罗光还把天主教的教义融入自己的整个"形上生命哲学"体系，认为上帝的"创造神力"就是"形上生命哲学"之根本的创生力、生命力得以产生的根源，因此整个世界以"生命之力"为根基，也就是在根本上以创造主上帝的"创造神力"为根基。在这种本体论观点的基础上，生命超越之路就必然要以最高最圆满的创造主上帝为最终目标。通过以上这些方面，我们可以看出罗光"形上生命哲学"作为一种神学哲学体系对于以托马斯·阿奎那为代表的士林哲学之基本精神的认同和借鉴。

在这种观念的指导下，罗光对于中国传统儒学中是否需要一个上帝的问题亦做出了肯定的回答。前文已经讲过，罗光在许多问题上的基本观点与儒家气学传统的观点相近，唯独在"气之起源"的问题上，罗光表现出与气学传统不尽相同的立场。简而言之，他根据士林哲学的思维方式认为应当对气学所讲之"气"增补一个最初的创造源头——上帝。

他曾讲:"宇宙和万物的由来,儒家哲学没有明明解释,《易经》说易有太极,以太极为宇宙变化的开始点,张载以太极为气之本体,称为太虚之气。太极或太虚之气由何而来?《易经》没有说,张载也没有说,理学家倾于自然而有或自有的主张。理学家的主张,来自魏晋南北朝时融合儒道的倾向,使儒家接受了老庄的自然思想;原先《书经》和《诗经》,有'天造神物'的造物主观念,《中庸》的'天命之谓性',应该是上天之命成为性,理学家则以'天'为自然。我们发挥儒家本有的造物主思想,按士林哲学所说:以宇宙为上主造物主所造,上主用自己的创造力创造宇宙,宇宙乃一大创生力,宇宙继续变动,乃继续化生万物。这种思想既不违背儒家的本有思想,而且予以发挥,使儒家不变成道家。"① 由此可见,罗光对于儒家所讲的根源性的"太极"概念进行了进一步的追问,他不认同气学所讲的太极为气之本体进而整个世界是一气所成的观点,认为这种把气当作"自然而有"的世界本体的观点是受到了道家自然主义天道观的影响,并且不符合传统儒家的一贯观念。所以,罗光认为,对于整个世界之终极的探讨应当"发挥儒家本有的造物主思想",重新阐发《诗经》《尚书》以"上天"为万物的创造之源的观念,同时与士林哲学的理论相会通,阐发传统儒学中根源性的上天信仰。我们由此可以明显看出,罗光对于儒家之"上帝源头"问题的解答具有台湾新士林学派的典型特征。

2. 罗光对士林哲学进行了某种程度的反思和改造

第一,以托马斯·阿奎那为代表的士林哲学虽然重视"存在"概念在本体论上的优先地位,但其所强调的"存在"依然是一种抽象的哲学概念。针对这种情况,罗光借鉴了中国传统哲学的观点,认为"存在"不是抽象的哲学概念,而是真实具体的"生命",是具体的实体不断进行的生生之变易,从而把实在论的理论立场推至其极。

阿奎那关于本性与存在的分析是一种哲学的抽象分析,进而肯定这种抽象的、不同于"本质""观念"的"存在"概念。这种"存在"概念不同于观念论传统所倡导的抽象的观念本体,是基于抽象地分析和思辨而得出的另一个概念;"存在"概念虽然在根本上代表了事事物物的"能够真实存在"这一特征,但主要还是对事物进行一种哲学的抽象分析,以"存

① 罗光:《生命哲学再续编》,载《罗光全书》第 2 册,第 113 页。

在"为本体仍然与现实世界的具体事物之间存在着距离，只是关于它们的"能存在"这一性质的抽象表述。

相对于此，可以说罗光是把实在论的理论立场进一步贯彻下去，认为与其承认一个抽象的"存在"概念，不如直接以实际具体的实体为本体。他在阐发这种观点时借鉴了中国传统哲学的观点，提出了自己的新士林哲学的"生命"概念，认为世间万物均为"生命"，这些具体而真实的"生命"才是真正的本体，"生命"是形上学之"有"的最完满体现。

罗光多次指出，士林哲学提出了"有"是"在"、本体应当是"在"的观点，却不再进一步追问"在"是什么，"形上生命哲学"根据中国传统哲学讲明，"在"就是"生命"，生命是一种不断进行的由"能"到"成"的变易活动，生生不息的变易活动正是为了发展生命的本性，彰显生命的形上意涵。"形上生命哲学"把本体之"在"的本质阐释为生命，认为世间万物都是不断变易的真实的生命体，整个宇宙是一个生生不息的大生命。并且，生命的这种变易活动也不是士林哲学所认为的那种"附加体"的变易，而是本体自身的变易。生命之变易不会导致本体的消亡，而是基于"成"与"行"的体用关系不断巩固着一个"常变又常一致""保有自性又常在发展"的生命本体。正如罗光所讲的那样，"亚里斯多德看宇宙为物质，乃由物质方面去讲'变'；……亚里斯多德讲宇宙便从物质的动去讲宇宙。中国《易经》讲变，则从形上本体论去讲"①。

由此可知，"形上生命哲学"借鉴中国传统哲学认为整个世界的本体不是抽象的"存在"，而是真实具体的"生命"，这可以说是进一步贯彻了实在论哲学的理论立场，并且在中西会通的视野下探讨了士林哲学在现代哲学领域的发展之路。

第二，以托马斯·阿奎那为代表的士林哲学形上学在根本上表现出一种调和论的色彩，托马斯·阿奎那虽然在关于世界之本体"有"的探讨中以"存在"为最优先和最根本的概念，但是在谈到具体事物的根本原理时，又认为形式、本质是其最根本的原因。罗光对这种观点进行了批判，借鉴中国传统哲学以"整全的生命"为本体的观点和中国哲学气学传统的"理在气中""道不离器"的观点阐发了自己的见解。

已有学者在研究托马斯·阿奎那的形上学时指出，尽管阿奎那在形上学的根本立场上十分重视"存在"概念，把他的形而上学分析的重点放在

---

① 罗光：《生命哲学再续编》，载《罗光全书》第2册，第106页。

"存在"上，但是也并不因为强调存在而改变其另一个基本观点，即认为抽象的本质为实际存在的先决条件的观点。① 阿奎那认为，对于一切事物来说，本质就是"规定其实际存在为这样或那样的东西"。例如，他曾在《神学大全》中指出，"善和人性等，除非人们先说它们是有的，否则无法指示实际中的善和人性"②。诸如此类的论述又表明托马斯·阿奎那在具体事物的分析中坚持本质的优先性和规定性，可以把他的这种思想表述为：凡是存在的，首先是本质的存在，唯有本质，才决定一切具体的存在。换句话说，对于具体事物而言，阿奎那认为本质是事物形成的基本因素，没有"本质"概念就无法理解某事物；而存在则不然，没有"存在"概念依然可以理解某事物。虽然每一个具体实体的"本质"由于"存在"而体现，但是"存在"同时又为本质所"接受"和"限制"，所以实体的存在就是实体的本质的存在。在这个意义上，以托马斯·阿奎那为代表的士林哲学认为形式、本质、本性是具体事物的最根本的原因，体现出一种调和本质主义与存在主义路线的理论色彩。

对于士林哲学的这种观点，罗光是持批判和反对态度的。他指出，"士林哲学议论万有，注重万有的'本性'，由'性'去讲'有'，把'在'作成'有'的实现方式。而'性'为一抽象观念，万有便成为抽象体。抽象体因着'在'而实现，'在'所加于'性'的，是附加体的特质和量。……圣多玛斯坚持这种分法，以解释万有的相对性和受造性"③。对于这种从形上学的分析之路抽象地研究事物的做法，罗光并不赞成。在他看来，"这种'性'和'在'的两分法，是我们人所做的"，"万有能称为有，必定该是在，没有在的有，便是无。在是实际的，是具体的，是本体"④。由此可知，罗光反对那种抽象地把事物区分为"本性"（本质）与"存在"，进而以抽象的"本性"代表事物之根本特质的观点，主张事物在根本上是一个"完整的整体""完整的在"。相对于抽象分析得出的"本性"或"存在"，事物之现实的"整体的在"才是其最根本的特质，本体之"有"的真正意涵也正是由这种"整体的在"来展现的。"实体不能分，因为是一个'在'，'在'不能分析，只能是'在'或'不在'。既是'在'，只是一个整体，整体一分就不能存在。人的实体是'我'，'我'是

---

① 参见傅乐安：《托马斯·阿奎那基督教哲学》，第110页。
② 转引上书，第110页。
③ 罗光：《形上生命哲学》，第102页。
④ 同上。

一个整体，'我'有我的一切，取掉一部分，便不是'我'。'我'是实体，实体是'在'；实体是'在'，不能是抽象的普遍的'在'，而是具体的这个'在'。"① "'这个在'的实体，不能分析。若分成'性'和'在'，由'性'认识实体，所认识的实体不是实体的本体，只是人所抽出的普遍性本体，只是人的'性'。实体自体在任何环境中也不能分，若'性'和'在'相分，则实体已不有了，若分析附体，实体就不完全，'有'是实体，不是单独的纯观念；海德格所以以'有'为'存有'，为'这个有'。'存有'是实体，在存在上不能分析，在被认识也不能分析，必须常是完全的整体。"② "士林哲学认为把每种物的物性，从构成的分子中抽出来，构成一共同的观念，便代表这种物的本体。人的本体是什么？是'理性的动物'……这个抽象观念并不能代表人的实体，只是代表人本体的抽象意义，人为懂得这个抽象意义，在心灵上必要显映一个具体的人。……抽象观念是代表具体的整体，没有整体的印象，就没有抽象的观念，因此抽象的本体观念必要有一具体的实体。"③

罗光结合中国传统哲学关于生生、生命的观念，认为具体的实体在根本上不能是抽象的本质或存在，而只能是真实具体的生命。这种真实具体的生命是一个"整个的整体"，这个整体的生命之"在"代表了世间万物的根本特征，因此也是本体之"有"的最真实、最完满的意义。"在""生命"包含着本质、本性，但不是以本性为最根本的因素，而是以整个的在、整体的生命实体为最根本的因素，性虽然规定了实体之为实体的原则和特点，但在形上学上不是最根本的因素。具体事物是继续变化的具体真实的生命整体。

与此相关联，士林哲学认为具体事物是由形式决定形成类性，再由质料之清浊决定形成个性，如果进一步追问的话，质料之所以有清浊的不同又是由形式决定的。罗光指出，这种关于具体事物之成因的讲法最终陷入形式与质料之间相互决定的循环中，难以使问题真正得到解答。前文已经讲到，罗光认为士林哲学对于具体事物成因问题的回答是与朱熹的理气论的思路相似的，都是把代表规律之普遍性的"理""形式"与代表现实之具体性的"气""质料"割裂为二来思考的。在这个问题上，罗光的解答

---

① 罗光：《形上生命哲学》，第 102 页。
② 同上书，第 104 页。
③ 同上书，第 104－105 页。

借鉴了中国传统哲学中"气学"一派的主要观点，认为"理"与"气"、"形式"与"质料"不是相互独立的两种要素，而是认为"理"为"气中之理"。"形上生命哲学"不主张"理气二分"基础上的"气因此理"，而主张"理气合一"基础上的"气有此理"，认为整全的生命、具体之"在"是形上学上最根本的。① 进而，具体生命作为一类的普遍性和作为个体的特殊性都来自"天命"，此所谓"天命"从"形上生命哲学"的系统来看就是说世间万物都来自创生力的赋予，进而在根本上是由全能的上帝决定的。

可以看出，"形上生命哲学"对于士林哲学的以上两点改造在很大程度上借鉴了中国传统哲学的观点。这也反映出罗光作为现代中国哲学领域的一位探索者，尝试结合中国传统哲学与西方士林哲学进行学术思考的理论努力。他的观点一方面致力于继承中国传统哲学的智慧，另一方面致力于探索天主教信仰本土化的新途径，体现出鲜明的新士林哲学的理论特色。

综上所述，牟宗三和罗光作为现代中国的思想家，都力图吸收、融会中西哲学资源以展开自身哲学体系的建构，由于各自不同的信仰和立场，他们选取并继承了中西哲学史上不同的思想传统，对生命超越问题提供了各具特色的解答。在比较的视野下，两人不同的思想进路展现出生命超越问题本身的复杂内涵，他们所阐发的中西哲学诸种资源显现出传统思想所具有的活力，使我们对这一问题的思考进路更加多元、丰富。

---

① 参见罗光：《形上生命哲学》，第 103 页。

第六章 从"儒学超越性"论争展望儒家超越探讨的可能方向

牟宗三、罗光、安乐哲作为现代中国哲学中三个典型流派——现代新儒家、台湾新士林学派与海外汉学——的主要代表人物，分别提出了自己的生命超越论，成为20世纪中国哲学领域诠释"儒学超越性"的三个典型代表。这三种生命超越论展现出他们各自基于不同的理论立场思考超越问题的典型特征，也透显出超越问题本身的复杂内涵。牟宗三、罗光、安乐哲关于超越问题的典型解答成为我们今后进一步思考超越问题的有益借鉴。本章在总结三位哲人之基本观点的基础上分析他们学说的理论得失，进而对儒家超越问题的未来探讨做出展望。

第一节 三种生命超越理路之总结

纵观20世纪中国哲学的"儒学超越性"之争，牟宗三、罗光、安乐哲分别给出了中国哲学终极关怀论之现代阐释的不同样本。三位学者对儒学超越之路做出不同回答的主要原因是他们各自心中的哲学典范不同、在儒学思想中侧重的历史阶段与学说流派不同、在儒学的现代阐释中借鉴的西学资源不同。三种学说虽然主张大相径庭，但各具洞见、自成体系，体现出儒家超越思考之现代诠释的多种可能向度。

一、牟宗三"道德的形上学"的生命超越之路

牟宗三"道德的形上学"的生命超越论具有以下三个特点：

其一，"道德的形上学"的生命超越论注重探讨经验世界背后作为规律、法则的"心中之天理"，是一种观念论立场的生命超越论。牟氏哲学的生命超越论着力凸显了超越目标——天道和超越主体——人心、人性作为一种普遍性之理的意涵，可以说超越目标和超越主体都是以"理"之普

遍必然性作为根本特征的。与此相应，人实现生命超越的方式是一种"当下朗现"心中之天理的全部普遍性的理路。由此可见，牟氏的生命超越论强调的是规律之理的普遍性、必然性、绝对性，坚持一种观念论的理论立场。

其二，"道德的形上学"的生命超越论是一种注重实践的生命超越论。牟氏哲学的生命超越之路是建立在真实的道德实践的基础上的。它继承了传统儒学的智慧精神，肯定一个"竖立的创生之宗骨"，把最终的完满境界建立在真实的道德实践之创生的基础上，因而不是脱离现实人生地指向一个虚悬妙境，而是通过工夫实践来达至真实的圆满境界。

其三，"道德的形上学"的生命超越论是一种当体圆满、无待于外的生命超越论。牟氏哲学的生命超越论承认人人都先天地具有生命超越的内在根据，并且肯定人之充分发扬这种先天根据的能力。基于这种内在的本心性体与超越的天道实体之间的同一性，生命超越便不必依靠一个外在的超越实体的拯救，而是展现为一种自作主宰、内源充畅的超越之路。在此基础上，内在超越论成就了一种"即道德即宗教"的人文宗教。

二、罗光"形上生命哲学"的生命超越之路

罗光"形上生命哲学"的生命超越论具有以下三个特点：

其一，"形上生命哲学"的生命超越论以其生命本体论为基础，注重从形上学方面探讨生命超越问题。在罗光"形上生命哲学"体系中，被称为"生命本体论"的形上学是整个学说的核心和基础，生命超越论也注重从形上学的角度进行一种根源性的探讨。具体说来，"形上生命哲学"的超越论从本体论高度探讨了生命超越的理论根据，其基本理路亦是基于生命本体论的基本理念而提出的，整个生命超越历程的最终目标是本体论所指向的最终本体。并且，罗光对于儒、释、道和天主教四家学说超越境界之高下的分判，也是依据"是否从本体论高度探讨超越""是否具有健全的形上根据""是否趋向最高的形上本体"等标准进行衡量和判定的，也就是说，在形上学理论上最为"健全"和深刻、以形上学的最根源的本体作为生命超越之最终目标的生命超越论，才是最高境界的超越学说。

其二，基于一种"由在论有"的生命本体论，"形上生命哲学"的生命超越论在基本理路上注重对"生命之在"的超越探讨。生命本体论认为世界人生的根本之道是一种具体生命的不断发展之道，本体之"有"的全部真实意涵是通过真实具体的"生命之在"来展现的。这种作为本体的生

命、存在是不断变易、生生不息的，通过生生的变易来发展自身的本性，展现生命的形上意涵，实现自身生命的超越。与此对应，注重"生命之在"的超越之路主张通过真实的工夫实践来发展真实具体的个体生命，这种不断发展个体生命之内在本性的历程就是实现生命的形上意涵、展现天道本体的真实意义的过程。通过个体生命的发展体现出天道本体的真实意义，也就意味着有限的个体生命通达了无限的天道本体，在某种程度上实现了个体生命的超越。有限的人类个体之生命超越的实现是一个不断完善自己的真实生命、提升自己在宇宙生命序列中的层级，从而越来越充分地展现出生命之本真意涵的过程，生命超越的最高境界就是脱离一切非理性因素的束缚，最完满地展现出生命之本真意涵的境界。

其三，"形上生命哲学"的生命超越论以上帝的天国为最高境界，是一种归向上帝的生命超越论。作为台湾新士林学派的代表人物，罗光所提出的生命超越论在根本精神上是指向上帝信仰的。在罗光哲学看来，生命超越的最高境界需要通过上帝的启示和救赎才能达到，有限的人唯有进入上帝的彼岸世界之天国，才能实现最高境界的超越和永生。

三、安乐哲"非超越论"的生命超越之路

安乐哲"非超越论"的生命超越理路具有以下三个特点：

其一，"非超越论"以一整套"互系性的气宇宙观"为依据，其"非超越"的终极关怀论具有深厚的天道观基础。虽然安乐哲反对借用西方哲学的"形上-形下""本体-现象"二分的框架在中国哲学中发掘出一个现实世界背后的形上学本体论，但他并不否认儒家"非超越"的人生观与宗教性有一套深厚的天道观、世界观作为基础。安乐哲反复申明了古典儒家的天道观体现为一种"互系性的气宇宙观"。这种天道观不承认西方哲学式的物体背后的根本法则，也不承认单个物体的孤立的存在形式，而是把物体的单独存在融入气、生命的流衍历程中，把事物运行的法则融入事物的真实活动历程中，把事物孤零零的个体存在融入其所身处的关系与场域中，从而实现多与一、物体与生命、物质与精神、事物与本根的相互融合。在此意义上，安乐哲认为中国古代哲学独特的"互系性的气宇宙观"不区分本体与现象、法则与历程，因而是"非超越的"。因此之故，我们绝对不能使用西方哲学一贯采用的本体、理念、法则、规律等范畴来阐释儒学天道观，相应的儒家终极关怀论亦是在世俗世界中通过人类社群的切实努力而不断进行世俗的"创造"，展现出内在于现实世界、内在于人类

社群、内在于历史特殊性的"非超越性"。这种"非超越"的终极关怀论具有深厚的天道观基础。

其二，就"非超越论"的哲学诉求来看，它强调一种内在于人类社会的世俗智慧，是人类社群不断生长的人生与社群智慧之总结，反对诉诸一个超越于世界之上的上帝。儒家"非超越"的终极关怀论并不把人生一切意义的来源诉诸一个超越本体或终极原则，而是更加重视现实的世界、人生、家庭等世俗关系，把生命安顿的中心置放于世俗世界的创造性。"非超越"的人生实现之路是基于人的现实生活世界的世俗经验，是人扮演各种角色、身处各种关系中"成己成物"的过程。人类协同作为、修德成就的世俗生活就是人生全部价值的源泉，也是世界之"根源的创造性"的全部体现。作为世界之最高意义的创造性只能实现于人类共同协作的现实努力中。在此意义上，以传统儒学为主流的中国哲学"以人为中心"的世俗的创造性取代了"以上帝为中心"的超越的权威性，走出了一种鲜明的"非超越"的人生道路。

其三，"非超越"的终极关怀论在最终境界上体现出一种对于人类俗世生活的美学升华与精神提升。安乐哲认为中国传统哲学之"以人为中心"的宗教感，是对现实生活世界的社会交往关系和交往过程的美学升华。"对于儒家来说，是深受鼓舞的人生创造性可能，致使宇宙充满魅力，这是'宗教感'更重要的意义。"[1] "当粗鲁动作变为礼仪的肃穆乐律和欢快舞蹈，当发出干预的咕噜咕噜声音演绎为崇高、萦绕于心的旋律，当偶然交媾的激情变成永久归宿感的温馨家庭，宇宙变得更广阔、更深远、更充满内涵。"[2] 以传统儒学为主流的中国哲学这种基于社会生活而又高于社会生活、出于世俗人生而又升华世俗人生的"非超越"的宗教感，"使平常与普通具有优雅的气质，似乎至少提供了那种神秘宗教情感的另一种表述，而不需要那种对先验、超自然之物的诉诸"[3]。在上述非超越的宗教境界中，一个个普通人从自我走向世界、从自我修养逐步趋向参赞天地之化育的共同创造，并在此历程中实现了自我存在意义上的圆成和个体生命的安顿。

通过总结牟宗三、罗光、安乐哲生命超越论的基本主张，我们可以看

① 安乐哲：《儒家角色伦理学——一套特色伦理学词汇》，孟巍隆译，第264页。
② 同上书，第262页。
③ 同上。

出三位学者的共同之处是基于对天道本身的理解来探讨生命超越理路。而三人所诠解的中国哲学之天道的根本意涵也有一个重要的共同洞见，即对天道作为一种生命、创生本体的肯定。他们都认为整个世界的根本为生命，宇宙人生的根本之道为生生之道。进而，他们在根本上共同肯定了一种生发、创化世间万事万物的根源动力，分别将其命名为"活动性"（牟宗三用语）、"创生力"（罗光用语）、"共同创造性"（安乐哲用语）。在这种不约而同地达成的共识中，牟宗三、罗光、安乐哲在一定意义上都认同世界人生的根本之道是一种根源性的生命动能。

在对这种根源性的生命动能进行阐释时，三位学者表现出不同的思想倾向。牟宗三把它诠释为"心之理"的本体，并进而注重这种动能作为本体之道的规律性、普遍性、价值性、理想性；罗光把它诠释为"生命之在"的本体，并进而注重这种动能作为本体之道的具体性、特殊性、事实性、现实性；安乐哲则把它诠释为一种互系性的由各种情境、角色与关系组成的"天人共同创造历程"，并进而强调这种创造的具体性、特殊性、关系性、情境性。

就终极关怀的最终境界而言，牟宗三的生命超越论是一条"当体圆满"的内在超越之路，并在此基础上成就了"即道德即宗教"的"人文宗教"；罗光的生命超越论是一条"归向上帝"的外在超越之路，并在此基础上接引了西方天主教信仰而形成皈依上帝的"中国式的天主教"；安乐哲的"非超越论"则强调内在于世俗人生的现实性的审美境界，最终证成一种"非超越"的"以人为中心"的宗教精神。

概括言之，牟宗三、罗光、安乐哲之生命超越论的主要差异是基于他们对世界人生根本之道的不同理解。三位学者依照各自所理解的根本之道来阐发生命超越的基本理路，从而产生了关于生命超越的分歧。

第二节　三种生命超越理路之得失

在以上总结和比较的基础上，我们进一步分析牟宗三、罗光、安乐哲所提出的生命超越理路的优长与缺失，以展现他们的思考对于现代中国哲学之超越问题探讨的理论意义。

一、牟宗三超越之路的得失分析

我们对于牟氏生命超越论的得失分析主要通过逻辑进路与根本精神这两个方面来展开。

(一) 从逻辑进路方面来看牟宗三"道德的形上学"对儒家超越之路的探讨

其一,在本体论基础方面,牟氏出于一位现代中国哲学家的理论自觉,借鉴了以康德、黑格尔为代表的德国古典哲学的思辨理路建构起"道德的形上学"之本体论,这种本体论在根本精神上又是继承传统儒学的实践智慧而来的,在根本上肯定的是一个"即存有即活动"的实践本体,强调本体之能够生发道德实践大用的"创生性"。牟氏在本体论的建构过程中虽然着力强调这实践的良知本体与德国古典哲学的抽象思辨的本体区别甚大,强调"实践亲证的德性之知"与"思辨推证的知识之知"的根本差异,但却在本体论进路的选择方面对此有所忽视,"由道德的进路所讲出的形上学"依然采取了西方哲学的思辨理路来证成,使这种思辨的本体论建构方式与实践的良知本体之间存在一定的张力,因此从儒家本体论的现代重建的标准来看,牟氏哲学的理论尝试有其不尽完善之处。

其二,在生命超越论的理路方面,"道德的形上学"所阐明的是一种基于"实有形态"的实践基础上的超越之路,其最终境界是通过真实的生命实践活动而达至的,整个圆融无碍的高妙境界都是基于一个"竖立的创生之宗骨",而不是虚悬无根的。同时,通过人生实践来实现超越的过程也不是经验归纳意义上的遥遥无期的历程,而是秉持着一种道德理想主义的观念,肯定每个自觉实践的个体在生命历程的某一时刻必定能够"一觉全觉"地明澈"心中之天理"的全部意涵,当下达至生命超越的最高境界。在这个意义上,牟氏超越之路所强调的实践不是一种注重经验之偶然性、零散性的归纳意义上的实践,而是一种日益充分地展示出"理本体"的普遍性、必然性、绝对性的过程,可以说是一种"理性的理想主义"意义上的实践。这种实践所指向的是整全的天理之普遍性的越来越充分地透显,成就的是理想主义立场上所肯定的、人人皆可足具的、在生命的某一时刻"一觉全觉"的超越能力。由此,实践作为生命超越之基本理路的特点与"良知之天理本体"作为一种规律、理则的普遍性特点之间形成了某种意义上的和谐贯通。

（二）从根本精神方面或者从其阐明的最终本体、宇宙人生的根本之道来看牟宗三"道德的形上学"的超越之路

"道德的形上学"的超越之路是在具体现象与"理本体"、"实然"世界与"应然"世界（事实与价值）二分的理论立场上，肯定现象世界背后的"应然"价值之理作为本体，进而使有限的人与此"应然之理"相契合的超越之路。从这种生命超越论的根本精神来看，其所肯定的整个世界的根本之道是一种将经验背后的规律、理则与"实然"背后的"应然"价值相结合的本体，整个世界的根本之道是一种价值的创生之理。因此，人之生命超越的历程就是不断显发自己心中与此天理相通的本心、性体，克服自己感性生命的欲望和现实世界的种种阻碍，最终达到合于此"价值的理本体"的"天人合一"境界的过程。总的来说，这种"道德的形上学"的超越之路是注重"心之理"的超越之路（观念论立场），是理想主义的超越之路（以应然价值为本体），是具体真实的超越之路（注重实践中显发出的"具体的普遍性"），是"当体圆满、无待于外"的超越之路（不需要肯定一个外在的上帝）。

进一步分析牟宗三哲学之生命超越路向的基本精神，我们可以看出他继承了传统儒学注重人之生命超越问题的特点和天人合一的根本观念。在生命超越的根本之理、超越方式和最终目标等问题上，牟宗三注重儒学严格区分"形而上"与"形而下"、"理"与"气"的宋明儒学传统，把生命超越的根本之道阐释为一种形而上的普遍性的"理"，因而生命超越的基本方式是注重"心之理"的方面而行的超越。同时，牟氏继承了儒家哲学的基本精神，认为人之心性与天理在根本上"通而为一"，由此认定超越活动是"当体圆满、无待于外"的，不需要外在上帝的救赎，因而不以此世之外的上帝之天国为最高境界。

在上述继承儒学基本观念方面的几点之外，如果我们站在传统儒学的立场上反思牟宗三所提出的生命超越论，可以看出以下两点值得商榷之处：

其一，传统儒学一般不明确地区分事实之理与价值之理，换言之，传统儒者大多不是脱离"世界之实然"来探讨"应然之理"。在传统儒者的世界观中，虽然"形而上"与"形而下"判然有别，但"实然"世界与"应然"世界则是"相即不离"的体用关系，两者不能截然割裂开来。传统儒者所讲的本体大多既是世界的"所以然之理"又是世界的"所当然之则",可以说应然的价值之理同时也就是世界的真相,在传统儒学的主流思想中并没有出现一种"本体只是'应然'的价值之理,而与'实然'世界相离为二"的观念。在这个意义上,应当说牟宗三认为"本体只是一个价值之理"的观点是受到了近现代西方哲学关于"实然"与"应然"、"事实"与"价值"二分的观念的影响,从而成为对儒家本体之道的一种较为外在的诠释。

其二,在传统儒学丰富的本体论思想中,宋明儒学突出地强调了"形而上"与"形而下"、"理"与"气"、"天理"与"人欲"之间的区分,而牟宗三"本体是一个现象世界背后的理本体"的观点正是认同这种"理气二分"思维方式的结果。基于这种观念,牟氏才借鉴康德的"现象与物自身之超越的区分"一说来建构自己"道德的形上学"的理论框架。我们在此应当注意的是,这种把现象世界与"理本体"分而为二的本体观十分容易面临"本体之理如何落实于具体世界"的问题,若与"应然"与"实然"问题相结合,就产生了牟宗三在其哲思历程中反复追问的"应然的本体之理与实然的现实世界如何符合"的问题。应当说这一问题是牟宗三整个哲学体系的根本性问题,也是大多数持有观念论立场的哲学体系面临的普遍问题。在德国观念论传统中,康德认为"物自身"最终只能"存而不论",可以说是以消解问题的方式给出了回答;黑格尔则诉诸绝对精神本身的能动性,认为本体自身具有最终包容一切具体实体的动能,通过绝对精神的辩证运动试图解决之。牟宗三对此问题的回答最终是以类似于黑格尔的方式诉诸良知本体的"活动性""创生性",以"本心良知"的活动性(亦可称之为道德实践的能力)为关键进行解决的。换句话说,牟氏认为"理本体"与现实世界的合一或者说"理本体"最终能够实现于现实世界的根据就在于本心性体之道德实践的能力。与此相关,"理本体"之实现于现实世界其实也就是现实的人之实现生命超越的过程,所以生命超越的根本动力与上述"符合问题"一样都建基于良知本体的道德实践能力。我们进一步分析这种实践能力可以看出,由于本体之理与经验世界相离为二,两者之间没有一种根本性的联系和贯通,所以只要本体依然是现实背后的规律、理则,在这个作为关键的良知本体的活动能力上我们势必又将面临"应然之理"与"实然现实"之间的"符合问题",即"作为本体的良知之理"如何发动"人之现实的感性生命"的问题。所以说,问题虽然被推到了精微的"本体之活动性""道德实践能力"上,但却依然没有被彻底解决。应当说,"道德的形上学"的生命超越之路在根本动力问题上存在着一些思考的未尽之处。

进一步就最终境界来说，注重"与经验世界二分之理"的超越之路在其最高境界中也难以真正确保"德福一致"问题的解决。根据牟氏的讲法，生命超越的最高境界所达到的状态主要是展现出"本体之理"的绝对普遍性，进而凭借这种绝对普遍性来超越一切感性生命的有限性、特殊性，使"德福一致"问题得以解决。不过，既然"理本体"并不存在于具体现实的经验世界中，而是与经验的感性界判然有别，那么生命超越的最高境界所达到的"理本体"便不能必然地超越一切感性生命的有限性，实现真正意义上的"德福一致"。

通过以上分析，我们知道牟氏哲学作为生命超越之基础的良知本体面临着"如何发动此理以超化经验的感性生命"的"符合问题"，而超越所达到的最高境界对"德福一致"问题的解决亦是值得商榷的。由此，我们认为牟氏基于"理气二分""理本体与经验的现实世界二分"的理论立场所提出的生命超越论存在着一定的理论困难，而所有问题的关键症结都集中于"道德的形上学"在根本精神上所强调的"理气二分"观点。① 因此，牟氏"本体是现象世界背后之理"的观点尽管在某种意义上符合传统儒学之一派的根本精神，但是这种立场对超越问题的解决在根本上是不成功的。我们如果就传统儒学在宋明之后的发展来思考这一问题，就可以看出在王学之后、明清之际的气学思想从另一个向度进行了尝试。以王夫之为代表的气学思想对"理气二分"观点予以反思，批评了宋明之学强分理气所带来的空疏之流弊。气学传统主张一种"理在气中""离气无理"的本体观，所要克服的正是这个"理本体难以落实在现实世界"或者说"现实的人如何契接理本体"的"符合问题"。我们在现代哲学领域重新思考这个问题，或许应当更多地借鉴船山气学的思维方式，尝试从另一个向度进行理论思考。

---

① 对于牟氏哲学的内在超越论所面临的理论困难，林安梧教授曾经撰文进行过分析，认为其过于强调人之"智的直觉"、强调"主体直契于道"的境界意涵，而未能正视现实人生之实际存在。我们的思考从林教授的文章中受益匪浅，不过分析的重点与林教授略有不同。林教授认为牟氏哲学之所以产生这种困难，是因为过于强调一种"境照""圆顿"的"诡谲义""理想义"，而忽视了直面真实存在的"实践义""现实义"；我们则认为牟氏哲学的这种偏失在根本上是由于坚持一种形上学的"理气二分"观念而产生的，更偏重于从内在超越论的本体论基础方面分析其理论困难。

二、罗光超越之路的得失分析

对于罗光哲学的生命超越论，我们亦主要从逻辑进路与根本精神两个方面分析其得失。

（一）从逻辑进路方面来看罗光"形上生命哲学"的生命超越论

在逻辑进路方面，罗光的"生命本体论"与生命超越论都坚持着一种注重实在、由"在"论"有"的实在论理路。生命本体论认为作为基础的形上学之建构理路不应当采取抽象思辨的观念论立场，而必须采取"由具体之在来研究本体之有""生命与存有为一体之两面"的实在论立场。在此基础上，罗氏哲学的生命超越论也成为不断发展真实具体的生命，以求越来越充分地展现"有"本体之形上内涵的生命超越论。如上所论，"形上生命哲学"这种实在论的逻辑进路是结合中国哲学的气学传统与西方士林哲学的实在论而得出的。若与牟氏哲学的观念论进路做一对比，可以看出实在论进路由于其所肯定的最终本体并不与现实世界的具体存在相脱离，所以不再需要面临上述"观念的理本体与经验的现实世界如何符合"的问题。罗光曾用一种形象的说法来讲"形上生命哲学"的这个特点："不是'隔岸观火'地研究哲学的对象，而是我在哲学的对象内生活。"实在论理路相对于观念论理路的这种优长之处，也透显出罗氏哲学更为注重儒家气学传统在消解宋明之学的理论困境方面所进行的探索，由此体现出一定的理论识见。

并且，从世界哲学的发展趋势来看，在以德国古典哲学为典型代表的观念论传统走入困境后，一种注重特殊性、注重具体存在的哲学思考进路方兴未艾，这便是以欧洲大陆的存在主义哲学为代表的哲学主张。存在主义哲学肇始于克尔恺郭尔的强调个体生存体验的基本观念，海德格尔曾批判传统的存在论哲学普遍注重对"存在者"的研究，而忽视了对"本真的存在"的研究，可以说是在根本的形上学领域以"存在者"的研究取代了"存在"的研究。这种主张在根本上是一种"存在优先"的本体论立场，与中世纪士林哲学之典型代表托马斯·阿奎那的基本主张十分相近。罗光曾就此指出，以海德格尔为代表的存在主义哲学观表现出一种向阿奎那式的存在论复归的趋向，存在主义哲学在现代哲学中的复兴从某种意义上彰显出士林哲学的某些基本观念的合理性。我国学界通过近年来对中世纪哲学的进一步研究，在此问题上得出了与罗光的观点较为接近的结论。① 学界的这种观点在某种程度上可以为"存在优先"的哲学立场在当代哲学中继续发展的合理性提供一个佐证，在这个意义上，我们可以看出这种以"存在优先"的实在论进路为根本理路的"形上生命哲学"所展现出的优长之处。

（二）从根本精神方面来看罗光"形上生命哲学"的生命超越论

从根本精神来看，我们认为罗光的生命超越论以及作为其基础的生命本体论在根本观念上存在着一些不太自洽的方面。具体说来，罗光的哲学思考在根本的精神指向上常常徘徊于儒学传统和自己所信奉的天主教信仰之间。在哲学思考方面，他更多地倚重于儒家哲学的基本观念。例如"形上生命哲学"的根本本体观念是"以生命为本体"，而生命又是物体的自动自成、生生不息地发展自身的活动，因此生命超越就是实现生命本体自身的基本意涵的历程，以上所有这些观点"采取的乃是儒家哲学的讲法"。与此相反的是，在整个学说的最终归趋上，罗光又是坚定地归向天主教信仰的。例如，生命本体论虽然以生命为本体，但是最终还要在宇宙产生之初肯定一个创造生命的造物主上帝，因此上帝在这个意义上成为此岸世界的一切生命本体之"超越的本根"。人之生命超越的最终境界也不能仅仅满足于此世之现实生命的超越，而必须以达到彼岸世界的"超性境界"、进入上帝之天国为最终完满。以上这些观点都是以天主教教义为依归的。我们在结合罗光哲学的以上两个特点进行思考时可以发现，儒家哲学与天主教教义的这两种观点在根本精神上存在着重大差异，这种差异概括说来就是关于世界之根本本体的自力与他力的差异，或者换句话说，整个世界的创生本体是自有自生、自动自成还是由他物而生、由他物推动。由于儒学与天主教教义在此问题上的回答针锋相对，所以罗光的哲学体系希望统合这两大传统的理论期待在根本上是不成功的。"形上生命哲学"所肯定的"自动自成的生命本体"与"上帝创造说"之间存在着根本性的理论张力，整个哲学体系的内部理论是不自洽的。在这个意义上我们可以看出，

---

① 对于这个问题，赵敦华教授曾指出："20世纪存在主义哲学家海德格尔批判传统形而上学把存在混淆为实体……如果他认真理解托马斯主义，或许他不会再有如是说。他视作具有革命意义的'存在不是存在者'的'存在论区分'我们已经在托马斯著作中读到了。"（赵敦华：《基督教哲学1500年》，第381页）段德智教授也通过自己的研究得出了类似的结论，具体内容参见段德智：《试论阿奎那存在论的变革性质和现时代意义》，《华中科技大学学报（社会科学版）》2008年第5期。

虽然罗光在最终的理论立场上数次声明自己认同天主教教义所启示的真理，但是他的哲学理论却很难完全支持这种宣称；虽然他试图以自己的哲学体系继承儒家哲学的基本精神并有所发展，但是这种出于天主教信仰而为儒学"嫁接上帝源头"的做法很难说是妥当的。

三、安乐哲超越之路的得失分析

与牟宗三、罗光的思考不同，安乐哲"非超越论"的终极关怀论展现了另一个向度的理论思考。我们对安乐哲"非超越论"的得失分析还是从逻辑进路与根本精神两个方面展开。

（一）从逻辑进路方面来看安乐哲的"非超越论"

从逻辑进路来看，"非超越论"的终极关怀论体现出以下两点基本特征：

第一，"非超越论"体现出鲜明的比较哲学特征，始终以西方哲学的发展演变比观中国哲学的独特智慧，并力图用中国哲学的独特智慧对西方古典哲学的思维方式进行纠偏。

安乐哲在中国哲学研究上始终注重中西比较的理论视野，从治学伊始即同时研习中国哲学与西方哲学，并在世界哲学之普遍性的基础上对参中西哲学智慧。从他的第一本中国哲学研究著作《孔子哲学思微》开始，安乐哲就明确申说了自己的中西比较研究方法："我们努力从西方文化的背景中找出一些特殊的问题，然后用孔子的思想作为一种工具，精确地阐明这些问题的关键所在，提出解决这些问题的途径。……它企图促进各种文化之间的对话，以逐渐导致承认相互之间的同和异，从而使得各方最后能提出共同关心的重要的理论和实际问题。"[1] 基于这种考虑，在此后一系列中西比较哲学著作中，安乐哲聚焦于天道观、人性论、真理观、方法论、宗教精神等方面对中西哲学的关键洞见进行对比与诠释。可以说，安乐哲对于中国哲学之"非超越性"的理论研判始终是对比于西方哲学之"超越性"而展开论述的。在天道观方面，对比于西方形上学严格区分世界背后的本体与法则并以之作为世界之超越根据的做法，安乐哲强调中国哲学既缺乏这种二分思维又不承认一个独立于现实世界之外的超越本体。在他看来，中国哲学正是因为强调现实世界与人生之间各种特殊具体的

---

[1]　郝大维、安乐哲：《孔子哲学思微》，蒋弋为、李志林译，第3页。

"互系性关联"而展现出"非超越"的独特思考，它与西方哲学本体论的根本区别就在于强调那种不区分体与用、物质与精神、法则与历程、角色与关系的"互系性关系"。进而，在终极关怀领域，西方哲学主张一个完全超越于世界的上帝作为"根源的创造性"，中国哲学则主张内在于世俗人生的"共同创造""依境创造"，因此中国哲学的宗教精神是一种点化现实礼俗人生而呈现出的"以人为中心"的审美情怀，是"非超越"的终极关怀论。

应当说，安乐哲的理论思考力图站在超越于中西任何一种哲学之特殊性的、更宏阔的理论立场上，从哲学之普遍性的高度综合考量中西哲学在解决人生终极关怀问题上的智慧与得失。在此基础上，他通过对比诠释来促进中西哲学的交流与对话，使它们取长补短、相互会通，最终为世界范围内哲学之普遍性意义上的终极关怀探讨提供理论智慧。这种跨文化比较的研究方法、从"哲学之一般"着眼的宏阔视野与平章中西的学术努力，展现出一位现代中国哲学研究者的理论气魄与学术功底。同时，在比较哲学的视野下，安乐哲注重凸显以儒学为代表的中国传统哲学的独特智慧，并由此立场鲜明地反省西方古典理性主义哲学过分强调超越法则、在现实人生之外追求超越的上帝从而寻求生命安顿的弊端，也从一个方面揭示了中国哲学契入世界哲学探讨、直面西方哲学挑战甚至纠正西方哲学之偏失的可能理路。不过，中西比较的研究方法由于强调中西哲学"共同关心的重要的理论和实际问题"①而容易使中国哲学研究受限于比较视野。如果始终强调以西方哲学作为参照系或过于注重中西差异，中国哲学研究往往就容易执着于几个"共同关心的重要问题"而忽略其他问题。也就是说，过分注重比较视野下"中之于西"的特性与优势的中国哲学研究容易顾此失彼，忽略中国哲学自身之其他独特的理论向度与智慧精神。由于中西哲学长期以来是在各自不同的社会环境中独立发展的，两者固然在哲学之一般的意义上有共同的问题意识和针对同类问题的解决方案，但除此之外还有许多不尽相关的问题意识和致思要点，后者对于中国哲学之全貌的揭示亦是十分重要的。甚而言之，由于中国哲学在产生之初并不是针对西方哲学的问题意识而展开思考、发展演变的，所以过分严格地按照西方哲学的关注问题来追问中国哲学的独特解答有可能导致对中国哲学的过度诠释。在此意义上，梁涛教授曾对安乐哲教授的研究做出下述评价："安乐哲教

---

① 郝大维、安乐哲：《孔子哲学思微》，蒋弋为、李志林译，第3页。

授长期生活在西方社会，其真正关注的还是美国社会的问题，他之所以对中国文化充满情感，给予较高的评价，主要还是认为可以在中国文化尤其是儒家哲学中找到治疗西方疾病的良药。"① 这句评论不能不说具有一定的理论识见。

第二，就"非超越"的终极关怀论所在的整个"儒家角色伦理学"之理论目的而言，"儒家角色伦理学"倾向于建构一种出于中国哲学独特智慧且与西方社群主义民主思想相会通的政治哲学。因此，"非超越"的终极关怀论与安乐哲的政治哲学诉求具有十分密切的内在关联。

早在《先贤的民主：杜威、孔子与中国民主之希望》一书中，安乐哲就明确肯定了杜威的社群主义民主观与儒学的相近之处，进而主张以杜威的社群主义思想来重新诠释儒学理论，找到中国独特的民主道路。在后续的学术探讨中，安乐哲始终把这种"中国式的独特民主道路""为西学纠偏的民主道路"诉求作为其整个儒学研究的重要理论目标，在某种程度上甚至可以说用对这一问题的求索引领和统御了后来的整个儒学乃至中国哲学研究。在此种思想倾向下，我们看到安乐哲阐释的儒家人生观并不把人理解为某种本质性存在的个体，而是强调历史性、具体性、特殊性，强调在各种现实的家庭、社会角色与域境中做人的过程。在此解释下，人生的意义不是借鉴西方自由主义的儒学研究者所宣称的那样，为了落实某种超越的道德法则或捍卫某种先天自在的个体之自由，而是在多种现实情境中实际地、具体地扮演不同角色的关系的集合体，也即社群主义意义上的"角色伦理"之人。在此总体倾向下，安乐哲阐释的儒学天道观也表现出不区分法则与经验、本体与现象，而是注重经验性、历史性、特殊性的特点，强调一种天人之间的"共同创造"，认为法则和本质就在经验历程、世俗世界中。

由此可知，安乐哲进行儒学阐释的主要诉求在于凸显儒学的社会政治内涵，进而建构一套独特的儒家现代民主方案，从而达到"既弥补西方政治民主之缺陷又为儒学在现代的政治探讨中发声"的理论目的。在某种意义上，我们可以说"儒家角色伦理学"正是基于这种社会政治方面的理论诉求而强调关系性、角色性、经验性的观点，并由此进行一种哲学上的反观和推论，把这种推论逐步落实到天道观、天人关系论、人生观、宗教性等领域的儒学研判上。可以说，"儒家角色伦理学"是一个社会政治诉求

---

① 转引自李文娟：《安乐哲儒家哲学研究》，"序言"第 5 页。

鲜明的哲学体系,"非超越"的终极关怀论与安乐哲整个哲学系统的社会政治诉求具有密切的内在关联。

应当说,安乐哲以政治哲学为最终诉求来诠释以儒学为代表的中国哲学,具有鲜明的理论特色和独特的理论价值。不过衡之以儒学本身的概念框架与发展历程,我们认为儒学在政治哲学之外的天道观、人性论、宗教性等领域的思考是具有相对独立性的。如果从哲学思考的逻辑次序来说,儒家的社会政治关怀应当建基于它的天道观、人性论思考,天道观、人性论与政治哲学相比是逻辑上更为优先的部分。或许"儒家角色伦理学"可以对此"逻辑次序"进行进一步的追问,质疑其是否陷入后现代主义者所批判之"把抽象法则当作最初的真实"的"顶级哲学谬论"。不过,即便不从中国哲学的逻辑次序来考察,单从中国哲学发生的历史进程来看,作为源头的先秦儒学对天、人性等问题的思考也具有一定的独立性。应当说,天道、人性问题是先秦儒者相对独立地考察世界本根与人生问题的思想成果,并不必然以社会政治诉求为前提。当然我们也应当注意,原始儒学在思孟学派之外,确实也存在着"从治国之道反省至天道人道"的另外一脉发展理路,这主要体现为原始儒学中由三代至周公、孔子、荀子乃至此后经学传统的发展理路,从发生学的意义上确实可以说这一派儒学传统是以"治国"的诉求为先,天道问题与人性问题是由治国问题不断内化、不断反省而逐渐明确的。不过这一脉的发展情况并不能代表儒学的全貌,难以概括思孟学派对人性问题的独立思考以及宋明理学对天道、人性的独立探讨。因此,我们认为"儒家角色伦理学"从社会政治哲学反推至天道观、人性论、宗教性的做法可以说是凸显了儒学发展历程中的一种发展理路,不符合儒学思想的全貌。

(二)从根本精神方面来看安乐哲的"非超越论"

安乐哲的"非超越论"在根本精神上体现出基于经验主义哲学立场的实在论倾向。从根本精神来看,安乐哲对中国哲学基本精神的诠释注重经验主义哲学立场,并且主张从儒家式的经验主义来响应后现代哲学对西方近代哲学的批判,反对西方近代哲学所强调的体用二分、物质与精神二分、事物与过程二分、存在与法则二分的观点。他曾写道:"是什么使得儒学比经验主义还要经验性(也即,是什么决定了儒学根本就是经验主义),该是这样一个事实,也即它尊重具体事物的特殊性……儒学不是宣布什么普遍原理……儒学总是从现实的概括总结出发,针对那些生气勃勃、具体事物'特殊的'历史呈现。"① 在此经验主义立场之下，"儒家角色伦理学"认为世界运行的持久而稳定的"深层基质"是一种互系性的"气"，天地万物都是"气"的生化流衍。在气的流变过程中，气所成之物与气本身之动、气所赋之形与气所运之则都是混融不分的，物体与法则不分离，生命之形与生命之动不分离，物质与精神不分离，主观与客观不分离，焦点与场域不分离。所以说，中国哲学的"天"是一种历史的、域境性的创造过程，中国哲学的天论是一种历史叙事意义上的宇宙发生论，并不强调背后的超越原理或终极法则。这种思维方式落实到人生层面，每一个人可以既是独立的个体生命，又是多重境遇与关系的结合；或者说既是一，又是多；既是自身生命活动的持续一贯之"一"，又是各种社会关系节点、各种互系性造就的诸多角色之"多"。在此意义上，中国哲学的"人"是关系性、具体性、域境性的个体，"人性"就是一种有待于在实在的社会关系和角色扮演中不断落实与成就的"天生倾向"。它既不是西方哲学意义上的"单体"，也不是西方哲学所谓的"类本质"。在上述天论与人论的基础上，中国哲学的终极关怀论不同于西方宗教传统把一切意义的来源诉诸一个超越本体、终极原则，进而把人生的超越意义从根本上依托于上帝和终极原理的做法。中国哲学的宗教感是对现实世界之人的社会交往关系和交往过程的美学升华与精神提升，因而是一种"以人为中心"的现实世界的宗教感。它以礼俗传统为中心，展现出一种既不同于无神论又不同于西方超越一神论的"准无神宗教感"。

在此根本精神方面，"儒家角色伦理学"的"非超越论"体现出两点优长与两点不足。其优长之处在于：

其一，就儒学自身而言，"非超越论"在学界较多地认同新儒学之内在超越论的观点以外，对儒学基本精神做出了另一个向度的深入解读。儒学天道之"非超越性"的提法不是简单地更换语词的概念游戏，而是揭示出儒学义理的其他重要方面。它更强调儒学天道与世界之间相互影响的关联性、儒学人论偏重于社会政治维度的现实意涵和天人关系始终在生成过程中的开放性。这种阐释有助于我们更全面地理解儒学的基本精神，有利于儒学乃至整个中国哲学面对现代社会生活展开其丰富的理论层次，而且具有非常鲜明的中国哲学主体性意识，有助于儒学在现代社会实现更有生命力的发展。

---

① 安乐哲：《儒家角色伦理学——一套特色伦理学词汇》，孟巍隆译，第108页。

其二，就世界哲学而言，安乐哲的"非超越论"借鉴了后现代思想中的过程哲学的一些观点，符合当今世界哲学发展的总体趋势。在世界范围内普遍反思和质疑西方哲学以"超越性"为中心的世界观的今天，安乐哲出于一种哲学家的使命感，希望为人类面临的世界哲学的共同问题找到新的、更好的解答，他认为这种解答就蕴含在传统儒学的恰当阐释中。这种始终明确的中西对话意识一方面展现出哲学家宏阔的理论视野，另一方面也有助于传统儒学的现代转化。

在上述优点之外，"非超越论"也体现出以下两点不足之处：

其一，"非超越性"的天道观强调天道是具体特殊、变动不息的过程，容易因为对特殊性、过程性的强调而消解天道的普遍性、永恒性。这一问题也正是安乐哲与牟宗三争论的焦点所在。在牟宗三那里，天道是一个创生世界的实体或法则，具有绝对性和普遍性，是永世不易的规律。安乐哲对牟氏此说产生了质疑，认为儒学天道的本质并不是法则或实体，而是真实具体的特殊性、历史性、情境性，是永无止境的变化性、开放性、暂时性。由于天道是具体特殊的历史经验与永无止境的变化过程，永远可能被新的情境重新塑造，所以它永远不会是固定不变的终极原理。安乐哲的批判反思了牟宗三哲学中过重的欧陆哲学理性主义的痕迹，不过也显得矫枉过正。他过分强调无止境的变化和开放性的观点使儒学天道随时充满了不确定性，他过于注重经验世界的特殊性、具体性倾向亦容易导致其对中国哲学之天道的普遍性、权威性有所消解。这样一来，"非超越论"的儒学诠释就容易流于相对主义，亦不符合传统儒学的基本精神。

其二，安乐哲对儒家天道观的研判主要基于其对先秦儒学的考察，而儒学在先秦之后经历了漫长的发展历程，尤其是在宋明时期出现了丰富的以"天理"为中心的本体论思想，安乐哲提出的儒学天道观过于强调天道内在于世界之中的具体性、特殊性，忽视了天道相对于世界的根源性、普遍性，拒斥任何本体论意义上的超越言说，这种观点难以涵括宋明理学天道观的实际内容，因而不能全面概括儒学发展的基本情况。

综上而言，"儒学超越性"的现代论争包含着十分丰富的理论内容和比较深刻的理论思考。参与这场论争的三派学者都具有深厚的理论素养和兼赅中西的学术视野，他们对传统儒学的创造性的诠释、对西学资源的有选择的借鉴，体现了现代中国哲学思考的理论水平，他们建构的生命超越论成为现代中国哲学史上的典型范例。"内在超越论""外在超越论""非超越论"三派学者通过观点的激烈交锋和反复碰撞，促进了问题探讨的逐步深入，亦引发了学界其他学者的进一步思考，形成了现代中国哲学的一个热点问题，展现出现代中国学术探讨的繁荣景象。总的说来，这场讨论涉及儒家思想在根本精神层面的许多重要问题，展现出儒学思想的诸多复杂侧面，拓展了传统儒学之现代诠释的理论空间，促进了中国传统哲学的现代转化。

第三节　儒家超越之路的未来展望

作为现代中国哲学领域的探索者，牟宗三、罗光、安乐哲都具有推动中国传统哲学的现代转化、建构现代中国哲学的自觉意识与强烈使命感。在这种关注下，他们以不同的方式研究传统儒学义理，借鉴西方哲学资源，提出了自己的现代中国哲学体系以及作为其重要部分的生命超越论。三派所提出的生命超越论均可谓思考深入、观点明确，成为 20 世纪中国哲学领域探讨超越问题的典型形态，充分地展现出超越问题探讨本身的复杂性，为我们今后进一步思考超越问题提供了有益的启发和借鉴。

不仅如此，牟宗三、罗光、安乐哲对生命超越问题的现代探讨都是以传统儒学的生命超越论为理论核心而展开的。他们在思考生命超越问题的过程中分别强调了自己所关注的儒学传统，并借鉴了不同的西方哲学资源来对儒家超越论加以诠释和改造，最终提出了自己现代中国哲学的生命超越论。三种生命超越论虽然并不都是以"接续儒家道统"为自己的理论任务，但却不约而同地以传统儒学的生命超越智慧为最主要的研讨课题，在此基础上得出了现代哲学的生命超越论。正是在这个意义上，我们将他们的生命超越论视为现代中国哲学诠释儒家生命超越问题的三大典型理路，他们的观点尽管各有侧重甚至针锋相对，但都不失为基于现代哲学的视角对传统儒学超越之路的有益探索。

通过牟宗三、罗光、安乐哲的理论努力，我们看到了"儒学超越性"在现代进行创造性诠释的多种可能方式。以儒家思考超越问题的传统智慧为基准，总结"儒学超越性"论争各方的启示与得失，我们认为现代中国哲学的超越探讨应当建构一种既接续传统、又回应西学的现代中国哲学独特的"实践超越论"。"实践超越论"应当以中国生命超越论之思考展现出不同于西方天人分隔的思辨超越论的独特内涵，彰显出天人贯通的创生本体之理念、实践体证的生命超越之方式、自主自力的生命超越之动能，从而为世界哲学范围内的生命超越问题探讨提供启发。

具体说来，现代中国哲学的"实践超越论"包括以下五点：

第一，从超越问题所涉及的问题域来看，现代哲学对儒家生命超越问题的探讨应当以形上学为基础。

牟宗三、罗光、安乐哲对儒家生命超越问题的探讨不约而同地体现出注重超越之路的形上基础、注重本体论的特点。这种特点启示我们，超越问题并非一个孤立地探讨终极关怀的人生哲学问题，而是在根本上与一种世界观、本体论相关联。"生命如何超越？"的理论根基在于形上学、天道观所展现的"世界人生根本之道"。牟宗三、罗光、安乐哲这种结合天道探讨超越问题的倾向与传统儒学的基本精神显然有着某种内在联系，传统儒学一贯注重在"天人合一"的本体论基础上寻求个人的安身立命之道。在某种意义上，个体通过道德实践实现生命超越的过程就是契悟天道"生生之德"的过程。三大理论典型各自在对超越问题的探讨中都充分注重传统儒学的这种倾向，并且在现代哲学的理论思考中重新对其进行了诠释。在这一点上，三大理论的超越之路凸显了传统儒学的理论特质，在中国现代的超越问题探讨中展现为一种有本有源、深入透辟的超越学说。因此，本书认为，中国现代哲学在探讨儒家生命超越问题时应当在追本溯源的意义上展开一种以形上本体论为基础的生命超越思考。

第二，就生命超越的目标——天道——而言，"实践超越论"肯定世界的根本是一种根源的创造性，生命超越的终极目标就是契合于"生生"之天道的活动与创生。

在儒家哲学的基本精神中，肯定天道创化、生生的"根源的创造性"是一个较为基本的共识。天道之变易生生的创造性既是个体生命之道德实践能力的存在根源，又是整个儒家生命超越之路得以实现的内在动力。牟宗三、安乐哲都把"生生之天道"这种根源的创造性作为儒家生命超越论的理论目标。除了罗光出于接纳天主教信仰的目的给天道的创造性嫁接了"上帝创造性"作为终极源头之外，牟宗三、安乐哲分别以"活动性""创生性""共同创造性"等概念阐发了儒学天道创生万物、成就世界的根源性动能。

在对中国哲学本体这种"根源的创造性"进行具体阐释时，古代哲学主要体现为理学、心学、气学三种基本理路，而以"理在气中"之气学的实在论立场更为恰当。

　　从上节的分析中可以看出，牟宗三的生命超越论所坚持的观念论理路由于强调"现象世界与本体二分""应然与实然二分"的观点，使作为生命超越之动力源泉的"应然之理本体"面临着与人之现实生命的"符合问题"，从而在超越之路的根本动力问题上产生了一定的理论困难，同时也难以真正确保生命超越的最高境界——"德福一致"——的达至。相比之下，罗光的生命超越论所提倡的"理在气中"的实在论立场则不会导致这种困境。由于"形上生命哲学"始终不脱离现实的具体世界来探讨本体之道，其生命超越论中的生命本体便可以从理论上具有一种发动整全的个体生命来实现生命超越的能力，而这种"整全的个体生命"是统合了应然本体与现实的感性生命的，两者基于"理在气中"的形上观点而成为一个相互贯通的整体。因此，罗氏的生命超越论便不需要面临"二分之后如何符合"的问题。正如前文所指出的，罗氏的这种思考正是借鉴了传统儒学发展历程中的理论成果，吸收了船山学反思和救治宋明儒学之理论困难的思想资源。就传统儒学的发展历程来看，王船山对天道观和人生观的这种思考确实有助于克服宋明之学理气分隔、流于空疏的弊病，其"理在气中"的本体论观念对生命超越问题的思考体现出了较大的合理性。基于这种考虑，本书认为现代哲学对儒家生命超越之天道根源的探讨应当更多地关注船山学的理论智慧，进一步深入地分析气学传统之"理在气中"的实在论立场的天道观，从而更充分地发掘这一传统对于现代超越问题探讨的理论价值。

　　第三，就生命超越的主体——人——而言，"实践超越论"认为人之为人的根本在于内在地具有一种创造性的实践能力，因而超越主体在本质上是与天道相互贯通的"生命"。

　　综合牟宗三、罗光、安乐哲的终极关怀论对人的思考，我们看到，虽然"道德的形上学"认定人为独立自足、当体圆满的"理性自立个体"，"形上生命哲学"认定人为从"潜能"到"现实"地实现自身之本真存在的"生命"，"儒家角色伦理学"认定人为在现实社会的具体角色与关系的特殊性中实现自我、落实"先天倾向"的"角色伦理之人"，但三种学说所阐发的中国哲学之人论具有一个共同特点：肯定人内在地具有一种饱满健动的实践能力，这种能力在中国哲学的发展历程中被称为良知良能、创生力、生命力或共同创造性。这种内在动能充畅的生命动力是中国哲学关于人的基本观点，是人之为人先天具有的内在的实践能力。虽然这种实践能力在中国传统哲学中主要体现为道德实践能力，也即进行道德修养、做工夫的能力，但其在根本上展现为人之为人的存在的动力而与世界根本天道的创造力相贯通。在现代哲学视域下，中国哲学关于人之道德实践能力的思考可以进行现代转化，可以与马克思主义实践哲学的人论相贯通，从而在总体上建构出中国现代哲学融会传统文化智慧与马克思主义哲学之根本精神的实践的新人论。

第四，就生命超越的方式而言，"实践超越论"不同于西方哲学以认知的方式了解天道的"思辨的超越"，而是通过真实的道德实践活动来改变现实的世界、人生，进而由此确证和参与超越天道的创造性。

牟宗三的"内在超越论"、罗光的"外在超越论"、安乐哲的"非超越论"，共同强调了儒家式的生命超越建基于真实的道德实践活动的特点。之所以名为"实践超越论"，也正是基于儒家生命超越之路的这一特点。如果说西方哲学所达到的人之终极关怀、个体生命的安顿是通过思辨的方式来实现个体自我对于超越天道的理论认知，进而展现为"思辨的超越"的话，中国哲学所达到的儒者的终极关怀则是通过真实具体的实践工夫、道德践履来达至的"实践的超越"之路。个体在身体力行、具体真实的道德实践中逐步领悟超越天道的根本意涵，通过个体道德工夫之"生生"来契接天道"生生"之根本精神，并通过"亲亲-仁民-爱物""修身-齐家-治国-平天下"的实践次第逐步推扩和落实。人生与世界通过儒者真实的道德践履得到点化、提斯和改善，由此确证天道之生生变易的创造动能。这就是"实践超越论"所强调的注重道德实践、身体力行的超越理路。在中国哲学现代建构的过程中，以儒家为代表的注重道德实践的超越理路可以与以马克思主义为代表的注重生产实践、社会实践的人生实现之路相互交流、相互会通，从而熔铸新时代中国哲学之终极关怀论的实践超越理路。

第五，就生命超越的动力而言，"实践超越论"基于人之内在本心发动道德实践的能力，这种能力与超越终极的创造性一体直贯，并不需要诉诸外在的超越动因，因而是自力而非他力的生命超越。

对生命超越之动力的回答是以儒家为代表的中国哲学与西方基督教传统的生命超越主张的根本差别。中国哲学的主流观点认为：生命的自我安顿、自我实现以人之道德实践的躬行践履为途径，而道德实践能力内在禀赋了天道之生生化育的动能。人之实践能力与天道创生动能只有量的区别，并无质的差异，因而可以说人自出生伊始就"一觉全觉"地拥有了这种超越自我、安顿生命的创造能力，并不需要依赖一个外在的主宰者上帝来赋予他这种能力。职是之故，中国哲学之"实践超越论"在动力问题上表现为自力而非他力的理论取向。

在此动力问题上，牟宗三、安乐哲较为一致地肯定了中国哲学生命超越论的自力观点，罗光则认同他力的生命超越观。发生这种分歧的实质在于，牟宗三、安乐哲较为偏重从儒学传统内部来探讨生命超越之动力问题；罗光则出于一种会通儒学与天主教信仰的理论期待，更注重把儒学解释为向天主教信仰开放的传统。罗光所提出的儒家超越之路在动力来源上肯定一个西方天主教信仰的上帝，认为儒家传统与基督教传统在此问题上是"人同此心、心同此理"，在某种程度上忽视了传统儒学自身的理论特质，表现出较为明显的"纳儒以归耶"的思想倾向。在本书看来，罗氏生命超越论的理论缺失在于：这种基于信仰目标而嫁接的外在动力源泉在根本上与"形上生命哲学"体系以"自有自动的生命"为本体的形上学观点是矛盾的。因此，在这一问题上，"形上生命哲学"对儒家超越之路的重新诠释是值得商榷的。相比之下，牟宗三、安乐哲对儒家超越之路的最终目标问题的思考更符合传统儒学的基本精神。例如，"道德的形上学"通过对先秦和宋明儒学传统的分析得出了儒家超越之路的最终目标是"即超越即内在"的"天道创生本体"的结论，这种观点更符合传统儒学"天人合一""极高明而道中庸"的思维倾向。因此，本书认为在动力问题上，"道德的形上学"与"儒家角色伦理学"所得出的结论更为合理，那种出于"儒耶会通"的理论期待而援引基督教的上帝作为儒家生命超越之动力来源的做法是有待商榷的。

综上而言，牟宗三、罗光、安乐哲对"儒学超越性"的现代诠释共同揭示出中国哲学独特的"实践超越论"的基本特点——以天道之生生创造性为超越目标，以人之生命实践能力为超越主体，以道德践行的实践亲证为超越途径，以天人贯通的自主自力为超越动力。这使中国哲学的生命超越理路在根本上不同于西方哲学那种注重上帝之隔绝的超越性、强调人之知识理性为超越主体、注重理论理性之思辨演绎的超越途径、依赖天人二分之他力接引的超越动力的生命超越传统。

参考文献

一、牟宗三超越问题及相关研究文献

1. 《牟宗三先生全集》（33 卷本），联经出版事业股份有限公司，2003。
2. 牟宗三：《现象与物自身》，台湾学生书局，1975。
3. 牟宗三：《智的直觉与中国哲学》，台湾商务印书馆，1971。
4. 牟宗三：《圆善论》，台湾学生书局，1985。
5. 牟宗三：《心体与性体》，上海古籍出版社，1999。
6. 牟宗三：《从陆象山到刘蕺山》，上海古籍出版社，2001。
7. 牟宗三：《中国哲学的特质》，上海古籍出版社，1997。
8. 牟宗三：《中国哲学十九讲》，上海古籍出版社，1997。
9. 牟宗三：《中西哲学之会通十四讲》，上海古籍出版社，1997。
10. 牟宗三：《四因说讲演录》，上海古籍出版社，1998。
11. 牟宗三：《宋明儒学的问题与发展》，华东师范大学出版社，2004。
12. 牟宗三：《周易哲学演讲录》，华东师范大学出版社，2004。
13. 牟宗三：《生命的学问》，广西师范大学出版社，2005。
14. 牟宗三：《道德的理想主义》，台湾学生书局，1985。
15. 牟宗三：《历史哲学》，台湾学生书局，1985。
16. 牟宗三：《五十自述》，鹅湖出版社，1989。
17. 《牟宗三先生的哲学与著作》，台湾学生书局，1978。
18. 唐君毅：《中国文化之精神价值》，广西师范大学出版社，2005。
19. 唐君毅：《中华人文与当今世界》，台湾学生书局，1975。
20. 蔡仁厚：《牟宗三先生学思年谱》，台湾学生书局，1996。
21. 蔡仁厚：《新儒家的精神方向》，台湾学生书局，1982。

22. 蔡仁厚：《儒家心性之学论要》，文津出版社，1990。

23. 蔡仁厚、周联华、梁燕城：《会通与转化——基督教与新儒家的对话》，基督教宇宙光传播中心出版社，1985。

24. 刘述先：《现代新儒学之省察论集》，"中央研究院"文哲所，2004。

25. 刘述先：《当代中国哲学论·问题篇》，八方文化企业公司，1996。

26. 刘述先：《当代中国哲学论·人物篇》，八方文化企业公司，1996。

27. 李明辉：《当代儒学的自我转化》，中国社会科学出版社，2001。

28. 李明辉：《儒家与康德》，联经出版事业股份有限公司，1990。

29. 林安梧：《当代新儒家哲学史论》，文海基金会，1996。

30. 林安梧：《儒学革命论：后新儒家哲学的问题向度》，台湾学生书局，1996。

31. 林安梧：《儒学转向：从"新儒学"到"后新儒学"的过渡》，台湾学生书局，1996。

32. 方克立：《现代新儒学与中国现代化》，天津人民出版社，1997。

33. 郑家栋：《本体与方法——从熊十力到牟宗三》，辽宁大学出版社，1992。

34. 郑家栋：《当代新儒学史论》，广西教育出版社，1997。

35. 郑家栋：《断裂中的传统：信念与理性之间》，中国社会科学出版社，2001。

36. 颜炳罡：《当代新儒学引论》，北京图书馆出版社，1998。

37. 李翔海：《民族性与时代性——现代新儒学与后现代主义比较研究》，人民出版社，2005。

38. 李翔海：《现代新儒学论要》，南开大学出版社，2010。

39. 王兴国：《契接中西哲学之主流——牟宗三哲学思想渊源探要》，光明日报出版社，2006。

40. 王兴国：《牟宗三哲学思想研究——从逻辑思辨到哲学架构》，人民出版社，2007。

41. 杨泽波：《贡献与终结：牟宗三儒学思想研究》（五卷本），上海人民出版社，2014。

42. 杨泽波：《牟宗三三系论论衡》，复旦大学出版社，2006。

43. 赵法生、李洪卫主编《究天人之际：儒家超越性问题探研》，河北人民出版社，2022。

44. 闵仕君：《牟宗三"道德的形而上学"研究》，巴蜀书社，2005。

45. 陈迎年：《感应与心物——牟宗三哲学批判》，三联书店，2005。

46. 殷小勇：《道德思想之根——牟宗三对康德智性直观的中国化阐释研究》，复旦大学出版社，2007。

47. 冯耀明：《"超越内在"的迷思——从分析哲学观点看当代新儒学》，香港中文大学出版社，2003。

48. 温伟耀：《无限智心是"谷鲁"（Grue）？基督宗教对牟宗三"道德论证"的判教》，香港中文大学出版社，2003。

二、罗光超越问题及相关研究文献

1. 罗光：《形上生命哲学》，台湾学生书局，2001。

2. 罗光：《生命哲学（初版）》，载《罗光全书》第 1 册，台湾学生书局，1996。

3. 罗光：《生命哲学（修订版）》，载《罗光全书》第 1 册，台湾学生书局，1996。

4. 罗光：《生命哲学（订定版）》，载《罗光全书》第 2 册，台湾学生书局，1996。

5. 罗光：《生命哲学续编》，载《罗光全书》第 2 册，台湾学生书局，1996。

6. 罗光：《生命哲学再续编》，载《罗光全书》第 2 册，台湾学生书局，1996。

7. 罗光：《儒家生命哲学》，载《罗光全书》第 4 册，台湾学生书局，1996

8. 罗光：《儒家形上学》，载《罗光全书》第 4 册，台湾学生书局，1996。

9. 罗光：《中国哲学的精神》，载《罗光全书》第 15 册，台湾学生书局，1996。

10. 罗光：《中国哲学的展望》，载《罗光全书》第 16 册，台湾学生书局，1996。

11. 罗光：《儒家哲学的体系》，载《罗光全书》第 17 册，台湾学生书局，1996。

12. 罗光：《儒家哲学的体系（续编）》，载《罗光全书》第 17 册，台湾学生书局，1996。

13. 罗光：《中国哲学大纲》，载《罗光全书》第 5 册，台湾学生书局，1996。

14. 罗光：《士林哲学·理论篇》，载《罗光全书》第 20 册，台湾学生书局，1996。

15. 罗光：《士林哲学·实践篇》，载《罗光全书》第 21 册，台湾学生书局，1996。

16. 罗光：《中国哲学思想史·先秦篇》，载《罗光全书》第 6 册，台湾学生书局，1996。

17. 罗光：《中国哲学思想史·宋代篇》（上、下），载《罗光全书》第 10、11 册，台湾学生书局，1996。

18. 罗光：《中国哲学思想史·清代篇》，载《罗光全书》第 13 册，台湾学生书局，1996。

19. 罗光：《中国哲学思想史·民国篇》，载《罗光全书》第 14 册，台湾学生书局，1996。

20. 罗光：《生活的修养与境界》，载《罗光全书》第 25 册，台湾学生书局，1996。

21. 罗光：《牧庐文集》，载《罗光全书》第 30 至 37 册，台湾学生书局，1996。

22.《罗光年谱》，载《罗光全书》第 38 册，台湾学生书局，1996。

23. 台湾辅仁大学编《罗光主教思行传略》，内部资料，2005。

24. 汪惠娟：《变易与永恒——罗光生命哲学之探微》，台湾哲学与文化月刊社，2005。

25. 萧永伦：《罗光的中西哲学会通之研究》，辅仁大学哲学研究所博士学位论文，2001。

26. 樊志辉：《台湾新士林哲学研究》，黑龙江人民出版社，2001。

27. 樊志辉：《内在与超越之间——迈向后实践哲学的理论探索》，黑龙江人民出版社，2002。

28. 耿开君：《中国文化的"外在超越"之路——论台湾新士林哲学》，当代中国出版社，1999。

29. 耿开君：《中国士林哲学导论》，黑龙江人民出版社，2013。

30. 李震：《人与上帝——中西无神主义探讨》，辅仁大学出版社，2005。

31. 李震：《中外形上学比较研究》（上、下），台湾文物供应社，1982。

32. 项退结：《中国哲学之路》，东大图书有限公司，1991。

33. 项退结：《现代中国与形上学》，辅仁大学出版社，2004。

34. 邬昆如、高凌霞：《士林哲学》，五南图书公司，1996。

35. 张振东：《士林哲学的基本概念》，台湾学生书局，1981。

36. 黎建球：《多玛斯人生哲学的形上基础》，时新出版社，1979。

37. 潘小慧：《德行与伦理——多玛斯的德行伦理学》，闻道出版社，2009。

38. 潘小慧：《四德行论——以多玛斯哲学与儒家哲学为对比的研究》，台湾哲学与文化月刊社，2007。

39. 胡慧莲：《罗光哲学思想研究》，黑龙江人民出版社，2013。

三、安乐哲超越问题及相关研究文献

1. 郝大维、安乐哲：《孔子哲学思微》，蒋弋为、李志林译，江苏人民出版社，1996。

2. 郝大维、安乐哲：《汉哲学思维的文化探源》，施忠连译，江苏人民出版社，1999。

3. 郝大维、安乐哲：《期望中国：中西哲学文化比较》，施忠连、何锡蓉、马迅、李瑞译，学林出版社，2005。

4. 安乐哲：《自我的圆成：中西互境下的古典儒学与道家》，彭国翔编译，河北人民出版社，2006。

5. 郝大维、安乐哲：《先贤的民主：杜威、孔子与中国民主之希望》，何刚强译，江苏人民出版社，2004。

6. 安乐哲：《儒家角色伦理学——一套特色伦理学词汇》，孟巍隆译，山东人民出版社，2017。

7. 安乐哲：《和而不同：中西哲学的会通》，北京大学出版社，2009。

8. 安乐哲、罗思文：《生民之本：〈孝经〉的哲学诠释及英译》，北京大学出版社，2010。

9. 安乐哲、罗思文：《〈论语〉的哲学诠释：比较哲学的视域》，余瑾译，中国社会科学出版社，2003。

10. 安乐哲、郝大维：《切中伦常：〈中庸〉的新诠与新译》，中国社会科学出版社，2011。

11. 温海明编《和而不同：比较哲学与中西会通》，北京大学出版社，2002。

12. 安乐哲主编《儒学与生态》，江苏教育出版社，2008。

13. 安乐哲主编《道教与生态：宇宙景观的内在之道》，江苏教育出版社，2008。

14. 安乐哲主编《佛教与生态》，江苏教育出版社，2008。

15. 卞俊峰编著：《豁然：一多不分》，浙江大学出版社，2018。

16. 谭晓丽：《和而不同：安乐哲儒学典籍英译研究》，中央编译出版社，2012。

17. 李文娟：《安乐哲儒家哲学研究》，中国社会科学出版社，2017。

18. 郭沂编《开新 当代儒学理论创构》，北京大学出版社，2013。

四、其他研究文献

1. 任继愈：《儒教问题争论集》，宗教文化出版社，2000。

2. 汤一介：《儒道释与内在超越问题》，江西人民出版社，1991。

3. 张灏：《幽暗意识与民主传统》，新星出版社，2006。

4. 宋志明：《现代新儒家研究》，中国人民大学出版社，1991。

5. 宋志明：《现代新儒学的走向》，北京师范大学出版社，2009。

6. 韩强：《现代新儒学心性论述评》，辽宁大学出版社，1992。

7. 赵法生：《儒家超越思想的起源》，中国社会科学出版社，2019。

8. 陈咏明：《儒学与中国宗教传统》，宗教文化出版社，2003。

9. 方朝晖：《中学与西学——重新解读现代中国学术史》，河北大学出版社，2002。

10. 彭国翔：《儒家传统：宗教与人文主义之间》，北京大学出版社，2007。

11. 傅乐安：《托马斯·阿奎那基督教哲学》，上海人民出版社，1990。

12. 赵敦华：《基督教哲学1500年》，人民出版社，1994。

13. 许志伟、赵敦华主编《冲突与互补：基督教哲学在中国》，社会科学文献出版社，2000。

14. 许志伟：《基督教神学思想导论》，中国社会科学出版社，2001。

15. 何光沪、许志伟主编《对话：儒释道与基督教》，社会科学文献出版社，1998。

16. 何光沪、许志伟主编《对话二：儒释道与基督教》，社会科学文献出版社，2001。

17. 张庆熊：《基督教神学范畴——历史的和文化比较的考察》，上海人民出版社，2003。

18. 卓新平：《当代西方天主教神学》，上海三联书店，1998。

19. 卓新平：《当代西方新教神学》，上海三联书店，1998。

20. 张志刚：《宗教哲学研究——当代观念、关键环节及其方法论批判》，中国人民大学出版社，2003。

21. 刘小枫主编《道与言：华夏文化与基督文化相遇》，上海三联书店，1995。

22. 孙尚扬、刘宗坤：《基督教哲学在中国》，首都师范大学出版社，2001。

23. 约翰·麦奎利：《基督教神学原理》，何光沪译，上海三联书店，2007。

24. 约翰·麦奎利：《二十世纪宗教思潮》，高师宁、何光沪译，上海人民出版社，1989。

25. 董尚文：《阿奎那存在论研究——对波埃修〈七公理论〉的超越》，人民出版社，2008。

26. 约翰·英格利斯：《阿奎那》，刘中民译，中华书局，2002。

27. 安东尼·肯尼：《阿奎那》，黄勇译，中国社会科学出版社，1987。

28. 汪惠娟：《罗光总主教生命哲学之形上学——存有、生命、创生力》，台湾《哲学与文化》1991年第1期。

29. 汪惠娟：《创生力在罗光生命哲学中的意义》，台湾《哲学与文化》1991年第2期。

30. 汪惠娟：《罗光总主教生命哲学中理解上的可能论辩》，台湾《哲学与文化》2005年第2期。

31. 黎建球：《从儒家哲学中的超越观看罗光主教的天人合一》，台湾《哲学与文化》2005年第2期。

32. 黎建球：《儒家生命哲学中的超越观》，台湾《哲学与文化》1991

年第 2 期。

33. 周景动：《罗光总主教的生命智慧的理念与灵修》，台湾《哲学与文化》2005 年第 2 期。

34. 刘仲容：《形上生命哲学与多玛斯》，台湾《哲学与文化》2005 年第 2 期。

35. 沈清松：《介绍罗光主教对于儒家哲学的基本观点》，台湾《哲学与文化》1981 第 4 期。

36. 邬昆如：《书评：罗光〈理论哲学〉、〈实践哲学〉》，台湾《哲学与文化》2005 年第 2 期。

37. 项退结：《两种不同超越与未来中国文化》，载沈清松主编《诠释与创造：传统中华文化及其未来发展》，台湾联合报系文化基金会，1995。

38. 项退结：《基督宗教与中国思想的会通》，载刘小枫主编《道与言——华夏文化与基督文化相遇》，上海三联书店，1995。

39. 傅佩荣：《内在与超越如何并存?》，台湾《哲学与文化》1999 年第 10 期。

40. 傅佩荣：《中国思想与基督宗教——试论中国思想与基督宗教会通之可能》，载刘小枫主编《道与言：华夏文化与基督文化相遇》，上海三联书店，1995。

41. 曾庆豹：《"天人合一"与"神人差异"的对比性批判诠释（上、下）》，台湾《哲学与文化》1995 年第 1、2 期。

42. 罗秉祥：《上帝的超越与临在——神人之际与天人关系》，载何光沪、许志伟主编《对话二：儒释道与基督教》，社会科学文献出版社，1998。

43. 耿开君：《"超越"问题——"内在"与"外在"》，《中国哲学史》1998 年第 1 期。

44. 耿开君：《中国士林哲学对传统哲学形上逻辑的重构——罗光"生命哲学"的生成论和单体成因论》，台湾《哲学与文化》2001 第 2 期。

45. 樊志辉：《台湾新士林哲学思想评析》，《辽宁师范大学学报（社科版）》1999 年第 3 期。

46. 樊志辉：《台湾天主教新士林哲学形上学的义理归旨》，《人文杂志》2001 年第 1 期。

47. 高凌霞：《近五十年来台湾地区士林哲学之研究与前瞻》，《现代哲学》2005 年第 4 期。

48. 林美玫：《五十年来台湾学者基督宗教研究成果总论与发展趋势评析（1950—2000）》，载张庆熊、徐以骅主编《基督教学术》第 3 辑，上海古籍出版社，2005。

49. 刘述先：《论宗教的超越与内在》，载氏著《儒家思想开拓的尝试》，中国社会科学出版社，2001。

50. 刘述先：《儒家宗教哲学的现代意义》，载氏著《生命情调的抉择》，台湾学生书局，1985。

51. 刘述先：《当代新儒家可以向基督教学些什么》，载氏著《大陆与海外——传统的反省与转化》，允晨出版公司，1989。

52. 余英时：《从价值系统看中国文化的现代意义》，载氏著《文史传统与文化重建》，三联书店，2004。

53. 李明辉：《儒家思想中的内在性与超越性》，载氏著《当代儒学的自我转化》，中国社会科学出版社，2001。

54. 李明辉：《从康德的“道德宗教”论儒家的宗教性》，载哈佛燕京学社主编《儒家传统与启蒙心态》，江苏教育出版社，2005。

55. 林安梧：《关于“天理、良知”的“超越性”与“内在性”问题的一个反省——以牟宗三先生的新儒学系统为核心的展开》，载香港浸会大学宗教及哲学系编《当代儒学与精神性》，广西师范大学出版社，2009。

56. 林安梧：《儒家的宗教精神及成圣之道》，载氏著《中国宗教与意义治疗》，明文书局，1996。

57. 林安梧：《当代新儒学的实践问题》，台湾《鹅湖》1990 年第 5 期。

58. 袁保新：《从海德格、老子、孟子到当代新儒学》，台湾《中国文哲研究通讯》第 2005 第 1 期。

59. 郑宗义：《论“实践的形上学”的建构——当代新儒家的人文宗教观》，载《第六届当代新儒学国际学术会议论文集》，鹅湖出版社，2001。

60. 郭齐勇：《当代新儒家对儒学宗教性问题的反思》，《中国哲学史》1999 年第 1 期。

61. 郑家栋：《“超越”与“内在超越”》，《中国社会科学》2001 年第 4 期。

62. 郑家栋：《从“内在超越”说起》，《哲学动态》1998 年第 2 期。

63. 张汝伦：《论“内在超越”》，《哲学研究》2018 年第 3 期。

64. 任剑涛：《内在超越与外在超越：宗教信仰、道德信念与秩序问题》，《中国社会科学》2012 年第 7 期。

65. 黄玉顺：《中国哲学“内在超越”的两个教条——关于人本主义

的反思》，《学术界》2020 年第 2 期。

66. 黄玉顺：《神圣超越的哲学重建——〈周易〉与现象学的启示》，《周易研究》2020 年第 2 期。

67. 黄玉顺：《儒学反思：儒家·权力·超越》，载杨永明、郭萍主编《当代儒学》第 18 辑，四川人民出版社，2020。

68. 黄玉顺：《生活儒学的内在转向——神圣外在超越的重建》，《东岳论丛》2020 年第 3 期。

69. 赵法生：《内在与超越之间——论牟宗三的内在超越说》，《哲学动态》2021 年第 10 期。

70. 赵法生：《论孔子的中道超越》，《哲学研究》2020 年第 4 期。

71. 赵法生：《天命观视域下的西周忧患意识——西周忧患意识的重新解读》，《哲学动态》2018 年第 10 期。

72. 赵法生：《威仪、身体与性命——儒家身心一体的威仪观及其中道超越》，《齐鲁学刊》2018 年第 2 期。

73. 梁涛：《论儒学的双向超越说》，载赵法生、李洪卫主编《究天人之际：儒家超越性问题探研》，河北人民出版社，2022。

74. 杨泽波：《超越存有的困惑——牟宗三超越存有论的理论意义与内在缺陷》，《复旦学报（社会科学版）》2005 年第 5 期。

75. 杨泽波：《从以天论德看儒家道德的宗教作用》，《中国社会科学》2006 年第 3 期。

76. 程志华：《超越的两类三层——基于时空观念的思考》，《国学学刊》2023 年第 4 期。

77. 郭沂：《中国内在超越与外在超越观念溯源》，《国学学刊》2023 年第 4 期。

78. 张丽华：《古典儒学宗教性的不同解读》，《孔子研究》2004 年第 6 期。

79. 林同奇：《牟宗三天人理境中的动态、张力与悲剧感》，载氏著《人文寻求录——当代中美著名学者思想辨析》，新星出版社，2006。

80. 白诗朗：《儒家宗教性研究的趋向》，彭国翔译，《求是学刊》2002 年第 6 期。

81. 段德智：《从存有的层次性看儒学的宗教性》，《哲学动态》1999 年第 7 期。

82. 段德智：《从儒学的宗教性看儒家的主体性思想及其现时代意

义》，《华中科技大学学报（社会科学版）》2003 年第 3 期。

83. 张旺植：《从怀特海的过程哲学看中国宗教的超越性问题》，季国清译，《求是学刊》2003 年第 3 期。

84. 郭齐勇、李兰兰：《安乐哲"儒家角色伦理"学说析评》，《哲学研究》2015 年第 1 期。

85. 温海明：《论安乐哲儒家角色伦理学思想》，《中国文化研究》2019 年春之卷。

86. 温海明：《安乐哲比较哲学方法论简论》，《云南大学学报（社会科学版）》2009 年第 1 期。

87. 孟巍隆：《文化比较的思想误区——兼评安乐哲"儒家角色伦理"》，《文史哲》2016 年第 1 期。

88. 安乐哲、王堃：《心场视域的主体——论儒家角色伦理的博大性》，《齐鲁学刊》2014 年第 2 期。

89. 王堃：《角色：全息呈现的儒家生活世界——安乐哲"儒家角色伦理学"评析》，《齐鲁学刊》2014 年第 2 期。

90. 吴倩：《罗光牟宗三先秦儒学观比较研究》，《中国哲学史》2010 年第 1 期。

91. 吴倩：《儒家终极关怀论的现代建构——牟宗三"内在超越说"论析》，《深圳大学学报（人文社会科学版）》2014 年第 5 期。

92. 吴倩：《"内在超越论"的分层次反思》，《中国社会科学院大学学报》2023 年第 8 期。

93. 吴倩：《近年来儒家"超越"讨论的新进展与再反思》，《国学学刊》2023 年第 4 期。

94. 吴倩：《基于实践智慧的本体论说——牟宗三"道德的形上学"建构得失试探》，《国学与西学》国际学刊 2023 年 12 月。

95. 吴倩：《罗光的儒家超越问题思想探微》，《哲学与文化》2010 年第 3 期。

96. 吴倩：《罗光儒学观研究》，《学术交流》2017 年第 9 期。

97. 吴倩：《"超越性"还是"非超越性"：安乐哲儒学天道观论析》，《齐鲁学刊》2013 年第 2 期。

98. 吴倩：《凸显政治维度的"成人之学"——儒家角色伦理学的人生观论析》，《齐鲁学刊》2021 年第 1 期。

附录一 "内在超越论"的分层次反思[*]

"内在超越论"是第二代新儒家学者对儒家终极关怀问题的标志性回答。虽然唐君毅在新儒家中最早提出了"内在超越"的论述，但牟宗三是对此论阐发最为深入、系统的学者。表面上，"内在超越论"聚焦于"有限的人何以安顿自身生命存在"的终极关怀问题，主要诉求是在儒耶"宗教性"对比中凸显儒学独特的宗教精神。实质上，"内在超越论"对儒学宗教性的探讨以本体论和天人关系论为根基，并关联于中华文明殷周之际"宗教人文化"的哲学史论断。职是之故，我们对"内在超越论"的考察析分为宗教观、哲学史、本体论三个层面，尝试在分层辨析的基础上回应学界相关争论及所指向的根本问题。

一、"内在超越论"的宗教观层面

在现代新儒学中，"内在超越论"主要是在儒学宗教性讨论中提出来的。以唐君毅、牟宗三等人为代表的第二代新儒家学者大多赞成以"内在超越"一语来状述儒学宗教精神的基本特质。

新儒家中最早有关"内在超越"的论述，见于唐君毅《中国文化之精神价值》（1953年）一书的第十四章"中国之宗教精神与形上信仰"。在探讨儒学的宗教精神时，他认为宗教精神的核心是对超越者的信仰，而东西方宗教的主要差异就是内在超越与外在超越的区别。"天包举自然界，因而亦包举'生于自然界之人，与人在自然所创造之一切人文'，此所谓包举，乃既包而覆之，亦举而升之。夫然，故天一方不失其超越性，在人

---
* 附录一原刊发于《中国社会科学院大学学报》2023年第8期。

与万物之上；一方亦内在人与万物之中，而宛在人与万物之左右或之下。"①

　　牟宗三的"内在超越论"与第二代新儒家学者的基本立场一致，在根本精神上与传统儒学一脉相承。一方面，"内在超越论"肯定儒家哲学具有足以与西方文化相匹敌的"极圆成之教"的超越精神；另一方面，它强调此超越性与西方天人两隔的宗教意义的超越性不同，是一种独特的"内在超越论"。1958年由唐君毅、牟宗三、张君劢、徐复观共同发表的《为中国文化敬告世界人士宣言》明确指出，中国文化中虽然没有西方那种制度化的宗教，但这不表示中华民族只注重现实的伦理道德，缺乏宗教性的超越感情，反而证明中华民族之"宗教性的超越感情，及宗教精神，因与其所重之伦理道德，同来源于一本之文化，而与其伦理道德之精神，遂合一而不可分"②。也就是说，中国文化与西方文化一样，在对终极关怀问题的思考中具有一种超越精神，表现出宗教性的超越感情。在中国文化这种与伦理道德不可分的超越感情中，宗教性的超越精神与它内在于人伦道德的特性并不互相排斥。内在性与超越性不相对立、宗教性与人伦道德之合一是中国文化之宗教性的特点。

　　进一步地，牟宗三在中西对比中指出中国文化的"内在超越性"主要是依据中华文明发端之处的"忧患意识"，以区别于西方基督教文明之"恐怖意识"。"忧患意识"与"恐怖意识"的关键区别是重视主体性、道德性。牟宗三分析了中国文化重视主体性的社会根源。"人类最先对于高高在上、深奥不测的天必然引发对它的敬畏；然而日子久了，人类对天的了解渐深：假如在天灾深重的地区（犹太是典型），人不得不深化（Deepen）了对天的敬畏，特别是'畏'惧，而致产生恐怖意识，结果凝铸出一个至高无上的天帝God，宗教由此而出。假如在天灾不致过分深重，农作足以养生的地区（中国是典型），人类往往能够以农作的四时循环，以及植物的生生不息体悟出天地创生化育的妙理。首先对这妙理欣赏和感恩，冲淡了对天的敬畏观念，然后，主体方面的欣赏和感恩，经年累月地在世世代代的人心中不断向上跃动，不断勇敢化，而致肯定主体性，产生与天和好（Conciliate）与互解（Mutually understand）的要求；而且，不以相好相知为满足，更进一步，不再要求向上攀援天道，反而要求把天道拉

① 唐君毅：《中国文化之精神价值》，第336页。
② 唐君毅：《中华人文与当今世界》下，第881页。

下来，收进自己的内心，使天道内在化为自己的德性……换句话说：把天地的地位由上司、君王拉落而为同工、僚属。"① 相较于西方犹太世界之天灾深重、生存条件严苛的社会环境，东方社会的生存条件更加优厚。农业生产的四时循环、生生不息一方面冲淡了人对人格神之天的恐惧，另一方面提升了人的自信和主体性，将天道领悟为"创生原则"，进而由上司转化为同僚，激发出主体性和伙伴意识。这就是"内在超越"之宗教精神的社会根源。

由此可知，牟宗三的"内在超越论"是在儒耶对比意义上提出来的，力图以此发掘中西文明不同的宗教精神。"内在超越论"在宗教性层面认为儒学注重主体性、具有忧患意识，以区别于西方基督教凸显人之皈依性的恐怖意识。

二、"内在超越论"的哲学史层面

如果说宗教性问题是"内在超越论"的表层的话，那么哲学史研判就是这个表层之下的深一度分析。"内在超越"的儒学宗教性研判是以哲学史论断为依据的。这一哲学史论断的主要工作是考察殷商到西周的思想变迁，以及孔孟儒学在此基础上开启的中国哲学主流方向。

在《心体与性体》中，牟宗三讲到中国传统思想的"对越在天"（即人与天的关系）有两层含义：一是"原始之超越地对"，另一是"经过孔子之仁与孟子之心性而为内在地对"，而后者（"内在地对"）才是儒学所开启的中国文化精神之主流。"凡《诗》《书》中说及帝、天，皆是超越地对，帝、天皆有人格神之意。但经过孔子之仁与孟子之心性，则渐转成道德的、形而上的实体义，超越的帝、天与内在的心性打成一片，无论帝、天或心性皆变成能起宇宙生化或道德创造之寂感真几，就此而言'对越在天'便为内在地对，此即所谓'亲体承当'也。面对既超越而又内在之道德实体而承当下来，以清澈光畅吾人之生命，便是'内在地对'，此是进德修业之更为内在化与深邃化。"② 牟宗三认为，中国传统的超越性思考并不注重上天作为人格神的客观面意涵，并不注重人之"超越地对"，而

① 牟宗三：《中国哲学的特质》，第 39 - 40 页。
② 牟宗三：《心体与性体》中册，第 20 页。

更重视天作为"创生实体"、人以道德心性契接上天的主观面意涵，更强调人之"内在地对"。在《中国哲学的特质》中，牟宗三亦讲，如果说中华文明的古老传统强调宗教精神之"超越地对"，至孔子思想中仍有一定的"超越遥契"意味的话，到《中庸》、孟子则日益开启了"内在地对"的"内在超越"传统，并发展为中国文化精神的主流。

这种从"超越遥契"到"内在遥契"的演化历程已经大致揭示了牟宗三"内在超越论"的哲学史依据，这个哲学史所依据的表达就是第二代新儒家普遍认同的"宗教人文化"论断。① "宗教人文化"论断是"内在超越论"的哲学史基础。

我们可以从以下两点来反思"宗教人文化"观点：（1）孔子之前的西周文明之人文精神与宗教信仰是何关系？（2）孔孟之后，凸显道德主体性的人文思想与信仰之"天"是何关系？

第一个问题的解答取决于我们对殷商至西周宗教变革的研判。有学者重新考察了殷商至西周的宗教变革历程。赵法生认为这一变革不是从宗教信仰转变为人文精神，而是从自然宗教发展到伦理宗教。宗教变革后的西周文明虽然凸显了伦理性的人文精神，但并未泯灭此前的上天信仰。他对于"宗教人文化"论断的反省归结为以下两点：

其一，重德的人文精神。徐复观认为，周代"敬德""明德"的观念世界展现出中国最早的人文精神，以"德"来照察自己的行为并自负其责。这种人文精神代表了一种"飞跃性的革新"，引导周代文明实现了从殷商宗教精神到西周人文精神的本质性转化。② 对此观点，赵法生认为"敬德"的确表明西周文明已经孕育出中国最初的人文精神，但是"周初之德首先是天命而非人自身的德性……敬德首先意味着对上天负责，正是对于天的责任意识引发了人自身的责任意识"③。因此，西周人文精神的出现并不代表由宗教到人文的转化，而是宗教内部的深度发展——从自然宗教发展到伦理宗教。在伦理宗教中，"敬德"的人文精神并不是对"人格神"之天的否弃，而是在宗教信仰与人文精神之间形成了一种正相关关系。

---

① "宗教人文化"论断为第二代新儒家学者徐复观首先提出，他认为先秦儒家自春秋时代开始，发展了以"礼"为中心的人文精神，使三代以来的宗教权威逐渐衰退。参见徐复观：《中国人性论史·先秦篇》，载《徐复观文集》第 3 卷，湖北人民出版社，2002，第 58－62 页。

② 参见徐复观：《中国人性论史·先秦篇》，载《徐复观文集》第 3 卷，第 35 页。

③ 赵法生：《殷周之际的宗教革命与人文精神》，《文史哲》2020 年第 3 期，第 73 页。

其二，以"敬"为中心的忧患意识。徐复观强调了"敬"在周初人文道德中的统摄地位，认为它凸显了主体性、人文性。以"敬"为中心的"忧患意识"展现出西周文明不再如殷商文明一样皈依于神，而是自己担当责任，"这是直承忧患意识的警惕性而来的精神敛抑、集中，及对事的谨慎、认真的心理状态"①。牟宗三认同徐复观的论断，并在《中国哲学的特质》中直接以"忧患意识"概念来状述孔子之前的文化传统。他认为忧患意识引发的是正面的道德意识，是对于德之不修、学之不讲的责任感。"中国上古已有'天道''天命'的'天'之观念，此'天'虽似西方的上帝，为宇宙之最高主宰，但天的降命则由人的道德决定，此与西方宗教意识中的上帝大异。在中国思想中，天命、天道乃通过忧患意识所生的'敬'而步步下贯，贯注到人的身上，便作为人的主体。"② 在西周文明的基础上，春秋思想正是对此"忧患意识"的进一步发展，最终"把传统地宗教，彻底脱皮换骨为道德地存在"③。

赵法生则强调了忧患意识之核心——"敬"——与天命的内在关联，"敬的思想之根源，在于对于天命之畏惧"④。他认为徐复观把"敬"阐释为"主动的、反省的因而是内发的心理状态"，进而把这种自觉性与宗教的"警戒心理"划清界限，"已经在相当程度上偏离了西周思想的实际"⑤。以"敬"为基础的"忧患意识"与宗教信仰不能割裂开来。徐复观等人的"忧患意识"论断"由于忽略了至上神的存在及其重要影响，便不能不形成了对于周初人之自觉意识的某种程度的拔高"⑥。

综合上述两点，赵法生认为"重德的人文精神"和"以'敬'为中心的忧患意识"都不能说明西周文明已经脱离了此前殷商宗教的上天信仰，而应当说是一种自然宗教到伦理宗教的变革，是兼顾宗教信仰与人文精神而求平衡。

第二个问题的关键在于孔孟思想中凸显道德主体性的人文精神与上天信仰的关系。徐复观认为，"春秋时代，已将天、天命，从人格神的性格，

---

① 徐复观：《中国人性论史·先秦篇》，载《徐复观文集》第3卷，第33页。
② 牟宗三：《中国哲学的特质》，第16页。
③ 徐复观：《中国人性论史·先秦篇》，载《徐复观文集》第3卷，第66页。
④ 赵法生：《儒家超越思想的起源》，第107页。
⑤ 赵法生：《天命观视域下的西周忧患意识——西周忧患意识的重新解读》，《哲学动态》2018年第10期，第41页。
⑥ 同上书，第42页。

转化而为道德法则性的性格。……此一倾向，在孔子有更进一步的发展①。孔子思想中的"天""天命"主要是指超经验的道德法则，"孔子五十所知的天命，乃道德性之天命，非宗教性之天命"②。"在孔子心目中的天，只是对于'四时行焉，百物生焉'的现象而感觉到有一个宇宙生命、宇宙法则的存在。他既没有进一步对此作形而上学的推求，他也绝不曾认为那是人格神的存在。"③ 与徐复观类似，牟宗三也强调孔子之"天"的道德法则性。他认为孔子注重的是"创造原则之天""创生实体之天"，凸显了人通过"践仁"的主体性契接"创造原则之天"的内在超越维度。在此意义上，孔子重建了"道之本统"："不以三代王者政权得失意识中的帝、天、天命为已足"④，而是重在讲"仁"以显发"人之所以能契接天之主观根据（实践根据）"，开辟出"从道德主体性以言性命天道"的一路。孟子以道德的"本心"摄孔子之"仁"，"摄性于仁、摄仁于心、摄存有于活动，而自道德实践以言之"⑤，从而使人之真正的道德主体性正式挺立。这是明确将存有问题之性提升至超越面而由道德的本心以言之。《中庸》"天命之谓性"揭明人之性体来自形上层面的道体，因而性体与道体"通而为一"。《周易》则讲"乾道变化，各正性命"，直接从形上的道体变化中来讲个体性命之"正"或"成"。在此"宗教人文化"的发展脉络下，传统儒学之天、天命与天道并不是像西方文化中的上帝那样成为一个人格神，而是逐步显发为一个"形而上的创生实体"，展现为一种化育万物而又在世界之中的生生之道；与之相应，孔子之后的儒学传统更加凸显人之契接天道的主体性维度，而不甚注重人"超越遥契"天命的宗教维度。这一"内在超越"的发展脉络开启了此后中国哲学的主流方向。

赵法生则强调了孔孟儒学与上天信仰的内在关联，凸显了孔孟之"天"作为人格神与西周之上天信仰一脉相承的含义。他说："孔子的天是宇宙之主宰，是政权变更、文明盛衰、个人德性、贵贱穷达以及自然变化的终极原因……因此，孔子的天依然是宗周的主宰之天，是宇宙万化背后的决定力量，是一个决定着社会、自然与人生命运的至上神。"⑥ 天命之

---

① 徐复观：《中国人性论史·先秦篇》，载《徐复观文集》第3卷，第83页。
② 同上书，第90页。
③ 同上。
④ 牟宗三：《心体与性体》上册，第18页。
⑤ 同上书，第23页。
⑥ 赵法生：《儒家超越思想的起源》，第181-182页。

德是孔子人文思想的超越根据。孟子以心性论的"尽心知性知天"确立了道德主体性和修养的内在根据，但"存心养性事天"则在性与天之间保留了距离，且须通过养气论来落实。因此，"孟子的天并非单一的义理之天，还有自然之天、命运之天和主宰之天的含义"①。孔孟思想的这种倾向影响了此后儒学发展的主要趋势。

衡量上述两种哲学史论断，可以看出两者的根本差别："内在超越论"的"宗教人文化"观点凸显"创造原则"之天、"道德主体性"之人，赵法生的哲学史论断则强调人格神信仰之天、敬畏上天之人。无论是阐释殷商至西周的文明演变还是孔孟之后的思想发展，两者的差异都十分明显。我们也注意到，"内在超越论"的"宗教人文化"观点其实亦曾申明"宗教人文化"历程并不代表宗教的消失，而是发展为一种"人文化的宗教"。徐复观在《中国人性论史·先秦篇》中讲："春秋时代以礼为中心的人文精神的发展，并非将宗教完全取消，而系将宗教也加以人文化，使其成为人文化的宗教。"②"宗教与人生价值的结合，与道德价值的结合，亦即是宗教与人文的结合，信仰的神与人的主体性的结合；这是最高级宗教的必然形态……这正是周初宗教的特色、特性。"③ 不过，在阐释西周"人文化宗教"的主要特征时，徐复观还是只强调了人文精神的意涵，而把宗教信仰的意涵几乎淡化殆尽。他曾讲到"人文宗教之特征"：道德法则之天、非人格神的天命、成为人文仪节的祭神、命运与道德之命等，这些概念所表达的"人文的宗教"其实就是一种人文精神而非宗教精神。因此，第二代新儒家的"宗教人文化"主要是强调宗教向人文之转化，可以说宗教精神已经被人文精神"化掉"了。"宗教人文化"的哲学史论断成为后世儒学凸显道德主体性、创造原则之天的思想源头，亦是第二代新儒家在哲学建构中强调创生实体之天、凸显道德主体性的历史依据。就西周文明的研判而言，我们认为"宗教人文化"观点确实有论断超前之嫌，对西周文明的主体性、自觉性有所拔高。赵法生的反思更注重哲学史的阶段性，理据更为扎实，具有较多的合理性。就孔孟思想以及此后的中国哲学发展趋势而言，肯定孔孟思想中的信仰之天是合理的，但很难说人对信仰之天的敬畏是孔孟思想的主流，亦很难说它形构了此后中国哲学发展的主流方向。

---

① 赵法生：《儒家超越思想的起源》，第 264 页。
② 徐复观：《中国人性论史·先秦篇》，载《徐复观文集》第 3 卷，第 58 页。
③ 同上书，第 46 页。

三、"内在超越论"的本体论层面

如果说哲学史论断是"内在超越"之宗教性讨论的深一度分析，那么本体论思考就是"内在超越论"的最根本层面。"内在超越论"的理论内核是一种本体论，以及基于本体洞见而展开的天人关系论。它所探讨的根本问题是"天人如何合一"，展开为"天是什么天""人是什么人""天人是何关系"三个方面。笔者此前曾从天、人、物三方面概括"内在超越论"的基本内涵[①]，具体内容如下：

就天而言，中国哲学的天道是世界的创生本体，它与西方哲学之本体、基督教信仰之上帝具有同样高妙的超越性。但天道不是超绝世界的外在主宰，而是内在于每个个体生命、内在于世界的创造原则。并且，天道创生实体又是每个个体之性，内在于每个个体的生命之中，是一种先天本有、不假外求的内在根基，因此天、天道是"既超越又内在"的。

就人而言，人人都内在具有良知良能、本心本性，这是人发动道德行为的内在根基，也是人之所以为人、之所以异于禽兽的根本特质。并且，内在的心性之体并不局限于个人，亦不局限于道德界，而是通过遍润万物的实践与世界的创生本体贯通为一。在终极意义上，作为道德根据的本心本性就是创生世界的天道本体。因此，每个人只要在道德实践中觉知、"推扩"内在的心性根基，便可以是"即内在即超越"的。

就物而言，世间万物与人一样具有天道赋予的本性根基，但是因为气禀缺陷，万物难以像人一样觉悟或"推扩"这一根基。因此，万物不能通过道德实践把自己"本体宇宙论地圆具"的性体真正落实出来，便成为难以实现"超越"的存在。

由以上三点，我们可以看出"内在超越论"的基本意涵。在这种本体思考中，天的本质是创生实体、创造原则，而不是神圣外在、高不可攀的人格神；人是以"性"为根本的人性论意义上的人，人通过道德主体性发明本心，觉知内在性体，进而与天道合一；天人合一的生命超越历程是由心性论理路展开的"内在超越"之路，不是有待于外、驰逐不返，而是反

---

① 参见吴倩：《儒家终极关怀论的现代建构——牟宗三"内在超越说"论析》，《深圳大学学报（人文社会科学版）》2014 年第 5 期，第 38 - 39 页。

身而诚，当下即是。之所以名为"内在超越论"，就是凸显其由"内"而发、由内在的心性之路契悟天道创生实体的理论特征。

用牟宗三的话说，"内在超越论"的基本精神、"义理之实指"是"在形而上（本体宇宙论）方面与在道德方面都是根据践仁尽性"①，并且以"一个具体清澈、精诚恻怛的浑沦表现之圆而神的圣人生命为其先在之矩矱"②。它具体展开为"觉知道德主体性""透至世界本体""落实为具体实践"三个层次，牟宗三曾借鉴禅宗的"云门三句"加以阐释。第一义是道德义，即"对应一个圣者的生命或人格而一起顿时即接触到道德性当身之严整而纯粹的意义"③。这可被称为"截断众流"，意谓斩断一切外物和欲望的牵连，直接把握住人内在本有的"性体"这一最高原则。第二义是形上义，是说本心性体不是局限于道德界，而是打通存在界，"亦充其极，因宇宙的情怀，而达至其形而上的意义"④。"本心仁体"与"宇宙本体"在境界上"同体相即"，获得了绝对性和无限性的意义，牟氏称之为"涵盖乾坤"。第三义是实践义，"复同时即在践仁尽性之工夫中而为具体的表现"⑤。这指的是道体再由本体界落实于经验世界的现实生活中，通过践仁尽性的工夫体现为真实的决断。这一步使"本心仁体"在实践上呈现为"具体的普遍性"，牟氏称之为"随波逐浪"。通过以上三个层次，人之道德主体性得以上通下贯，既契接了天道本体的创造原则，亦落实为道德实践中"具体的普遍性"，形成一个完整的、圆融的整体。这就是"内在超越"之路的彻底实现，其内在依据是"道德的形上学"之彻底完成。

显然，这种"内在超越论"豁显的是一条由心性论理路走出的天人合一之路。结合此前的哲学史论断来看，"内在超越论"在哲学史上主张"宗教人文化"，强调宗教精神向人文精神的转变，这一转变落实在本体论上就是天由"人格神"转化为"创造原则"、人由"信仰上天"转化为"践性知天"的过程。在此转变过程中，天人合一的方式从殷商宗教时代的"皈依式合一"转变为"宗教人文化"之后的"基于人性论合一"。从天到人来看，就是"天命下贯而为性"；从人到天来看，就是"尽心知性

----

① 牟宗三：《心体与性体》上册，第 100 页。
② 同上书，第 119 页。
③ 同上。
④ 同上。
⑤ 同上。

知天"。以上就是"内在超越"的本体论含义。这条心性论理路的"内在超越"之路是思孟一系、宋明儒学、现代新儒学接力阐发的理路，其观点在宗教观、哲学史、本体论三个层面是贯通如一的。

如果说，对"内在超越论"的哲学史反思展开为关于西周文明的人文精神是否取代"皈依于天"的宗教信仰、孔孟儒学的"道德主体性"与信仰之天是何关系等问题的思考，那么进一步的本体论反思则有助于我们更为实质性地揭示问题的根本。在本体论层面，"内在超越论""宗教人文化"主张的实质就是心性论理路的天人合一方式，对此，我们可以反思以下两点：

第一，"内在超越论"凸显道德主体性的心性论理路是否足以在中西对比中凸显儒学的独特性？

黄玉顺认为，这种"内在超越论"不足以凸显儒学的独特性，因为西方哲学尤其是西方近代哲学同样是"内在超越"的。黄玉顺讲，牟宗三的"内在超越论"形成了中国哲学的"两个教条"："第一，'内在超越'是中国哲学尤其是儒家哲学所特有的东西；第二，他们认为'内在超越'是比西方哲学和宗教那种'外在超越'更优越的东西。"① 黄玉顺对"两个教条"的一个重要反驳是，"'内在超越'并非中国哲学的独有特征，而是中西哲学共有的普遍特征"②。我们认为，就其确切论域而言，"内在超越论"主要着重从宗教维度进行儒耶对比。在中西对比方面，与其说它旨在凸显中西哲学之差异，不如更确切地说它是在儒学与基督教对比意义上凸显中西宗教性思考的不同理路。换句话说，牟氏以中国哲学特质为"内在超越"并不隐含着同时以西方哲学特质为"非内在超越"的观点。那么，牟宗三如何看待西方近代哲学呢？我们认为，牟宗三同意西方近代主体性哲学也是"内在超越"的，儒学与西方近代哲学在肯定主体性、"内在超越"的观点上是有共识的。对此最有力的论据是，牟宗三正是在肯定西方近代主体性哲学之洞见的基础上"援西学入儒学"，借鉴以康德为集大成者的西方近代主体性哲学进行了儒学本体论的现代建构。

牟宗三在儒学诠释中最为强调"道德主体性"，他认为以儒学为主流的中国哲学的特质是"特重'主体性'（Subjectivity）与'内在道德性'

① 黄玉顺：《儒学反思：儒家·权力·超越》，载杨永明、郭萍主编《当代儒学》第18辑，第3页。

② 黄玉顺：《中国哲学"内在超越"的两个教条——关于人本主义的反思》，《学术界》2020年第2期，第68页。

(Inner-morality)"①。在中西对参的学思历程中，牟宗三对西方近代以来的主体性哲学颇为欣赏，康德作为西方近代哲学的集大成者被牟宗三视为最接近儒学洞见的西方哲学家。牟氏在不同时期的著作中反复提到这个判断。在《中西哲学之会通十四讲》中，牟宗三强调，"西方哲学与东方哲学之相会通，只有通过康德的这一个间架才可能，其他都是不相干的"②。在《智的直觉与中国哲学》中，他进一步申明，"假若中国这一套之本义、实义与深远义能呈现出来，则我以为真能懂中国儒学者还是康德"③。那么，康德哲学在何种意义上被牟宗三视为最接近儒学智慧的理论呢？这里最关键的就是康德的"自律道德"观点。李明辉曾经阐述牟宗三会通儒家与康德的三个理论要点④，并认为"在康德哲学中，对儒家思想之诠释最有意义的概念莫过于'自律'的概念"⑤。所谓"自律道德"，实质上就是道德主体的自我立法，也即道德主体性的自证与自律。李明辉曾讲："康德的哲学观点是一种'主体主义'（subjectivism）。在知识论上，他扭转'对象使表象成为可能'的实在论观点，而提出'表象使对象成为可能'的主体主义观点；……在其伦理学中也包含一种道德观点上的转向，亦即将决定道德法则的判准不置于对象中，而置于道德主体中。克隆纳将康德的这种道德观点称为'伦理学的主体主义'。"⑥ 牟宗三正是基于康德肯定主体性的"自律道德"思想认为其与孟子"仁义内在说"的根本洞见相同，并在《圆善论》中借康德的"自律道德"疏解了《孟子·告子上》中的相关论辩。进而，儒家思想从孔子、孟子到宋明理学的周濂溪、张横渠、程明道三家，以及其后的象山阳明一系、五峰蕺山一系都是强调道德主体性的"内在超越"理路，这与康德强调"自律道德"的主体性哲学是内在一致的。⑦ 在牟宗三看来，不仅传统儒家与康德的根本洞见一致，"道德的形上学"在借鉴康德主体性哲学来诠释儒学的同时更是进一步建

---

① 牟宗三：《中国哲学的特质》，第 4 页。

② 牟宗三：《中西哲学之会通十四讲》，上海古籍出版社，1997，第 217 页。

③ 牟宗三：《智的直觉与中国哲学》，"序言"第 4 - 5 页。

④ 李明辉曾撰文分阶段深入讨论了牟宗三会通儒家与康德的三个关键点："一心开二门"的思想间架、"实践理性优先于思辨理性"的观点以及"自律伦理学"概念。参见李明辉：《牟宗三思想中的儒家与康德》，载氏著《当代儒学的自我转化》，第 65 页。

⑤ 李明辉：《当代儒学的自我转化》，第 75 页。

⑥ 同上书，第 76 页。

⑦ 以上论述参考了李明辉的论文《儒家与自律道德》《孟子与康德的自律伦理学》（均收入氏著《儒家与康德》，广西师范大学出版社，2021）。

构本体论，成为康德之"内在超越"智慧的推进和发展。在此意义上，"道德的形上学"之本体论是顺应康德"主体性转向"之问题意识的进一步思考。牟宗三曾多次讲，康德所开启的智慧方向若要圆满完成，只有从儒家智慧讲出的"道德的形上学"这一路可走。"如果我们割离道德实践而单客观地看存在之物，自可讲出一套存有论……儒家可以把它看成是知解层上的观解形上学，此则是没有定准的，由康德的批判即可知之。因此，说到究竟，只有这么一个圆教下的实践的形上学。"① 不同于西方思辨形上学的独断前提与推证理路，牟宗三认为"道德的形上学"是康德批判之后唯一可能的形上学理路。如果说儒学与康德前的西方独断形上学之差异展现为"是否强调主体性"的内在、外在超越之别，那么在以康德为典范的西方近代哲学之"主体性转向"后，儒学与西学之差异则展现为前者在康德式的主体性哲学理路上建构本体论。在牟宗三看来，"道德的形上学"在本体论上超越康德之处是以儒学为代表的中国哲学区别于西方哲学的特质所在，体现为两个要点：一是在起点的道德领域肯定智的直觉这一关键，二是在本体领域使实践理性充其极以开出存在界。在这里，儒家基于道德实践之心性论理路的本体智慧"不可以西方康德之批判哲学与康德前之独断形上学之异来比观"②，而是康德的主体性哲学洞见在本体论上的进一步发展。在"道德的形上学"中，"不但儒家的智慧与洞见可借康德的哲学间架得到支持，康德哲学亦可顺其内在理路而有进一步的开展"③。

因此，"内在超越论"并不否定西方哲学是主体性的、内在超越的。牟宗三并不致力于以"内在超越论"来凸显中国哲学相对于西方哲学的独特性，他把这种独特性更多地诉诸"道德的形上学"建构，以凸显儒学本体思考不同于西方近代哲学的智慧。

第二，在心性论理路的"内在超越"之外，中国传统哲学中是否还包括其他超越路径？

赵法生通过考察西周礼乐文明，揭示了以"威仪"为中心的超越之路。从西周到春秋，作为儒家文明原初典范的礼乐文明经历了一个由"德"到"威仪"、再到礼治之"礼"的发展历程。周代中期以后，"德"

① 牟宗三：《从陆象山到刘蕺山》，载《牟宗三先生全集》第 8 卷，第 184 页。
② 牟宗三：《心体与性体》上册，第 27 页。
③ 李明辉：《当代儒学的自我转化》，第 75 页。

以"威仪"的形式展现出来，成为后世礼治的先声。"威仪"是"德"在身体气象上的具象化、生活化表现，代表了"内在超越"理路之外的另一超越路径。"威仪"既不同于自然身体，也不同于内在本性，而是"礼乐作用于人之血气心知后所显现的独特气象，是自然身体的'文'化，体现了礼乐对于人之自然性情的升华"①。作为"承载人性的自然躯体教化之后表现出来的气象"②，"威仪"可以说是一个介于自然与人性之间的概念，使身体与道德、形气与心性在礼乐实践中实现了有机关联、和谐共生。在此意义上，作为原初典范的西周礼乐文明为我们呈现了"基于人性论的超越理路"之外的其他可能。这种超越理路把外在的天命、礼最终落实于人之威仪，而"威仪"所代表的身体不再仅仅是思孟一系的人性论视野下需要严格约束、克服的东西。身体并非单纯生理性的肉体存在，而是包括血气与心知（或者说生理与精神）两个方面，身心合一、统合生理与精神的身体成为早期礼乐文明的道德主体。这样一来，早期礼乐文明之身心合一的超越路径就既不是皈依于神的外在超越，也不是践性知天的内在超越，而是"即身成道的超越形态"。这种身心合一的超越主体也更有利于接续人伦传统，因为君臣父子等人伦实践的主体一定是整全的身体而不仅仅是"心性"或"理性"。在此超越理路的基础上，西周礼乐文明结合了自然与价值，表现为一种基于"威仪"的身体文明："它须以身践德，以身行礼，以身定命，使得命、德、礼最后统统落实到身体上，身体成了道德实践和天命呈现的器皿，身体也因为承载了德、礼、命的超验价值而焕发出神圣的光辉！"③

这种身心一体结构作为儒学的原初典范具有重要的理论价值。我们承认，经过宋明理学、现代新儒学两个阶段的阐发建构，"内在超越"的心性论理路确实是古代哲学的主流，但同时我们亦应正视古代哲学开显出的其他维度。西周文明基于"威仪"的身心合一理路正是一个新的维度。这个维度在根本精神上凸显了注重身体修养的工夫论、注重制度礼法的实践论一脉传统。应该说，这确实是传统儒学的题中应有之义，是凸显观念性、普遍性的天理法则与心性主体之外的另一重要维度，而为思孟一系、

① 赵法生：《威仪、身体与性命——儒家身心一体的威仪观及其中道超越》，《齐鲁学刊》2018年第2期，第8—9页。

② 赵法生：《儒家超越思想的起源》，第122页。

③ 赵法生：《威仪、身体与性命——儒家身心一体的威仪观及其中道超越》，《齐鲁学刊》2018年第2期，第11页。

宋明儒学乃至现代新儒学之"内在超越"的诠释路径所忽略。这个维度关联于经验世界，侧重于寓道于器、寓理于气的身体、工夫、人伦、礼法、制度、实践的维度。在此意义上，是否需要重建人格神之天与宗教信仰或许是第二义的，在中国现代哲学强大的心性论研究传统之外，重新提出正视另一传统的问题可能是更为迫切的工作。我们应当努力重拾儒家思想中基于身心结合而谈修养、注重制度礼法而谈实践的传统，追踪其在中国哲学史上的演化历程，努力进行现代重建。这有助于更全面地揭示儒家思想的丰富维度，为儒学在现代转化中更有力地应对现代社会提供坚实的基础。

四、结论与反思

综上而言，我们认为"内在超越论"包含宗教观、哲学史、本体论三个层面。当前学界对"内在超越论"的研究一方面涉及儒学宗教性的讨论，另一方面拓展到哲学史研判、本体论建构等深层问题。可以说，第二代新儒家的"内在超越论"在学界近年来持续的论辩、反思之下日益显现为一个关涉儒学诸多要义的理论关节点。近年来围绕"内在超越论"的理论探讨展开的不只是新儒家思想本身的内容，更通过进一步反省而关切到殷周之变与儒学起源、儒家政治传统与宗教传统、中国哲学现代建构方向等诸多根本性问题，揭示出现代新儒学的理路之外更为广阔的理论空间。学界的"内在超越"讨论所指向的更深一层的宗教性思考、本体论建构和政治学反省等维度还有待在进一步研究中加以揭示，在此之前，厘清"内在超越论"的层次与内涵是一项基础性的工作。我们力图在厘清"内在超越论"之理论层次的基础上，对学界相关讨论进行初步的回应。

就"内在超越论"而言，我们认为：

其一，"内在超越论"的宗教性思考旨在强调儒学宗教精神内在于人伦道德的特点，进而开展儒学与基督教的对比，凸显两者注重道德主体性的忧患意识与皈依上帝的恐怖意识之区别。

其二，"内在超越论"的哲学史依据是"宗教人文化"论断，认为殷周的思想变迁以及孔孟之后开启的主流方向是以人文精神取代宗教精神。在此过程中，天由信仰之天演变为"创生实体"，人由皈依上天转化为"践性知天"。就西周文明而言，这一论断对于殷周文明的演化历程确有超前之嫌，对于西周时期人的道德主体性有所拔高，因而在哲学史上是不够准确的。

其三，"内在超越论"在本体论层面凸显了心性论理路的"天人合一"方式，天是"创生实体"之天，人是"尽心知性"之人，超越是由内在的心性之路契悟天道创生实体。在心性论理路的超越方式之外，中国哲学史上还存在其他超越维度，西周礼乐文明基于"威仪"的身心合一之路是一重要典范。

其四，"内在超越论"并不因为肯定儒学的"内在超越性"而否认西方哲学是主体性的、内在超越的。确切地说，牟氏并不致力于以"内在超越论"来凸显中国哲学相对于西方哲学的独特性，他把这种独特性更多地诉诸"道德的形上学"建构，以此来凸显儒学本体思考不同于西方近代哲学的智慧。

其五，在思孟一系、宋明儒学直至现代新儒学的"内在超越"理路之外，应当进一步发掘"外在超越"之天、注重身体修养的工夫论、注重制度礼法的实践论一脉传统，从而在中国哲学强大的心性论研究传统之外，更全面地揭示儒家思想的丰富维度，为儒学在现代转化中更有力地应对现代社会提供坚实的基础。

附录二　近年来儒家"超越"讨论的
新进展与再反思*

　　"超越"问题是一个内在于传统儒学问题意识的研究主题。古代儒家学者虽然并不使用"超越"概念，但始终关注"人何以安身立命"的终极关怀问题，以及作为安身立命之基础的天人关系问题。可以说，传统儒学的超越思考首先是一种人生哲学领域的终极关怀论，进而在更根本的意义上，超越思考是在探讨天人关系的本体论基础上追寻人生超越之道。在近年来学界重新反省"内在超越论"相关问题的语境下，梁涛、赵法生、黄玉顺等学者在辨析儒家独特的超越理路与天人思考的同时，揭示出儒家传统现代转化的宗教维度、政治维度，亦涉及"殷周演化""孔孟之后的儒学方向"两个重要阶段的哲学史研判。可以说，在学界近年来的接力探讨、持续反思下，"超越"问题作为一个关涉儒学诸多论题的理论关节点，具有重要意义。

　　近年来，学界对以牟宗三为代表的现代新儒家的"内在超越论"展开反思，已经召开了四场相关的学术研讨会，即"从内在超越到双向超越"学术研讨会（中国人民大学国学院主办，2023 年 5 月 20—21 日）、"超越与感通：儒学与西学第六次工作坊"（山东大学儒学高等研究院等单位联合举办，2021 年 11 月 25 日）、"儒耶对话中'超越性'争论之症结与方案"（北京师范大学哲学学院"京师哲学之海外学者系列讲座"，2020 年11 月）、"中西会通视域下的儒家超越性问题"研讨会（中国社会科学院世界宗教研究所儒教研究中心、山东大学犹太教与跨宗教研究中心联合主

---

　　* 附录二原刊发于《国学学刊》2023 年第 4 期。

办，2020 年 8 月 24—25 日），亦出版了一本儒家"超越"讨论的论文集。① 在这一阶段的"超越"问题研讨中，学者们把问题进一步聚焦于"古代儒家有无人格神意义的天""儒学现代发展是否应借鉴基督教重建天的外在超越维度""儒学现代发展中的道德人文传统与超越宗教传统何者更为重要"等主题。应当说，这一阶段的研讨进一步拓展了"内在超越论"相关思考的理论维度，汇聚了一批相关学术成果。这些学术努力推进了学界对儒家超越理路、现代新儒家"内在超越论"的研究，并展开了进一步的儒耶对话、古今对话，使学界的"超越"问题讨论再度升温。如果说几十年前，"内在超越论"主要是作为现代新儒学的一个命题而引起学界关注，"超越"问题不过是新儒学研究中的众多论题之一，那么近几年的学界相关探讨已经大大超出了新儒学之终极关怀论的范围。可以说，近年来学界的"超越"问题探讨已经不是就牟宗三论牟宗三、就新儒家论新儒家，对"超越"问题的回答亦不局限于牟宗三的"内在超越论"与新儒家的思维方式，而是进一步反省至中国哲学许多根本性的理论问题。学界的研讨日益深入地拓展到儒家政治传统与宗教传统、殷周之变与儒学起源、儒家本体论与天人关系论、儒学与基督教的关系、儒学现代转化路径等维度，产生了不少新的洞见。具体说来，较为典型的观点包括：（1）认为孔子超越观是平衡天命信仰与人文精神，包含上下、内外、左右三个向度的"中道超越论"②；（2）主张重建儒家的神圣外在超越维度的"神圣外在超越论"③；（3）认为儒家超越论是兼含"内在超越"与"外在超越"两个面相的"双向超越论"④。此外，学界亦产生了一些对牟宗三"内在超越论"进行深度反思、对中国哲学源头的超越思想进行梳理重释的研究成果。

由于我们的"超越"思考是以牟宗三的"内在超越论"为反思对象或理论出发点的，所以准确理解牟宗三的"内在超越论"就成为一个基础性的工作。就牟宗三的"内在超越论"而言，我们想谈以下两点：

第一，儒学传统中有没有"外在超越"意义上的人格神之"天"？

以牟宗三"内在超越论"为代表的现代新儒学大多强调心性论理路的

---

① 此论文集为赵法生、李洪卫主编之《究天人之际：儒家超越性问题探研》（河北人民出版社，2022）。

② 参见赵法生：《论孔子的中道超越》，《哲学研究》2020 年第 4 期，第 62 - 71 页。

③ 参见黄玉顺：《生活儒学的内在转向——神圣外在超越的重建》，《东岳论丛》2020 年第 3 期，第 160 - 171 页。

④ 参见梁涛：《论儒学的双向超越说》，载赵法生、李洪卫主编《究天人之际：儒家超越性问题探研》，第 352 - 357 页。

"天人合一"而释"天"为"创生实体"。这个论断不仅是对宋明儒学的研判，也是对儒学源头处的先秦儒学的研判。就先秦儒学而言，徐复观于《中国人性论史·先秦篇》中提出的殷商至西周之"宗教人文化"趋势基本上成为第二代新儒家学者的共识。在"宗教人文化"的哲学史论断下，西周以来的中华文明把人格神之"天"转化为"创造原则之天""创生实体之天"。孔孟儒学进一步凸显了人通过内在的道德主体性契接"创造原则之天"的"内在超越"理路。牟宗三以此为依据认为，孔子"不以三代王者政权得失意识中的帝、天、天命为已足"①，而是开辟出从道德主体性言性命天道的一路。

从"道德主体性"透显天的"创生实体"义，这被牟宗三视为孔子对三代以来的"道之本统"的重建，孔子重建的"道之本统"奠定了整个后世儒学的思想基础。换言之，在三代以来的"道之本统"中，"三代王者政权得失意识中的帝、天、天命"实际上是人格神之天；在孔子重建"道之本统"后，"从道德主体性而言性命天道的天"实际上是"创生实体"之天。基于孔子重建"道之本统"的理论贡献，牟氏在著作中反复强调孔子作为儒学传统之开端而非三代传统之骥尾的重要地位。他在《中国哲学十九讲》中指出，孔子如果只是三代传统之骥尾，只是一个整理古文献的档案家，那他有什么资格做圣人呢？牟宗三认为，孔子能做圣人的资格就来自孔子重建"道之本统"所开启的生命智慧。他在《心体与性体》中再度详谈了这个问题："周孔并称，孔子只是尧、舜、禹、汤、文、武、周公之骥尾，对后来言，只是传经之媒介，此只是外部看孔子，孔子并未得其应得之地位，其独特之生命智慧并未凸现出。但孔孟并称，则是以孔子为教主。孔子之所以为孔子始正式被认识。"②"孔子传统"与此前之"三代传统"的一大区别就在于，"天"不是"外在超越"的人格神，而是"创生实体"。可以说，由内在主体性透显"创生实体之天"的"内在超越"理路就是孔子开启的生命智慧。牟宗三十分重视这一智慧，认为它是传统儒家最根本的洞见，也是宋明新儒学之所以为新、先秦儒学之所以开辟儒家智慧源头的关键所在。他把这种洞见称为先圣、后圣"师弟相承之生命智慧之相感应相呼招"③，"此须对于孔子传统真有生命上之感应，对

---

① 牟宗三：《心体与性体》上册，第 18 页。
② 同上书，第 12 页。
③ 同上书，第 19 页。

于宋明儒所圈定之代表此传统之儒家经典真有生命上之相契，而对于宋明儒诸大家真有确实之经历与检定，方足以决定之"①。由此可知，"创生实体"之天是牟宗三儒学史研判的核心论断。牟氏也正因为过分突出这一点而在一定意义上遮蔽了先秦乃至后世儒学中"天"作为"主宰之天"的维度。可以说，这在一定意义上以"理论的应当"遮蔽了"哲学史的真实"。衡之以学界近年来研究先秦儒学之"天"的相关论著②，我们认为牟宗三对于先秦儒学的哲学史论断有失准确。

第二，近年来的讨论中有这样一种较为普遍的观点：牟宗三的"内在超越论"实际上是为对抗西方文化的知识压力、为儒家文化辩护而提出来的权宜之论。这种以儒家为"内在超越"、西方文化为"外在超越"的差异对举，认为中西在一致性基础上各有价值，以对抗西方文化压力、克服文化自卑心理。这个论断是否准确呢？一个与此内在相关的问题是：牟宗三的哲学思考背后所含的儒学与西学的关系究竟是对抗的成分更多，还是会通借鉴的成分更多呢？

就牟宗三哲学整体而言，我们认为很可能是后者。应该说，现代新儒家是文化保守主义学者中较为注重西方文化优势并主张对此虚心学习的一派。即便"内在超越"在对反于基督教之"外在超越"的意义上展现出区别于西方宗教传统的特质，这也并不妨碍新儒家为儒学设计的会通西方近代哲学以求现代转化的总体思路。就牟宗三哲学而言，他的诸多论点都是直接援引西方近代哲学之集大成者康德的现成洞见（如"智的直觉""自律道德"等）作为前提加以推证的。可以说，在牟宗三心中，找到了康德就找到了一个契接西方现代文明内核同时亦符合中国哲学特质的关键节点。当然，我们可以通过康德之后的西方哲学演化进一步反省康德的局限，但是在牟宗三的哲学体系中，康德哲学是西方现代精神甚至整个西方哲学的最高峰。牟宗三正是通过康德哲学一方面力图接引西方现代精神的根本，另一方面推动传统儒学的现代转化。在此意义上，牟宗三视野下的儒学传统与以康德为代表的西方现代传统之间主要是会通关系而非对抗关系。在今天，我们虽然可以质疑把西方现代精神嫁接在儒家文化传统上的可行性，但是至少应当承认：牟宗三是认真接受西方现代文明之精神内核

---

① 牟宗三：《心体与性体》上册，第 14 页。
② 参见赵法生：《儒家超越思想的起源》；翟奎凤：《中国早期"神明"观演变脉络探源》，《世界宗教研究》2018 年第 3 期；翟奎凤：《"对越上帝"与儒学的宗教性》，《哲学动态》2017 年第 10 期。

的，而非以中西对抗的文化心态固守儒学的特殊性。应当说，这种理路在根本上比对抗西方文化压力、克服文化自卑的理路思考更深刻、更理智，也更接近牟宗三乃至第二代新儒家学者的总体心态。不过，牟宗三确实又主张在借鉴西方的基础上，以儒家文化来克服西方文化的弊病，进而超越西方文化。但这种超越是在承认中西共通性、学习西方基础上的更高一层的中西对话，而非直接对抗西方文化来强调特质。用牟宗三的话说，欲"袭其垒"，必先"入其营"。我们在反省牟宗三、提出新的哲学论断时，在"同情的理解"的基础上进行"批判的超越"，更可能做到有的放矢、持论严密。

后　记

　　现代新儒学研究是南开大学中国哲学学科的学术传统与研究特色之一。2001 年 9 月—2010 年 7 月，我在南开大学的南开园度过了从本科到博士的求学生涯，深受这一学术传统的影响。那时，方克立先生数次回南开大学参加学术会议和博士论文答辩，南开大学中国哲学学科有多位老师从事现代新儒学研究，形成了较为浓厚的新儒学研究氛围。从大二"中国哲学史"课上读起的梁漱溟、牟宗三、徐复观诸先贤的著述一直伴随着我本硕博的读书生活。硕博学位论文选题时，李翔海老师建议我在阅读现代新儒家著作之外进一步开阔眼界，以了解现代中国哲学其他流派的儒学诠释。在此建议下，我选择了台湾新士林学派与现代新儒家之比较作为论文方向。后来，我把研究主题锁定为台湾新士林学派代表罗光与现代新儒家代表牟宗三的思想比较，硕士学位论文细化为罗光、牟宗三先秦儒学观的比较研究，博士学位论文聚焦"儒学超越性"问题，以牟宗三"内在超越论"与罗光"外在超越论"的比较为选题。

　　博士期间，我有幸赴台湾辅仁大学文学院哲学系访学，师从时任辅仁大学哲学系主任的潘小慧教授。我在潘老师的指导下努力研习台湾新士林哲学，同时每周赴台湾师范大学旁听林安梧老师的"现代中国哲学"课程。其间，我还旁听了高凌霞老师的"士林哲学"课程，沈清松老师的"西方哲学系列讲座"，向罗光先生亲炙弟子汪惠娟教授请益，并获赠其大作《罗光哲学思想研究》。工作以后，我在阅读当代汉学家安乐哲著作的基础上考察了其"非超越论"思想，并以"儒学超越性的现代论争研究"为题获批国家社科基金后期资助项目，开展牟宗三、罗光、安乐哲之"内在超越论""外在超越论""非超越论"的比较研究。

　　十年间，我结婚生子、读书教学，从一名心无旁骛、苦研学术的青葱博士慢慢成长为妻子、母亲、教授。近几年，我欣喜地发现，关于"儒学超越性"的讨论再度升温，在前辈学者的倡导与开拓下，这一问题成为中国哲学界探讨的一个热点。此时能够出版这本书，着实感激人生中的种种因缘际会。

感谢我的恩师李翔海教授。从本科学年论文到博士学位论文，从南开求学到成家立业，再到学术发展、职业规划、为人处世，翔海师都给予我高瞻远瞩而又无微不至的指导和关爱。樊志辉教授是我在台湾新士林哲学研究上的领路人。感谢樊老师在百忙之中慷慨应允，为本书作序，序言谈出了基于儒学超越性探讨而对儒学现代命运的忧思。感谢梁涛教授、赵法生研究员、黄玉顺教授倡导和主办"儒学超越性"问题的系列研讨会，并组稿论文、主编文集、奖掖后学，诸位前辈的引领、信任是后学进一步深研问题、奋进求索的动力。

感谢我的爱人卢兴，与他相知相伴已二十载。由于他的勤勉、诚挚、担当，学生时代憧憬的志同道合、比翼双飞在历经岁月风雨后愈益坚定，在涵容事业、家庭后愈益饱满。感谢父母的养育之恩，这种亲情进一步拓展到卢兴和孩子身上。"二人世界"转变为"五口之家"是一种福气，分工有序、相互承托，让我们有更多时间投入事业，也维系住一个家庭的踏实温暖。

在"儒学超越性的现代论争研究"这一项目完成后，我的学术兴趣转移到儒家思想影响下的制度、实践领域，工作也调动到天津师范大学政治与行政学院。我把研究主题逐渐凝练为儒学影响下的古代乡治传统，尤其是宋明儒学与宗族、乡约、讲会等乡治实践的关系以及儒家乡治传统的现代转化等问题。在此方向上，2023 年我主持了国家社科基金重点项目"从宋明儒家乡治实践看国家与社会的互动"（23AZZ012），在《孔子研究》《现代哲学》等刊物发表了论文。这一主题与"儒学超越性"研究的相通之处在于，都着力挖掘儒学传统中具有突出特性并可资现代转化的思想与实践要素。我将在儒学传统的深入诠释、现代转化方面进一步勉力求索。

图书在版编目（CIP）数据

"儒学超越性"的现代论争研究：以牟宗三、罗光、安乐哲为中心 / 吴倩著. -- 北京：中国人民大学出版社，2025.1. -- ISBN 978-7-300-33425-7

Ⅰ. B222.05

中国国家版本馆 CIP 数据核字第 2024922SU3 号

国家社科基金后期资助项目

"儒学超越性"的现代论争研究

——以牟宗三、罗光、安乐哲为中心

吴倩　著

"Ruxue Chaoyuexing" de Xiandai Lunzheng Yanjiu

出版发行	中国人民大学出版社	
社　　址	北京中关村大街 31 号	**邮政编码**　100080
电　　话	010 - 62511242（总编室）	010 - 62511770（质管部）
	010 - 82501766（邮购部）	010 - 62514148（门市部）
	010 - 62515195（发行公司）	010 - 62515275（盗版举报）
网　　址	http://www.crup.com.cn	
经　　销	新华书店	
印　　刷	唐山玺诚印务有限公司	
开　　本	720 mm×1000 mm　1/16	**版　　次**　2025 年 1 月第 1 版
印　　张	21 插页 2	**印　　次**　2025 年 1 月第 1 次印刷
字　　数	348 000	**定　　价**　88.00 元